U0929295

《环境法与环境执法》（第二版）编委会

主　　编　朴光洙

副 主 编　刘定慧　马品懿　刘　湘　王　政

编写人员　朴光洙　刘定慧　马品懿　刘　湘

王　政　丁　渠　夏振鹏　宋海鸥

曹晓凡　刘永鑫　刘　斌　岳卫峰

高　原

主　　审　刘天齐

普通高等教育“十一五”国家级规划教材
高职高专系列教材

环境法与环境执法

（第二版）

主　编　朴光洙
副主编　刘定慧　马品懿　刘湘　王政
主　审　刘天齐

中国环境出版社·北京

图书在版编目（CIP）数据

环境法与环境执法（第二版）/朴光洙主编. —北京：中国环境出版社，2008.3（2014.2 重印）
普通高等教育“十一五”国家级规划教材
ISBN 978-7-80209-701-8

Ⅰ. 环… Ⅱ. 朴… Ⅲ. 环境保护法—中国—高等学校—教材 Ⅳ. D922.68

中国版本图书馆 CIP 数据核字（2008）第 028848 号

出 版 人 王新程
责任编辑 沈 建 唐大为
责任校对 扣志红
封面设计 陈 莹

出版发行 中国环境出版社
（100062 北京市东城区广渠门内大街 16 号）
网 址：http://www.cesp.com.cn
电子邮箱：bjgl@cesp.com.cn
联系电话：010-67112765（编辑管理部）
发行热线：010-67125803，010-67113405（传真）
印 刷 北京市联华印刷厂
经 销 各地新华书店
版 次 2002 年 4 月第 1 版 2008 年 3 月第 2 版
印 次 2014 年 2 月第 7 次印刷
印 数 22001—24000
开 本 787×960 1/16
印 张 23.5
字 数 450 千字
定 价 38.00 元

第二版说明

《国务院关于落实科学发展观加强环境保护的决定》（国发[2005]39 号）和 2006 年 4 月第六次全国环境保护大会的召开，标志着我国环境保护工作进入了一个新的发展时期。随着我国环保事业的发展，环境法制建设也有了很大的发展。

推进历史性转变，以环境保护优化经济增长，实现国家环境保护目标，必须加强环境法制建设，“坚持依法办事，把人口资源环境工作纳入法制轨道”。当前，加强环境法制建设，“健全和完善环境法律、法规体系，建立完备的环境执法监督体系，坚决做到有法必依、执法必严、违法必究，严厉查处环境违法行为和案件”，宣传、贯彻落实“国家环境保护意志”已成为全面落实科学发展观，构建和谐社会，顺应世界环境管理潮流的必然要求和重要保障。

《环境法与环境执法》（第一版）出版发行以来，我国先后颁布、修订了《行政许可法》《环境影响评价法》《放射性污染防治法》《固体废物污染防治法》《土地管理法》《水法》《渔业法》《草原法》《野生动物保护法》《农业法》《水污染防治法》等一系列法律、法规及规章。尤其是本教材 2006 年被教育部列入“普通高等教育‘十一五’国家级规划教材”，就更需要修改成适应新形势的发展，具有高职高专特色的教材。本书第二版，主要是根据上述近年来颁布、修订的法律、法规的变化，为适应我国高职高专教育发展的需要而修订的。

本书共两篇十六章，上篇包括环境法概述、环境监督管理体制、环境法律制度、环境标准、环境污染防治的法律规定、自然资源保护的法律规定、环境法律责任七章；下篇包括环境执法概述、环境违法行为和证据、环境行政许可、环境行政处罚、环境污染民事纠纷的行政处理、环境行政复议、环境行政诉讼、环境行政赔偿、环境执法文书九章。

本书在第一版的基础上增加了环境监督管理体制、环境执法概述、环境违法行为及证据、环境行政许可、环境执法文书五章，删去了法律基础知识、国际环境法两章。

由于水平所限，书中不妥之处，敬请读者和同行批评指正。

作　者

2008 年 3 月 16 日

前言（第一版）

《环境法与环境执法》是首次为高等学校环境保护专业大专班环境法教学而编写的教材，也是为适应我国加入 WTO 和实现“十五”环境保护目标、任务必须加快环境保护专门人才的培养，提高我国环保队伍整体素质的要求而编写的。全书共十八章，主要内容包括法律基础知识、环境法总论、环境法分论、环境执法程序和国际环境法五个部分。

本书力图理论与实践相结合，对法律基础知识、我国的环境法体系、环境法的基本原则和制度、环境法律责任，以及《环境污染防治法》与《资源保护法》的立法精神、要点和《国际环境法》的有关问题等进行了全面、系统的论述。尤其是本书在编写过程中注意总结、归纳并吸收了环境立法与环境执法实践中的成功经验，对环境保护领域中的行政处罚、行政调处、行政复议、行政诉讼、行政赔偿、行政强制执行等行政执法程序方面的问题进行了较深入的有益探讨和系统阐述，从而使本教材具有不同于其他环境法教材和专门适合于高等学校环境保护专业大专班环境法教学的特色。

本书在编写过程中，特别注意吸纳现行的最新颁布的环境法律、法规、规章、标准和有关环境政策的新内容、新精神，体现了我国环境保护工作以人为本，实行环境污染防治与生态环境保护并重，不断加大环境执法力度，强化环境监督管理的精神，注重了环境法律规范本身的时效性和准确性，突出了对环境监督管理工作的指导性和适用性。

本书内容较全面、翔实，涵盖了高等学校环保专业的本专科环境法教学大纲内容及各级环境管理、环境法制、环境监察、资源管理干部自学或培训所需的基本内容。因此，本书除作为高等学校环境保护专业教材之外，也可供上述人员学习参考。

近几年，我们在高等学校环保专业的环境法教学与地方环保干部的环境执法培训教学方面做了一些有益的尝试，曾组织了环境法教材的编写工作。但是，由于我国环境法学的理论和体系尚处于开拓发展中，要建立和完善全国统一的具有高等学校环保专业特色的环境法教学体系和内容，还有待于从事环境法教学、研究和实际工作的专业人员、管理人员的携手合作与共同努力。

当前，我国正处在应对加入 WTO 及实现“十五”环境保护规划的新形势，这必将对环境法与环境执法的教学实践，对环境管理专门人才的培养带来一系列的新问题，也必将有力地促进我国环境法制建设的发展。我们将不断总结经验，虚心听取来自各方面的宝贵意见，并根据环境保护形势发展的需要，对教材适时地进行修订。

由于水平所限，书中的缺点和错误在所难免，诚恳地希望读者和同行提出批评和建议，供修订时参考。

作　者

2002 年 2 月 26 日

目 录

上篇 环境法总论

上篇 环境法总论

本篇作为全书的基础，主要介绍环境法的基础知识、污染防治法法规及自然资源保护法法规，包括环境法概述、环境监督管理体制、环境法律制度、环境标准、环境污染防治的法律规定、自然资源保护的法律规定及环境法律责任七章。

第一章环境法概述，主要内容有：环境法的概念、任务、目的、作用、环境法律关系、适用范围及环境法的体系、环境法的基本原则；第二章环境监督管理体制，主要内容有：环境监督管理机构及职责、企事业单位环境保护的责任及企业环境监督员的职责；第三章环境法律制度，主要内容有：环境法律制度的形成、作用及具体内容；第四章环境标准，主要内容有：环境标准体系的构成及环境标准的适用；第五章环境污染防治的法律规定，主要内容有：防治大气污染、水污染、海洋污染、噪声污染、固体废物污染、其他有毒有害物污染的立法概况、法律制度及主要措施；第六章自然资源保护的法律规定，主要内容有：土地资源保护、矿产资源、水资源、水土保持、森林资源保护、草原资源保护、野生动植物资源保护、渔业资源及自然保护区立法概况、法律制度及主要措施；第七章环境法律责任，主要内容有：环境行政责任、环境民事责任与环境刑事责任。

第一章　环境法概述

【提要】

环境法是指因保护和改善生活环境与生态环境，防治环境污染和其他公害而产生的社会关系的法律规范的总称。本章将分别对环境法的概念、特征，环境法的任务、目的、作用，环境法律关系，环境法的适用范围、环境法体系、《环境保护法》的主要内容进行阐述。

【引例】

2006 年 12 月 12 日，国家环境保护总局在北京召开了“第一次全国环境政策法制工作会议”，国家环境保护总局局长周生贤出席会议并作了题为《全面加强环境政策法制工作努力推进环境保护历史性转变》的报告。他指出，环境政策法制是推进历史性转变的重要保障。要以推进历史性转变为主要任务，加强环境战略和政策研究，完善环境立法，提高立法质量，加大执法力度，强化执法监督，力争用 10 年左右的时间，形成覆盖环境保护各个领域、门类齐全、功能完备、措施有力的环境政策法制体系，把环境保护纳入依法治理的轨道。

第一节　环境法的概念与特征

一、环境法的概念

环境法是指调整因保护和改善生活环境与生态环境，防治环境污染和其他公害而产生的社会关系的法律规范的总称。

（一）环境法是调整人们在环境保护中产生的社会关系的法律规范

环境问题分为两类：原生环境问题与次生环境问题。由自然界的运动引发的环境问题称为原生或者第一类环境问题；由人类活动引起的环境问题，则称为次生或者第二类环境问题。原生或者第一类环境问题不属于环境法的调整范围，环境法只调整次生或者第二类环境问题。这是因为，任何法律只调整人与人之间的社会关系，具体到环境法而言，其只调整因人类活动引起的环境问题中人与人之间的社会关系。虽然环境法需要协调人与自然的关系，但是环境法是通过调整人与人之间的关系来实现协调人与自然关系的目的。

（二）环境法调整的社会关系具有特定的范围

环境法能调整的是人们在保护和改善生活环境与生态环境、防治环境污染和其他公害而产生的社会关系，即环境保护关系。以海洋法为例，涉及对海洋的所有权、使用权、管理权和保护权等方面的法律都可以称为海洋法，但是《海洋环境保护法》只调整因保护和改善海洋环境、合理开发利用海洋资源、防止海洋污染损害而产生的社会关系，而这些社会关系只是海洋法律关系的一部分。因此，将《海洋环境保护法》等同于海洋法是不正确的。

（三）环境法是指一切调整环境保护关系的法律规范的总和

环境法是现行与保护和改善生活环境与生态环境、防治环境污染和其他公害的法律规范的总称。环境法包括全国人大制定的《中华人民共和国宪法》（以下简称《宪法》）中有关环境保护的规范，全国人大常委会制定的综合性环境保护基本法即《中华人民共和国环境保护法》（以下简称《环境保护法》），以及各种自然资源保护和污染防治单行法；也包括国务院制定的环境保护行政法规和国务院各部、委、局发布的环境保护规章；又包括省级人大及其常委会，省级政府所在地的市和经国务院批准的较大城市的人大及其常委会，以及经全国人大授权的经济特区人大及其常委会制定的地方性环境保护法规；还包括地方政府依法制定的环境保护规章。[1]

二、环境法的特征

我国的环境法和其他部门法一样，既具有我国法律的共同属性；同时，作为一个独立法律部门，也具有自身的特征。

（一）科学技术性

环境法具有很强的科学技术性，不仅反映社会经济规律和自然生态规律，还反映环境科学规律。环境法的目的、任务、基本原则、基本制度等都体现了这些规律，这就是环境法的科学性。环境法中有关保护自然资源和防治环境污染的许

1 陈汉光，朴光洙. 环境法基础. 北京：中国环境科学出版社，2004.

多措施，环境保护基本原则、基本制度，以及大量的环境保护标准，都是从环境科学研究成果和环境保护实践中，由技术规范上升而来的，这就是环境法的技术性。科学技术性是环境法的最根本属性，并且对环境法的立法、执法、司法、法律服务、法律教育等诸多领域都产生了深刻的影响。

（二）综合性

从形成的基础看，环境法是以法学和环境科学为基础，是邻近诸部门法和有关自然科学相互交叉与渗透的产物。从法律规范的性质看，既有行政、民事、刑事等实体法规范，也有与之相对应的行政诉讼、民事诉讼和刑事诉讼等程序法规范。从立法机关的种类和地位看，既包括中央立法机关，也包括地方立法机关。从调整的社会关系涉及的方面看，包括政治、经济、文化、外交、军事等社会生产、生活的各个方面。从保护对象看，环境法保护的范围包括 14 个环境因素，并且正在随着经济、科学技术的发展和人们的需求而不断扩大。从调整方法看，环境法是综合型的，包括行政、经济、科技、宣传和法律等多样化手段。从监管部门看，除了包括县级以上环境保护行政主管部门以外，还包括海洋、港监、海事、渔业等依法行使环境保护监督管理权的行政主管部门。

（三）可持续发展性

在 1992 年以前，我国环境法的一些原则、制度和措施就体现了可持续发展的思想，但明确提出和较充分体现这一特点的，要算 1992 年联合国环境与发展大会之后。从立法目的看，经修订后颁布的《海洋环境保护法》《大气污染防治法》《土地管理法》《森林法》《草原法》《渔业法》《水法》等法律和新出台的《防沙治沙法》《清洁生产促进法》《环境影响评价法》《可再生能源法》等法律，都明确规定了可持续发展的思想。从法律原则看，体现出可持续发展性的有：经济建设与环境保护协调原则，预防为主、防治结合、综合治理原则，开发者治理、污染者治理原则。从法律制度上看，体现出可持续发展性的有：环境影响评价制度、征收生态补偿费、污染物排放总量控制，淘汰落后设备工艺和实行清洁生产等。从保护和防治措施看，有鼓励开发和使用清洁能源、推广清洁生产工艺，保护湿地、退耕还林等。从法律责任看，普遍规定了责令限期改正、责令补种、责令限期治理、停业、关闭污染严重的企事业单位等。

（四）共同性

人类只有一个地球，赖以生存的地球生态环境是一个整体。当代环境问题与资源危机已经不是某一个国家或局部地区的问题，不少已经超越国界而成为全球性的问题，需要国际社会与世界各国的合作协调与共同努力去解决。环境保护的原则与环境管理的规则在许多情况下超越了国界及社会制度、文化背景的局限，具有世界普遍一致性。当今世界，联合国及国际组织有关全球环境资源保护的一系列宣言、宪章、公约等的要求，对各国的环境立法与实施产生了广泛而深刻的影响；同时，由于全球经济一体化进程的加快，各国环境问题大多与其经济发展、生产管理、资源利用与科技水平密切相关，所以有关环境立法的诸多措施与规定，有必要相互交流与借鉴。

（五）公益性

作为一个法律部门，环境法当然不可避免地具有阶级性，即反映统治阶级的意志和利益。但同阶级性与政治职能较强的宪法、刑法等公法部门相比较，环境法较少体现阶级利益的对立与冲突，而着眼于解决人与自然之间的矛盾，特别关注的是人类生存与发展意义上的公共利益与基本人权，侧重于“为一般社会福利而立法”，属于社会立法的范畴。由于生态环境是经济与社会可持续发展的基础，生态文明是现代社会文明的重要组成部分，因而从保护与改善生态环境的目的出发，环境法就是以社会公共利益为本位的法。

第二节　环境法的任务和作用

一、环境法的任务及目的

（一）环境法的任务

我国环境法的任务，在《宪法》《环境保护法》和各种环境污染防治、自然资源保护单行法中都作了明确的规定。例如：

《宪法》第 26 条规定：“国家保护和改善生活环境和生态环境，防治污染和其他公害。国家组织和鼓励植树造林，保护林木。”

《环境保护法》第 1 条规定：“为保护和改善生活环境与生态环境，防治污染和其他公害，保障人体健康，促进社会主义现代化建设的发展，制定本法。”

《海洋环境保护法》《大气污染防治法》《土地管理法》《清洁生产促进法》《环境影响评价法》《可再生能源法》等法律也作了相关规定。

从上述规定中，可将环境法的任务概括为以下两项。

1．保护和改善生活环境和生态环境

《环境保护法》要求不仅要保护环境，而且还要改善环境，并且把环境区分为生活环境和生态环境，突出了对生态环境的保护和改善；不仅要求重视生活环境的保护和改善，更强调加强对生态环境的保护和改善。这是因为，生态环境和生活环境是一个不可分割的整体，凡是破坏生态环境的活动迟早将会影响人类的生活环境；而生态系统一旦遭到破坏，其危害性要比生活环境受到污染的影响大得多，治理和恢复生态也十分困难，甚至不可恢复。因此，保护和改善生态环境必然是我国环境保护工作的中心任务和长远目标。

为了完成《环境保护法》的这一重要任务，必须努力贯彻《国民经济和社会发展“十一五”计划纲要》《国务院关于落实科学发展观加强环境保护的决定》和《全国生态环境保护纲要》中规定的保护和改善生活环境与生态环境的各项要求，认真执行《环境保护法》和各种自然资源、环境污染防治单行法的有关规定。

2．防治环境污染和其他公害

根据《环境保护法》第 24 条规定可知，防治环境污染和危害，就是防治在生产建设或者其他活动中产生的废气、废水、废渣、粉尘、恶臭气体、放射性物质以及噪声、振动、电磁波辐射等对环境的污染和危害。“其他公害”则是指目前尚未出现而今后可能出现，或者已经出现却尚未包括在前述“公害”概念之内的环境污染危害。

现行的《环境保护法》和污染防治单行法关于防治环境污染和其他公害的规定，明确了防治范围、措施及排污单位的责任，增设了近年来在环境保护实践中总结出来的行之有效的制度和措施，并且在法律责任中加大了处罚力度，增设了新的处罚形式等。

为了完成环境保护法的第二项重要任务，必须认真执行《环境保护法》和环境污染防治单行法的有关规定，继续实行环境影响评价、“三同时”、限期治理、淘汰落后设备工艺等制度；严格控制新的污染源，巩固和提高工业污染源主要污染物达标排放成果，努力控制污染物排放总量；抓好防治重点区域和重点行业，大力推行清洁生产，降低能耗物耗，减少污染物的排放量；强化环境管理，严格监督环保设施运行，积极防治电磁辐射污染；增加环保投入，依靠科技进步治理污染，充分发挥市场调节作用；健全环境监督管理机构，提高环保队伍素质，调动公众参与的积极性。

（二）环境法的目的

根据《宪法》《环境保护法》和自然资源保护及污染防治单行法的规定可知，实现环境保护法两项重要任务的目的是：“保障人体健康，促进经济和社会的可持续发展。”

“保障人体健康”与“促进经济和社会的可持续发展”是我国环境保护法的双重目的，被称之为“二元”目的论。我国环境法之所以施行“二元”目的论，就是充分考虑到我国现阶段的基本国情。我国属于发展中国家，人口众多，人均耕地和其他自然资源大大低于世界平均水平，加上经济、科技水平低，国家只能在发展经济的同时加强环境保护，在经济发展的过程中解决环境问题。但是，经济建设决不能以破坏人类生存环境为代价，不能把环境保护同经济建设对立起来或割裂开来。因为，发展经济的根本目的是保障人体健康。如果经济发展了，人们手里的钱多了，但呼吸的空气是不新鲜的，喝的水是脏的，工作、学习和生活的环境是被污染的，那并不是真正的现代化，不是人民群众的愿望，也不是我们现代化建设的目的。可见，“先污染，后治理”“先破坏，后恢复”的做法必将使经济建设走上不可持续发展的道路，既不符合广大群众的利益，也与《环境保护法》的立法目的相违背。

二、环境法的作用

（一）环境法是实施环境监督管理，实现环境保护目的的法律依据

发展经济，必须走可持续发展的道路；否则将受到大自然的惩罚，这是客观规律。但是，有的人认为，为发展经济而污染或者破坏环境是难免的；还有的人认为，我国是个发展中国家，首先要解决的是吃饭、就业的问题，先把经济搞上去，其余一切都好办。上述的认识和看法显然是造成我国一些地区环境质量继续恶化的主因。要改变这种状况，国家必须在采取宣传教育、行政、经济和科技等手段的同时，采取强有力的法律手段，切实改变有法不依、执法不严、违法不究的状况。各级政府应依法将环境保护规划纳入国民经济和社会发展计划，采取有利于环境保护的经济、技术政策和措施，力戒决策不当导致重大环境失误。行政、司法部门要加大执法、司法力度，凡是污染或者破坏环境的，要依法追究法律责任，决不姑息。正如引例中所指出那样的，环境政策法制是推进历史性转变的重要保障。只有完善环境立法，提高立法质量，加大执法力度，强化执法监督，才能把环境保护纳入依法治理的轨道。

（二）环境法是提高公民环境意识和法制观念的好教材

《环境保护法》规定了国家机关、社会团体、企事业单位和公民在环境保护中的职责和权利、义务，使人们懂得什么是法律所禁止的，什么是法律所鼓励的，从而获得判断是非、合法与违法的标准。特别是各级领导干部，要不断提高对环境保护重要性的认识，从而带头遵守环境保护法，并为环境保护监督管理部门严

格执法创造好的条件。各级环境保护监督管理部门要努力提高监督管理的能力，开展环境警示教育，鼓励公众参与，发挥新闻媒体的舆论监督作用。《环境保护法》要求一切单位和个人，自觉履行保护环境的义务，并对污染和破坏环境的单位和个人进行检举和控告。广大群众要学会运用《环境保护法》，积极参与环境保护事业，以维护国家和公民个人的环境权益。[2]

（三）环境法是维护我国环境权益的重要武器

臭氧层破坏、温室效应、海洋污染和放射性泄漏等，其危害范围往往跨越国界，这就涉及国家间环境权益的维护问题。近年来，随着对外贸易、引进外资和旅游业的发展，一些发达国家或者地区向我国内地转嫁污染；某些地区还发生外来物种的入侵和珍稀、濒危野生动植物被偷运出境等污染和破坏环境的现象。为了维护我国的环境权益，环境保护法设置了相应的规范，体现了我国《环境保护法》在维护国家环境权益中的重要作用。

（四）环境法是促进国际交流与合作，保护全球环境的重要手段

20 世纪 80 年代以来，我国积极参与国际环境保护事业，签署了多项国际环境保护条约。特别是 1992 年在联合国环境与发展大会上，我国提出了加强环境与发展领域国际合作的五点主张，突出了国际环境保护中的国家主权地位。我国还加强了与周边国家和地区环境保护交流与合作，坚决反对一些发达国家以环保问题为借口干涉别国内政，在国内环境立法方面也体现了这一原则立场，表明了我国政府保护国际环境的高度责任心，既促进了国际环境保护的交流与合作，也维护了我国的国家主权和环境权益。

第三节　环境法律关系

一、环境法律关系的概念与特征

（一）环境法律关系的概念

法律关系是指由法律规范所确认的当事人之间的具有权利义务内容的社会关

2 陈凯歌执导的《无极》剧组在云南香格里拉碧沽天池拍摄过程中严重地破坏了当地的自然植被和生态环境。此事经媒体曝光后引起社会广泛关注。最终，云南省环境保护局对《无极》剧组处以 9 万元罚款，香格里拉县分管副县长因对此事负有领导责任被免职。

系。环境法律关系，是指环境法主体在利用、保护和改善环境与资源的活动中形成的由环境法规范所确认和调整的具有权利、义务内容的社会关系。

环境法律关系的产生，同其他法律关系一样，首先要以现行的环境法律规范的存在为前提，没有相应的法律规定，就不会产生相应的法律关系。国家把人们在利用、保护环境与资源活动中形成的社会关系上升为环境法律关系，表明国家要对这个领域的活动进行法律调整，使人们的有关活动受法律的制约并产生相应的法律后果，从而加强国家对环境与资源的保护。

（二）环境法律关系的特征

1. 环境法律关系是人与自然相互作用下形成的人与人之间的关系

法律是通过调整人的行为实现立法者的意志的，任何法律关系都直接表现为人与人的关系，环境法律关系也不例外。环境法调整的是人们在同自然环境打交道的过程中，即在利用、保护和改善环境的各种活动中形成的人与人的社会关系，目的是保护和改善环境，协调人与环境的关系。离开了人与环境的关系，也就没有了环境法律关系。

2. 环境法律关系具有广泛性

参与环境法律关系的主体，既包括国家、国家机关，也包括各种企事业单位、其他社会组织和公民。在环境法律关系中，有依据行政法规范确立的环境法律关系，也有按民法规范确立的环境法律关系，还有按刑法规范确立的环境法律关系。[3]

二、环境法律关系的构成要素

环境法律关系的构成要具备主体、内容和客体三个要素。

（一）环境法律关系的主体

环境法律关系的主体是指依法享有权利和承担义务的环境法律关系的参加者。在我国，环境法律关系的主体包括国家、国家机关、企事业单位、其他社会组织和公民。

（二）环境法律关系的内容

环境法律关系的内容是指法律关系的主体依法所享有的权利和所承担的义务。主体享有的权利是某种权能或利益，所表现的是权利主体可以自己作出一定

3 金瑞林. 环境法学. 北京：北京大学出版社，2002：29.

的行为，或相应要求他人作出或不作出一定的行为。

（三）环境法律关系的客体

环境法律关系的客体是指环境法主体的权利和义务所能实际作用的事物。一般认为，法律关系的客体包括物、行为、精神财富和其他权益。环境法律关系的客体一般只有物和行为。

1. 物

可作为权利、义务对象的物品或其他物质。在环境法律关系中作为权利义务对象的物，是指表现为自然物的各种环境要素。就是说这些自然物必须是人们可以影响和控制的、具有环境功能的自然物。

2. 行为

作为法律关系客体之一的行为，是指参加法律关系的主体的行为，包括作为与不作为。作为，又称积极的行为，是指要求从事一定的行为。不作为，又称消极的行为，是指不能从事一定的行为。在环境法律关系中，主体的权利和义务，常常表现为从事一定的行为，或不得从事一定的行为。

第四节　环境法的适用范围

环境法的适用范围是指环境法在哪些地方和在什么时间对哪些人有效力的问题，具体来讲包括在空间的适用范围、对人的适用范围和时间上的适用范围。

一、环境法的空间适用范围

环境法在空间上的适用范围是指环境法在哪些地方、哪些区域有效力。

（一）全国性的环境法律、法规、规章在全国范围内有效

国家权力机关，行政部门制定的全国性环境保护法律、法规、规章，一般在全国范围内有效。例如《环境保护法》和各种自然资源保护与环境污染防治单行法。其中《环境保护法》第 3 条规定：“本法适用于中华人民共和国领域和中华人民共和国管辖的其他海域。”这是我国《环境保护法》在空间效力上总的规定，表明其效力及于我国的全部领域，包括我国的领陆、领海、领空和延伸意义上的其他领域。

（二）地方性环境法规、规章的效力及于该地区

地方权力机关、行政机关制定的地方性环境保护法规、规章，只在该辖区内的环境保护领域或者该领域的某一方面有效力，不能作为处理其他地区环境保护纠纷的法律依据。

（三）我国某些环境法律具有“域外效力”

有关我国环境法的效力及于国家主权所管辖的领域，称“域内效力”。根据该原则，意味着环境法在国家主权管辖的领域内有效，只是不同层次的环境法律、法规、规章在空间上的具体适用范围有差别。

《海洋环境保护法》第2条第3款规定：“在中华人民共和国管辖海域以外，造成中华人民共和国海域污染的，也适用本法。”就是说，在我国管辖海域以外的单位或者个人实施了污染损害我国海洋环境的行为，我国有关行政机关可以依据该法追究其法律责任。《刑法》中破坏环境资源罪的规定也具有域外的效力。

（四）我国参加的国际条约效力优于国内法

对于我国参加或者签署的《国际环境保护条约》，与国内《环境保护法》有不同规定的，除我国政府声明保留的条款以外，适用国际条约的规定。

（五）国内跨区域环境法律的适用

跨行政区域环境保护纠纷案件的法律适用问题，原则上应以环境保护违法行为发生地的法规为依据。

二、环境法对人的适用范围

这是指环境法对哪些人具有效力，包括对哪些自然人和单位具有效力。关于法律对人的适用范围，世界各国所确立的原则不尽相同，概括起来有以下几种：

（一）属人主义

属人主义指凡是本国人不论在国内还是国外，均适用本国法律，但对在该国领域内的外国人不适用。

（二）属地主义

属地主义指一国的法律对其管辖领域内的一切人，不论本国公民还是外国公民以及单位和无国籍人都具有效力，但在国外的本国人则不受该国法律的约束。

（三）保护主义

保护主义指本国法律对任何损害该国家利益的人都有约束力，而不问此人的国籍或者所在地。

（四）以属地主义为主，以属人主义、保护主义为辅

以属地主义为主，以属人主义、保护主义为辅，指的是以属地主义为基础，把属地主义、属人主义和保护主义三者结合起来的原则。

三、环境法在时间上的适用范围

环境保护法在什么时间生效和何时终止效力，以及在环境法颁布以前对破坏或者污染环境的行为是否有效力的问题。

（一）环境法生效时间的三种形式

1．立即生效

即自颁布之日起生效，这种生效形式在环境法领域中比较少见。例如，1979 年 9 月 13 日和 1979 年 2 月 23 日颁布的《中华人民共和国环境保护法（试行）》和《中华人民共和国森林法（试行）》。

2．公布之日起一定期限后生效

这是环境法律、法规较普遍的生效形式。其中包括原已施行后修订和新制定的。前者如 2000 年 4 月 29 日修订公布施行的《中华人民共和国大气污染防治法》（2000 年 9 月 1 日起施行）等；后者如 2003 年 6 月 28 日公布的《中华人民共和国放射性污染防治法》（2003 年 10 月 1 日起施行）等。

3．公布之后经过一段时间的试行和修改后才正式生效

这是我国环境保护立法初期采取的生效形式，目前已停止使用。

（二）环境法的三种失效形式

1．经修订的法律明文规定在该法律施行之日起相应的原法同时废止

《中华人民共和国环境保护法》第 47 条规定："本法自公布之日起施行。《中华人民共和国环境保护法（试行）》同时废止。"

2．规定与新法相抵触的原法律规定失效

1982 年 8 月 23 日公布实施的《中华人民共和国海洋环境保护法》第 46 条规定："现行有关海洋环境保护的规定，凡与本法相抵触的，均以本法为准。"

3. 随着新法的颁布施行原有同类法律自行实效

《中华人民共和国水污染防治法》是根据 1996 年 5 月 15 日第八届全国人大常委会第 19 次会议《关于修改〈中华人民共和国水污染防治法〉的决定》（以下简称《决定》）修订的。在该法条文和公布该法的命令，以及在《决定》中，均没有规定在新法生效之后，原同样内容的法律相应的失效。但是，根据惯例，应当认为原《中华人民共和国水污染防治法》中与新法的规定相抵触的部分自行失效。[4]

（三）环境法的溯及力

环境法对其生效以前的行为和事件是否有约束力的问题。如果有约束力，称有溯及力；如果没有约束力，则称无溯及力。

关于法律的溯及力问题，世界各国一般均比照该国刑法的有关规定。归纳起来有以下 5 种。

（1）从旧原则。指新法对其生效以前的行为和事件没有溯及力。

（2）从新原则。指新法对其生效以前的行为和事件有溯及力。

（3）从轻原则。指新法与旧法相比较，以对行为人处罚较轻的法律为处罚依据。

（4）从旧兼从轻原则。指新法原则上不溯及既往，但新法对行为人处罚较轻的，从新法。

（5）从新兼从轻原则。指新法原则上溯及既往，但旧法对行为人处罚较轻者，从旧法。

近代世界各国，在法律的溯及力上大多采用从旧兼从轻原则，我国也是如此。

第五节　环境法体系

一、环境法体系的概念

由调整保护和改善生活环境与生态环境、防治污染和其他公害而产生的社会关系的法律规范所形成的有机统一体。

二、环境法是一个独立的法律部门

环境法是一个新兴的在我国法律体系中具有不可替代作用的，具有自己独立地位的法律部门。环境法之所以成为一个独立地位的法律部门，其理由如下。

---

4 陈汉光，朴光洙. 环境法基础. 北京：中国环境科学出版社，2004.

（一）环境法有自己独立的调整对象

区别法律部门的重要标志在于其调整对象的独立性或特殊性。环境法的调整对象是环境社会关系，这类社会关系是在人们开发利用、保护改善环境的过程中所产生的，其特征是它的产生及发展以人类与环境的关系为基础，并且与人类对环境保护的认识水平密切相关。

（二）环境法有自己的调整方法

调整方法的不同，也是区别不同法律部门的重要标志。环境法为实现协调人类与环境关系的目标，采取独特的调整方法，建立了自己的法律原则和制度，这类原则如协调发展原则、综合整治原则、环境责任原则、公众参与原则，制度如环境影响评价制度、“三同时”制度、排污收费制度、许可证制度、限期治理制度等，都明显地不同于其他法律部门。

（三）环境法有自己特殊的任务和目的

一般来说，环境法的任务和目的是保护环境，保障人体健康，维护生态平衡，各国在环境立法中根据本国情况各有侧重。我国《环境保护法》规定的任务和目的是：“保护和改善生活环境与生态环境，防治污染和其他公害，保障人体健康，促进社会主义现代化建设的发展。”这一任务无法被其他法律部门的任务所代替，目的也不可能由别的法律部门来实现。

（四）环境法有自己的特征

由于环境保护是一项永久性、全民性的活动，环境质量改善的成果将由全体社会成员共同享有，因而环境法的调整对象与保护对象都具有独特的公益性。全球一体化要求世界各国在环境保护领域携手合作，使得这一部门法的社会性与公益性更为显著。

三、环境法体系的构成

（一）环境法体系的纵向结构

环境法体系的纵向结构又称为环境法的效力体系，是根据环境法制定机关，按照不同的效力等级或层次而划分的环境法的内部结构。环境法体系的纵向结构的构成关系见图表 1-1。

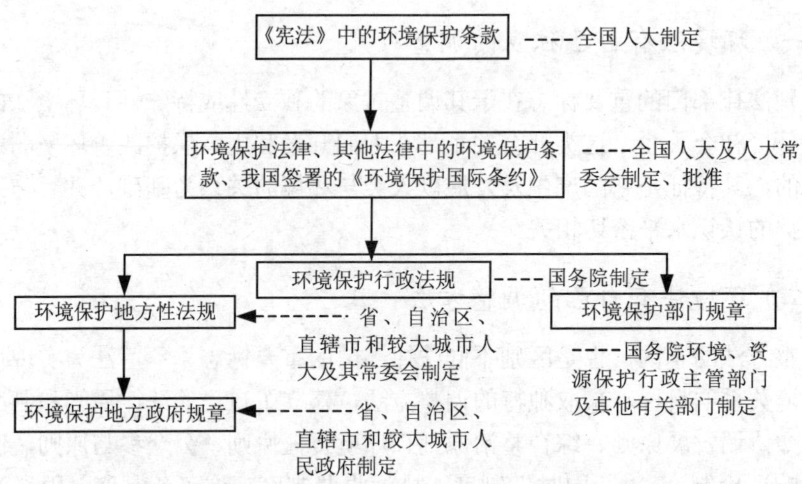

图表 1-1　环境法体系的纵向结构图

1.《宪法》

《宪法》中关于环境保护的条款是制定其他环境法的宪法依据。

2. 环境法律、其他法律、我国签署的环境保护国际公约

（1）环境法律、其他法律。环境法律、其他法律由全国人大及人大常委会制定，由国家主席签署主席令予以公布，法律效力高于行政法规、地方性法规、规章。

（2）我国签署的环境保护国际公约。根据我国《宪法》有关规定，经全国人大常委会或国务院批准缔结参加的国际条约、公约和议定书与国内法具有同等法律效力。

（3）环境保护行政法规。国务院根据《宪法》和法律制定环境保护行政法规，并由总理签署国务院令予以公布。行政法规的法律效力高于地方性法规、规章。

（4）环境保护部门规章。环境保护部门规章由国务院环境、资源保护行政主管部门或有关部门发布，其中有的由环境、资源保护行政主管部门单独发布，有的由几个有关部门联合发布，是以有关环境法律、行政法规、决定、命令为根据在各自权限范围内制定的规章。

（5）环境保护地方性法规。环境保护地方性法规由省、自治区、直辖市、省会城市、自治区首府所在城市和较大城市的人大及其常委会制定。

（6）环境保护地方政府规章。环境保护地方政府规章由省、自治区、直辖市、省会城市、自治区首府所在城市和较大城市的政府制定，经政府常务会议或者全体会议决定并由省长、自治区主席或者市长签署命令予以公布，在本行政区域内适用。

（二）环境法体系的横向结构

从组成环境法体系的内容来看，也就是从环境法体系的横向结构看，环境法体系由不同方面、不同功能的环境法律、法规所组成。环境法体系的横向结构的构成关系见图表 1-2。

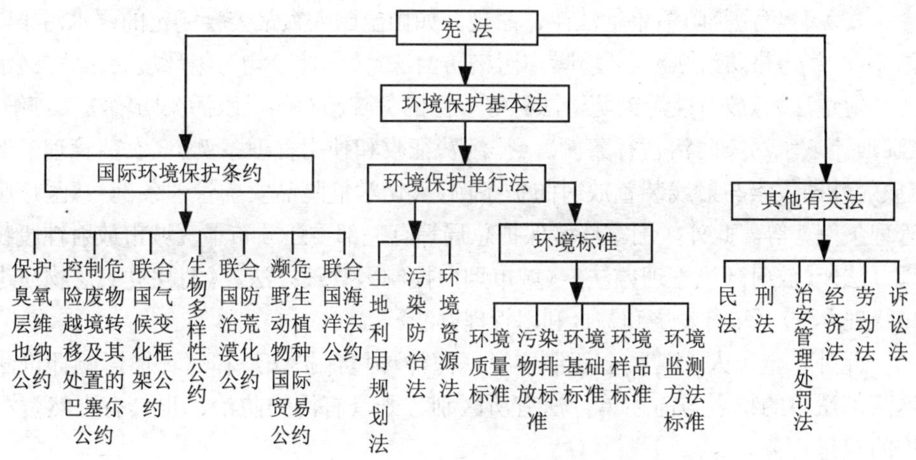

图表 1-2　环境法体系的横向结构图

1．《宪法》中有关环境与资源保护的规定

《宪法》中关于环境与资源保护的规定是环境法的基础，是各种环境法律、法规和规章的立法依据。

第 26 条规定：“国家保护和改善生活环境和生态环境，防治污染和其他公害。”

第 9 条规定：“矿藏、水流、森林、山岭、草原、荒地、滩涂等自然资源，都属于国家所有，即全民所有；由法律规定属于集体所有的森林和山岭、草原、荒地、滩涂除外。国家保障自然资源的合理利用，保护珍贵的动物和植物。禁止任何组织或者个人用任何手段侵占或者破坏自然资源。”

第 10 条第 5 款规定：“一切使用土地的组织和个人必须合理地利用土地。”

第 22 条第 2 款规定：“国家保护名胜古迹、珍贵文物和其他重要历史文化遗产。”

2．环境保护基本法

环境保护综合性基本法在整个环境法体系中，具有重要的地位和不可替代的意义。1989 年 12 月颁布的《环境保护法》是我国的综合性环境保护基本法。

3．环境保护单行法律、法规

这一层次的法律规范，其内容包括自然资源保护和环境污染两大类。

（1）自然资源保护单行法律法规。主要包括由全国人大常委会制定的《水法》

《水土保持法》《防洪法》《土地管理法》《矿产资源法》《海域使用管理法》《森林法》《草原法》《野生动物保护法》《防沙治沙法》《渔业法》等，和国务院发布的上述法律的实施条例、细则，以及《野生植物保护条例》《自然保护区条例》《风景名胜区管理暂行条例》《水产资源繁殖保护条例》《基本农田保护条例》，等等。

（2）环境污染防治单行法律、法规。如由全国人大常委会制定的《水污染防治法》《大气污染防治法》《环境噪声污染防治法》《固体废物污染环境防治法》《清洁生产促进法》《放射性污染防治法》等。由国务院颁布的《水污染防治法实施细则》《淮河流域水污染防治暂行条例》《排污费征收和使用管理条例》《农药管理条例》《放射性同位素与射线装置放射防护条例》《化学危险品安全管理条例》《医疗废物管理条例》等。此外，国家环境保护总局等有关部委还颁布了《城市放射性废物管理办法》《放射环境管理办法》《城市烟尘控制区管理办法》《消耗臭氧层物质进出口管理办法》《秸秆焚烧和综合利用管理办法》等。

此外，全国人大常委会还制定了《海洋环境保护法》和《环境影响评价法》。这两部法律的特点与前述单行法有所区别，既具有污染防治，也具有自然资源保护的双重任务。

4．环境保护纠纷解决程序的法律、法规

有关追究破坏或者污染环境者的行政、民事、刑事责任的程序性规范。对此，世界各国一般均沿用该国的行政、民事、刑事诉讼法的有关规定。

我国与上述大多数国家类似，环境保护纠纷的解决也适用我国的《行政诉讼法》《民事诉讼法》《刑事诉讼法》《国家赔偿法》《行政复议法》以及《环境保护法》的有关规定。在涉外的海洋污染损害民事纠纷方面，还可根据《中国海事仲裁会仲裁规则》予以解决。

为了规范环境保护监督管理部门的行政处罚行为，除了执行《行政处罚法》之外，国务院有关部门还发布了有关行政处罚程序方面的规章。如《环境保护行政处罚办法》《土地违法案件处理暂行办法》《林业行政处罚程序规定》《渔业行政处罚程序规定》《水行政处罚实施办法》《风景名胜区管理处罚规定》和《交通管理处罚程序规定》等。

5．环境保护标准中的环境保护规范

环境保护标准中的环境质量标准和污染物排放标准，属于强制性标准，具有法律规范的性质和特点，因此是环境法体系的重要组成部分。

6．地方性环境法规、规章

我国各地依据《宪法》和《环境保护法》，结合本地区的实际，先后制定了大量的地方性环境法规和规章。地方性环境法律规范，内容相当广泛，有的还规定得比较具体，可操作性也较强，这为国家环境立法提供了经验。

7．其他部门中的环境保护规范

如我国《民法通则》中关于使用自然资源者有保护、合理利用义务的规定等；《刑法》中关于犯罪的概念、刑事责任年龄、犯罪的追诉时效的规定等；行政法中关于行政执法的效力、特点、种类的规定等；《治安管理处罚法》中关于处罚故意破坏树木、草坪、花卉的规定等。

8．我国参加或者缔结的国际法中的环境保护规范

目前，各种国际环境法律文件已超过 100 件。我国积极参加国际环境保护及其立法活动，已加入了 50 余个有关国际环境保护条约。多边和区域性环境合作也取得重要进展，截至 2000 年年底，我国已同 27 个国家签署了 35 项双边环境合作协议或备忘录，15 个核安全、核辐射环境合作协议。主要包括《联合国海洋法公约》《生物多样性公约》《气候变化框架公约》《保护世界文化和自然遗产公约》《南极条约》《关于环境保护的南极条约议定书》《及早通报核事故公约》《核事故或辐射紧急援助公约》《核安全公约》《核材料实物保护公约》《关于在国际贸易中对某些危险化学品和农药采用事先知情同意程序的鹿特丹公约》《化学制品在工作中的使用安全》《联合国荒漠化公约》等。

（三）环境法体系的完善

1．环境立法存在的主要问题

（1）环境法律体系尚不健全，存在着一些重要的立法空白，如缺乏土壤污染防治、化学品管理、生物安全、遗传资源保护、核安全等法律法规。

（2）一些环境管理制度不适应需要，一些环境管理制度缺少法律依据，一些环境管理制度的后续工作有待加强。

（3）环境法律配套滞后，不少环境法律的实施条例、规章、标准、政策迟迟不能出台，影响了法律的贯彻执行。

（4）缺少一部专门约束政府行为的环境法律，地方保护干扰正常执法现象普遍。

（5）缺少专门的环境民事赔偿法律，弱势群体受到环境损害后得不到必要的补偿。

（6）环境损害社会保险方面的法律缺失，一些重大环境事故的后续补偿无经费来源，其后果只能由国家负担或受害群众分摊。

（7）环境法律法规中的处罚力度弱，缺乏强制手段，表现为违法成本低、守法成本高、执法成本高，取证难、举证难、执行难。

2．加快环境立法完善环境法体系

（1）制定环境保护基本法律——《国家环境政策法》；

（2）填补环境保护法规空白，完善法规体系；

（3）制定配套法规，增强可操作性；

（4）根据环境保护的客观要求，适时修订法律、法规；

（5）制定履行《国际环境保护条约》需要配套的法律、法规；

（6）将环境保护工作中行之有效的管理模式规范化、制度化、法制化；

（7）积极支持、指导和推动地方环境立法；

（8）参与相关立法，更加重视全国人大、国务院和国务院有关部门与环境保护密切相关的立法活动。

第六节　中华人民共和国环境保护法

1989 年 12 月 26 日颁布的《中华人民共和国环境保护法》，是我国的环境保护基本法。该法是在 1979 年《环境保护法（试行）》的基础上经修订后重新颁布的。该法分六章，计 47 条，其结构及要点见图表 1-3。

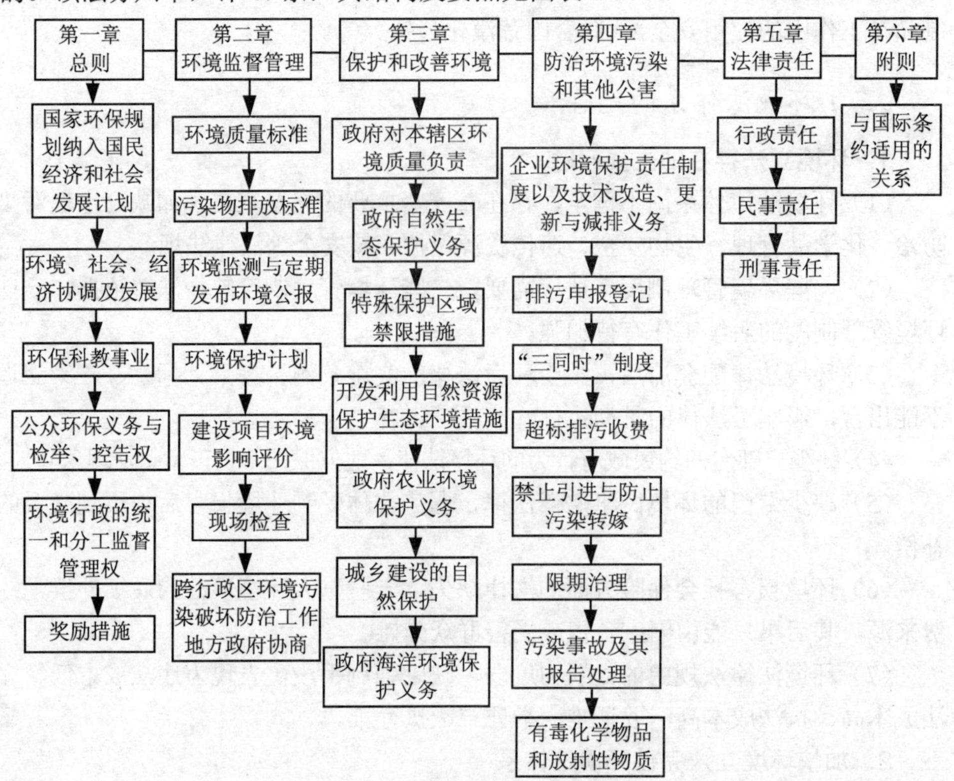

图表 1-3　《环境保护法》的结构及要点

作为一部综合性的基本法，《环境保护法》对环境保护的重要问题作了全面的规定。

（1）规定了环境法的任务是为了保护和改善生活环境与生态环境，防治污染和其他公害，保障人体健康，促进社会主义现代化建设的发展。

（2）环境保护的对象是那些直接或间接地影响人类生存和发展的环境要素的总体，包括大气、水、海洋、土地、矿藏、森林、草原、野生生物、自然遗迹、人文遗迹、自然保护区、风景名胜区、城市和乡村等。

（3）规定了我国的环境保护应采取的基本原则和制度。如将环境保护纳入经济和社会发展计划，实行经济发展与环境保护相协调的原则；预防为主、防治结合、综合治理的原则；污染者付费、利用者补偿、开发者保护、破坏者恢复原则；国家专门机关管理与群众参与相结合原则；以及环境影响评价制度、“三同时”制度、排污收费制度、限期治理制度等。

（4）规定了保护自然环境的基本要求和开发利用环境资源者的法律义务。如对有代表性的自然生态区域、珍稀野生动植物分布区域、重要水源涵养区，以及重要的自然遗迹和人文遗迹，要采取有效保护措施，严禁破坏；在风景名胜区、自然保护区内不得建设污染型工业企业，已经建成的要限期治理。加强对农业环境的保护，防止土壤污染、沙化和水土流失等。

（5）规定了防治环境污染的基本要求和相应的义务。如产生环境污染和其他公害的单位，必须把环境保护纳入计划，建立环境保护责任制；禁止引进不符合环境保护要求的技术和设备；发生环境污染事故或突发性事件要采取处理措施并报告环境保护部门；县级以上环境保护部门在环境受到严重污染威胁居民生命财产安全时，必须立即报告当地人民政府，以便采取有效措施；对有毒化学品实行严格登记和管理；不得将产生严重污染的生产设备转移给没有污染防治能力的单位使用等。

（6）规定了中央和地方环境管理机构对环境进行监督管理的权限和义务。

（7）规定了一切单位和个人都有保护环境的义务，对污染和破坏环境的单位和个人，有监督、检举和控告的权利。

（8）规定了违反环境法的法律责任，即行政责任、民事责任和刑事责任。

第七节　环境法的基本原则

环境法的基本原则，是指环境法所确认或者体现的，为实现环境法的任务和目的所必须遵循的基本准则或者基本指导方针。环境法的基本原则应该且必须是为环境保护法所确认，且贯穿于所有的环境保护法中；是各项环境保护具体原则、法律制度和措施的基础；适用于环境法的一切领域，对环境保护监督管理具有普遍指导意义。

据此，我国环境法的基本原则是：① 经济建设和环境保护协调发展原则；② 预防为主、防治结合、综合治理原则；③ 开发者保护、污染者治理原则；④ 公众参与原则等。

一、经济社会发展与环境保护相协调原则

（一）经济社会发展与环境保护相协调原则的概念

经济建设和环境保护必须统筹规划、同步实施、协调发展，实现经济效益、社会效益和环境效益的统一。这一原则正确反映了在经济社会和环境保护的关系，同时也指出了如何正确对待和处理它们之间的关系。

如何正确认识和处理好经济社会发展和环境保护的关系，不仅是一个理论问题，也是一个重要的实践问题。我国 30 多年来的环境保护实践经验教训说明，经济社会和环境保护是对立统一的辩证关系。首先，环境和自然资源物质基础，制约着经济社会的发展；其次，经济的发展在极大程度上要受环境和自然资源条件的制约。

坚持和采取有力措施贯彻落实协调发展原则，是社会经济发展规律和自然生态规律的客观要求，它对于落实科学发展观，促进社会生产力的发展，全面建设小康社会具有十分重要的意义。

（二）经济社会发展与环境保护相协调原则在我国的贯彻

1. 把环境保护规划纳入国民经济和社会发展计划

首先，将环境保护与经济建设重大项目纳入国民经济和社会发展计划，并在基本建设、技术改造、城市建设、水利开发等方面优先保证环境建设资金需求。其次，建立环境保护资金有偿使用机制，把环境因素纳入国民经济核算体系，使有关统计指标和市场价格能较准确地反映经济活动所造成的资源和环境变化。

2. 促进地区经济与环境协调发展

各地区要根据资源禀赋、环境容量、生态状况、人口数量以及国家发展规划和产业政策，明确不同区域的功能定位和发展方向，将区域经济规划和环境保护目标有机结合起来。

3. 采取有利于环境保护的经济、技术政策和措施

有利于环境保护的经济、技术政策和措施，是促进经济与环境协调发展的重要手段。例如：征收水资源费、生态补偿费，可以促进节约资源、减少排污、控

制（或制止）生态破坏。有利于环境保护的经济、技术政策涉及的范围很广，主要有：产业政策，能源政策，结合技术改造控制工业污染政策，推行清洁生产政策，以及奖励综合利用，对环境保护项目在贷款、税收等方面给以优惠的政策。

4．转变经济增长方式，发展循环经济，控制开发强度

为实现经济社会与环境保护的协调发展，应当把开发建设强度（规模和速度）控制在环境综合承载力限度之内。必须加快转变经济增长方式，要把节约资源作为基本国策，发展循环经济，保护生态环境，加快建设资源节约型、环境友好型社会，促进经济发展与人口、资源、环境相协调。

二、预防为主、防治结合、综合治理原则

（一）预防为主、防治结合、综合治理原则的概念

这一原则指采取各种预防措施，防止环境问题的产生和恶化，或者把环境污染和破坏控制在能够维持生态平衡、保护人体健康和社会物质财富及保障经济社会持续发展的限度之内。[5]从而，明确了预防与治理的关系，指出了治理环境污染和生态破坏的主要方式和途径。

采取预防为主的方针是非常重要的，这是因为：① 环境污染和破坏一旦发生，往往难以消除和恢复，甚至具有不可逆转性。② 环境污染和破坏后，再进行治理，从经济上来说是最不合算的，往往要耗费巨额资金。

防治结合，是指立足于预防的同时，对已造成的环境污染和生态破坏，采取措施积极治理。

综合治理，是指从整体利益出发，正确处理防和治，单项治理与区域、流域治理的关系，采取多种方式和途径相结合的办法，加以整治环境污染和破坏，以求用较小的投入取得较大的效益，并提高治理效果。

全面贯彻落实预防为主、防治结合、综合治理的原则，对有效地控制新污染和破坏的产生；结合综合治理老污染和破坏，使我国的环境保护工作由消极的应付转为积极的防治；实现经济效益、社会效益和环境效益相统一等，都具有重要的意义。

（二）预防为主、防治结合、综合治理原则在我国的贯彻

1．搞好全面规划、合理布局和宏观调控

贯彻预防为主的原则，应该从各个方面、通过各种途径去预防环境污染和

5 韩德培. 环境保护法教程. 4 版. 北京：法律出版社，2003.

环境破坏，首先应该重视和搞好政府行为中的源头活动即规划工作。要根据国情，调整不合理的工业、产业布局，建立科学的开发整治环境资源的布局，形成有利于从根本上防治各种环境问题的合理的城镇体系、产业结构、能源结构和生态结构。

2. 建立健全各种环境管理法律制度

首先应建立健全环境影响评价制度，对于拟议中可能对环境产生重大不利影响的活动（包括立法、规划和重大经济技术政策的制定等宏观活动和具体的建设项目）应进行环境影响评价；要加强建设项目的环境管理，实行环境影响评价制度和“三同时”制度，严格控制新的环境污染源和环境破坏源；要加强企业环境管理，建立健全清洁生产制度，推行源削减和清洁生产工艺、技术和设备，对原料和废物进行综合利用，实现废物无害化、资源化，对已经产生的环境污染和环境破坏积极进行治理；要加强城市和农村环境的综合整治，健全城乡环境综合整治定量考核制度。要进一步健全和改进排污申报登记制度、排污许可证制度、现场检查制度、限期治理制度、建设项目环境管理制度、污染物总量控制制度、污染集中治理制度、综合利用制度等各种防治环境污染和环境破坏的制度。

3. 综合运用各种环境保护管理的方法和手段

加强环境法制、管理、宣传、教育、科学、技术等各项工作，充分发挥环境科学技术、环境宣传教育、道德力量和经济手段的作用。

三、开发者保护、污染者治理原则

（一）开发者保护、污染者治理原则的概念

开发者保护，是指开发利用自然资源的单位和个人，不仅有依法开发自然资源的权利，而且负有恢复、整治、保护环境和自然资源的责任。

污染者治理，是指对环境造成污染危害的单位或者个人有责任对其污染源和被污染的环境进行治理，并承担治理费用。实行污染者治理原则，可以推动排污者积极治理污染，促进企业加强管理和进行技术改造，还可为环境污染治理筹集资金。

全面贯彻落实开发者保护、污染者治理的原则，对于促进企业、事业单位合理开发利用自然资源，提高资源综合利用率；推动企业、事业单位加强环境管理，积极治理环境污染和生态破坏；引导企业、事业单位全面推行清洁生产，减少污染物的排放量等，都具有重要的意义。

（二）开发者保护、污染者治理原则在我国的贯彻

1．实行环境保护目标责任制

环境保护目标责任制，是一种把环境保护任务定量化、指标化，并层层落实的管理措施。《环境保护法》第 16 条规定："地方各级人民政府，应当对本辖区的环境质量负责，采取措施改善环境质量。"要层层建立环境保护目标责任制，还要进一步完善考核制度和奖惩措施，将环境保护目标的完成情况，与领导干部业绩考核和各地经济工作考核相结合，做到责任、措施、投入到位，政府各部门要按环境保护目标要求和职能分工，各负其责，通力合作，完成环境保护目标要求。

2．加强对开发建设活动的监督

各级人民政府环境保护行政主管部门，应当加强对开发建设活动的监督和检查，严格实施环境标准和开发活动规程，建立健全环境影响评价和监测管理制度，建立新建工业项目污染物排放总量审批制度，严格控制对环境和自然资源可能造成污染和破坏的开发活动。开发自然资源的单位和个人，必须严格执行有关环境影响评价制度、"三同时"制度、环境资源补偿费制度的规定，防止开发建设活动对环境和自然资源造成污染和破坏。

3．采取限期治理措施，开展区域、流域污染综合治理

《大气污染防治法》规定，向大气排放污染物超过国家或者地方规定的排放标准的，应当限期治理，并由所在地县级以上地方人民政府环境保护行政主管部门处 1 万元以上 10 万元以下罚款。这一规定明确了排污单位强制性的污染治理责任，是贯彻污染者治理原则的一种强制性的有效性措施，这一措施使污染企业的治理责任更加明确并有了时间上的限制。

四、公众参与原则

（一）公众参与原则的概念

在环境保护中任何单位和个人都享有平等参与环境决策与管理的权利。

环境质量的好坏，直接关系到每个人的生活质量，关系到一个民族的生存和发展。保持清洁、舒适、优美的环境，既是人们的愿望，也符合人民的利益。人们既应享有在良好的环境中生活的权利，依法参与环境资源管理的权利，同时，也有保护和改善环境资源的义务。

环境保护事业是千千万万人的事业，环境法制建设需要每一位社会成员自觉努力。为此，必须动员全社会的力量，充分发挥人民群众的主动性、积极性和创造性。在环境法上将公众参与作为一项基本原则，在各项法律制度的制定、执行

及实施过程中注重发挥人民群众的作用，赋予公民参与环境保护的各项权利，形成公众参与的机制，将环境保护事业建立在公众广泛参与、支持、监督的基础之上，对于推动政府重视和加强环境保护公益事业，有效地监督和约束开发、经营、排污行为，保障公民的环境权益具有重要意义。

（二）公众参与原则在我国的贯彻

1．公众参与环境影响评价

我国环境影响评价中的公众参与主要以两种形式出现。一是专家与环境管理部门参与，这种方式主要是由有关专家和环境管理部门就环境管理政策和技术复杂的决策性问题，通过咨询、评价、参与研究等方式，听取各方面的意见和建议，对环评工作进行改进；二是群众参与，这是最常见的方式。“群众参与”通常使用填写设计调查问卷的形式，通过向工程所在区域公众介绍拟建工程在施工期和运营期可能造成的有利与不利、长期与短期的影响，了解公众对拟建项目的关心程度和所持态度，以及公众关心的主要问题，听取公众对项目的意见和建议，使项目的设计建设更加合理和完善，从而最大限度地降低项目对周围自然环境和社会环境产生的不利影响。

国家环境保护总局制定并于2006年3月18日起实施的《环境影响评价公众参与暂行办法》，其中第三章“公众参与的组织形式”分三节13条具体规定了“调查公众意见和咨询专家意见”、“座谈会和论证会”、“听证会”三种主要的公众参与环境影响评价的方式，这一规章的规定较《环境保护法》和《环境影响评价法》等法律的规定更为具体、更为详尽，更具有可操作性。此后，作为行业组织的国家环境保护总局环境影响评价中心还于2006年修改了相关的环境影响评价的技术导则，规范环境影响评价机构在环境影响评价中保障公众参与权利的行为。

2．公众参与环境行政许可听证

环境保护行政主管机关作为听证组织机关因其审议的重大环境许可事项涉及公共利益而依法律规定或依职权启动的听证程序。这一程序可依环境行政许可申请人或利害关系人的依法申请而启动。听证组织机关指派专人主持听证会，听取审查该环境行政许可申请的工作人员和申请人、利害关系人就事实和证据所进行的陈述、质证、辩论。国家环境保护总局于2004年6月23日发布，并于2004年7月1日起施行了《环境保护行政许可听证暂行办法》（以下简称《暂行办法》）。

《暂行办法》施行以来，全国各地已经举行了多次适用该暂行办法而举行的听证会，如2004年8月13日举行的“北京西上六输电线路工程电磁辐射污染环境影响评价行政许可听证”、2004年10月19日举行的“山东省平度市‘美食一条街’项目环境保护行政许可听证会”、2004年11月30日举行的“大连西部通道环境影响评价报告书审批听证会”等。

3．公众参与环境行政立法听证

在我国尚未就公众参与环境行政立法听证制定专门性的法律，但相关立法中已经就此有所规定。例如，《中华人民共和国立法法》第 58 条规定，行政法规在起草过程中，应当广泛听取有关机关、组织和公民的意见。听取意见可以采取座谈会、论证会、听证会等多种形式。《暂行办法》第 39 条规定，环境保护行政主管部门授权起草的环境保护法律、法规，或者依职权起草的环境保护规章，直接涉及公民、法人或者其他组织切身利益，有关机关、组织或者公民对草案有重大意见分歧的，环境保护行政主管部门可以采取听证会形式，听取社会意见。环境立法听证会，参照本办法关于听证组织和听证程序的规定执行。

国家环境保护总局在《关于贯彻落实〈全面推进依法行政实施纲要〉的通知》等文件中明确提出：“要建立公众参与环境立法的机制，扩大环境行政立法的公众参与程度，进一步增强环境立法项目、立法过程的公开性和透明度。”要“采取听证会、论证会等形式听取公众意见，广泛征求社会各界意见。”全国首例环境行政许可立法听证会——《排污许可证条例(征求意见稿)》的立法听证会于 2004 年 8 月 18 日在南京举行。

4．公众参与与环境保护有关的行政管理决策和执法

公众参与政府环境保护管理决策和执法在我国已有实践基础。地方政府也制定一些地方政府规章或规范性文件对此予以推动和规范，如 2004 年 7 月 1 日起施行的《重庆市行政决策听证暂行办法》第 3 条规定“行政决策涉及下列事项之一的，行政机关应当依照本办法组织听证，但因情况紧急须即时决定的除外”，其中该条第（五）项为：“可能对生态环境、城市功能造成重大影响的政府投资项目的立项审批或核准”。该办法还具体规定了听证的程序。

前述引例“武汉市餐饮油烟噪声扰民社区居民自治听证会案”是一起非常具有新颖性的公众参与环境保护案例。2004 年 4 月，武汉市在全国率先开展了社区餐饮扰民问题居民自治听证的试点工作，探索一条民主听证与依法行政相结合的环境管理新路子，使得环境行政执法有了群众基础，便于环评制度的落实。有利于保障市民的饮食安全与身体健康，减少与降低社区油烟噪声污染，从而改善社区居民的生活环境。

【问题与讨论】

1. 怎样理解环境法的定义及特征？
2. 环境法的任务是什么？怎样理解环境法的“二元”目的论？
3. 怎样理解环境法的适用范围？

4. 如何理解环境法的溯及力问题?

5. 什么是环境法律关系?如何理解环境法律关系的三要素?

6. 2004 年 2—4 月,四川川化股份有限公司将工业废水排入沱江干流水域,造成特大水污染事故,给成都、资阳等五市的工农业生产和人民生活造成了严重的影响和经济损失。经农业部长江中上游渔业生态环境监测中心评估,天然渔业资源损失达 1 569 万余元。9 月 9 日,成都市锦江区法院对涉案人员作出一审判决,相关责任人最高获刑 5 年,处罚金人民币 4 万元。问:通过此事如何看待环境法的作用?

7. 什么是环境法体系?如何理解环境法是一个独立的法律部门?

8. 简述环境法的纵向结构的主要内容。

9. 简述环境法的横向结构的主要内容。

10. 我国环境立法存在的主要问题是什么?完善环境法体系应当从哪几个方面着手?

11. 简述《环境保护法》的主要内容。

12.《环境保护法》规定的环境保护的对象是什么?

13.《环境保护法》规定的基本原则、基本制度有哪些?

14. 环境保护单行法律、法规分为哪两类?

15. 如何理解经济建设与环境保护协调发展的原则?

16. 如何理解以保护环境优化经济发展?

17. 什么是公众参与原则?结合实际谈谈如何完善公众参与制度。

第二章　环境监督管理体制

【提要】

环境保护监督管理体制是指国家环境保护监督管理机构的设置，以及这些机构之间环境监督管理权限职能的划分。本章将分别对环境监督管理体制的概念、我国环境监督管理机构的建立和发展历程、国务院环境行政主管部门的职责、地方各级人民政府的职责、县级以上地方人民政府环境行政主管部门的职责、其他依照法律规定行使环境监督管理权的部门的职责、企事业单位环境保护义务、企业环境监督员制度进行阐述。

【引例】

2006年7月8日，国家环境保护总局出台了《总局环境保护督查中心组建方案》，决定设立华东环境保护督查中心、华南环境保护督查中心、西北环境保护督查中心、西南环境保护督查中心、东北环境保护督查中心。督查中心为总局派出的执法监督机构，是总局直属事业单位，在所辖区域内承担总局委托的职责。华东、华南、西北、西南、东北督查中心分别设置在南京、广州、西安、成都、沈阳。华东督查中心的监管区域是：上海、江苏、浙江、安徽、福建、江西、山东。华南督查中心的监管区域是：湖北、湖南、广东、广西、海南。西北督查中心的监管区域是：陕西、甘肃、青海、宁夏、新疆。西南督查中心的监管区域是：重庆、四川、贵州、云南、西藏。东北督查中心的监管区域是：辽宁、吉林、黑龙江。2006年12月5日，国家环境保护总局西南环境保护督查中心挂牌成立。

第一节　环境监督管理体制概述

一、环境监督管理体制的概念

（一）环境监督管理体制的定义

环境保护监督管理体制，也称环境监督管理体制，是指国家环境保护监督管理机构的设置，以及这些机构之间环境监督管理权限职能的划分。

环境保护监督管理体制的根本问题是要解决环境监督管理的模式问题，即要建立一种协调、和谐的环境监督管理层次机构和职能结构的统一体，并解决好各个层次结构和各职能结构之间的职责和权限划分问题。简单地说，就是要确立环境监督管理的“条条”和“块块”之间有机统一的协调关系，从而使环境监督管理达到科学、合理、精干、高效，以适应新时期环境保护工作的要求，利于实现环境保护目标。[6]

（二）环境监督管理体制的法律规定

关于我国的环境保护监督体制，《环境保护法》第7条作了原则的规定：

“国务院环境保护行政主管部门，对全国环境保护工作实施统一监督管理。

县级以上地方人民政府环境保护行政主管部门，对本辖区的环境保护工作实施统一监督管理。

国家海洋行政主管部门、港务监督、渔政渔港监督、军队环境保护部门和各级公安、交通、铁道、民航管理部门，依照有关法律的规定对环境污染防治实施监督管理。

县级以上人民政府的土地、矿产、林业、农业、水利行政主管部门，依照有关法律的规定对资源的保护实施监督管理。”

《环境保护法》关于环境保护监督管理体制的规定，贯彻了“统一管理，分工负责”的原则，明确了县级以上人民政府环境保护行政主管部门和其他有关部门在环境保护监督管理中各自的职责及权限，确立了统管与分级、分部门管理相结合的环境保护监督管理体制。

6 陈汉光，朴光洙. 环境法基础. 北京：中国环境科学出版社，2004：25.

二、我国环境监督管理机构的建立和发展

我国的环境保护监督管理机构，随着环境保护事业的发展经历了从无到有，从弱到强，从不健全到逐步健全的艰难发展过程，大体可分为以下四个阶段。

（一）起步阶段（1972—1978 年）

1972 年，斯德哥尔摩人类环境会议之后，1973 年 8 月，我国召开了第一次全国环境保护工作会议，并于 1974 年 2 月成立了国务院环境保护领导小组。国务院环境保护领导小组的成立，标志着我国环境保护监督管理机构建立的起步。

（二）初创阶段（1979—1981 年）

1979 年 9 月 13 日，第五届全国人大第 11 次常委会通过了《中华人民共和国环境保护法（试行）》。该法设专章规定了“环境保护机构和职责”，明确规定了国务院和地方人民政府以及大中型企业和有关事业单位建立环境保护机构的原则及其职责，从而为我国环境保护机构的建立提供了法律依据。

（三）徘徊阶段（1982—1987 年）

1982 年 12 月 29 日，国务院决定撤销原国务院环境保护领导小组，其业务并入城乡建设环境保护部，成为该部内设的一个局，称环境保护局。1984 年 5 月，国务院成立环境保护委员会，以加强对全国环境保护工作的统一领导和部门之间的协调。同年年底，原城乡建设环境保护部内设的环境保护局对外称“国家环境保护局”，享有相对独立性，与此同时，一些地方环境保护监督管理机构也作了相应的调整。

（四）发展时期（1988 年至今）

1988 年，在国家机构改革中，国务院决定将原城乡建设环境保护部内的环境保护局独立出来，成为国务院的直属机构，同时作为国务院原环境保护委员会的办事机构，称“国家环境保护局”。

1989 年，经修订后颁布的《环境保护法》，第一次以环境保护基本法的形式，规定了我国环境保护的监督管理体制。1998 年，在国务院机构改革中，国家环境保护局被升格为国家环境保护总局（正部级），仍为国务院直属机构。同时，国务院环境保护委员会被撤销，其职能由国家环境保护总局承担。目前，全国 31 个省、自治区、直辖市中，除西藏外全部建立了一级建制的环境保护监督管理机构；全国地市级城市均建立了独立的环境保护监督管理机构；全国大部分县级行

政区也建立了环境保护监督管理机构。

2006 年 7 月 8 日，国家环境保护总局决定设立华东环境保护督查中心、华南环境保护督查中心、西北环境保护督查中心、西南环境保护督查中心、东北环境保护督查中心。督查中心为总局派出的执法监督机构，是总局直属事业单位。督查中心受总局领导，对总局负责，受总局委托开展工作，但不指导地方环保部门业务工作。

第二节　环境监督管理机构的职责

根据《环境保护法》的规定，对环境保护实施监督管理的行政机关，包括国务院环境保护行政主管部门、地方各级人民政府、县级以上地方人民政府环境保护行政主管部门，以及依照法律规定行使环境污染防治或者自然资源保护监督管理权的有关部门。

一、国务院环境行政主管部门的职责

根据《环境保护法》第 7 条规定，国务院环境保护行政主管部门对全国的环境保护实施统一监督管理。根据国务院办公厅关于《国家环境保护总局职能配置、内设机构和人员编制规定》，国务院环境保护行政主管部门的主要职责共有 12 项。

（1）拟订国家环境保护的方针、政策、法规和制定行政规章；受国务院委托对重大的经济和技术政策、发展规划和重大经济开发计划进行环境影响评价；拟订国家环境保护规划等。

（2）拟定并组织实施大气、水体、土壤、噪声、固体废物、有毒化学品、机动车等的污染防治法律、法规；指导、协调和监督海洋环境保护工作。

（3）监督重大经济建设活动引起生态破坏的活动。

（4）指导和协调解决各地方、各部门和跨区域的重大环境问题、环境污染纠纷；组织开展环境监理及全国性环境保护执法检查活动。

（5）制定和发布国家环境标准，发布国家环境状况公报。

（6）制定和组织实施各项环境管理制度，负责农村生态环境保护。

（7）组织环境保护科技发展重大科学研究和技术示范工程；组织和实施环境保护资质认可制度；指导和推动环境保护产业发展。

（8）负责全国的环境监测、统计、信息，并指导和协调环境宣传教育和新闻出版工作；推动公众和非政府组织参与环境保护。

（9）拟订国家关于全球环境问题基本原则，开展环境保护国际合作与交流等。

（10）负责核安全、辐射环境、放射性废物管理工作，拟定有关方针、政策、法规和标准，对放射性污染实施统一监督管理。

（11）负责总局机构编制和人事管理，组织开展全国环境保护系统行政管理体制改革。

（12）承办国务院交办的其他事项。

国家环境保护总局设立的督查中心受总局委托，在所辖区域内承担以下职责：

（1）监督地方对国家环境政策、法规、标准执行情况；

（2）承办重大环境污染与生态破坏案件的查办工作；

（3）承办跨省区域和流域重大环境纠纷的协调处理工作；

（4）参与重特大突发环境事件应急响应与处理的督查工作；

（5）承办或参与环境执法稽查工作；

（6）督查重点污染源和国家审批建设项目“三同时”执行情况；

（7）督查国家级自然保护区（风景名胜区、森林公园）、国家重要生态功能保护区环境执法情况；

（8）负责跨省区域和流域环境污染与生态破坏案件的来访投诉受理和协调工作；

（9）承担总局交办的其他工作。

二、地方各级人民政府的职责

根据《环境保护法》的规定，地方各级人民政府在环境保护方面的主要职责共有12项。

（1）各级人民政府对本辖区的环境质量负责，采取措施改善环境质量。

（2）各级人民政府必须把环境保护规划纳入国家或本地区国民经济和社会发展计划，采取各种有利于环境保护的经济、技术政策和措施，使本地区的环境保护同经济建设和社会发展相协调。

（3）省一级人民政府可以根据本辖区环境特点，制定地方环境质量补充标准和污染物排放标准。

（4）有关地方人民政府负责协商解决跨行政区的环境污染和环境破坏的防治工作，或由上级人民政府协调解决，作出决定。

（5）各级人民政府对各种特殊的自然生态系统，采取措施加以保护，严禁破坏。

（6）国务院、国务院有关各部门和地方省一级人民政府负责划定风景名胜区、自然保护区等特别保护区域。

（7）各级人民政府加强对农业环境的保护，防止农业污染和农业生态破坏。

（8）国务院和沿海地方各级人民政府加强对海洋的环境保护，防止各种开发、建设活动对海洋环境的污染损害。

（9）县级以上人民政府，在环境受到严重污染威胁居民生命财产安全时，发布应急命令，并采取有效措施或者减轻危害。

（10）国务院和地方各级人民政府，采取措施鼓励本辖区环境科学教育事业的发展，加强环境保护科学技术的研究和开发，普及环境保护科学知识。

（11）对保护和改善环境有显著成绩的单位和个人，由人民政府给予奖励。

（12）对在特别保护区域内，已经建成的污染环境的工业生产设施，其污染物排放超过规定标准，和对造成其他环境严重污染的企事业单位，由县级以上人民政府决定限期治理，并对经限期治理逾期没有完成治理任务的企事业单位作出停业、关闭的决定。

三、县级以上地方人民政府环境行政主管部门的职责

根据《环境保护法》的规定，地方县级以上人民政府环境保护行政主管部门的主要职责有13项。

（1）实施统一监督管理。（第7条）

（2）审批环境影响报告书。（第13条）

（3）验收“三同时”，并监督防治污染设施的正常运行。（第26条）

（4）实施排污申报登记。（第27条）

（5）征收排污费。（第28条）

（6）实施现场检查。（第14条）

（7）实施行政处罚。（第35条、第36条、第37条、第38条、第39条）

（8）作出行政复议决定。（第40条）

（9）申请人民法院强制执行。（第40条）

（10）发布环境状况公报。（第11条）

（11）编制环境保护规划。（第4条）

（12）调解处理环境污染民事纠纷。（第41条）

（13）组织开展环境科学研究和宣传教育。（第5条）

四、其他依照法律规定行使环境监督管理权的部门的职责

根据《环境保护法》第7条规定，我国对环境保护实施监督管理的行政机关，除县级以上人民政府环境保护行政主管部门之外，还有依照有关法律规定行使环境污染防治或者自然资源保护监督管理权的15个部门。[7]这些部门的职

7 《环境保护法》第7条规定的分管部门为13个。又根据2004年8月28日修订的《野生动物保护法》《渔业法》和1999年12月25日修订的《海洋环境保护法》，应增加渔业行政主管部门和海事行政主管部门。

责分述如下。

（1）海洋行政主管部门。根据《环境保护法》《海洋环境保护法》《海洋石油勘探开发环境保护管理条例》及《海洋倾废管理条例》的规定，负责对全国海洋工程建设项目和海洋倾倒废弃物对海洋污染损害的防治实施监督管理。

（2）海事行政主管部门。根据《海洋环境保护法》《防止船舶污染海域管理条例》《防止拆船污染环境管理条例》的规定，对所辖港区水域内非军事船舶和港区水域外非渔业、非军事船舶污染海洋环境防治实施监督管理，并负责污染事故的调查处理；对在我国管辖海域航行、停泊和作业的外国籍船舶造成污染事故登轮检查处理。[8]

（3）港务监督行政主管部门。根据《水污染防治法》《环境噪声污染防治法》及《防止拆船污染环境管理条例》的规定，对我国内河船舶、拆船污染港区水域和港区的机动船舶噪声污染防治实施监督管理。

（4）渔政渔港监督行政主管部门。根据《渔业法》《防止拆船污染环境管理条例》《海洋环境保护法》的规定，对内河渔业船舶排污、拆船作业污染内河渔业港区水域的污染防治实施监督管理，并负责调查处理内河渔业污染事故；对我国海域渔港水域内非军事船舶和渔港水域外渔业船舶污染海洋环境实施监督管理，并参与船舶造成渔业海域污染事故的调查处理。

（5）军队环境保护部门。根据《环境保护法》《中国人民解放军环境保护条例》和《海洋环境保护法》的规定，负责军事演练、武器试验、军事科研、军工生产、运输以及部队生活等对环境的污染防治实施监督管理。

（6）各级公安机关。根据《环境保护法》《环境噪声污染防治法》《大气污染防治法》《汽车排气污染监督管理办法》《道路交通管理条例》《放射性污染防治法》《放射性同位素与射线装置放射性防治条例》《治安管理处罚法》《道路交通安全法》的规定，对环境噪声、汽车尾气污染、放射性污染、破坏野生动植物及破坏水土保持等环境污染防治和自然资源保护实施监督管理。

（7）各级交通部门的航政部门。根据《环境保护法》《大气污染防治法》《水污染防治法》《环境噪声污染防治法》的规定，对陆地水体（港区、渔业区除外）船舶的大气污染、水污染和环境噪声污染防治实施监督管理。

（8）铁道行政主管部门。根据《环境保护法》《大气污染防治法》《环境噪声污染防治法》的规定，对铁路机车环境污染防治实施监督管理。

（9）民航行政主管部门。根据《环境保护法》《环境噪声污染防治法》《民

8 根据《海洋环境保护法》第 5 条第 3 款规定，船舶污染事故给渔业造成损害的，应吸收渔业行政主管部门参与调查处理。

用机场管理暂行规定》和《通用航空管理暂行规定》的规定，对民用机场和经营通用航空业务的企事业单位的环境噪声污染防治实施监督管理。

（10）土地行政主管部门。根据《环境保护法》《土地管理法》《农业法》和《土地复垦规定》等规定，对国土规划、土地使用、耕地与草地等土地的保护、土地复垦等土地资源保护实施监督管理。

（11）地质矿产主管部门。根据《环境保护法》《矿产资源法》的规定，对矿产开发、矿区复垦等的矿产资源保护实施监督管理。

（12）林业主管部门。根据《环境保护法》《森林法》《野生动物保护法》《野生植物保护条例》和《防沙治沙法》的规定，对森林资源、陆地野生动物、野生植物资源保护和防沙治沙工作实施监督管理。

（13）农业行政主管部门。根据《环境保护法》《农业法》《草原法》《野生植物保护条例》和《农药管理条例》的规定，对耕地、农田保护、草原、野生植物资源保护以及农药的安全使用实施监督管理。

（14）水行政主管部门。根据《环境保护法》《水法》《水土保持法》《防洪法》的规定，对流域、区域规划和水资源保护及水土保持实施监督管理。

（15）渔业行政主管部门。根据《渔业法》和《野生动物保护法》的规定，对渔业资源、水生野生动物资源保护实施监督管理。

第三节　企事业单位环境保护义务

一、企事业单位环境保护的义务

根据《环境保护法》的规定，企业事业单位在环境保护中的主要责任如下。

（1）必须把环境保护纳入本单位的生产计划，建立环境保护责任制。（第 24 条）

（2）建设污染或者破坏环境的项目，必须编制环境影响报告书，合理选址，并制定治理的措施。（第 13 条）

（3）必须严格执行“三同时”制度，保证防治设施正常运行。（第 26 条）

（4）必须如实申报登记排污情况。（第 27 条）

（5）按照国家有关规定缴纳超标准排污费和排污费，并负责治理污染。（第 28 条）

（6）接受环境保护监督管理部门的现场检查，并如实提供有关情况。（第 14 条）

（7）被责令限期治理的单位，必须接受环境保护监督管理部门的监督检查，

报告治理进度，并按期完成治理任务。（第 29 条）

（8）造成或者可能造成污染事故时，必须立即采取措施处理，及时通报有关单位和居民，并向环境保护行政主管部门和有关部门报告，接受调查处理。（第 31 条）

（9）在环境受到严重污染威胁居民生命财产安全时，必须执行人民政府的应急命令，消除或者减轻危害。（第 32 条）

（10）采取资源利用率高、污染物排放量少的设备和工艺，并采取经济合理的废弃物综合利用技术和污染物处理技术。（第 25 条）

（11）不引进不符合我国环境保护要求的技术设备。（第 30 条）

（12）不把产生严重污染的生产设备转移给没有污染防治能力的单位使用。（第 34 条）

（13）生产、储存、运输、销售、使用有毒化学物品和含放射性物质的物品，必须严格遵守有关规定，防止污染环境。（第 33 条）

（14）不在风景名胜区、自然保护区等特别保护区域内建设污染环境的工业生产设施。（第 18 条）

（15）开发利用自然资源，必须采取措施保护生态环境。（第 19 条）

（16）违反环境法的单位，应当自觉接受环境保护监督管理部门的行政处罚决定。（第 35 条、第 36 条、第 37 条、第 38 条、第 39 条）

（17）造成环境污染危害的单位，有责任排除危害，并对直接受到损害的单位和个人赔偿损失。（第 41 条）

（18）履行保护环境的义务，并有权举报和控告污染和破坏环境的单位和个人。（第 6 条）

（19）环境保护监督管理部门进行现场检查时，有权要求为被检查单位保守技术秘密和业务秘密。（第 14 条）

二、企业环境监督员制度

（一）企业环境监督员制度的概念

企业环境监督员制度[9]是指企业环境管理人员经过环保专业知识培训考核后取得相应职业资格，经本人申请并被环境行政主管部门的所在企业任用，在本企业内行使部分环境监督管理权的一项环境管理制度。

9 应全面实施企业环境监督员制度. 中国环境报，2006-12-20.

（二）实施企业环境监督员制度的意义

1．促进企业自觉加强污染控制

企业环境监督员既掌握国家环境政策法规和一定的环境科学知识，又对本单位的生产工艺、设备、生产管理、排污状况最为熟悉，能找准存在的环境问题，提出科学、有效的改进方案，督促企业实施改进方案，为企业生产减污增效。

2．能快速、准确地应对环境风险

经过专业训练的企业环境监督员工作在企业的环境管理第一线，出现环境污染事故时，能在第一时间赶到第一现场进行应急处理。

3．推动企业员工参与环保

企业环境监督员是企业的一名员工，所提建议和要求容易被采纳，容易在企业内建立和企业生产相宜的环保工作机制，推动企业全员参与环保。

4．强化环境执法

企业环境监督员是联结环境行政主管部门和企业的桥梁和纽带。充分发挥企业环境监督员的作用，有利于缓解当前环境执法力量薄弱、执法取证难的矛盾，有效化解污染纠纷，是当前环境管理制度的重要补充。

（三）企业环境监督员制度的法律依据

《宪法》第 26 条规定，国家保护和改善生活环境和生态环境，防治污染和其他公害。实施企业环境监督员制度，有利于防治污染，改善环境质量，是企业职工参与国家环境管理活动的具体化体现。

《环境保护法》第 6 条规定，一切单位和个人都有保护环境的义务，并有权对污染和破坏环境的单位和个人进行检举和控告。第 24 条规定，产生环境污染和其他公害的单位，必须把环境保护工作纳入计划，建立环境保护责任制度；采取有效措施，防治在生产建设或者其他活动中产生的废气、废水、废渣、粉尘、恶臭气体、放射性物质以及噪声、振动、电磁波辐射等对环境的污染和危害。由此可见，企业环境监督员制度是法律赋予人民群众参与环境保护工作的一项法定权利和义务，更是企业改善环境行为、承担法定责任的表现形式之一。

（四）企业环境监督员的选任

1．企业环境监督员的条件

应当从两个方面加以考虑：一是能够胜任对企业的环境行为监督职责；二是自愿并敢于监督，并被所在企业认可。

2. 企业环境监督员的产生

2003 年，国家环境保护总局下发的《关于开展企业环保监督员制度试行工作的通知》中，并未明确企业环境监督员的产生程序。根据试点城市的经验，可规定为：所在企业推荐——征得本人同意——环保培训考核取得职业资格——环境保护部门颁发证书。

（五）企业环境监督员的职责

《关于开展企业环保监督员制度试行工作的通知》明确了企业环境监督员的职责：① 负责制订企业的环保工作计划和规章制度；② 有权检查企业生产污染的生产设施、污染防治设施运转情况、污染物排放情况；③ 负责确认监测数据，负责污染事故应急预案的制订和预演；④ 发生污染事故时，负责采取应急措施；⑤ 定期向环境保护部门报告情况，加强与环境保护部门的联系。

引例中所提到的 5 个督查中心的设立，必将对于完善我国的环境保护监督管理体制，加大环境执法力度，遏制地方保护主义，树立环境法的权威性，产生深远的影响。

【问题与讨论】

1. 什么是环境保护监督管理体制？

2. 我国现行的环境保护监督管理体制是怎样规定的？“统管”与“分管”部门之间的关系如何？

3. 国务院环境行政主管部门在环境保护中的主要职责是什么？

4. 地方各级人民政府在环境保护中的主要职责是什么？

5. 县级以上地方人民政府环境行政主管部门在环境保护中的主要职责是什么？

6. 其他依照法律规定行使法律监督管理权的部门在环境保护中的主要职责是什么？

7. 企事业单位环境保护的义务是什么？

8. 企业环境监督员制度的法律依据是什么？

9. 企业环境监督员的职责包括哪些？

10. 结合实际谈谈怎样才能成为合格的企业环境监督员？

11. 2006 年 7 月 8 日，国家环境保护总局出台《总局环境保护督查中心组建方案》，决定设立华东、华南、西北、西南、东北 5 个环境保护督查中心。督查中心为总局派出的执法监督机构，是总局直属事业单位，在所辖区域内承担总局委托的职责。问：环境保护督查中心的设立对于我国的环境保护工作尤其是环境监督管理工作有何影响？

第三章 环境法律制度

【提要】

环境法律制度是指根据环境法的基本原则，由调整特定环境社会关系的一系列环境法律规范而形成的相对完整的实施规则系统。环境法律制度对环境保护关系的调整表现为一个操作性很强的运作过程，目前我国环境法律制度主要包括：环境影响评价制度、“三同时”制度、排污申报登记与许可证制度、排污收费制度、限期治理与限期淘汰制度、现场检查制度、突发环境事件信息报告与应急预案制度。

【引例】

1999 年，重庆市天南建材集团有限公司（以下简称“天南公司”）下属城南水泥厂为了扩大生产，计划将其厂内 2.2 米的窑径改为 2.5 米。在改建过程中，城南水泥厂认为该项目仅仅是扩大机立窑的窑径，送风的罗茨风机并未扩大，而且改造的目的是使气流通过面积增大，让窑内原料反应更充分，减少排放污染，不属于技术改造项目，因此没有向有关环境保护行政主管部门递交环境影响报告书。同年 7 月，在没有经过环境保护行政主管部门对其环境保护设施进行验收的情况下，该厂便将改造过的生产设施正式投入使用，结果在当地造成了一定的环境影响。

第一节 环境法律制度概述

一、环境法律制度的概念及特征

环境法律制度是指为实现环境法的任务和目的，根据环境法的基本原则，通过立法形成的在环境监督管理中起主要作用且具有普遍意义的法律规则和程序，是调整某一方面或某一类环境保护社会关系的一系列环境法律规范所组成的体系。

环境法律制度是环境法律规范的重要组成部分，是环境管理制度的法律化。因而它不同于一般的环境法律规范，也不同于环境法的基本原则，具有以下主要特征。

（1）环境法律制度具有普遍性。环境法律制度是环境保护基本政策和环境法基本原则的具体化，是环境法律关系主体必须共同遵守的行为规则，对实现环境法的任务和目的起主要的法制保障作用，其适用对象和调整范围广泛，在环境监督管理中普遍适用且使用的频率高。

（2）环境法律制度具有系统性。环境法律制度不是由某一个法律规范所组成，而是由一系列法律规范所组成。这些规范之间相互关联，相互制约，相互作用，共同构成一个相对完整的系统。

（3）环境法律制度具有程序性。环境法律制度对调整某一方面或某一类环境保护社会关系，从法律上明确了法律关系主体的权利、义务和必须遵循的规则、程序，把环境监督管理工作规范化、程序化，从而既维护了环境法制的正常秩序，又提高了工作效率。

（4）环境法律制度具有约束性。环境法律制度是由某一方面或某一类的环境法律规范所组成的，因此必然具有法律规范的逻辑结构属性及其特点。

二、环境法律制度的种类

环境法律制度是由多项制度所组成的制度体系，从不同的角度，可以对环境法律制度进行以下分类。

（1）按照环境法律制度在环境监督管理中所处的地位和作用分，可分为环境法的基本制度和环境法的一般制度。

（2）按照环境法律制度所调整或保护的对象分，可分为防治环境污染的制度（如总量控制制度）、防治环境破坏制度（如防治水土流失制度）、保护生活环境制度（如城市环境综合整治定量考核制度）、保护生态环境制度（如自然保护区管理制度）等。

（3）按照环境法律制度主要手段的性质分，可分为行政性的法律制度（如现场检查制度等）、经济性的法律制度（如排污收费制度等）、技术性的法律制度（如环境标准制度等）。

三、我国环境法律制度的建立和发展

自 1979 年颁布的《环境保护法（试行）》第一次在环境保护基本法上确定了环境影响评价制度、“三同时”制度、排污收费制度、限期治理制度等法律制度以来，经过 20 多年的发展，我国的环境法律制度日趋丰富和完善，并在强化环境监督管理，防治环境污染，改善环境质量等方面发挥了十分重要的作用。

尤其是1989年修订后颁布的《环境保护法》，汲取了我国环境法制建设的实践经验与成果，对各项环境法律制度进一步加以规范和确认。1995年后修订的《大气污染防治法》《水污染防治法》《海洋环境保护法》以及新颁布的《环境噪声污染防治法》和《固体废物污染环境防治法》及时总结我国的环境监督管理实践经验，把一些环境管理中成功的做法加以规范上升为法律制度，为全面深化、完善和发展我国的环境法律制度作出了新的贡献。如《水污染防治法》首次在单行法中明确规定了“三同时”制度、总量控制与核定制度。《大气污染防治法》第一次规定了总量收费制度与排污许可证制度，并且把限期治理制度从一般行政管理制度上升为超标排污者应承担的法律责任。

目前，在我国环境法律制度中比较成熟的主要的制度有环境影响评价制度、“三同时”制度、征收排污费制度、限期治理制度、排污申报登记制度、突发环境事件信息报告及应急预案制度、现场检查制度、限期淘汰制度等。除上述主要制度外还有一些制度，如排污许可证制度、污染物排放总量控制制度、总量收费制度、行政代执行制度等正在建立和发展中。还有一些制度，如环境保护目标责任制度、城市环境质量综合整治定量考核制度、污染物集中控制制度等，这些制度在环境管理实践中虽然已成功地推行，但尚未被法律所确认，仍需进一步加以完善，逐步上升到法律层次。

第二节 环境影响评价制度

一、环境影响评价制度的概念和意义

依照我国《环境影响评价法》第二条的规定，环境影响评价是指对规划和建设项目实施后可能造成的环境影响进行分析、预测和评估，提出预防或者减轻不良环境影响的对策和措施，进行跟踪监测的方法与制度。环境影响评价制度则是指有关环境影响评价的范围、内容、编制、审批环境影响报告书（表）、登记表的程序等一系列法律规定的总称。

建立和实施环境影响评价制度，对于贯彻“预防为主”的原则，推进产业合理布局和企业的优化选址；加强环境管理，预防开发建设、经济发展规划等活动可能产生的环境污染和破坏；提高公众的环境意识，调动公众参与环境保护的积极性；实现环境保护同经济建设协调发展等，都具有重要的意义。

二、环境影响评价制度的形成

环境影响评价制度首创于美国，是由美国的柯威尔教授提出的。1969 年，美国《国家环境政策法》把环境影响评价作为联邦政府在环境管理中必须遵循的一项制度。以后被很多国家所采用。

我国早在 1979 年《环境保护法（试行)》中就对建设项目实施环境影响评价作出了规定。1989 年，在修改后颁布的《环境保护法》中采用准用性规范规定了“建设污染环境的项目，必须遵守国家有关建设项目环境保护管理的规定”。

此外，在我国颁布的一系列环境污染防治法律如《水污染防治法》《环境噪声污染防治法》《海洋环境保护法》《大气污染防治法》《固体废物污染环境防治法》中，均对建设项目施行环境影响评价作了重申。

国务院于 1998 年 11 月发布了《建设项目环境保护管理条例》(以下简称《条例》)，提出了对建设项目实行分类管理，并进一步完善了建设项目环境影响评价报告书（表）的申报，批准程序及法律责任。

2002 年 10 月 28 日，第九届全国人大常委会第 30 次会议通过了《环境影响评价法》，首次以专门立法的形式确立了环境影响评价制度。

《环境影响评价法》第一次将环境影响评价的范围从以往单纯建设项目进行环境影响评价拓展到对规划进行战略环评，并强化了公众参与环境影响评价的民主决策机制，明确规定环境影响评价的跟踪评价与后评价制度，从而进一步完善了我国的环境影响评价体系，为从源头上采取防治措施，促进环境与经济、社会协调发展，开创环境影响评价工作的新局面，全面贯彻实施可持续发展战略提供了有力的法律依据。

三、环境影响评价制度的主要内容

根据《环境影响评价法》和《建设项目环境保护管理条例》的规定，我国环境影响评价的适用范围包括对各级人民政府组织编制的规划（包括专项规划）以及对环境有影响的建设项目。也就是说，环境影响评价的对象分为规划和建设项目两大类。

（一）规划环境影响评价

1. 规划环境影响评价的范围

依照《环境影响评价法》规定，我国法定的、应当进行环境影响评价的规划主要包括两种：

第一种属于综合指导规划，其内容是就国家或地方有关宏观、长远发展提出的具有指导性、预测性、参考性的指标。综合指导规划包括国务院有关部门、设区的市级以上地方人民政府及其有关部门组织编制的土地利用的有关规划，区域、流域、海域的建设、开发利用规划。

第二种属于专项规划，其内容是对有关的指标、要求作出具体的执行安排。专项规划涉及几乎所有的经济活动领域，包括国务院有关部门、设区的市级以上地方人民政府及其有关部门组织编制的工业、农业、畜牧业、林业、能源、水利、交通、城市建设、旅游、自然资源开发的有关专项规划。

2. 综合指导规划的环境影响评价

根据《环境影响评价法》第7条规定，国务院有关部门、设区的市级以上地方人民政府及其有关部门，对其组织编制的土地利用的有关规划，区域、流域、海域的建设、开发利用规划，应当在规划编制过程中同步组织进行环境影响评价，并编写该规划有关环境影响的篇章或者说明，但不必另外单独编写规划的环境影响报告书。这是因为，综合指导规划涉及的部门较多，且规划的对象和内容不具体，因此法律只要求在规划编制过程中进行环境影响评价并将其结论作为规划的一部分。

有关环境影响的篇章或者说明，应当对规划实施后可能造成的环境影响作出分析、预测和评估，提出预防或者减轻不良环境影响的对策和措施，作为规划草案的组成部分一并报送规划审批机关。未编写有关环境影响的篇章或者说明的规划草案，审批机关应不予审批。

3. 专项规划的环境影响评价内容

环境影响报告书，是环境影响评价工作最终成果的书面表现形式。根据《环境影响评价法》第10条规定，专项规划的环境影响报告书的主要内容包括：① 实施该规划对环境可能造成的影响的分析、预测和评估；② 预防或者减轻不良环境影响的对策和措施；③ 环境影响评价的结论。

4. 专项规划的环境影响评价程序

（1）在专项规划审批前组织进行环境影响评价。根据《环境影响评价法》第8条规定，专项规划编制机关对其组织编制的有关专项规划，应当在该专项规划草案上报审批前，组织进行环境影响评价，并向审批机关提出环境影响报告书。

（2）公众参与。根据《环境影响评价法》第11条规定，专项规划的编制机关对可能造成不良影响并直接涉及公众环境权益的规划，应当在规划草案保送审批前，举行论证会、听证会，或者采取其他形式，征求有关单位、专家和公众对环境影响报告书草案的意见。但是，国家规定需要保密的情形除外。专项规划的编制机关应当认真考虑有关单位、专家和公众对环境影响报告书草案的意见，并应当在报送审查的环境影响报告书中附具对意见采纳或者不采纳的说明。

根据《环境影响评价公众参与暂行办法》(2006 年 2 月 22 日国家环境保护总局发布，以下简称《暂行办法》) 第 35 条规定，环境保护行政主管部门在召集有关部门专家和代表对开发建设规划的环境影响报告书中有关公众参与的内容进行审查时，应当重点审查以下内容：① 专项规划的编制机关在该规划草案报送审批前，是否依法举行了论证会、听证会，或者采取其他形式，征求了有关单位、专家和公众对环境影响报告书草案的意见；② 专项规划的编制机关是否认真考虑了有关单位、专家和公众对环境影响报告书草案的意见，并在报送审查的环境影响报告书中附具了对意见采纳或者不采纳的说明。

(3) 审查环境影响报告书。是指专项规划的审批机关在审批专项规划之前，指定环境保护行政主管部门或者其他有关部门召集有关部门代表和专家组成的审查小组，对环境影响报告书进行审查。根据国家环境保护总局 2003 年 10 月 8 日公布的《专项规划环境影响报告书审查办法》(以下简称《审查办法》) 第 5 条和第 8 条规定，环境保护行政主管部门应当自收到专项规划环境影响报告书之日起 30 日内，会同专项规划审批机关召集有关部门代表和专家组成审查小组，对专项规划环境影响报告书进行审查；审查小组应当提出书面审查意见；环境保护行政主管部门应在审查小组提出书面审查意见之日起 10 日内将审查意见提交专项规划审批机关。

根据《审查办法》第 6 条规定，审查小组的专家，应当从国务院环境保护行政主管部门规定设立的环境影响评价审查专家库内的相关专业、行业专家名单中，以随机抽取的方式确定。专家人数应当不少于审查小组总人数的 1/2。

(4) 专项规划的审批。专项规划的审批机关收到环境保护行政主管部门提交的审查小组的书面意见后，应当将环境影响报告书结论以及审查意见作为决策的重要依据。在审批中未采纳环境影响报告书结论以及审查意见的，应当作出说明，并存档备查。

(5) 对环境影响进行跟踪评价。根据《环境影响评价法》第 15 条规定，对环境有重大影响的规划实施后，编制机关应当及时组织环境影响的跟踪评价，并将评价结果报告审批机关；发现有明显不良环境影响的，应当及时提出改进措施。

(二) 建设项目环境影响评价

1. 建设项目环境影响评价的范围

根据《环境影响评价法》规定，凡从事对环境可能造成不良影响的建设项目，都必须依法执行环境影响评价制度。[10]建设项目是指：固定资产投资方式进行的

10 见《环境影响评价法》第 1 条的规定。

一切开发建设活动，包括国有经济、城乡集体经济、联营、股份制、外资、港澳台投资、个体经济和其他各种不同经济类型的开发活动。按计划管理体制，建设项目可分为基本建设、技术改造、房地产开发（包括开发区建设、新区建设、老区改造）和其他共四个部分的工程和设施建设。[11]

2. 建设项目环境影响评价的分类管理

对建设项目进行分类管理是根据建设项目对环境的影响程度和范围所确定的。《环境影响评价法》第 16 条对建设项目环境影响评价的分类管理作了以下规定：① 建设项目对环境可能造成重大影响的，应当编制环境影响报告书，对建设项目产生的污染和对环境的影响进行全面、详细的评价；② 建设项目对环境可能造成轻度影响的，应当编制环境影响报告表，对建设项目产生的污染和对环境的影响进行分析或者专项评价；③ 建设项目对环境影响很小，不需要进行环境影响评价的，应当填报环境影响登记表。

3. 建设项目环境影响评价的内容

根据《环境影响评价法》第 17 条规定，建设项目的环境影响报告书的内容包括以下几个方面：① 建设项目概况；② 建设项目周围环境现状；③ 建设项目对环境可能造成影响的分析、预测和评估；④ 建设项目环境保护措施及其技术、经济论证；⑤ 建设项目对环境影响的经济损益分析；⑥ 对建设项目实施环境监测的建议；⑦ 环境影响评价的结论。

4. 环境影响评价中的公众参与

2006 年 2 月，国家环境保护总局颁布了我国环保领域第一部公众参与的规范性文件——《环境影响评价公众参与暂行办法》，详细规定公众参与环境影响评价的范围、程序、组织形式等内容。

（1）有 6 种情况须征求公众意见。《暂行办法》明确提出，国家鼓励公众参与建设项目和规划的环境影响评价活动。公众参与实行公开、平等、广泛和便利的原则。《环境影响评价法》第 11 条、第 21 条、第 24 条规定范围内的专项规划环境影响评价的活动、应当编制环境影响报告书的建设项目、应当重新报批环境影响评价文件的建设项目、环境影响评价的活动等 6 种情况都要公开征求公众意见。

（2）7 日内向公众公告与建设项目有关信息。《暂行办法》规定，建设单位或编制机关应当在委托环境影响评价单位进行环境影响评价工作后 7 日内向公众公告与建设项目有关的 5 项信息；还要对环境可能造成的影响以及预防或者减轻不良环境影响的对策和措施等进行公开。

《暂行办法》要求，环境影响评价文件报送审批或审查前，建设单位、编制

---

11 韩德培. 环境保护法教程. 4 版. 北京：法律出版社，2003：81.

机关、受委托单位应进行公众意见反馈。审批环境影响评价文件的环境保护行政主管部门应当组织专家委员会，根据法律授予环境保护行政主管部门的管辖权限和现有的环境法律、法规和标准，审核环境影响评价文件中对公众意见采纳或者不采纳的说明，并判断其合理性。

（3）应公开环评报告书简本。《暂行办法》针对环评报告书过于专业等情况，要求建设单位或其委托的环评机构应公开环评报告书简本，便于公众了解信息。

（4）公众参与形式有 5 种：调查公众意见、咨询专家意见、座谈会、论证会、听证会。

（5）征求公众意见的期限不能少于 10 天。《暂行办法》规定，公开征求公众对建设项目或专项规划的环境影响、环境影响评价工作和环境影响评价文件的意见（以下统称“意见”），征求意见的期限应不少于 10 日。

（6）信息公开分三个阶段进行。环评开始阶段，建设单位应当公告项目名称及概要等信息；在环评进行阶段，建设单位应当公告可能造成环境影响的范围、程度以及主要预防措施等内容；环评审批阶段，环境保护部门应当公告已受理的环评文件简要信息与审批结果。

（7）公众意见采纳与否要有说明。为保证公众参与的有效性，暂行办法明确要求，建设单位应当在报审的环评报告书中附上对公众意见采纳或者不采纳的说明。暂行办法同时还对编制和审查各类开发建设规划如何征求公众意见做了相应规定。

5. 环境影响报告书（表）、登记表的审批程序

根据《条例》规定，环境影响报告书（表）、登记表的审批程序分为报批、预审和审批。

（1）报批。① 建设单位在建设项目可行性研究阶段报批；② 铁路、交通等建设项目，经环境保护行政主管部门同意，可以在初步设计完成前报批；③ 不需要进行可行性研究的建设项目，建设单位应当在项目开工前报批；④ 需要办理营业执照的，建设单位应当在办理营业执照前报批；⑤ 经批准的建设项目的性质、规模、地点或者采用的生产工艺发生重大变化的，建设单位应当重新报批；⑥ 环境影响报告书（表）、登记表自批准之日起满 5 年方开工建设的，应当报原审批机关重新审核。

（2）审批（审核）期限。① 环境保护行政主管部门自接到环境影响报告书（表）、登记表之日起，分别在 60 日、30 日、15 日内，作出审批决定并书面通知；② 需要重新审核的建设项目的环境影响报告书（表）、登记表，原审批机关应当自收到之日起 10 日内，将审核意见书面通知；③ 海岸工程建设项目的环境影响报告书（表），经海洋行政主管部门审核后，报环境行政主管部门审批；④ 建设项目造成跨行政区域环境影响，有关环境保护行政主管部门对环境影响评价结论有争议的，其环境影响报告书或者环境影响报告表由共同上一级环境保护行政主管部门审批。

建设项目有行业主管部门的，其环境影响报告书或者环境影响报告表应当经行业主管部门预审后，报有审批权的环境保护行政主管部门审批。

环境保护行政主管部门审核、审批建设项目环境影响评价文件，不得收取任何费用。建设项目行业主管部门预审建设项目环境影响评价文件时，也不得收取任何费用。

（3）审批权限。《环境影响评价法》第 23 条规定，国务院环境保护行政主管部门负责审批下列建设项目的环境影响评价文件：① 核设施、绝密工程等特殊性质的建设项目；② 跨省、自治区、直辖市行政区域的建设项目；③ 由国务院审批的或者由国务院授权有关部门审批的建设项目。

（4）环境影响报告书审批环节的公众参与。依照《暂行办法》规定，环境保护行政主管部门可以组织专家咨询委员会，由其对环境影响报告书中有关公众意见采纳情况的说明进行审议，判断其合理性并提出处理建议。

6．建设项目环境影响评价的后评价及跟踪检查

《环境影响评价法》第 27 条和第 28 条对建设项目环境影响评价的后评价及跟踪检查作了以下规定：① 建设项目在建设、运行过程中产生不符合经审批的环境影响评价文件的情形的，建设单位应当组织环境影响的后评价，采取改进措施，并报原环境影响评价文件审批部门和建设项目审批部门备案；原环境影响评价文件审批部门也可以责成建设单位进行环境影响的后评价，采取改进措施。② 环境保护行政主管部门应当对建设项目投入生产或者使用后所产生的环境影响进行跟踪检查，对造成严重环境污染或者生态破坏的，应当查清原因、查明责任。

7．环境影响评价资质管理

继清理整顿环境影响评价机构、实行环境影响评价工程师资格全国考试等措施之后，国家环境保护总局于 2005 年 7 月 21 日发布了《建设项目环境影响评价资质管理办法》（以下简称《资质管理办法》），规定凡接受委托为建设项目环境影响评价提供技术服务的机构，应当按照规定申请建设项目环境影响评价资质，经国家环境保护总局审查合格，取得《建设项目环境影响评价资质证书》后，方可在资质证书规定的资质等级和评价范围内从事环境影响评价技术服务。该《资质管理办法》对评价机构的资质条件、评价资质的申请与审查、评价机构的管理、评价资质的考核与监督及罚则等作了详细规定。

依照《环境影响评价法》第 19 条规定，为建设项目环境影响评价提供技术服务的机构，不得与负责审批建设项目环境影响评价文件的环境保护行政主管部门或者其他有关审批部门存在任何利益关系。

关于评价单位的确定，《条例》第 14 条规定，建设单位可以采取公开招标的方式，选择从事环境影响评价工作的单位，对建设项目进行环境影响评价。任何单位和个人不得为建设单位指定对其建设项目进行环境影响评价的机构。

（三）法律责任

《环境影响评价法》规定了规划编制机关、规划审批机关、建设单位、建设项目审批单位、环评机构、环评审批机关和主管机关违反环境影响评价制度的法律责任，具体内容参见图表 3-1。

图表 3-1　违反环境影响评价制度的法律责任

违法行为	处罚依据	处罚种类、幅度	执法主体
1．规划编制机关在组织环境影响评价时弄虚作假或者有失职行为，造成环境影响评价严重失实的	《环境影响评价法》第 29 条	对直接负责的主管人员和其他直接责任人员，依法给予行政处分	上级机关或者监察机关
2．规划审批机关对依法应当编写有关环境影响的篇章或者说明而未编写的规划草案，依法应当附送环境影响报告书而未附送的专项规划草案，违法予以批准的	《环境影响评价法》第 30 条	对直接负责的主管人员和其他直接责任人员，依法给予行政处分	上级机关或者监察机关
3．建设单位未依法报批建设项目环境影响评价文件，或者未按规定重新报批或者报请重新审核环境影响评价文件，擅自开工建设的	《环境影响评价法》第 31 条	（1）责令停止建设，限期补办手续；逾期不补办手续的，可以处 5 万元以上 20 万元以下的罚款 （2）对建设单位直接负责的主管人员和其他直接责任人员，依法给予行政处分	（1）有权审批该项目环境影响评价文件的环境保护行政主管部门 （2）上级机关或者监察机关
4．建设项目环境影响评价文件未经批准或者未经原审批部门重新审核同意，建设单位擅自开工建设的	《环境影响评价法》第 31 条	（1）责令停止建设，可以处 5 万元以上 20 万元以下的罚款 （2）对建设单位直接负责的主管人员和其他直接责任人员，依法给予行政处分	（1）有权审批该项目环境影响评价文件的环境保护行政主管部门 （2）上级机关或者监察机关

违法行为	处罚依据	处罚种类、幅度	执法主体
5．建设项目依法应当进行环境影响评价而未评价，或者环境影响评价文件未经依法批准，审批部门擅自批准该项目建设的	《环境影响评价法》第 32 条	对直接负责的主管人员和其他直接责任人员，依法给予行政处分；构成犯罪的，依法追究刑事责任	上级机关或者监察机关
6．评价机构在环境影响评价工作中不负责任或者弄虚作假，致使环境影响评价文件失实的	《环境影响评价法》第 33 条	降低其资质等级或者吊销其资质证书，并处所收费用 1 倍以上 3 倍以下的罚款；构成犯罪的，依法追究刑事责任	授予环境影响评价资质的环境保护行政主管部门
7．负责预审、审核、审批建设项目环境影响评价文件的部门在审批中收取费用的	《环境影响评价法》第 34 条	责令退还；情节严重的，对直接负责的主管人员和其他直接责任人员依法给予行政处分	上级机关或者监察机关
8．环境保护行政主管部门或者其他部门的工作人员徇私舞弊，滥用职权，玩忽职守，违法批准建设项目环境影响评价文件的	《环境影响评价法》第 34 条	依法给予行政处分；构成犯罪的，依法追究刑事责任	上级机关或者监察机关

前述引例“天南公司环境违法案件”中，天南公司为了扩大生产能力，将其主要生产设备机立窑窑径扩大，属于技术改造项目，而且从其投产后的结果看，烟尘浓度确实超标 14.26 倍，属于对环境有严重影响，所以属于环境影响评价的适用范围。根据《环境影响评价法》第 9 条的规定，该项目的环境影响评价应在建设项目可行性研究阶段完成。然而城南水泥厂直至投产都没有提交环境影响报告书，显然违反了此规定，更何况未经验收就正式投产。所以重庆市环境保护局依法对天南公司作出了罚款 7 万元的行政处罚决定。

第三节 “三同时”制度

一、“三同时”制度的概念和意义

要求对环境有影响的一切新建、改建、扩建的基本建设项目，技术改造项目，区域开发项目或自然资源开发项目，其防治污染和生态破坏的设施，必须与主体工程同时设计、同时施工、同时投产使用的法律规定，称之为“三同时”制度。

“三同时”制度，是我国环境管理实践经验的总结，是我国所独创的一项重要的环境法律制度。它与环境影响评价制度相结合，有效地贯彻“预防为主”的原则，落实开发建设活动对环境产生影响的防治措施，防止新的环境污染和生态破坏的产生，并根据“以新带老”的原则，促进老污染源的治理，保证建设项目建成后达标排放或不对周围环境造成破坏。因此，严格贯彻执行“三同时”制度，对于加强建设项目的环境管理，有效地控制新污染源，促进老污染源的治理，防止生态破坏，改善环境质量具有重要意义。

二、“三同时”制度的形成

“三同时”制度最早出现于1972年国务院批转的《国家计委、建委关于官厅水库污染情况和解决意见的报告》中。1979 年颁布的《环境保护法（试行)》确认了这项制度。1989 年颁布的《环境保护法》第 26 条规定：建设项目中的防治污染的设施，必须与主体工程同时设计、同时施工、同时投产使用。防治污染的设施必须经原审批环境影响报告书的环境保护行政主管部门验收合格后，该建设项目方可投入生产或者使用。防治污染的设施不得擅自拆除或者闲置，确有必要拆除或者闲置的，必须征得所在地的环境保护行政主管部门同意。该法第 36 条还对违反“三同时”制度的法律责任作了具体规定。此外，《建设项目环境保护设计规定》《建设项目环境保护管理程序》以及《水污染防治法》《海洋环境保护法》《大气污染防治法》《环境噪声污染防治法》《固体废物污染环境防治法》《水法》《水土保持法》等法律、法规也都重申并完善了“三同时”制度的有关规定。为适应环境保护形势发展的需要，1998 年国务院颁布了《建设项目环境保护管理条例》，进一步完善了“三同时”制度。

三、“三同时”制度的主要内容

（一）“三同时”制度的适用范围

“三同时”制度，开始只适用于新建、改建和扩建的企业，后来其适用范围不断扩大。目前，该制度适用于以下几个方面的开发建设项目：新建、改建、扩建项目；技术改造项目；一切可能对环境造成污染和破坏的开发建设项目；确有经济效益的综合利用项目。

（二）“三同时”制度在不同阶段的要求

1. 设计阶段

建设单位在建设项目投入施工前，必须向环境保护行政主管部门提交初步设计中的环境保护篇章。环境保护篇章应当包括：环境保护措施的设计依据；环境影响报告书（表）及审批规定的各项要求和措施；环境保护设施及简要工艺流程、预期效果；对资源开发引起的生态变化所采取的防范措施；绿化设计、监测手段；环境保护投资概算等。施工图设计，必须按照已批准的初步设计文件及其环境保护篇章所确定的各种措施的要求设计。

2. 施工阶段

建设单位与施工单位应将环境保护工程纳入施工计划、建设进度，做好环境保护工程施工组织工作。保证环保设施施工所需要的资金、材料供应，负责落实环境保护行政主管部门对施工阶段的要求。

3. 竣工验收阶段

建设项目建成后，建设单位必须按照《条例》和《建设项目竣工环境保护验收管理办法》的规定，履行验收手续，经批准后，方可正式投入生产或使用。验收程序包括：

（1）需要试生产的建设项目，由建设单位向行业主管部门和环境保护行政主管部门提交试运行申请报告，经批准后，环保设施与主体工程同时投入试运行；

（2）设项目自投入试生产之日起 3 个月内向行业主管部门和环境保护行政主管部门提交环保设施验收申请报告（申请表），并附试运行监测报告（或验收调查报告），由环境保护行政主管部门组织验收。验收必须具备《建设项目环境保护验收管理办法》第 16 条规定的 9 个条件；

（3）分期建设、分期投入生产或者使用的建设项目，其配套的环保设施分期验收；

（4）环境保护行政主管部门自收到环保设施验收申请之日起 30 日内完成验收，并予以批复或签署意见。凡验收合格的批准其申请报告、申请表或验收登记卡；

（5）已建成投入生产或使用的环保设施，确有必要拆除或者闲置的，必须征得所在地的环境保护行政主管部门的同意。

（三）各有关部门的职责分工

1. 环境保护行政主管部门的职责

负责初步设计中环境保护篇章的审查及环境保护设施建设施工的检查，负责环保设施的竣工验收；负责环保设施运转和使用情况的监督检查。

2．建设项目主管部门的职责

负责初步设计中环境保护篇章和环保设施竣工验收的预审；监督建设项目的设计与施工中的环境保护措施的落实；监督建设项目竣工验收后环保设施的正常运行。

3．建设单位的职责

负责落实初步设计中的环境保护措施：负责及时报批环保设施的试运行和竣工验收；负责建设项目竣工验收后环境保护设施的正常运转。

4．施工单位的职责

负责保护施工现场周围的环境，防止施工过程中造成环境污染和生态破坏；负责建设项目竣工后对周围环境的修整和恢复；负责环保设施的工程质量和安装调试。

（四）法律责任

《环境保护法》和《条例》规定了建设单位违反“三同时”制度的法律责任，具体内容参见图表 3-2。

图表 3-2 违反“三同时”制度的法律责任

违法行为	处罚依据	处罚种类、幅度	执法主体
1. 试生产建设项目需要配套建设的环境保护设施未与主体工程同时投入试运行的	《建设项目环境保护管理条例》第 26 条	责令限期改正；逾期不改正的，责令停止试生产，可以处 5 万元以下的罚款	审批该建设项目环境影响报告书（表）、登记表的环境保护行政主管部门
2. 建设项目投入试生产超过 3 个月，建设单位未申请环境保护设施竣工验收的	《建设项目环境保护管理条例》第 27 条	责令限期办理环境保护设施竣工验收手续；逾期未办理的，责令停止试生产，可以处 5 万元以下的罚款	审批该建设项目环境影响报告书（表）、登记表的环境保护行政主管部门
3. 建设项目需要配套建设的环境保护设施未建成、未经验收或者经验收不合格，主体工程正式投入生产或者使用的	《建设项目环境保护管理条例》第 28 条	责令停止生产或者使用，可以处 10 万元以下的罚款	审批该建设项目环境影响报告书（表）、登记表的环境保护行政主管部门
4. 未经环境保护行政主管部门同意，擅自拆除或者闲置防治污染的设施，污染物排放超过规定的排放标准的	《环境保护法》第 37 条	责令重新安装使用，并处罚款	环境保护行政主管部门

第四节　排污申报登记与许可证制度

一、排污申报登记制度

（一）排污申报登记制度的概念和意义

排污申报登记制度，是要求向环境排污者，必须依照法定程序向环境保护行政主管部门申报其污染物的排放及防治情况，提供有关技术资料，并接受监督管理的法律规定的总称。

实行排污申报登记制度，对于环境保护行政主管部门全面掌握本辖区内排污单位的排污情况，为环境保护规划的制定及环境保护工作重点的确定提供科学依据；及时掌握污染隐患，以便及时采取预防措施，防止环境污染与破坏事故的发生；依据排污单位申报登记的数据（经核定后）按时征收排污费等，都具有重要意义。

（二）排污申报登记制度的形成

排污申报登记制度最早规定于 1982 年国务院发布的《征收排污费暂行办法》中。当时申报登记的事项只限于污染物的种类、数量和浓度，以作为征收排污费的依据。1984 年颁布的《水污染防治法》，从法律上确立了这一制度。此后，《环境保护法》等主要的法律、法规都规定了这一制度。

1992 年，国家环境保护局发布的《排放污染物申报登记管理规定》（以下简称《规定》）明确规定了排污申报登记的对象、内容、程序及有关义务，从而为环境保护行政主管部门全面收集和掌握管辖区内的污染排放及治理情况，有针对性地实施环境保护监督管理提供了科学依据。

随着排污收费制度的改革，2003 年 4 月 15 日国家环境保护总局发布了《关于排污费征收核定有关工作的通知》（环发 [2003] 64 号，以下简称《通知》）针对排污费的征收，专门规定了申报登记、审核、公告、通知、执行等程序及有关要求，从而使我国的排污申报登记制度得到了进一步的完善。

需要特别说明的是，1992 年发布的《规定》与 2003 年发布的《通知》中有关排污申报登记制度的规定虽有联系，但两者也有明显的区别，前者是从全面加强环境监督管理的层面上规范了排污申报登记的有关问题，而后者则仅从征收排污费的角度规范了排污申报登记工作。由于《通知》针对征收排污费中的排污申报登记作了一些新的规定，而《规定》尚未修改，因而《通知》与《规定》的差别会造成执行上的困难。要解决这些差别，可依照执法的一般原则，如“后颁布的法优于先颁布的法”处理。但是，要从根本上消除上述差别，保持环境保护法制的统一性，有关部门尽快修订《规定》，以建立统一完备的排污申报登记制度势在必行。

（三）排污申报登记制度的主要内容

1. 排污申报登记的适用对象

排污申报登记适用于在中华人民共和国领域内及中华人民共和国管辖的其他海域内直接或者间接向环境排放污染物、工业和建筑施工噪声、产生固体废物的企业、事业单位。其中，污染物是指废水、废气和其他有害环境的物质。但是，生活废水、废气、噪声和垃圾除外，即不需要申报登记。排放放射性废物的单位，应履行特殊的申报登记手续。

2. 排污申报登记的内容

排污申报登记的内容包括：① 在正常情况下排放污染物的种类、数量、浓度（强度）、排放去向、排放地点、排放方式；② 拥有的污染物排放设施和处理设施（处理场所）；③ 有关防治污染的技术资料；④ 排放污染物超过排放标准的原因及限期治理措施；⑤ 排放污染物的种类、数量、浓度等发生重大改变的情况；⑥ 拆除或闲置污染物处理设施的理由；⑦ 限期治理项目的治理进展情况等。

3. 排污申报登记工作程序

排污申报登记工作程序包括填报登记表、审核注册、变更、注销4步。

（1）填报登记表。即排污单位必须依照所在地环境保护行政主管部门指定的时间，填报《排污申报登记表》，并按要求提供必要的资料；新建、改建、扩建项目的排污申报登记，应在项目的污染防治设施竣工并经验收合格后1个月内办理；建筑施工噪声的申报登记，应当在工程开工15日前向当地环境保护行政主管部门申报；需要拆除或者闲置污染物处理设施的，必须提前向所在地环境保护部门申报，说明理由。环境保护部门接到申报后，应当在1个月内予以批复，逾期未批复的，视为同意拆除或闲置。

（2）审核注册。排污单位填写的《排污申报登记表》，经其行业主管部门审核后向所在地环境保护行政主管部门登记注册，领取《排污申报登记注册证》。

（3）变更。排污单位申报登记后，排放污染物的种类、数量、浓度、排放去向、排放地点、排放方式、噪声源种类、数量和噪声强度、噪声污染防治设施或者固体废物的储藏、利用或处置场所等需作重大改变的，应在变更前15天，经行业主管部门审核后，向所在地环境保护行政主管部门履行变更申报手续，征得所在地环境保护行政主管部门的同意，填报《排污变更申报登记表》；发生紧急重大改变的，必须在改变后3天内向所在地环境保护行政主管部门提交《排污变更申报登记表》。

（4）注销。排污单位终止营业的，应当在终止营业后1周内向所在地环境保护行政主管部门办理注销登记，并交回《排污申报登记注册证》。

4. 环境保护行政主管部门的职责

根据《规定》和有关法律、法规的规定，环境保护行政主管部门在实施排污申报登记制度中，应履行以下职责：接受申报、审核登记表，经审核符合条件的应及时予以批复或予以注册发证；加强对排污单位的监督检查，及时提出防治污染、达标排放建议及要求；综合分析排污数据资料，向有关部门报告，并建立排污申报登记档案或数据库。

5. 法律责任

《环境保护法》《规定》及《大气污染防治法》《水污染防治法实施细则》等单行法明确了排污单位违反排污申报登记制度的法律责任，具体参见图表3-3。

图表3-3 违反排污申报登记制度的法律责任

违法行为	处罚依据	处罚种类、幅度	执法主体
1. 拒报或谎报排污申报登记事项的	《环境保护法》第35条；《规定》第15条；《大气污染防治法》第46条第1项；《水污染防治法实施细则》第37条第1款	① 给予警告、处300元以上3 000元以下罚款；② 给予警告或处5万元以下罚款；③ 处1万元以下罚款	环境保护行政主管部门
2. 排污申报登记后，排污状况须做重大改变的，在变更前15日未履行变更手续的	根据《规定》第6条规定，视为拒报	给予警告、处300元以上3 000元以下罚款	环境保护行政主管部门
3. 排污申报登记后，排污状况发生突发性改变，未在改变后3天内履行变更手续的	根据《规定》第6条规定，视为拒报	给予警告、处300元以上3 000元以下罚款	环境保护行政主管部门
4. 未经环境保护行政主管部门同意，擅自拆除或者闲置污染物处理设施未申报的	根据《规定》第6条规定，视为拒报	给予警告、处300元以上3 000元以下罚款	环境保护行政主管部门

二、许可证制度

（一）许可证制度的概念和意义

所谓“许可”，[12]是指环境保护行政主管部门根据行政相对人的申请，依照法定程序审查，准予从事某项须经许可的行为。在法律上，环境保护行政许可表现为认可、承认、登记等，并通常以证书的形式表现。证书包括环境保护行政机关批准、核发的许可证、资格证书、注册证书、批准证书、批复等各种形式的证件和文书。

目前，我国环境法中规定的许可证主要有：排污许可证；海洋倾废许可证；危险废物经营、转移许可证；核设施建造、运行许可证；化学危险物品生产、经营许可证；放射性药品生产、经营、使用许可证；林木采伐许可证；采矿许可证；勘探许可证；取水许可证；捕捞许可证；特许猎捕证；驯养繁殖许可证；建设用地许可证和建设工程规划许可证等。在同一种许可证中，还可根据不同的标准进行分类。如在海洋倾废中，根据其有害物质和毒性含量及对海洋环境的影响等因素，可分为紧急许可证、特别许可证和普通许可证三种。

许可证制度，在环境保护领域中，是指环境管理相对人在从事对环境有害或可能有害的活动之前，必须向环境保护行政主管部门提出申请，经准许发给许可证后，方可从事该活动的法律规定。许可证制度是环境保护行政许可行为的法制化、制度化，是环境保护行政机关有效进行环境监督管理的重要手段。

实践证明，实施许可证制度，可以把影响环境的各种开发、建设、经营、排污活动纳入国家统一管理的轨道，并将其严格控制在法律规定的范围内；有利于环境保护行政机关及时掌握持证单位或个人从事开发利用环境的情况，并根据实际情况，采取有针对性的具体措施，实行有效的监督管理；有利于调动环境管理相对人保护环境的积极性，促使开发利用环境者加强内部管理，节约资源，减少排污；有利于实现我国环境管理战略思想“三个转变”，促进我国的环境管理向科学化、法制化、规范化发展。由于许可证制度在环境管理中发挥着重要的作用，其优点多，所以在许多国家的环境法中都规定了这一制度，甚至有些国家把许可证制度视为环境法的“支柱”。本书重点介绍排污许可证制度。

12 即行政许可。2004 年 7 月 1 日起施行的《中华人民共和国行政许可法》第 2 条规定：“本法所称行政许可，是指行政机关根据公民、法人或者其他组织的申请，经依法审查，准予其从事特定活动的行为。”

（二）排污许可证制度

1. 排污许可证制度的概念

要求向环境排放污染物的排污者，事先必须向环境保护行政主管部门提出申请，经审查批准领取许可证后，按照排污许可证所规定的条件排放污染物的一项法律规定。

排污许可证制度是我国正在逐步推行的一项具有科学化、定量化、目标化性质的有效的环境保护监督管理手段。其核心是确定污染物总量控制目标和分配污染物总量的削减指标，通过颁发许可证的形式对排污者的排污行为进行控制，对不超过排放标准或总量控制指标的单位，发给排污许可证；对超过排放标准或超过总量控制指标的，发给临时排污许可证。

2. 排污许可证制度的建立和发展

1987 年，国家环境保护局决定在上海、北京等 18 个市、县开展“水污染物排放许可证”试点，并于 1988 年发布了《水污染物排放许可证管理暂行办法》（已废止），其后《水污染防治法实施细则》规定了向陆地水体排放污染物的许可证分为排污许可证和临时排污许可证。为逐步推行污染物排放总量控制制度和排污许可证制度，国家环境保护局于 1991 年决定在上海、天津等 16 个城市进行排放大气污染物许可证制度试点工作。此后，1996 年修改的《水污染防治法》规定，对有排污量削减任务的企业实施重点污染物排放量的核定制度。2000 年修改的《大气污染防治法》规定，对大气污染物总量控制区内企业、事业单位的主要大气污染物排放总量，实行主要大气污染物排放许可证制度。

3. 排污许可证制度的主要内容

根据有关环境保护法律、法规的规定，排污许可证制度的主要内容包括：

（1）排污申报登记。排污申报登记是排污许可证的基础工作。排污单位必须在指定的时间内，向当地环境保护行政主管部门办理排污申报登记手续，并提供防治污染方面的技术资料。

（2）核定排污量。县级以上人民政府按照本地区的环境容量确定污染物总量控制指标，或者以某一年该地区污染物排放总量为基准确定污染物排放削减总量，并通过经济、技术可行性分析和优化方案比较，核定各排污单位的污染物允许排放量。

（3）审核、发放排污许可证。环境保护行政主管部门收到排污单位填报的《排污申报登记表》后，经审查、核实，对不超过排放标准或者不超出排污总量控制指标的排污单位，颁发《排污许可证》；对超过排放标准或者超出排污总量控制指标的排污单位，颁发《临时排污许可证》，并限期削减排污量；对跨越省（区、市）界区的排污单位，特殊性质的排污单位，特大型建设项目，其《排污许可证》和《临时排污许可证》需报国务院环境保护行政主管部门审查核准污染物排放量。

（4）排污许可证的监督与管理。① 排污单位必须严格按照排放许可证的规定排放污染物，并按规定向当地环境保护行政主管部门报告本单位的排污情况；②持有《临时排污许可证》的单位，必须定期向当地环境保护行政主管部门报告削减排放量的进度情况，经削减达到排污总量控制指标的单位，可向当地环境保护行政主管部门申请《排污许可证》。

第五节 排污收费制度

一、排污收费制度的概念和意义

排污收费，是指国家环境保护行政主管部门依照环境法的规定，对于向环境排放污染物或者超过国家或地方排放标准排放污染物的排污者征收一定数额的费用。排污收费制度，是关于征收排污费的对象、范围、标准以及排污费的征收、使用、管理等法律规定的总称。

排污收费制度，是强化环境管理的一种经济手段，其目的是为了促进排污者加强经营管理，节约和综合利用资源，改善环境。具有以下重要意义和作用：利用经济杠杆调节经济发展与环境保护的关系，促使排污者力求经济效益、社会效益、环境效益的统一；有利于促使排污者加强经营管理，进行技术改造，开展废物综合利用，推行清洁生产，提高资源、能源利用率，减少污染物的排放；为国家治理环境污染，改善环境质量开辟了一条重要的专项资金渠道，利于增强国家防治环境污染和生态破坏的能力；可以利用专项资金加强污染防治新技术、新工艺的研究、开发、示范和应用，促进环境保护产业的发展。

二、排污收费制度的形成

排污收费制度是在国外先实行的。在 20 世纪 70 年代，一些国家为了防治环境污染和生态破坏，根据“污染者负担”原则实行了这一制度。我国在 1978 年的《环境保护工作汇报要点》中，首次提出排放污染物的收费制度。1979 年颁布的《环境保护法（试行）》以法律形式确立了这一制度。1982 年，国务院在总结 22 个省、市征收排污费试点经验的基础上。颁布了《征收排污费暂行办法》。对征收排污费的目的、范围、标准、费用的管理与使用等作了具体规定，这标志着我国排污收费制度的正式建立。1984 年颁布的《水污染防治法》规定，凡向水体排放污染物，超标或不超标都要收费。此后颁布的《污染源治理专项基金有偿使用办法》和《征收超标准排污费财务管理和会计核算办法》等法规和规章，对排污费摊入成本问题、排污费的有偿使用和管理问题作了补充规定。1996 年，国务院发布的《关于环境保护若干问题的决定》中提出。需按照“排污费高于污染治理成本”的原则，提高现行排污收费标准，促进排污单位积极治理污染；要加强排污费征收、使用和管理；对征收的排污费要严格实行“收支两条线的管理制度”等。

2002 年 1 月 30 日，国务院第 54 次常务会议通过了《排污费征收使用管理条例》（以下简称《条例》），2003 年 7 月 1 日起施行。《条例》公布后，国家环境保护总局于 2003 年出台了与《条例》相配套的部门规章：《排污费征收标准管理办法》《关于排污费征收核定有关工作的通知》《排污费资金收缴使用管理办法》《排污费征收标准及计算办法》《关于减免及缓缴排污费有关问题的通知》《关于环保部门实行收支两条线管理后经费安排的实施办法》等，从而建立了一整套完整的符合市场经济要求的排污费征收使用管理体系。

三、排污费制度的主要内容

（一）排污费的征收

1. 征收排污费的对象

《条例》第 2 条规定，直接向环境排放污染物的单位和个体工商户，应当依照《条例》的规定缴纳排污费。这一规定，将征收排污费的对象，从原来的企业、事业单位扩大到直接向环境排放污染物的所有单位和个体工商户。同时，《条例》又作了限制性规定，即排污者向城市污水集中处理设施排放污水、缴纳污水处理费用的，不再缴纳排污费。

2. 排污收费项目

根据《排污费征收标准管理办法》第 3 条规定，排污收费项目包括四大类型：① 污水排污费；② 废气排污费；③ 危险废物排污费；[13]④ 噪声超标排污费。

3. 排污费征收标准及计算方法

（1）污水排污费按排污者排放污染物的种类、数量以污染当量计征，每一污染当量征收标准为 0.7 元。

对每一排放口征收污水排污费的污染物种类数，以污染当量数从多到少的顺序，最多不超过 3 项。其中，超过国家或地方规定的污染物排放标准的，按照排

13 根据 2004 年修订的《固体废物污染防治法》规定，不再征收工业固体废物排污费。

放污染物的种类、数量和《条例》规定的收费标准计征污水排污费的收费额加一倍征收超标准排污费。

水污染物污染当量数计算方法如下：

某污染物的污染当量数＝该污染物的排放量（kg）/该污染物的污染当量值（kg）

禽畜养殖业、小型企业和第三产业的污染当量数＝污染排放特征值/污染当量值

污水排污费计算方法为：

污水排污费收费＝0.7 元×前 3 项污染物的污染当量数之和；[14]对超过国家或者地方规定排放标准的污染物，应在该种污染物排污费收费额基础上加 1 倍征收超标准排污费；同一排放口中的化学需氧量（COD）、生化需氧量（BOD_5）和总有机碳（TOC），只征收一项。

例题：某石化工厂 1990 年建成投产，2005 年 4 月确定废水总排放口的月废水排放量为 100 000 m^3，经监测污染物排放浓度 COD 为 200 mg/L、BOD 为 80 mg/L、SS 为 160 mg/L、pH 值 4、石油类 20 mg/L、硫化物 1 mg/L。该厂排污口通向Ⅳ类水域，求该厂 8 月份应缴纳污水排污费。

解：① 查排放标准

该厂废水执行《污水综合排放标准》表 2 中的二级标准：COD 为 150 mg/L、BOD 为 60 mg/L、SS 为 200 mg/L、pH 值 6～9、石油类为 10 mg/L、硫化物为 1.0 mg/L。

② 计算污染物当量数

COD 排放量＝10^{-3}×100 000×200＝20 000 kg/月

COD 的当量数＝20 000 /1＝20 000 污染当量

BOD 排放量＝10^{-3}×100 000×80＝8 000 kg/月

BOD 当量数＝8 000 /0.5 kg＝16 000 污染当量

SS 排放量＝10^{-3}×100 000×160＝16 000 kg/月

SS 的当量数＝16 000/4＝4 000 污染当量

石油类排放量＝10^{-3}×100 000×20＝2 000 kg/月

石油类的当量数＝2 000 /0.1＝20 000 污染当量

硫化物排放量＝10^{-3}×100 000×1＝100 kg/月

硫化物的当量数＝100/0.125＝800 污染当量

pH 值当量数＝100 000 t 污水/1 t 污水＝100 000 污染当量

14 见《排污费征收标准及计算方法》中的表 1 至表 4。

③ 三因子选择

选择排污量前 3 位是 pH 值、COD、石油类

排放总量＝100 000＋20 000＋20 000＝140 000（污染当量/月）

污水排污费＝0.7×140 000＝98 000（元/月）

④ 加倍收费

pH 值、COD、石油类均超标，COD、石油类需加倍收费

加倍收费额＝0.7×（20 000＋20 000）＝28 000（元/月）

⑤ 计算总收费额

总收费额＝排污费+加倍收费＝98 000＋28 000＝126 000（元/月）

（2）废气排污费按排污者排放污染物的种类、数量以及污染当量计算征收，每一污染当量征收标准为 0.6 元。

大气污染物的污染当量计算方法为：

某污染物的污染当量数＝该污染物的排放量（kg）/该污染物的污染当量值（kg）。[15]

对难以监测的烟尘，可按林格曼黑度指数征收排污费。

（3）危险废物排污费征收标准。对以填埋方式处置危险废物不符合国家有关规定的，危险废物排污费征收标准为每次每吨 1 000 元。

（4）噪声超标排污费征收标准。对排污者产生环境噪声，超过国家规定的环境噪声排放标准，且干扰他人正常、工作和学习的，按照超标的分贝数征收噪声超标排污费。

所谓污染当量是指根据各种污染物或污染排放活动对环境的有害程度、对生物体的毒性以及处理的技术经济性，规定的有关污染物或污染排放活动相对数量的一种关系，是有害当量、毒性当量和费用当量的一种综合当量，表示了不同的污染物或污染排放变量之间的污染危害和处理费用的相对关系。[16]

污水污染当量值是以污水中 1 kg 最主要污染物化学需氧量（COD）为一个基准污染当量，再按照其他污染物的有害程度、对生物体的毒性以及处理的费用等进行测算，并与 COD 进行比较，分别得出其他污染物的污染当量值。将每个排放口每种污染物的排放量按污染当量值换算成污染当量数，再把所有的污染当量数相加，得出该排放口排放的所有污染物的总污染当量数，用总污染当量数乘污染当量收费单价，即得出应交纳的排污费额。[17]

15 大气污染物污染当量值见《排污费征收标准及计算方法》中的表 5。

16 用经济杠杆“撬”动污染防治：访国家环境保护总局环境监察室主任陆新元. 中国环境报，2003-07-01（1）.

17 排污费征收使用有重大变革. 中国环境报，2003-06-30（1）.

4．征收排污费的程序

根据《条例》和《关于排污费征收核定有关工作的通知》（以下简称《核定通知》）的规定，征收排污费应遵循以下程序。

（1）申报登记。《条例》第 6 条和《核定通知》第 2 条规定，排污者应当于每年 12 月 15 日前，填报《全国排放污染物申报登记报表（试行）》（以下简称《排污申报登记报表（试行）》，申报下一年度正常作业条件下排放污染物种类、数量、浓度等情况，并提供与污染物排放有关的资料；新建、扩建、改建项目，应当在项目试生产前 3 个月内办理排污申报手续；在城市市区范围内，建筑施工过程中使用机械设备，可能产生环境噪声污染的，施工单位必须在工程开工 15 日前办理排污申报手续；排放污染物需作重大改变或者发生紧急重大改变的，排污者必须分别在变更前 15 日内或改变后 3 日内履行变更申报手续，填报《排污变更申报登记表（试行）》。排污者可以采取书面填表、网上申报等申报方式进行排污申报。

（2）审核。《核定通知》第 3 条规定，环境监察机构应当在每年 1 月 15 日前依据排污者申报的《排污申报登记报表（试行）》进行排污收费年度审核。

环境监察机构在进行排污收费年度审核时：① 对排污者申报的新建、扩建、改建项目《排污申报登记报表（试行）》和排放污染物需作重大改变或者发生紧急重大改变的《排污变更申报登记表（试行）》应当及时进行审核。② 对符合要求的，环境监察机构向排污者发回经审核同意的《排放申报登记报表（试行）》。③ 对符合减免规定的，按规定予以减免并公告；对不符合要求的，责令限期补报；逾期未报的，视为拒报。

（3）核定。《核定通知》对排污费征收核定权限、核定依据、核定通知书的送达以及核定异议的处理作了以下规定。

① 核定权限。根据《核定通知》第 1 条规定，县级环境保护局负责行政区划范围内排污费的征收管理工作；直辖市、设区的市级环境保护局负责本行政区域市区范围内排污费的征收管理工作；省、自治区环境保护局负责装机容量 30 万千瓦以上的电力企业排放二氧化硫排污费的征收管理工作。

② 核定依据和顺序。《核定通知》第 4 条规定，环境监察机构应当依据《条例》，按照下列规定顺序对排污者排放污染物的种类、数量进行核定：排污者按照规定正常使用国家强制检定并经依法定期校验的污染物排放自动监控仪器，其监测数据作为核定污染物排放种类、数量的依据；具备监测条件的，按照国家环境保护总局规定的监测方法监测所得的监督监测数据；不具备监测条件的，按照国家环境保护总局规定的物料衡算方法计算所得物料衡算数据；对餐饮、娱乐、服务等第三产业的小型排污者，采用抽样测算的办法核算排污量。

③ 核定通知书的送达。《核定通知》第5条第1款规定，各级环境监察机构应当在每月或者每季终了后10日内，依据经审核的《排污申报登记报表（试行）》《排污变更申报登记表（试行）》，并结合当月或者当季的实际排污情况，核定排污者排放污染物的种类、数量，并向排污者送达《排污核定通知书（试行）》。

④ 核定异议的处理。《核定通知》第5条第2款规定，排污者对核定结果有异议的，自接到《排污核定通知书（试行）》之日起 7 日内，可以向发出通知的环境监察机构申请复核；环境监察机构应当自接到复核申请之日起 10 日内，作出复核决定。排污者对核定有异议的，应当先缴排污费，后再申请行政复议或者提起行政诉讼。

（4）公告及排污费的缴纳。根据《核定通知》第6条规定，各级环境监察机构应当按月或按季根据排污费征收标准和经核定的排污者排放污染物种类及其数量，确定排污者应当缴纳的排污费数额，并予以公告；排污费数额确定后，由环境监察机构向排污者送达《排污费缴纳通知单（试行）》；排污者应当自接到《排污费缴纳通知单（试行）》之日起7日内，到指定的商业银行缴纳排污费；逾期未缴纳的，负责征收排污费的环境监察机构从逾期未缴纳之日起7日内向排污者下达《排污费限期缴纳通知书（试行）》。

5. 排污费的减免

《条例》及《关于减免及缓缴排污费有关问题的通知》（以下简称《减免及缓缴通知》）对减免排污费的条件、期限及程序作了以下规定。

（1）减免排污费的条件。《条例》第15条及《减免及缓缴通知》第1条规定，减免排污费应具备以下条件：因不可抗力的自然灾害以及因突发公共卫生事件、火灾、他人破坏等遭受重大直接经济损失，可以申请减缴或者免缴排污费；排污者因未及时采取有效措施，造成环境污染的，不得申请减缴或者免缴排污费。

符合上述条件的排污者申请减免排污费的最高限额不得超过1年的排污费应缴额。

（2）减免程序。《减免及缓缴通知》第3条、第7条规定，减免排污费按照下列程序办理：

① 排污者自遇不可抗力自然灾害和其他突发事件之日起30日内，向具有审批权限的市（地、州）级以上财政、价格、环保部门提出减免排污费的书面申请（书面申请包括排污者名称、减免理由、减免数额、减免期限等内容）；

② 市（地、州）级以上财政、价格、环保部门收到排污者减免排污费的书面申请后，应当在 30 日内由环保部门先进行调查核实，并提出审核意见报同级财政、价格主管部门；

③ 市（地、州）级以上财政、价格主管部门应当在收到环保部门审核意见

后，30 日内按照《减免及缓缴通知》第 2 条规定的权限，会同环保部门作出是否批准减免排污费的决定，并以书面形式批复申请减免排污费的排污者，同时抄送上级财政、价格、环保部门以及负责征收排污费的环保部门和同级财政、价格主管部门；

④ 批准减免排污费的排污者名单，由环保部门会同同级财政、价格主管部门每半年公告一次。

根据《减免及缓缴通知》第 4 条规定，养老院、残疾人福利机构、殡葬机构、幼儿园、特殊教育学校、中小学校（不含其所办企业）等国务院财政、价格、环保部门规定的非盈利性社会公益事业单位，在达标排放污染物的情况下，经负责征收排污费的环保部门核准后可以免缴排污费。

6. 排污费的缓缴

《减免及缓缴通知》对缓缴排污费的条件、期限及程序作了如下规定。

（1）缓缴的条件。《减免及缓缴通知》第 5 条第 1 款规定，排污者申请缓缴排污费应具备下列条件：遇不可抗力自然灾害和其他突发事件，正在申请减免排污费以及市（地、州）级以上财政、价格、环保部门正在批复减免排污费期间；企业由于经营困难处于破产、倒闭、停产、半停产状态。

（2）缓缴的期限。《减免及缓缴通知》第 5 条第 2 款规定，申请缓缴排污费的最长期限不超过 3 个月。在批准缓缴后 1 年内不得再重新申请。

（3）缓缴程序。《减免及缓缴通知》第 6 条、第 7 条对申请缓缴排污费的程序作了如下规定：

① 排污者自接到排污费缴纳通知单之日起 7 日内，向负责征收排污费的环保部门提出缓缴排污费的书面申请，书面申请包括排污者名称、缓缴理由、缓缴期限等内容；

② 环保部门自接到申请之日起 7 日内，应当作出是否批准缓缴排污费的书面决定，期满未作出决定的，视为同意缓缴排污费；

③ 批准缓缴排污费的排污者名单，由环保部门会同同级财政、价格主管部门每半年公告一次。

（二）排污费的使用

《条例》及《排污费资金收缴使用管理办法》（以下简称《使用办法》）第 13 条规定，排污费必须纳入财政预算，列入环境保护专项资金进行管理，主要用于下列污染防治项目的拨款补助或者贷款。

（1）重点污染源防治项目。包括技术和工艺符合环境保护及其他清洁生产要求的重点行业、重点污染源防治项目；

（2）区域性污染防治项目。主要用于跨流域、跨地区的污染治理及清洁生产项目；

（3）污染防治新技术、新工艺的推广应用项目。主要用于污染防治新技术、新工艺的研究开发以及资源综合利用率高、污染物产生量少的清洁生产技术、工艺的推广应用；

（4）国务院规定的其他污染防治项目。《使用办法》第 13 条还规定，环境保护专项资金不得用于环境卫生、绿化、新建企业的污染治理项目以及与污染防治无关的其他项目。关于环境保护专项资金的使用申请，应当按照《使用办法》第 15 条、第 16 条、第 17 条的规定进行申报、评审。

（三）排污费的管理

根据《条例》第 3 条、第 4 条、第 5 条、第 19 条、第 20 条规定，县级以上人民政府环境保护行政主管部门、财政部门、价格主管部门应当按照各自的职责，加强对排污费征收、使用工作的指导、管理和监督；县级以上地方人民政府财政部门和环境保护行政主管部门每季度向本级人民政府、上级财政部门和环境保护行政主管部门报告本行政区域内环境保护专项资金的使用和管理情况；排污费的征收、使用必须严格实行“收支两条线”，征收的排污费一律上缴财政；排污费应当全部专项用于环境污染防治，任何单位和个人不得截留、挤占或者挪作他用；审计机关应当加强对环境保护专项资金使用和管理的审计监督。

（四）法律责任

《条例》《使用办法》规定了排污单位违反排污收费制度的法律责任，具体内容参见图表 3-4。

图表 3-4　违反排污收费制度的法律责任

违法行为	处罚依据	处罚种类、幅度	执法主体
1．拒绝缴纳排污费或超标排污费的	《条例》第 21 条	责令限期缴纳；逾期拒不缴纳的，处应缴纳排污费数额 1 倍以上 3 倍以下的罚款，并报经有批准权的人民政府批准，责令停产、停业整顿	县级以上地方人民政府环境保护行政主管部门
2．排污者以欺骗手段骗取批准减缴、免缴或者缓缴排污费的	《条例》第 22 条	责令限期补缴应当缴纳的排污费，并处所骗取批准减缴、免缴或者缓缴排污费数额 1 倍以上 3 倍以下的罚款	县级以上地方人民政府环境保护行政主管部门

违法行为	处罚依据	处罚种类、幅度	执法主体
3．环境保护专项资金使用者不按照批准的用途使用环境保护专项资金的	《条例》第 23 条	责令限期改正；逾期不改正的，10 年内不得申请使用环境保护专项资金，并处挪用资金数额 1 倍以上 3 倍以下的罚款	县级以上地方人民政府环境保护行政主管部门
4．排污者在规定期限内未足额缴纳排污费的	《使用办法》第 22 条	责令限期缴纳，并从滞纳之日起加收 2‰的滞纳金	县级以上地方人民政府环境保护行政主管部门

第六节　限期治理制度与限期淘汰制度

一、限期治理制度

（一）限期治理制度的概念和意义

限期治理制度，是指对长期超标排放污染物、造成环境严重污染的排污单位和在特殊保护区域内超标排污的已有设施，经人民政府决定，环境保护行政主管部门监督其在一定期限内治理并达到规定要求的法律规定的总称。

我国环境保护的实践证明，实施限期治理制度，对于集中有限的资金解决突出的环境问题，推动企业积极治理污染，改善流域、区域环境质量，改善厂群关系，促进社会稳定，都具有十分重要的意义。

（二）限期治理制度的形成

限期治理的概念，早在 1973 年第一次全国环境保护会议上已经提出。1978 年，中共中央批转的《环境保护工作要点》指出："对现有布点不合理，污染环境，危害职工和居民健康的工厂，要限期治理。"1979 年颁布的《环境保护法（试行）》将其作为一项环境管理制度加以明确规定。各主要环境法律法规都规定了这一制度。现行《环境保护法》第 18 条、第 29 条、第 38 条对限期治理的对象、权限及罚则作了原则性规定。《国务院关于落实科学发展观加强环境保护的决定 》对限期治理制度做出了最新的规定：强化限期治理制度，对不能稳定达标或超总量的排污单位实行限期治理，治理期间应予限产、限排，并不得建设增加污染物排放总量的项目；逾期未完成治理任务的，责令其停产整治。

（三）限期治理制度的主要内容

1．限期治理的适用对象

综合现有有关环境法律、法规的规定，限期治理的适用对象主要为5类单位。

（1）造成严重污染的单位。这是该制度诞生以来最基本的适用范围。有关法律还进一步设定了限制条件。如《环境噪声污染防治法》第17条规定：只有对“在噪声敏感建筑物集中区域内造成严重环境噪声污染的企业事业单位”，才能适用限期治理。

关于“严重污染”的判断依据。原国家环境保护局1996年8月23日曾以《关于对经限期治理逾期未完成治理任务的单位进行处罚问题的复函》（环法[1996]696号）做过专门解释。该函明确提出了“关于企业事业单位严重污染环境的判断依据”的四项基本指标为：“环保部门在判断过程中，应以排污单位排放污染物的超标情况作为主要依据，同时还应综合考虑排污单位所在区域的环境功能及其容量、排污单位排放污染物的特性及其对人体健康和环境造成的危害、排污周围居民对污染的反映及其他有关情况。”

（2）特殊保护区内的排污设施。根据国家有关环境法律和行政法规的规定，在国务院、国务院有关主管部门和省级政府划定的饮用水源保护区、风景名胜区、自然保护区和其他需要特别保护的区域内，已经建成并且排污超标的设施，应当适用限期治理。

（3）排放污染物超过标准的单位。根据《大气污染防治法》第48条、《海洋环境保护法》第12条、《淮河流域水污染防治条例》第17条规定，排污单位只要超标排污，不管是否造成严重污染都可以要求其限期治理。这是对限期治理对象的一个重大改革，也是对排污单位提出了更高、更严的要求。

（4）排放重点污染物超过总量的单位。如《水污染防治法实施细则》第10条和《淮河流域水污染防治暂行条例》第13条规定，重点污染物排放量超过总量控制指标的，限期治理。

（5）未完成排污削减任务的单位。如《海洋环境保护法》第12条规定，对在行政机关规定的期限内未完成污染物排放削减任务的单位，应当限期治理。

2．限期治理的目标

方案中规定的限期治理所要达到的目标。确定限期治理目标，应充分考虑以下几个因素：① 治理项目的类型和污染程度；② 治理单位筹措资金的能力；③ 治理技术、方案的选择及其可行性等。

根据上述诸因素，对点源治理项目，可要求达标排放；对流域、区域治理项目，可要求达到该地区的环境质量标准；对行业污染治理项目，则要求所有污染源分期分批达标排放。对于实行总量控制地区，除浓度目标外，还要求污染源排放的污染物总量不超过其总量指标。

作为具体行政行为中的行政要求，政府或者环境保护行政主管部门提出限期治理，应当注意两个方面：一要明确要求，二要突出目标。治理任务可以是达到某一排放标准，也可以是完成一定量的削减指标，还可能是恢复某一环境功能。而且，这种任务应当是以可以考核的目标形式出现，一般应避免指定具体采用某种工艺、技术或者设备。

3．限期治理期限

首先应当明确限期治理具体期限的确定，是属于政府或者环境保护行政主管部门的裁量权。在实际确定具体期限时，一不宜过长，二要合理，要综合考虑治理任务的难易程度和工程实际进度。

4．限期治理的决定机关

关于限期治理的决定权，《环境保护法》规定：中央或者省级政府直接管辖的企事业单位的限期治理，由省级政府决定。市、县或者市、县以下政府管辖的企事业单位的限期治理，由市、县政府决定。被限期治理的企事业单位必须如期完成治理任务。

在单项环境污染防治立法中，对限期治理的决定机关作出了有别于《环境保护法》的规定，表现为：

（1）规定可由政府授权环保部门决定。如《环境噪声污染防治法》第 17 条规定："对小型企业事业单位的限期治理，可以由县级以上人民政府在国务院规定的权限内授权其环境保护行政主管部门决定。"

（2）明确授权由环保部门决定。新修订的《固体废物污染环境防治法》第 81 条规定："造成固体废物严重污染环境的，由县级以上人民政府环境保护行政主管部门按照国务院规定的权限决定限期治理。"授权环保部门决定限期治理，这毫无疑问是该制度在决定权限方面的重大突破。

5．违反限期治理的法律责任

根据《环境保护法》第 39 条的规定，对经限期治理逾期未完成治理任务的企业事业单位，除依照国家规定加收超标准排污费外，可以根据所造成的危害后果处以罚款，或者责令停业、关闭。罚款由环境保护行政主管部门决定；责令停业、关闭，由作出限期治理决定的人民政府决定，责令中央直接管辖的企业事业单位停业、关闭，须报国务院批准。

值得注意的是，根据《环境保护法》的规定，对逾期未完成治理任务的单位，可以罚款，或者责令停业关闭。可见这两种处罚是选择性的，即原则上应当是二选其一。《固体废物污染环境防治法》第 81 条则规定，逾期未完成治理任务的，由政府决定停业或者关闭。显然，该条规定排除了罚款的适用。

（四）实施限期治理制度中环境保护行政主管部门的职责

（1）组织开展污染源调查摸底，摸清管辖范围内企事业单位排污情况，对需要限期治理的污染源，及时向本级人民政府提出限期治理意见。

（2）对限期治理单位的治理情况、进度进行监督检查，及时提出指导性意见和要求。

（3）按时组织验收，并向本级人民政府报告验收结果。

（4）对逾期没有完成限期治理任务的单位，依法予以罚款，或者报请本级人民政府责令其停业、关闭。

二、限期淘汰制度

（一）限期淘汰制度的概念

国家以防止环境污染、生态破坏和调整产业结构为目的，定期公布浪费资源严重污染环境的落后生产技术、工艺、设备和产品的名录，并限期禁止其生产、销售、进口、使用或转让的规定的总称。

近几年来，我国为了降低污染负荷和资源、能源消耗，实现工业企业达标排放，通过一系列的法律文件规定了限期淘汰制度，关闭、取缔了一大批污染严重的小企业。实践证明，实行限期淘汰制度，对于促进经济机构的调整，减少环境污染，改善环境质量具有十分重要的意义。

（二）限期淘汰制度的形成

限期淘汰制度最早见于 1995 年第一次修改的《大气污染防治法》。该法第 15 条规定："国家对严重污染大气环境的落后生产工艺和严重污染大气环境的落后设备实行淘汰制度。国务院经济综合主管部门会同国务院有关部门公布限期禁止采用的严重污染大气环境的工艺名录和限期禁止生产、禁止销售、禁止进口、禁止使用的严重污染大气环境的设备名录。"该条还规定了"被淘汰的设备，不得转让给他人使用。"此后修改的《水污染防治法》《环境噪声污染防治法》和《海洋环境保护法》也都作了类似规定。

2002 年 6 月 29 日第九届全国人大常委会第 28 次会议通过的《清洁生产促进法》，从推行清洁生产的立法层面上重申了已实行多年的淘汰制度，还加上了时限，成为更具可操作性的新的法律制度，即限期淘汰制度。该法第 28 条规定："国家对浪费资源和严重污染环境的落后生产技术、工艺、设备和产品实行限期淘汰制度。国务院经济贸易行政主管部门会同国务院有关行政主管部门制定并发布限期淘汰的生产技术、工艺、设备以及产品的名录。”

除国家环境保护法律、法规的规定之外，一些地方性环境保护法规和规章也将超薄塑料袋、发泡塑料餐具、含磷洗衣粉等分别列入了本地区限期淘汰之列。

（三）限期淘汰制度的主要内容

1．限期淘汰的对象

根据环境保护法律、法规的规定，限期淘汰的对象包括：浪费资源和严重污染环境的落后的生产技术、工艺、设备和产品。

2．发布名录及实施监督管理的机关

发布名录的机关，是国务院经济综合部门和其他有关部门。

迄今为止，国务院经济综合部门会同环境保护部门及有关产业部门，先后提出并公布了一系列限期淘汰的名录。主要的淘汰名录有：

（1）《关于禁止和限制支持的乡镇工业污染控制重点企业名录》；

（2）《第一批严重污染大气环境的淘汰工艺与设备的名录》；

（3）《淘汰落后生产能力、工艺和产品的名录（第一批）》；

（4）《工商投资领域制止重复建设名录（第一批）》；

（5）《国务院关于关闭非法和布局不合理煤矿有关问题的通知》；

（6）《关于限期停止生产、销售、使用含铅汽油的通知》；

（7）《汽车报废标准》；

（8）《关于加强塑料包装废物管理的若干意见》；

（9）《关于禁止新建、生产、使用消耗臭氧层物质生产设施的通知》；

（10）《关于在气雾剂行业停止使用氯氟化碳类物质的通知》；

（11）《关于限制电池含汞量的规定》；

（12）《中国禁止或严格限制进口的有毒化学品的目录（第一批）》；

（13）《关于限期淘汰“五小”的规定》；

（14）《淘汰落后生产能力、工艺和产品的名录（第二批）》；

（15）《淘汰落后生产能力、工艺和产品的名录（第三批）》。

实施监督管理的机关，是县级以上人民政府的经济综合部门和同级人民政府。

第七节 现场检查制度

一、现场检查制度的概念和意义

现场检查制度，是指环境保护行政主管部门或者其他依法行使环境保护监督管理权的部门，进入辖区内的排污单位现场，对其排污情况、污染治理等进行检查的法律规定的总称。

现场检查制度是环境保护行政机关在环境保护行政执法中最普遍适用的一项重要的行政监督管理手段，具有以下重要意义和作用：有利于环境保护行政机关及时了解和掌握管辖区内排污单位的开发、建设、排污、治污情况，有针对性地加强监督管理；有利于督促排污单位加强内部环境管理，认真履行法律规定的各项环境保护义务；有利于帮助和指导排污单位及其有关人员提高环境保护意识和环境保护法制观念；也有利于促进环境保护行政机关及其执法人员依法行政，提高执法水平。

二、现场检查制度的形成

1984 年颁布的《水污染防治法》首次规定了现场检查制度。该法第 18 条规定："各级人民政府的环境保护部门和有关的监督管理部门，有权对管辖范围内的排污单位进行现场检查，被检查的单位必须如实反映情况，提供必要的资料。检查机关有责任为被检查的单位保守技术秘密和业务秘密。"此后，《环境保护法》等一系列法律、法规都作出了类似的规定。2000 年，经修订后颁布的《水污染防治法实施细则》（以下简称《水细则》）第 17 条规定："环境保护部门和海事、渔政管理机构对管辖范围内向水体排放污染物的单位进行现场检查时，应当出示行政执法证件或者佩戴行政执法标志。"《水细则》第 18 条还规定了被检查单位应当向检查机关提供有关情况及资料的具体内容。

三、现场检查制度的主要内容

（一）现场检查的机关和对象

《环境保护法》第 14 条规定，有权行使现场检查权的机关是：县级以上人民政府的环境保护行政主管部门和其他依照法律规定行使环境监督管理权的部门。

现场检查的对象是：管辖区范围内的一切排污单位。

（二）现场检查中被检查单位及检查机关的义务

1．被检查单位的义务

被检查的单位有义务接受现场检查，并积极配合检查机关如实反映情况和提供有关资料。《水细则》第18条规定，被检查单位应提供下列情况和资料：① 污染物排放情况；② 污染物治理设施及其运行、操作和管理情况；③ 监测仪器、仪表、设备的型号和规格以及检定、校验情况；④ 采用的监测分析方法和监测记录；⑤ 限期治理进展情况；⑥ 事故情况及有关记录；⑦ 与污染有关的生产工艺、原材料使用的资料；⑧ 与水污染防治有关的其他情况和资料。

被检查单位拒绝现场检查或者在被检查时弄虚作假的，环境保护行政主管部门或者其他依照法律规定行使环境监督管理权的部门可以给予警告或者处以罚款。

2．检查机关的义务

环境保护行政主管部门和其他依照法律规定行使环境监督管理权的部门及其执法人员，在实施现场检查时，必须履行以下义务：① 必须出示行政执法证件或者佩戴行政执法标志；② 必须为被检查单位保守技术秘密和业务秘密。

环境保护行政主管部门，除认真履行上述义务外，还应注意既要敢于执法，还要善于执法，坚持文明执法，讲究执法技巧，避免不必要的冲突，以树立良好的执法形象。

第八节　突发环境事件信息报告与应急预案制度

一、突发环境事件信息报告与应急预案制度概念

突发环境事件，是指突然发生，造成或者可能造成重大人员伤亡、重大财产损失和对全国或者某一地区的经济社会稳定、政治安定构成重大威胁和损害，有重大社会影响的涉及公共安全的环境事件。

突发环境事件信息报告，是指各级环境保护行政主管部门按照职责范围，及时、准确地向同级人民政府和上级环境保护行政主管部门报告辖区内发生的突发环境事件信息的规范性措施的总称。

突发环境事件应急预案制度，是指为及时应对突发环境事件，由政府事先编制突发环境事件的应急响应方案及其应急机制，在发生或者可能发生突发环境事件时，启动该应急预案以最大限度地预防和减少突发环境事件及其可能带来的危害等规范性措施的总称。

二、突发环境事件信息报告与应急预案制度的形成

在我国，突发环境事件的概念是进入 21 世纪以后逐步为国家规范性文件所确立的，过去的习惯是将此类突发性环境事件称为“环境污染与破坏事故”。为此，原国家环境保护局 1987 年专门发布了《报告环境污染与破坏事故的暂行办法》（已失效）。

目前，我国已经进入了环境突发事件高发期，四川沱江污染事件和松花江水污染事件，造成了部分地区人民生命、财产安全的危害，并给国家带来了严重的影响。究其原因，很大程度上是在突发环境事件发生之际由于信息报告延误和缺乏有效的应急预案所致。

2006 年 1 月 8 日，国务院发布了《国家突发公共事件总体应急预案》。2006 年 1 月 24 日，国务院制定了《国家突发环境事件应急预案》（以下简称《环境应急预案》），适用于应对以下各类事件的应急响应：超出事件发生地所在省（区、市）人民政府突发环境事件处置能力的应对工作；跨省（区、市）突发环境事件应对工作；国务院或者全国环境保护部际联席会议需要协调、指导的突发环境事件或者其他突发事件次生、衍生的环境事件。2007 年 1 月 30 日，国家环境保护总局又对《国家环境保护总局核事故与辐射事故应急响应方案》进行了修订，划分为《国家环境保护总局核事故应急预案》和《国家环境保护总局辐射事故应急预案》。

在突发环境事件的信息报告方面，2006 年 3 月 31 日，为提高环境保护行政主管部门应对突发环境事件的能力，保障人民群众生命健康和财产安全，国家环境保护总局发布了《环境保护行政主管部门突发环境事件信息报告办法（试行）》（以下简称《报告办法》），规范了突发环境事件的信息报告程序。

三、突发环境事件信息报告制度

（一）基本规定

《报告办法》规定，在得知突发环境事件发生后，事发地环境保护行政主管部门应当立即派人赶赴现场调查了解情况，采取措施努力控制污染和生态破坏事故继续扩大，对突发环境事件的性质和类别作出初步认定，并把初步认定的情况及时报同级人民政府和上级环境保护行政主管部门。紧急情况下，可直接向国家环境保护总局报告，并同时报送省级环境保护行政主管部门。

（二）突发环境事件分类及报告

按照突发事件严重性和紧急程度，《环境应急预案》将突发环境事件分为特

别重大环境事件（Ⅰ级）、重大环境事件（Ⅱ级）、较大环境事件（Ⅲ级）、一般环境事件（Ⅳ级），参见图表 3-5。

图表 3-5　突发环境事件的分级

分级	构成要件
Ⅰ级	（1）死亡 30 人以上，或中毒（重伤）100 人以上；（2）因环境事件需疏散、转移群众 5 万人以上，或直接经济损失 1 000 万元以上；（3）区域生态功能严重丧失或濒危物种生存环境遭到严重污染，或因环境污染使当地正常的经济、社会活动受到严重影响；（4）因环境污染使当地正常的经济、社会活动受到严重影响；（5）利用放射性物质进行人为破坏事件，或 1、2 类放射源失控造成大范围严重辐射污染后果；（6）因环境污染造成重要城市主要水源地取水中断的污染事故；（7）因危险化学品（含剧毒品）生产和贮运中发生泄漏，严重影响人民群众生产、生活的污染事故；（8）造成跨国（界）的环境污染事件
Ⅱ级	（1）发生 10 人以上、30 人以下死亡，或中毒（重伤）50 人以上，100 人以下；（2）区域生态功能部分丧失或濒危物种生存环境受到污染；（3）因环境污染使当地经济、社会活动受到较大影响，疏散转移群众 1 万人以上、5 万人以下的；（4）1、2 类放射源丢失、被盗或失控；（5）因环境污染造成重要河流、湖泊、水库以及沿海水域大面积污染，或县级以上城镇水源地取水中断的污染事件
Ⅲ级	（1）发生 3 人以上、10 人以下死亡，或中毒（重伤）10 人以上、50 人以下；（2）因环境污染造成跨地级行政区纠纷，使当地经济、社会活动受到影响；（3）3 类放射源丢失、被盗或失控
Ⅳ级	（1）发生 3 人以下死亡，中毒（重伤）10 人以下；（2）因环境污染造成跨县级行政区域纠纷，引起群体性影响的；（3）4、5 类放射源丢失、被盗或失控

一般（Ⅳ级）突发环境事件，事发地环境保护行政主管部门应在发现或得知后 1 小时内，向同级人民政府和上一级环境保护行政主管部门报告。

较大（Ⅲ级）、重大（Ⅱ级）、特别重大（Ⅰ级）突发环境事件，市（区）、县级环境保护行政主管部门应当在发现或得知后 1 小时内，报告同级人民政府和省级环境保护行政主管部门。省级环境保护行政主管部门在接到报告后，除认为需对突发环境事件进行必要核实外，应当立即报告国家环境保护总局。需要对突发环境事件进行核实的，原则上应在 1 小时内完成。

特别重大（Ⅰ级）突发环境事件，事发地环境保护行政主管部门在依照本条前两款规定报告的同时，应当向国家环境保护总局报告。

国家环境保护总局在接到重大（Ⅱ级）、特别重大（Ⅰ级）突发环境事件报告后，应当立即向国务院总值班室报告。

当突发环境事件发生初期无法按突发环境事件分级标准确认等级时，报告上应注明初步判断的可能等级。随着事件的续报，可视情核定突发环境事件等级并报告应报送的部门。

（三）突发环境事件报告的具体规定

初报在发现和得知突发环境事件后上报；续报在查清有关基本情况后随时上报；处理结果报告在突发环境事件处理完毕后上报。

初报可用电话或传真直接报告，主要内容包括：突发环境事件的类型、发生时间、发生地点、初步原因、主要污染物质和数量、人员受害情况、自然保护区受害面积和濒危物种生存环境受到破坏程度、事件潜在危害程度等初步情况。

续报可通过网络或书面报告，视突发环境事件进展情况可一次或多次报告。在初报的基础上报告突发环境事件有关确切数据、发生的原因、过程、进展情况、危害程度及采取的应急措施、措施效果等基本情况。

处理结果报告采用书面报告，处理结果报告在初报和续报的基础上，报告处理突发环境事件的措施、过程和结果，突发环境事件潜在或间接的危害及损失、社会影响、处理后的遗留问题、责任追究等详细情况。处理结果报告应当在突发环境事件处理完毕后立即报送。

核与辐射事件的信息报告在按照《报告办法》规定报告的同时，还须按照有关核安全法律法规的规定报告。

突发环境事件可能波及相邻省级行政区域的，事发地省级环境保护行政主管部门应当在向国家环境保护总局报告的同时，及时通报可能波及的其他省级环境保护行政主管部门。接到突发环境事件通报的有关省级环境保护行政主管部门，应视情况及时报告本级人民政府。

四、突发环境事件应急预案制度

（一）突发环境事件应急组织体系和综合协调机构

《环境应急预案》规定，国家突发环境事件应急组织体系由应急领导机构、综合协调机构、有关类别环境事件专业指挥机构、应急支持保障部门、专家咨询机构、地方各级人民政府突发环境事件应急领导机构和应急救援队伍组成。

在国务院的统一领导下，全国环境保护部际联席会议负责统一协调突发环境事件的应对工作，各有关成员部门负责各自专业领域的应急协调保障工作。各级人民政府也自上而下地设立了相应的应急指挥或领导机构。

（二）突发环境事件管理的运行机制

1．预防和预警机制

《环境应急预案》规定，全国环境保护部际联席会议有关成员单位应当按照早发现、早报告、早处置的原则，开展对国内（外）环境信息、自然灾害预警信息、常规环境监测数据、辐射环境监测数据的综合分析、风险评估工作。国务院有关部门和地方各级人民政府及其相关部门，负责突发环境事件信息接收、报告、处理、统计分析，以及预警信息监控，并且还必须开展污染源、放射源和生物物种资源调查，开展突发环境事件的假设、分析和风险评估工作，完善各类突发环境事件应急预案。

按照突发事件严重性、紧急程度和可能波及的范围，《环境应急预案》将突发环境事件的预警分为四级，预警级别由低到高，颜色依次为蓝色、黄色、橙色、红色。根据事态的发展情况和采取措施的效果，预警颜色可以升级、降级或解除。

2．应急响应机制

《环境应急预案》规定的应急响应机制包括以下几个部分：

（1）突发环境事件应急响应坚持属地为主的原则，实行分级响应机制。突发环境事件的应急响应，按突发环境事件的可控性、严重程度和影响范围，分为特别重大（Ⅰ级响应）、重大（Ⅱ级响应）、较大（Ⅲ级响应）、一般（Ⅳ级响应）四级。

（2）突发环境事件的报告（参见本节对突发环境信息报告制度的介绍）。

（3）根据需要，国务院有关部门和部际联席会议成立环境应急指挥部，负责指导、协调突发环境事件的应对工作。

（4）确立了应急终止的条件和程序。

《环境应急预案》规定，对符合下列条件之一的，即满足应急终止条件：① 事件现场得到控制，事件条件已经消除；② 污染源的泄漏或释放已降至规定限值以内；③ 事件所造成的危害已经被彻底消除，无继发可能；④ 事件现场的各种专业应急处置行动已无继续的必要；⑤ 采取了必要的防护措施以保护公众免受再次危害，并使事件可能引起的中长期影响趋于合理且尽量低的水平。

应急终止的程序是：① 现场救援指挥部确认终止时机，或事件责任单位提出，经现场救援指挥部批准；② 现场救援指挥部向所属各专业应急救援队伍下达应急终止命令；③ 应急状态终止后，相关类别环境事件专业应急指挥部应根据国务院有关指示和实际情况，继续进行环境监测和评价工作，直至其他补救措施无须继续进行为止。

3．应急保障机制

《环境应急预案》还分别对资金保障、装备保障、通信保障、人力资源保障、技术保障等应急保障机制作出了专门规定，并对宣传、培训与演练以及应急能力评价等作了规定。

4. 后期处置机制

《环境应急预案》规定，地方各级人民政府做好受灾人员的安置工作，组织有关专家对受灾范围进行科学评估，提出补偿和对遭受污染的生态环境进行恢复的建议。此外，还应当建立突发环境事件社会保险机制，为环境应急工作人员办理意外伤害保险。可能引起环境污染的企业事业单位，要依法办理相关责任险或其他险种。

5. 责任追究机制

《环境应急预案》规定按照有关法律和法规规定，对不认真履行职责的有关责任人员视情节和危害后果，由其所在单位或者上级机关给予行政处分，构成犯罪的，由司法机关依法追究刑事责任。

【问题与讨论】

1. 什么是环境保护法律制度？其特征包括哪些？

2. 我国主要的环境保护法律制度包括哪些？

3. 什么是环境影响评价制度？有何意义？

4. 规划环境影响评价及建设项目环境影响评价的范围包括哪些？

5. 简述专项规划的环境影响评价程序。

6. 2004 年 7 月下旬，工商业主阮某在领取工商执照后未经环保部门审批许可，擅自在某市某景区搭建"城东草原风情园"（25 个蒙古包可容纳 200 人就餐）并开张营业，造成餐饮油烟和废水未经处理直接排放，污染景区环境。该市环保局经立案调查，于 2004 年 10 月 13 日作出罚款的行政处罚决定，并责令其立即停止排污，限期在 20 日内补办环保审批手续，完成油烟和废水治理任务，并经环保验收合格后方可投入营业。问:（1）环保局作出罚款决定，并责令停止排污的依据是什么？（2）建设项目环境影响评价的分类管理是如何规定的？（3）环境影响报告书（表）、登记表的审批程序是如何规定的？

7. 某包装有限公司未经环保部门审批，未建设需配套的污染防治设施，于 2002 年 1 月建成投产，对周边造成环境污染。2005 年 6 月区环保局查实了该公司的违法行为，并送达了环境违法行为限期改正通知书，要求该公司于 2005 年 7 月 15 日之前办理环评报批手续。该公司逾期未报批。之后，区环保局认定该公司违反了《建设项目环境保护管理条例》第 9 条规定，依据《条例》第 28 条于 12 月 25 日作出责令停止生产，并处 2 万元罚款的行政处罚。问:（1）什么是"三同时"制度？（2）建设项目竣工验收应遵循的程序是什么？（3）违反"三同时"制度应承担的法律责任是什么？

8. 什么是排污申报登记制度？有何意义？

9. 简述排污申报登记的程序。

10. 什么是许可证制度？在环境保护领域实行许可证制度有何意义？

11. 排污许可证制度的主要内容包括哪些？

12. 结合实际谈谈如何加强对排污许可证的监督管理。

13. 什么是排污收费制度？有何意义？

14. 排污收费项目包括哪些？

15. 简述排污收费标准及计算方法。

16. 简述征收排污费程序及减缴、免缴、缓缴排污费的条件及程序。

17. 某造纸厂建于20世纪50年代，由于没有相应的环保治理设施，加之管理不善、工艺技术落后，生产中跑冒滴漏现象十分严重，每日向附近河流排放10吨左右的生产废水，废水中含有大量的纤维素、游离硫及酚类物质，使该河严重污染，沿河有3万人直接受到污染危害。鉴于此，2001年，某区环保局报请区政府批准，由区政府作出决定，责令该厂在一年内完成限期治理，并且要求在限期治理阶段不得向河流排放含酚物质。问：① 什么是限期治理制度？限期治理的对象是什么？② 限期治理的权限是如何规定的？③ 环境保护行政主管部门在实施限期治理制度中的主要职责是什么？

18. 什么是现场检查制度？在现场检查中检查机关与被检查单位的义务是什么？

19. 突发环境事件的等级是如何划分的？

20. 结合实际谈谈环境保护行政主管部门在处理突发环境事件中的主要职责。

第四章 环境标准

【提要】

环境标准是环境法体系的重要组成部分，是环境执法的主要技术依据。本章的学习是通过了解环境标准的概念和体系、分类和分级，正确理解环境标准的作用和意义，掌握部分常用环境标准。

【引例】

原告李某、王某夫妇于 2001 年与被告庄维房地产开发公司签订《商品房买卖合同》，购买了北京市庄维花园 7 号楼房屋一套，并于同年 12 月 31 日入住。入住不久，楼内地下室水泵房便出现噪声问题，影响他们的正常生活。其后，开发公司对管道进行了改造处理，但噪声问题依然存在。2004 年 9 月 10 日，李某委托北京市丰台区环境保护监测站对其住房噪声进行了检测，检测时间为当天 22 时 10 分，主要声源是楼内地下室水泵，实测值客厅中心为 39.7 分贝、客厅中心本底值为 29.4 分贝。随后，原告诉至丰台区人民法院要求被告彻底消除其住房屋内的噪声污染并赔偿入住以来的精神损害抚慰金 10 万元。

2004 年 12 月 23 日，李某及王某到医院就诊，经诊断为脑供血不足、神经衰弱等。2004 年 12 月 28 日，原告之子到北京儿童医院就诊，病历记载主诉是两三个月以来出现间断性的无规律头痛现象。

一审法院认为，国家环境保护总局为保护公民生活环境，制定了《城市区域环境噪声标准》，其中规定，以居住为主的Ⅰ类区域，白天噪声标准为 55 分贝、夜间噪声标准为 45 分贝；《城市区域环境噪声测量方法》规定，不得不在室内测量时，室内噪声限值应低于所在区域标准值 10 分贝。在《工业企业厂界噪声标准》中同样规定，以居住为主的Ⅰ类区，白天噪声标准为 55 分贝、夜间噪声标准为 45 分贝；《工业企业厂界噪声测量方法》规定，若厂界噪声无法测量时，测点应选在居室中央，室内限值应比相应标准值低 10 分贝。原告购买的住宅属于《城市区域环境噪声标准》规定的Ⅰ类区，其实测噪声值超过了标准规定的夜间最高限值标准。

最终法院判令，被告庄维房地产开发公司对 7 号楼水泵采取有效措施隔音降噪，使李某、王某住宅内噪声达到国家规定的标准；并赔偿精神抚慰金10万元。

第一节　环境标准概述

一、环境标准概念

环境标准是依照法定程序，由立法机构或政府环保部门对环境保护领域中需要统一和规范的事项所制定的含有技术要求及相关管理规定的文件的总称。

环境标准是和我国的环境保护事业同步发展的。在1973年8月召开的第一次环境保护工作会议上审查了我国第一个标准——《工业“三废”排放试行标准》，奠定了我国环境标准建设的基础。

1979年3月，第二次全国环境保护工作会议在成都召开，会议决定进一步加强环境标准工作。与此同时国家颁布了《中华人民共和国环境保护法（试行）》，明确规定了环境标准的制（修）定、审批和实施权限，使环境标准工作有了法律依据和保证。20世纪80年代中期，配合环境质量标准和污染物排放标准制定了相应的方法标准、样品标准。80年代末，原国家环保局重新修订、颁布了《地面水环境质量标准》（GB 3838—88），代替GB 3838—82。之后，该标准又经多次修订目前执行标准为《地表水环境质量标准》（GB 3838—2002）；制定了《污水综合排放标准》，替代了《工业“三废”排放试行标准》中的废水部分。

1991年12月，广州召开的环境标准工作座谈会上，提出了新的环境标准体系，此后，针对排放标准的时限问题和重点污染源控制问题，进一步明确了排放标准时间段的确定依据，综合排放标准及行业排放标准的关系。

2000年4月29日，第九届全国人大通过修订的《中华人民共和国大气污染防治法》，明确规定“超标即违法”，使环境标准在环境管理中的地位得到进一步提升。

我国在建立国内标准的同时，还积极参加了国际上的环境标准化活动。从1980年起，我国陆续加入了国际标准化组织（ISO）的水质、空气质量、土壤三个技术委员会，建立了日常工作制度。1996年随着ISO 14000（环境管理体系）系列标准的陆续发布，国家环境保护总局在跟踪研究国际标准的基础上，等同转化了ISO系列标准并积极开展了试点工作，并于1997年成立了中国环境管理体系认证指导委员会。

二、环境标准的分类和分级

环境标准分为国家标准和地方标准。根据环境标准的定义，因限制对象的不同，又分为许多不同类型的环境标准。

（一）以“环境介质”分类

以环境介质作为一级分类依据，可以将环境标准分为水、大气、环境噪声与振动、固体废物与化学品、土壤、核辐射与电磁辐射、生态环境保护等几大类。无法划入具体介质类型的，列入“其他环境标准”之中。

（二）按标准属性分类

在介质分类下再按标准属性划分为质量、排放、监测方法、仪器、规范等类别。如水环境标准下分为水环境质量标准、水污染物排放标准，以及水监测规范、方法标准等。GB—4001 标准、环境影响评价技术导则、清洁生产标准、环境标志产品标准，以及其他技术导则、规范等则纳入“其他环境标准”类目之中。

三、环境标准的作用及法律意义

（一）环境质量标准在企业环境管理中的作用

1．在建设项目环境保护管理中的作用

建设项目的选址要符合环境质量功能区的要求，如新建企业含有大气污染的项目，选址时要重点考虑环境质量标准对功能区的要求，看其布局是否合理；其他有污染的项目则要按照环境质量标准中功能区划的要求，提出污染控制标准值。“三同时”验收时，要看配套污染防治设施是否符合该功能区的排放要求。

2．在企业生产活动环境保护管理中的作用

在企业生产活动中，除要求污染物排放符合相应排放标准外，还要求符合该区域环境质量的要求。同样生产工艺、生产同样产品的企业，因处在不同的环境质量功能区他们执行的标准是不同的。如位于城市工业区的玻璃厂和位于居民小区附近的玻璃厂，他们执行的排放标准是不同的，前者排放的噪声白天达到 65 分贝、夜间达到 55 分贝即符合要求，而后者噪声排放白天达到 55 分贝、夜间达到 45 分贝才符合要求。

3．环境质量标准是确认环境是否已被污染的根据

环境法规定，造成环境污染危害者，有责任排除危害并对直接遭受损失的单位和个人赔偿损失。如果排污者排放的污染物在环境中的含量超过了质量标准的

规定，便应依法承担相应的民事责任。因此环境质量标准也是判断排污者是否应承担民事责任的依据。但是，应该注意，某一地区的污染物如果超过环境质量标准的规定，必定是指在该地区污染物的总含量超过标准。也就是说，这里指的往往不是某单一污染源，而是该地区众多污染源排放量之和。这样，在确定该地区某一排污者应承担的民事责任时，还要根据该排污者排污量的多少，以及是否超过了排放标准，确定各自相应的民事责任。

（二）污染物排放标准是判断排污行为是否合法的依据

污染物排放标准（或控制标准）是为污染源规定的最高容许排污限额（浓度或者总量）。因此，从理论上来说，企事业单位如以符合排污标准的方式排放污染物，则其排污行为是合法的；反之，则是违法排污。我国《大气污染防治法》《海洋环境保护法》都规定，超标排污是违法甚至是犯罪行为，要承担一系列法律后果。合法排污者只有在其排污造成了环境污染危害时，才依法承担民事责任。

（三）环境基础标准和环境监测方法标准是环境纠纷中确认各方所出示的证据是否是合法证据的依据

在环境纠纷中，争执双方为了证明自己主张的正确，都会出示各自的“证据”。这些“证据”旨在证明环境已经受到污染或者没有受到污染，证明排污是合法的或是违法的。确认这些“证据”是否为合法证据，就成了解决环境纠纷的先决条件。

只有当争执双方出示的证据是以环境基础标准、环境监测方法标准和环境标准样品标准为根据而确定时，两者才有可比性。因为环境质量标准和污染物排放标准是以环境基础标准、环境监测方法标准和环境标准样品标准为根据而确定的。因此，判断争执双方所出示的证据是否是合法证据的办法只能是：检定它们是否按环境方法标准规定的方法去抽样、分析、试验、计算的。如果是，视为合法证据；否则，这些“证据”没有任何法律意义。

第二节 环境标准体系

将环境标准按照其性质、功能和内在联系进行分级和分类，构成一个统一的有机整体，称之为环境标准体系。我国目前的环境标准体系是从我国国情出发，总结多年的环境标准工作经验，并参考国外环境标准体系而制定的，分为二级五类（见图表4-1）。

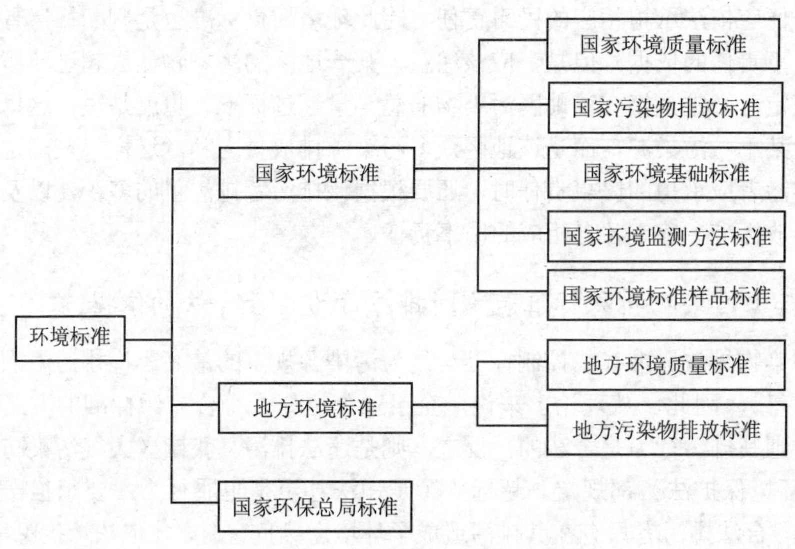

图表 4-1　环境标准体系

一、国家环境标准

（一）环境质量标准

国家环境质量标准作为环境质量的目标，是一定时期内衡量环境优劣程度的标准，是依据环境质量基准来制定的。

环境基准是指在一定环境中，污染物对人体或生物没有任何不良反应的最大剂量（无作用剂量），或者说是对人体和生物产生不良影响的最小剂量（阈剂量）。环境基准是纯科学数据，所反映的是环境与污染物剂量之间的效应关系。

环境质量标准按环境要素可分为：水质量标准、大气质量标准、土壤质量标准、生物质量标准以及噪声、辐射、振动、放射性物质等的质量标准。

根据我国《环境保护法》的规定，国务院环境保护行政主管部门制定国家环境质量标准，并在全国范围内或特定区域内适用。

（二）污染物排放标准（或控制标准）

污染物排放标准是根据环境质量标准，以及适用的污染治理技术，并考虑经济承受能力，对排入环境中的有害物质和产生的各种因素所作的限制性规定。是对污染源控制的标准。

污染物排放标准按环境要素可分为：大气污染物排放标准、水污染物排放标准，固体废弃物、噪声等污染控制标准。从适用对象上国家污染物排放标准又可分为：一般综合性的污染物排放标准，行业性的污染物排放标准。综合性排放标准适用于全国所有的企业、行业的污染源；行业性的排放标准是对一些特殊行业和个别重点污染行业、结合生产工艺和污染防治技术的特点，对排入环境的污染物和有害因素所作的限制性规定，便于行使重点监督管理。综合性的和行业性的排放标准都是国家排放标准，它们按不交叉执行的原则实施。

排放标准与质量标准有着密切的联系。通常认为，一个地区的所有污染源严格执行排放标准，该地区环境质量就可以达到要求。但事实上由于各地区污染源的数量、种类不同，污染物降解程度及环境的自净能力不同，即使污染源满足了排放标准，该地区的环境质量也不一定达到要求。为了解决这一问题，国家除制定污染物排放标准外，还同时规定了污染源排放污染物的总量指标。对污染源排放的污染物实施总量控制。污染物排放总量控制是一种更严格的排污控制。通常情况下，实行总量控制才能达到环境质量标准的要求。

（三）环境基础标准

环境基础标准是指对环境标准中具有指导意义的有关词汇、术语、图式、原则、导则、量纲单位等所作的统一技术规定。

目前我国的环境基础标准主要包括：

1．管理标准（技术规范与导则等）

如城市区域环境噪声适用区域划分原则、制定地方水污染物排放标准的技术原则和方法等。

2．环保名词术语

如“GB 6919—86　空气质量　词汇”“GB 6816—86　水质词汇　第一部分和第二部分”等。

3．环保图形符号

如“GB 15562.1—1995　环保图形标志、排放口（源）”“GB 15562.2—1995　环保图形标志　固体废物贮存（处置）场”。

4．环保信息分类和编码标准

如“GB 9133—1995　放射性废物的分类”“GB/T 16705—1996　环境污染类别代码”等。

（四）环境监测方法标准

环境监测方法标准是指对环保领域内以采样、分析、测定、试验、统计等方法为对象所制定的统一技术规定。

环境监测方法标准与环境质量标准和污染物排放标准紧密联系，每一种污染物的测定均需有配套的方法标准，而且必须全国统一，才能得出正确的标准数值，否则就不可能在同一水平上对环境质量作出评价，对污染物排放作出判断。被环境质量标准和污染物排放标准等强制性标准引用的方法标准具有强制性。

对于地方环境质量标准和污染物排放标准中规定的项目，如果没有相应的方法标准，可由省、自治区、直辖市人民政府环境保护行政主管部门组织制定地方统一分析方法，与地方环境质量标准或地方污染物排放标准配套执行。相应的国家方法标准发布后，地方统一分析方法停止执行。

（五）环境标准样品标准

环境标准样品标准是指在环保工作中，用来标定仪器、验证测定方法、进行量值传递或质量控制的标准材料或物质称为标准样品。样品标准是对环保标准样品必须达到的要求所作的统一技术规定。如“GBZ 50001—87 水质 COD 标准样品”“GB 9804—1996 烟度卡标准”等。

标准样品可以用来评价分析方法，也可以评价分析仪器，鉴定其灵敏度和应用范围，还可以用来评价分析者的技术水平，使操作技术规范化。在环境监测站的分析质量控制中，标准样品是分析质量考核中评价实验室各方面水平，进行技术仲裁的依据。

二、地方环境保护标准

地方环境标准包括地方环境质量标准和地方污染物排放标准（或控制标准）。地方环境标准是对国家环境标准的补充和完善。

（一）地方环境质量标准

地方环境质量标准包括大气环境质量标准、水环境质量标准，是针对本地区的特点和实际管理需要，对国家环境质量标准中未作规定的项目制定的地方质量标准。地方环境质量标准由省、自治区、直辖市人民政府制定，并报国务院环境保护行政主管部门备案。地方环境质量标准只在本辖区适用。

（二）地方污染物排放标准

地方污染物排放标准包括大气污染物排放标准、水污染物排放标准。省、自治区、直辖市人民政府可以根据地方环境问题特点对国家污染物排放标准中未作规定的项目，制定地方污染物排放标准；也可以根据区域的技术、经济发展水平，对国家污染物排放标准中已作规定的项目，制定严于国家污染物排放标准的地方污染物排放标准。

凡是向已有地方污染物排放标准的区域排放污染物的，应当执行地方污染物排放标准。

三、国家环境保护行业标准

除上述环境标准外，在环境保护工作中对还需要统一的技术要求所制定的标准称为国家环境保护行业标准，包括执行各项环境管理制度、监测技术以及环境区划、规划的技术规范与导则，等等。

环境保护行业标准分为强制性环境标准和推荐性环境标准。环境质量标准和污染物排放标准和法律法规规定必须执行的其他标准为强制性标准。强制性环境标准必须执行，超标即违法。强制性标准以外的环境标准属于推荐性标准。国家鼓励采用推荐性环境标准，推荐性环境标准被强制性标准引用，也必须强制执行。

四、我国环境标准的使用

根据我国《环境标准管理办法》，结合实际工作经验的总结，在使用环境标准时应注意以下问题。

（一）环境质量标准的使用

环境质量标准有国家标准和地方标准之分，使用时必须注意，地方环境质量标准只能对国家环境质量标准中未做规定的项目进行补充，对国家环境质量标准中已经存在的项目，地方环境质量标准不得加以改动。

（二）污染物排放标准的使用

污染物排放标准同样有国家标准和地方标准之分，地方污染物排放标准是在国家污染物排放标准的基础上，结合地方的社会、经济、技术条件制定的一类严于国家排放标准的标准。当地方排放标准与国家排放标准共存的时候，执行地方排放标准。而国家污染物排放标准又有综合性排放标准和行业性排放标准之分。国家综合性排放标准（如污水综合排放标准、大气污染物综合排放标准）是对一切排污单位的，具有广泛的适用性，但针对性不强；而国家行业性排放标准（如火电厂大气污染物排放标准，合成氨工业水污染物排放标准、造纸工业水污染物排放标准等）是以清洁生产工艺和先进的末端污染治理技术为依托，考虑行业企业的经济承受能力，针对重点污染行业污染物的特点而制定的一类标准。综合性排放标准与行业性排放标准不交叉执行，即有行业性排放标准的执行行业排放标准，没有行业排放标准的执行综合排放标准。

（三）环保行业标准与国家标准的使用

环保行业标准是一种特殊的国家标准，也称为国家环保总局标准。环保行业标准与国家标准一样在全国范围内执行，但必须与国家标准协调一致。已有国家标准的不再制定环保行业标准；当发布的国家标准与某一环保行业标准相同时，这一环保行业标准同时废止。

第三节　环境标准介绍

一、水环境标准

（一）《地表水环境质量标准》GB 3838—2002

1．适用范围

中华人民共和国领域内江河、湖泊、运河、渠道、水库等具有使用功能的地表水水域。具有特定功能的水域，执行相应的专业用水水质标准。

2．水域功能分类

依据地表水水域环境功能和保护目标，按功能高低依次划分为五类：

Ⅰ类主要适用于源头水、国家自然保护区；

Ⅱ类主要适用于集中式生活饮用水地表水源地一级保护区、珍稀水生生物栖息地、鱼虾类产卵场、仔稚幼鱼的索饵汤等；

Ⅲ类主要适用于集中式生活饮用水地表水源地二级保护区、鱼虾类越冬场、洄游通道、水产养殖区等渔业水域及游泳区；

Ⅳ类主要适用于一般工业用水区及人体非直接接触的娱乐用水区；

Ⅴ类主要适用于农业用水区及一般景观要求水域。

3．指标体系

本标准项目共计 109 项，其中基本项目 24 项（表 1），集中式生活饮用水水源地补充项目 5 项（表 2），集中式生活饮用水水源地特定项目 80 项。

4．一般规定

（1）同一水域兼有多类使用功能的，执行最高功能类别的标准值。

（2）与近海水域相连的地表水河口水域根据水环境功能按《地表水环境质量标准》相应类别标准值进行管理，近海水功能区水域根据使用功能按《海水水质标准》相应类别标准值进行管理。批准划定的单一渔业水域按《渔业水质标准》进行管理；处理后的城市污水及与城市污水水质相近的工业废水用于农田灌溉用水的水质按《农田灌溉水质标准》进行管理。

（二）《污水综合排放标准》GB 8978—96

1．适用范围

本标准适用于现有单位水污染物的排放管理，以及建设项目的环境影响评价、建设项目环境保护设施设计、竣工验收及其投产后的排放管理。

按照国家综合排放标准与国家行业排放标准不交叉执行的原则，造纸、船舶、船舶工业、海洋石油开发工业、纺织染整工业、肉类加工工业、钢铁工业、合成氨工业、航天推进剂、兵器工业、磷肥工业、烧碱、聚氯乙烯工业等执行该行业标准，其他水污染物排放均执行本标准。

本标准颁布后，新增加国家行业水污染物排放标准的行业，按其适用范围执行相应的国家行业标准，不再执行本标准。

2．按时间实行滚动管理

*1997 年 12 月 31 日之前建设（包括改、扩建）的单位，水污染物的排放必须同时符合标准中附录表 1、表 2、表 3 的规定（现有（老）污染源）。

*1998 年 1 月 1 日之后建设（包括改、扩建）的单位，水污染物的排放必须同时符合标准附录中表 1、表 4、表 5 的规定（新污染源）。

相比较而言，新污染源要比老污染源执行更严格的标准（即按新污染源从严的原则执行）。

*对比时间：建设单位的建设时间，以环境影响评价报告书（表）批准日期划分。

3．标准分级

（1）排入 GB 3838《地表水环境质量标准》Ⅲ类水域（划定的保护区和游泳区除外）和排入 GB 3097《海水水质标准》中二类海域的污水执行一级标准。

（2）排入 GB 3838 中Ⅳ、Ⅴ类水域和 GB 3097 三类海域的污水执行二级标准。

（3）排入设置二级污水处理厂的城镇排水系统的污水，执行三级标准。

（4）排入未设置二级污水处理厂的城镇排水系统的污水，必须根据排水系统出水受纳水域的功能要求，分别执行 a 和 b 的规定。

GB 3838 中Ⅰ、Ⅱ类水域和Ⅲ类水域中划定的保护区和游泳区，GB 3097 中一类、二类海域，禁止新建排污口，现有排污口应按水体功能要求实行污染物总量控制，以保证受纳水体水质符合规定用途的水质标准。

排放分级示例见图表 4-2。

图表 4-2　排放分级　　单位：mg/L

地表水环境质量标准	Ⅰ、Ⅱ和Ⅲ类功能区的保护区和游泳区	Ⅲ类功能区保护区和游泳区以外的区域	Ⅳ、Ⅴ类功能区	二级污水处理厂
海水水质标准	一类海域	二类海域	三、四类海域	
新污染源	禁止排放	一级	二级	三级
BOD_5示例		20	60	600
老污染源	总量控制	一级	二级	三级
BOD_5示例		30	100	600

4．标准值

本标准将排放的污染物按性质分为两类：

第一类污染物，如总汞、总镉、总铬、总砷、总镍、总铁、总银、总放射性等 13 项。指能在环境或动植物体内蓄积，对人体健康产生长远不良影响者。根据剧毒物从严控制的原则，凡含此类有害物质的污水，一律在车间处理设施排出口取样。

第二类污染物，如 pH 值、色度、悬浮物、BOD、COD、石油类、挥发酚、总氰化物、硫化物、氨氮、氰化物、磷酸盐、总铜、总锌、粪大肠菌群数等 26 项（或 56 项）。指其长远影响小于第一类的污染物质，在排污单位排污口取样。其最高允许排放浓度和部分行业最高允许排放定额按不同时限分类规定（见图表 4-3）。

图表 4-3　指标体系（浓度指标）

项目	第一类污染物（表 1）	第二类污染物
新污染源	13 项	56 项（表 4）
老污染源	13 项	26 项（表 2）

排水量：以单位吨产品排水量和单位产品水重复利用率为指标（见《污水综合排放标准》GB 8978—1996 之表 3、表 5）。

5．其他规定

（1）同一排污口排放不同类别污水且每种污水的排放标准又不同时，采用如下方法计算混合排放时该污染物的最高允许排放浓度 $C_{混合}$：

$$C_{混合}=\frac{\sum_{i=1}^{n} C_i Q_i Y_i}{\sum_{i=1}^{n} Q_i Y_i}$$

式中：$C_{混合}$——混合污水某污染物最高允许排放浓度，mg/L；

C_i——不同工业污水某污染物最高允许排放浓度，mg/L；

Q_i——不同工业的最高允许排水量，m^3/t；

（本标准未作规定的行业，其最高允许排水量由地方环保部门与有关部门协商确定。）

Y_i——分别为某种工业产量，t/d（以月平均计）。

（2）对于排放含有放射性物质的污水，除执行本标准外，还须符合 GB 8703—88《辐射防护规定》。

6．监测

（1）方法上的要求。对于具体的污染物监测要求使用统一的国家标准（见《污水综合排放标准》GB 8978—1996 之表 6）。

（2）时间上的要求。工业污水按生产周期确定监测频率。生产周期在 8 小时以内的每 2 小时采样一次；生产周期大于 8 小时的每 4 小时采样一次；其他污水采样每 24 小时不少于 2 次。

（3）空间上的要求。第一类污染物，不分行业和污水排放方式，也不分受纳水体的功能类别，一律在车间或车间处理设施排放口采样。

7．标准的实施

（1）各地环保部门会同有关部门根据流域整体规划和当地地表水使用要求，划定保护区和功能区类别，按相应值标准进行管理。

（2）本标准由环保部门负责监督管理，其中三级标准由市政部门协同环保部门进行管理。

省、自治区、直辖市可以制定严于国家污染物排放标准的地方污染物排放标准，并报国务院环境保护行政主管部门备案。

示例：污水综合排放标准的使用（见图表 4-4，是指《污水综合排放标准》GB 8978—1996 中相应表格）。

二、大气环境标准

（一）《环境空气质量标准》GB 3095－1996

本标准从 1996 年 10 月 1 日实施，规定了环境空气质量功能区划、标准分级、污染物项目、取值时间及浓度限制、采样方法及数据统计的有效性规定。该标准适用于全国范围的环境空气质量评价。

1．本标准分三类功能区、三级标准值。

2．污染物项目规定了 10 项污染物：二氧化硫、总悬浮颗粒物、可吸入颗粒物、氮氧化物、二氧化氮、一氧化碳、臭氧、铅、苯并（a）芘、氟化物（为保护牲畜和蚕以及农业和林业，对氟化物作出从严要求）。

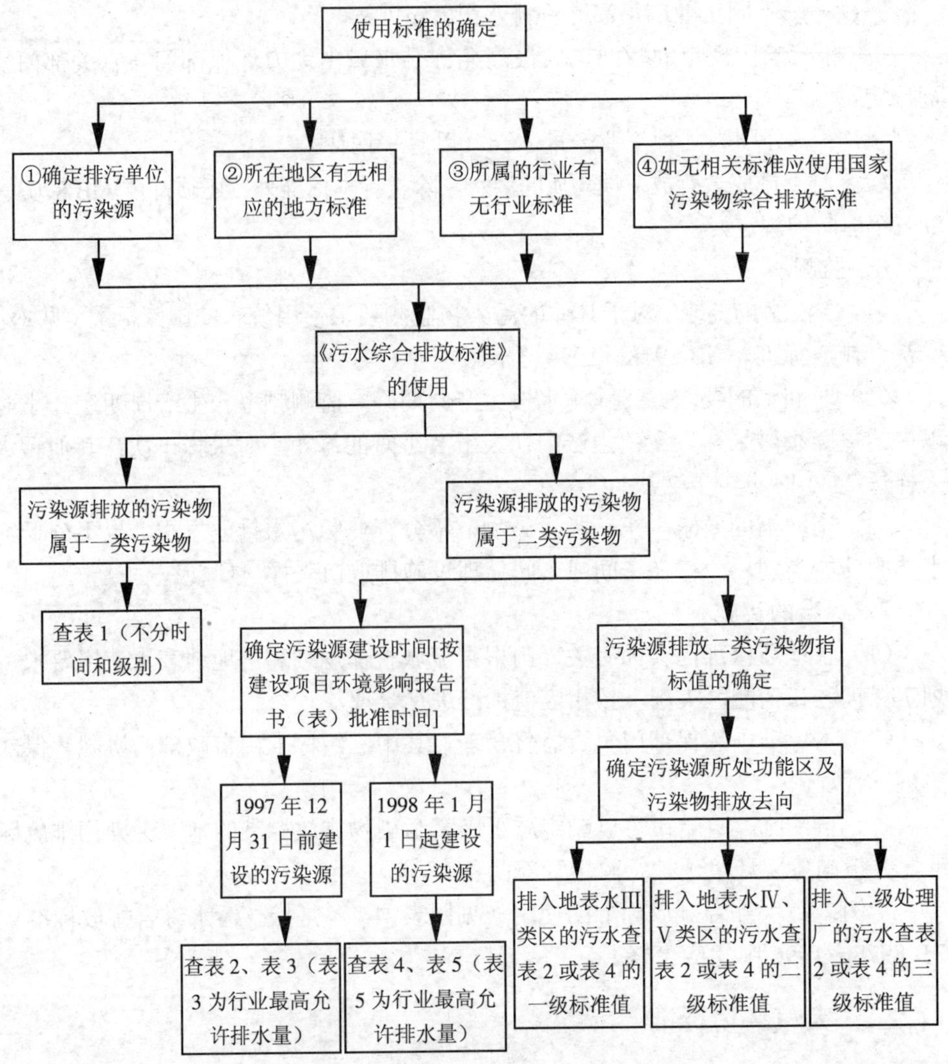

图表4-4　污水综合排放标准的使用

(二)《大气污染物综合排放标准》GB 16297—1996

本标准自1997年1月1日实施。

按照综合排放标准和行业性排放标准不交叉执行的原则，除了已发布国家行业排放标准的锅炉、工业窑炉、火电厂、炼焦炉、水泥厂、恶臭、汽车、摩托车等大气污染物排放标准外，其他大气污染物排放均执行本标准。本标准中规定了33种大气污染物的排放限值，同时规定了标准执行中的各种要求。

1．本标准设置下列三项指标

（1）通过排气筒排放废气的最高允许排放浓度；

（2）按排气筒高度规定的最高允许排放速率；

（3）以无组织方式排放的废气，规定无组织排放的监控点及相应的监控浓度限值。

2．排放速率标准分级

本标准规定的最高允许排放速率，将现有污染源分为一、二、三级，新污染源分为二、三级。按污染源所在的环境空气质量功能区类别，执行相应级别的排放速率标准，即：（1）位于一类区的污染源，执行一级标准（禁止新、扩建污染源）；（2）位于二类区的污染源，执行二级标准；（3）位于三类区的污染源，执行三级标准。

3．对新老污染源规定了不同的排放限值

（1）1997年1月1日前设立的污染源为现有（老）污染源，1997年1月1日起设立的污染源为新污染源；

（2）污染源设立日期的判定：一般情况下应以建设项目环境影响报告书（表）批准日期作为设立日期；未经环境保护行政主管部门审批设立的污染源，应按补办的环境影响报告书（表）批准日期作为设立日期。

4．其他规定

（1）排气筒高度应高于周围200米半径范围的建筑物5米以上；

（2）新污染源的排气筒一般不应低于15米；

（3）凡不通过排气筒或进入排气系统而泄漏的，均为无组织排放，一般新污染源不应有无组织排放存在，新污染源的无组织排放，从严控制。

（4）位于酸雨控制区和二氧化硫污染控制区的污染源，其二氧化硫排放除执行本标准外，还应执行总量控制标准。

（三）大气环境质量标准的适用与大气污染物综合排放标准的关系

图表4-5　大气环境质量与综合排放标准的关系

类别	适用功能	保护对象	大气污染物综合排放标准
一	自然保护区、林区、风景名胜区、其他需要特殊保护的区域	理想环境目标，为保护自然生态和舒适美好环境要求达到的水平。在长期接触情况下，对自然生态和人群不发生任何危害影响的空气质量	一级

类别	适用功能	保护对象	大气污染物综合排放标准
二	城镇规划中确定的居住区、商业交通居民混合区、文化区、一般工业区和农村地区	为保护人群健康和城市、乡村的动植物应该达到的水平。在长期接触的情况下，除敏感植物外，对园林、蔬菜、果树和人体健康不发生伤害的空气质量	二级
三	特定工业区	为大气污染状况已经比较严重的城镇和工业区的过度性管理标准，规定的是保护人群不发生急慢性中毒和城市一般动植物（敏感植物除外）正常生长的空气质量要求，在此级标准浓度下，一般植物长期接触可能有轻度伤害	三级

三、声环境标准

《环境噪声污染防治法》第二条规定："环境噪声污染是指超过国家规定的环境噪声排放标准，并干扰他人正常生活、工作和学习的现象。"环境噪声污染必须具备两个条件，一是环境噪声超过国家规定的环境噪声排放标准；二是环境噪声干扰他人的生活、工作和学习。也就是如果超过国家规定的环境噪声排放标准，又干扰他人正常生活，就应认定构成环境噪声污染。反之，如果不干扰他人的生活，企业对超标噪声不一定必须治理。

根据不同的保护目的，环境噪声标准分为三种：（1）为了保护听力，噪声应控制在 75～90 分贝以下。（2）为了保证工作和学习，噪声应控制在 55～70 分贝以下。（3）为了保证休息和睡眠，噪声应控制在 35～50 分贝以下。

图表 4-6　常用的声环境标准的使用

作　用	类　别	标　准	噪声控制环节
目标	声环境质量标准	城市区域环境噪声标准	城市区域环境噪声
措施	环境噪声排放标准	工业企业厂界噪声标准	工厂及可能造成噪声污染的企业事业单位边界噪声
		建筑施工场界噪声限值	建筑施工现场边界
		铁路边界噪声限值及其测量方法	城市铁路边界地区（距铁路外侧轨道中心线 30 米处）
		机场周围飞机噪声环境标准	机场边界地区
实施方法	分析方法标准	城市区域噪声测量方法	全国统一的监测方法
		建筑施工场界噪声测量方法	
		工业企业厂界噪声测量方法	
		铁路周围飞机噪声测量方法	

（一）《城市区域环境噪声标准》和《工业企业厂界噪声标准》

《城市区域环境噪声标准》GB 3095—93 作为环境噪声的质量标准。是为保障城市居民的生活声环境质量而制定的，于 1994 年 3 月 1 日实施，适用于我国城市区域和乡村生活区域。

《工业企业厂界噪声标准》（GB 12348—90）于 1991 年 1 月 1 日实施，作为噪声污染控制标准，是为控制工业企业厂界噪声危害而制定的。适用于工厂及有可能造成噪声污染的企业、事业单位的边界。

1．标准分级和功能分区

《城市区域环境噪声标准》为质量标准，图表 4-7 中的标准限值根据环境功能区划要求规定的某类区域应达到的噪声标准要求，如在秦皇岛市，北戴河区应执行《城市区域环境噪声标准》中 0 类区的要求，而海港区则应执行《城市区域环境噪声标准》中 1 类区的要求。《工业企业厂界噪声标准》是指某一工厂或排放噪声的经营单位其法定边界外 1 米外所应达到的要求，如位于海港区的某造纸厂应执行《工业企业厂界噪声标准》中的一级标准。这两个标准尽管标准值相同，但法律意义不同。

《城市区域环境噪声标准》和《工业企业厂界噪声标准》标准分级和功能分区：

图表 4-7　噪声污染控制按功能分区　　等效声级 Leq[dB（A）]

<table>
<tr><th rowspan="2">适用区域</th><th colspan="3">城市区域环境噪声标准</th><th colspan="3">工业企业厂界噪声标准</th></tr>
<tr><th>类别</th><th>昼间</th><th>夜间</th><th>类别</th><th>昼间</th><th>夜间</th></tr>
<tr><td>疗养区、高级别墅区、高级宾馆区等特别需要安静的区域，以及城郊和乡村区域</td><td>0</td><td>50</td><td>40</td><td></td><td></td><td></td></tr>
<tr><td>居住、文教机关为主的区域，乡村居住环境可参照执行</td><td>1</td><td>55</td><td>45</td><td>Ⅰ</td><td>55</td><td>45</td></tr>
<tr><td>居住、商业、工业混杂区</td><td>2</td><td>60</td><td>50</td><td>Ⅱ</td><td>60</td><td>50</td></tr>
<tr><td>工业区</td><td>3</td><td>65</td><td>55</td><td>Ⅲ</td><td>65</td><td>55</td></tr>
<tr><td>城市中道路交通干线道路两侧区域，穿越城区的内河航道两侧区域，穿越城区的铁路主、次干线两侧区域的背景噪声限值</td><td>4</td><td>70</td><td>55</td><td>Ⅳ</td><td>70</td><td>55</td></tr>
<tr><td>夜间突发噪声</td><td colspan="3">夜间突发的噪声，其最大值不超过标准值 15 dB（A）</td><td colspan="3">夜间频繁突发的噪声（如排气噪声）。其峰值不准超过标准值 10 dB（A），夜间偶发的噪声（如短促鸣笛声），其峰值不准超过标准值 15dB（A）</td></tr>
<tr><td>监测方法</td><td colspan="3">《城市区域环境噪声测量方法》</td><td colspan="3">《工业企业厂界噪声测量方法》</td></tr>
</table>

注：1. 各类标准适用区域由当地人民政府划定；

2. 标准中昼间、夜间的时间段由当地人民政府按当地习惯和季节变化划定；环境噪声污染防治法中的夜间是指晚 22 点至次日晨 6 点之间的时间段。

2．环境标准的综合运用

环境标准是国家依照法定程序制定的具有较强科学性、技术性的法律规范，目前环境标准仍然是审理环境类案件的直接依据。

标准的具体运用应注意以下几点。

（1）噪声源设备全开时的测量值与背景值之差小于 10 dB（A）时，按照《工业企业环境噪声测量方法》第 3.2 规定进行修正用修正后值与标准值比较，判断是否超标。

《工业企业环境噪声测量方法》第 3.2 背景值修正是指背景噪声的声级值应比待测噪声的声级值低 10 dB（A）以上，若测量值与背景值差值小于 10 dB（A），则按下表进行修正。

差值	3	4～6	7～9
修正值	−3	−2	−1

（2）当厂界与居民住宅相连，厂界噪声无法测量时，选取居室中央作为工业企业厂界噪声测点，测量时开窗。（《工业企业环境噪声测量方法》2.6.2 若厂界与居民住宅相连，厂界噪声无法测量时，测点应选在居室中央，室内限值应比相应标准值低 10 分贝，测点距墙面和其他主要反射面不小于 1 米，距地板 1.2 米，距窗户约 1.5 米，开窗状态下测量。测量在被测单位正常工作时间进行。）

（3）同一厂区内厂房多家租赁经营时，租赁协议中明确了租赁设备和边界的，可将协议边界定为厂界，未明确规定厂界的，可将各承租单位厂房外墙或厂房外裸露设备占地边界确定为厂界。

（4）民用空调扰民测量应在受干扰人员居住或工作的建筑物窗户外 1 米处进行，并以《城市区域环境噪声标准》作为判断噪声是否扰民依据。背景噪声修正参考《工业企业厂界噪声测量方法》执行。

（二）《建筑施工场界噪声限值》

《建筑施工场界噪声限值》（GB 12523—90）特点：不考虑环境保护功能分区，以敏感区域为基础；有效时间仅限于施工阶段；以施工设备的最佳技术为制定标准的依据。

1．适用范围

适用于城市建筑施工期间施工场地产生的噪声。

2．标准值

（1）不同施工阶段作业噪声限值见图表 4-8，表中噪声值是指与敏感区域相应的建筑施工场地边界线处的限值。

图表 4-8　建筑施工场界噪声限值　　等效声级 Leq[dB（A）]

施工阶段	主要噪声源	噪声限值	
		昼间	夜间
土石方	推土机、挖掘机、装载机等	75	55
打桩	各种打桩机	85	禁止施工
结构	混凝土搅拌机、振捣棒、电锯等	70	55
装修	吊车、升降机等	65	55

（2）如有几个施工阶段同时进行，以高噪声阶段的限值为准。

3．监测方法

按《建筑施工场界噪声测量方法》（GB 12524—90）在建筑施工场地边界处进行监测。

建筑施工单位的场界应以城市规划部门核发的建设工程规划许可证的边界为准；如果规划许可证中未划定边界，可以以施工单位施工时所设围栏为场界；如没有围栏，可以受影响的居民的建筑物为界。

【问题与讨论】

1．什么是环境标准？简述环境标准的分类和分级。

2．环境标准的作用有哪些？

3．我国的环境基础标准主要包括哪些？

4．什么是环境质量标准？

5．什么是污染物排放标准？

6．简述我国环境标准体系的构成。

7．一个番茄酱厂产生的废水未排入地表水水域，也未进入污水处理厂，而直接用于农田灌溉。问：此时该厂排放的废水应执行什么标准？

8．某制药厂始建于 1987 年，排放口位于某河Ⅳ类河段。1999 年因市场原因停产 3 年，2001 年 10 月恢复生产。在执行标准问题上发生分歧。一种观点认为，应按老厂执行《污水综合排放标准》（GB 8978—1996）表 1、表 2 和表 3 的二级标准；另一种观点认为重新恢复生产企业应按新建项目管理，应执行表 1、表 4 和表 5 的二级标准。问：这种情况下企业应执行哪一个标准？

第五章　环境污染防治的法律规定

【提要】

我国现行有关污染防治的法律主要包括《大气污染防治法》《水污染防治法》《海洋环境保护法》《环境噪声污染防治法》《固体废物污染防治法》《放射性污染防治法》；在危险化学品的管理、农药污染防治和电磁辐射环境安全管理方面，目前主要的法律规范分别是《危险化学品安全管理条例》《农药管理条例》《电磁辐射环境保护管理办法》。本章将依照立法概况、结构与要点、主要法律制度的体例对我国有关环境污染防治的法律规定分别阐述。

【引例】

2004 年 2 月至 3 月，位于长江上游一级支流沱江附近的四川化工股份有限公司第二化肥厂，违规技改并试生产，因设备出现故障，氨氮含量超标数十倍的废水倾泻而下，导致沱江流域严重污染，沱江养鱼户的总计约 50 万千克鱼一夜之间几乎全部死亡。根据四川省第十届人大常委会第 8 次会议审议的《省政府关于沱江特大污染事故情况报告》，事故损失的初步调查表明，内江、资阳等沿江地区近百万群众饮水中断时间为 26 天；沱江污染影响沿江地区大量工业企业和服务行业停产，损失严重，直接经济损失约为 3 亿元；沱江生态环境遭受严重破坏，据专家估计，约需 5 年时间才能恢复到事故前的水平。

第一节　防治大气污染的法律规定

一、大气污染防治的立法概况

（一）法律

《大气污染防治法》（1988 年 6 月 10 日施行，经 1995 年、2000 年两次修订）。

（二）行政法规、法规性文件

《国务院关于酸雨控制区和二氧化硫控制区有关问题的批复》（1998年1月12日发布）。

（三）部门规章

（1）《关于发展民用型煤的暂行办法》（原国务院环境保护委员会、国家计委、国家经委、财政部等部门1987年7月12日发布）；

（2）《汽车排气污染监督管理办法》（原国家环境保护局、公安部、交通部等部门1990年8月15日联合发布）；

（3）《秸秆禁烧和综合利用管理办法》（国家环保总局、农业部、财政部等部门1999年4月16日联合发布）；

（4）《消耗臭氧层物质进出口管理办法》（对外贸易经济合作部、国家环境保护总局2001年4月9日联合发布）。

（四）大气环境质量标准与污染物排放标准

（1）《环境空气质量标准》；

（2）《大气污染物综合排放标准》；

（3）《锅炉大气污染物排放标准》；

（4）《工业炉窑大气污染物排放标准》；

（5）《火电厂大气污染物排放标准》；

（6）《煤焦炉大气污染物排放标准》；

（7）《水泥厂大气污染物排放标准》；

（8）《恶臭污染物排放标准》；

（9）《汽车大气污染物排放标准》；

（10）《摩托车排气污染物排放标准》；

（11）《室内空气质量标准》等。

二、《大气污染防治法》的结构及要点

见图表5-1。

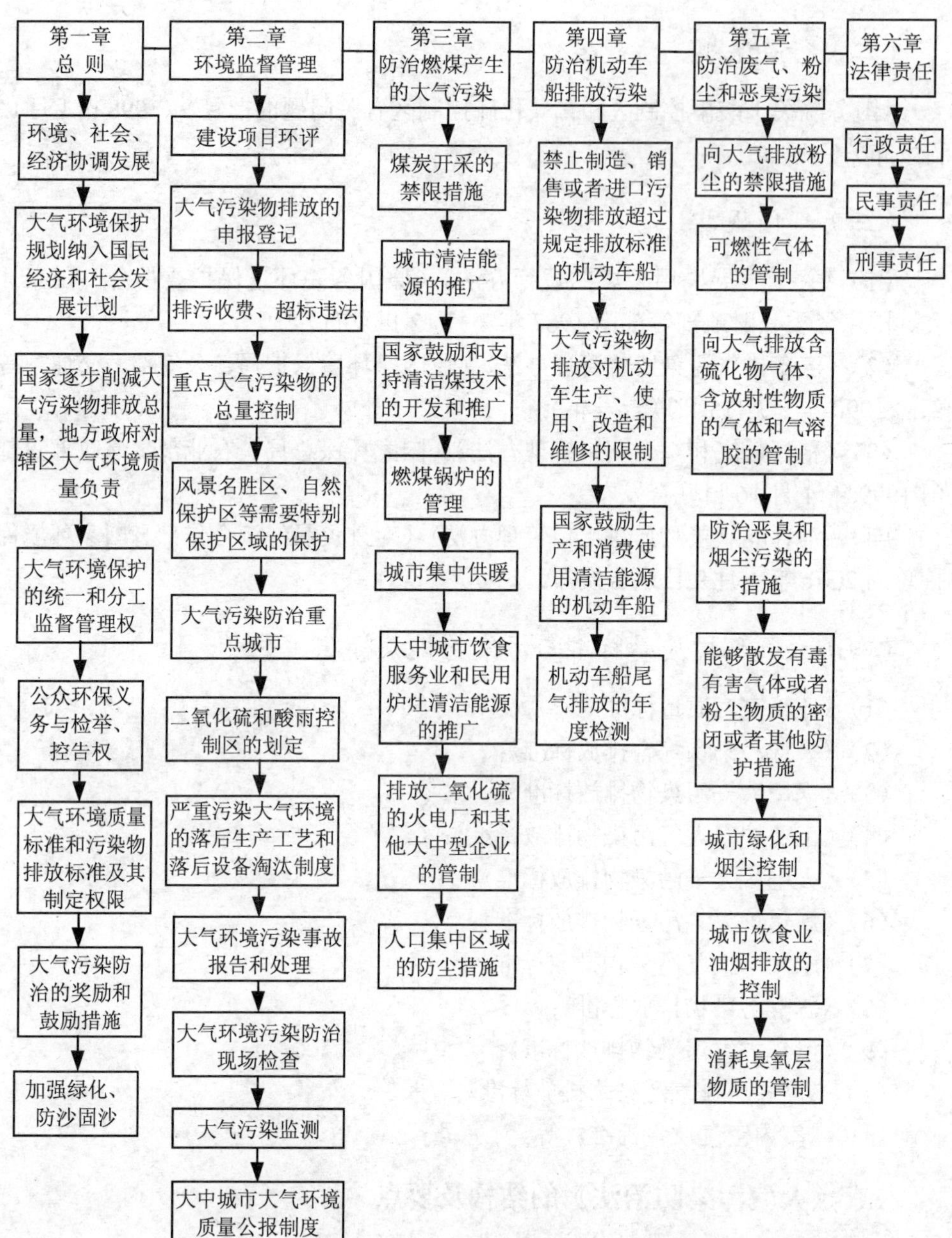

图表 5-1 《大气污染防治法》的结构及要点

三、防治大气污染的主要法律规定

（一）大气污染防治的基本法律制度

1．环评制度

（见《大气污染防治法》第11条第1、2款）

2．“三同时”制度

（见《大气污染防治法》第11条第3款）

建设项目的大气污染防治设施没有建成或者没有达到国家有关建设项目环境保护管理规定的要求，投入生产或者使用的，由审批该建设项目环境影响报告书的环境保护行政主管部门责令停止生产或者使用，可以并处1万元以上10万元以下罚款（《大气污染防治法》第47条）。

3．排污申报登记制度

（见《大气污染防治法》第12条）

拒报或者谎报国务院环境保护行政主管部门规定的有关污染物排放申报事项的，环境保护行政主管部门或者有关监督管理部门可以根据不同情节，责令停止违法行为，限期改正，给予警告或者处以5万元以下罚款（《大气污染防治法》第46条）。

4．征收排污费制度

（见《大气污染防治法》第14条）

5．污染物排放总量控制制度和排污许可制度

根据《大气污染防治法》第15条的规定，实行总量控制的对象：一是对尚未达到规定的大气环境质量标准的区域；二是对国务院批准划定的酸雨控制区和二氧化硫控制区（以下简称“两控区”）。确定实行总量控制的权限是国务院和省级人民政府。地方政府要按照国务院规定的条件和程序，按照公开、公平、公正的原则，核定企事业单位的主要大气污染物排放总量，并核发大气污染物排放许可证。

有大气污染物总量控制任务的企事业单位，必须按照核定的主要大气污染物排放总量和许可证规定的排放条件排放污染物，否则将依据《大气污染防治法》第48条的规定限期治理，并由所在地县级以上地方人民政府环境保护行政主管部处1万元以上10万元以下罚款。

6．划定大气污染防治重点城市制度

（见《大气污染防治法》第17条）

7．划定“两控区”制度

所谓“两控区”是指国务院环境保护主管部门及有关部门根据气象、地形、土壤等自然条件，将已经产生或可能产生酸雨的地区以及其他二氧化硫污染严重的地区，划定为酸雨控制区和二氧化硫控制区（《大气污染防治法》第18条规定）。

在酸雨控制区和二氧化硫污染控制区内，属于已建企业超过规定的污染物排放标准排放大气污染物的，依照《大气污染防治法》第48条的规定限期治理（《大气污染防治法》第30条）。

8．特别保护区制度

在国务院和省、自治区、直辖市人民政府划定的风景名胜区、自然保护区、文物保护单位附近地区和其他需要特别保护的区域内，不得建设污染环境的工业生产设施；建设其他设施，其污染物排放不得超过规定的排放标准，否则将依照《大气污染防治法》第48条的规定予以限期治理，并由所在地县级以上地方人民政府环境保护行政主管部门处1万元以上10万元以下罚款。

9．限期治理制度

《大气污染防治法》对限期治理制度的适用做出了更为严格的规定，只要大气污染物排放超标即可适用该制度。同时，该法第48条指出，限期治理的决定权限和违反限期治理要求的行政处罚由国务院规定。

10．清洁生产和限期淘汰制度

企业应当优先采用能源利用效率高、污染物排放量少的清洁生产工艺，减少大气污染物的产生。

国家对严重污染大气环境的落后生产工艺和严重污染大气环境的落后设备实行淘汰制度。国务院经济综合主管部门会同国务院有关部门公布限期禁止采用的严重污染大气环境的工艺名录和限期禁止生产、禁止销售、禁止进口、禁止使用的严重污染大气环境的设备名录。生产者、销售者、进口者或者使用者必须在规定的期限内分别停止生产、销售、进口或者使用列入前款规定的名录中的设备。被淘汰的设备，不得转让给他人使用（《大气污染防治法》第19条）。

生产、销售、进口或者使用禁止生产、销售、进口、使用的设备，或者采用禁止采用的工艺的，由县级以上人民政府经济综合主管部门责令改正；情节严重的，由县级以上人民政府经济综合主管部门提出意见，报请同级人民政府按照国务院规定的权限责令停业、关闭。将淘汰的设备转让给他人使用的，由转让者所在地县级以上地方人民政府环境保护行政主管部门或者其他依法行使监督管理权的部门没收转让者的违法所得，并处违法所得两倍以下罚款（《大气污染防治法》第49条）。

11．大气污染事故报告及应急措施制度

《大气污染防治法》第 20 条规定，单位因发生事故或者其他突发性事件，排放和泄漏有毒有害气体和放射性物质，造成或者可能造成大气污染事故、危害人体健康的，必须立即采取防治大气污染危害的应急措施，通报可能受到大气污染危害的单位和居民，并报告当地环境保护行政主管部门，接受调查处理。在大气受到严重污染，危害人体健康和安全的紧急情况下，当地人民政府应当及时向居民公告，采取强制性应急措施，包括责令有关排污单位停止排放污染物。在具体的上报时间上，适用 2006 年 3 月 31 日国家环境保护总局颁布的《环境保护行政主管部门突发环境事件信息报告办法》中的“一小时报告制度”。[18]

12．现场检查制度

（见《大气污染防治法》第 21 条、第 46 条）

（二）防治燃煤产生的大气污染的措施

1．推行洁净煤

所谓“洁净煤”是指低硫分和低灰分的煤。依照国家规定的标准，煤炭中的含硫分不得高于 3%，含灰分不得高于 40%。

根据《大气污染防治法》第 24 条、第 29 条规定，国家主要采取以下措施推行洁净煤：① 限制开采高硫分、高灰分的煤；② 新建的煤矿属于高硫分、高灰分的，必须建设配套的洗选设施，使煤炭中的硫分和灰分达到规定的标准；③ 对已建成的煤矿，属于高硫分、高灰分的应限期建成配套的煤矿洗选设施；④ 禁止开采含放射性和砷等有毒有害物质超过标准的煤矿；⑤ 大中城市人民政府应当作出规划，对市区民用炉灶和饮食服务企业限期使用固硫型煤或者其他清洁燃料，逐步替代直接燃用散煤。

2．锅炉产品必须符合环境标准

《大气污染防治法》第 27 条规定，国务院有关主管部门应当根据《锅炉烟尘排放标准》，在锅炉产品中规定相应的烟尘排放要求，达不到标准的，禁止制造、销售或者进口。

3．发展集中供热

《大气污染防治法》第 28 条规定，城市建设应当统筹规划，在燃煤供热地区统一解决热源，发展集中供热。在集中供热管网覆盖地区，不得新建燃煤供热锅炉。

18 见《环境保护行政主管部门突发环境事件信息报告办法（试行）》第 7 条规定。

4. 加强烟尘污染物的存放管理

为防治烟尘污染，《大气污染防治法》第 31 条规定，在人口集中地区存放煤炭、煤矸石、煤渣、煤灰、石灰等物料，必须采取防燃、防尘措施，防止污染大气。未采取防燃、防尘措施，在人口集中地区存放煤炭、煤矸石、煤渣、煤灰、砂石、灰土等物料的，环境保护行政主管部门可以根据不同情节，责令停止违法行为，限期改正，给予警告或者处以 5 万元以下罚款（《大气污染防治法》第 46 条）。

（三）防治机动车船排放污染的措施

1. 机动车船排放污染物不得超过规定标准

① 机动车船向大气排放污染物不得超过规定的排放标准；② 任何单位和个人不得制造、销售或进口污染物排放超过标准的机动车船。

2. 控制车用燃油质量以及有害物质含量

国家鼓励和支持生产、使用优质燃料油，采取措施减少燃料油中有害物质对大气环境的污染。单位和个人应当按照国务院规定的期限，停止生产、进口、销售含铅汽油。

3. 对机动车船实行年检、抽测制度

① 省、自治区、直辖市人民政府环境保护行政主管部门可以委托已取得公安机关资质认定的单位，对机动车排污进行检测；② 县级以上地方人民政府环境保护行政主管部门可以在机动车停放地对在用机动车的污染物排放状况进行监督抽测。

（四）防治废气、尘和恶臭污染的措施

1. 严格限制含有毒物质的废气和粉尘的排放

确需排放的，必须经过净化处理，不得超过规定的排放标准。

2. 防止可燃气体污染大气

① 工业生产中产生的可燃性气体应当回收利用，不具备回收利用条件而向大气排放的，应当进行防治污染处理；② 向大气排放转炉气、电石气、电炉法黄磷尾气、有机烃类尾气的，须报经当地环境保护行政主管部门批准。

3. 配备脱硫装置

炼制石油、生产合成氨、煤气和燃煤焦化、有色金属冶炼过程中排放含有硫化物气体的，应当配备脱硫装置或者采取脱硫措施。

4. 防止放射性物质污染大气

向大气排放含放射性物质的气体和气溶胶，必须符合国家有关放射性防护的

规定，不得超过规定的排放标准。

5．防治恶臭气体和有毒有害烟尘污染

① 向大气排放恶臭气体的，必须采取措施防止周围居民区受到污染；② 在人口集中地区和其他依法需要特殊保护的区域内，禁止焚烧沥青、油毡、橡胶、塑料、皮革、垃圾以及气体产生有毒有害烟尘和恶臭气体的物质；③ 禁止在人口集中地区、机场周围、交通干线附近以及当地人民政府划定的区域露天焚烧秸秆、落叶等产生烟尘污染的物质。

6．防治城市扬尘污染

城市人民政府应当采取绿化措施，减少市区裸露地面和地面尘土，防治城市扬尘污染。

7．防治城市饮食服务业油烟污染

从事饮食服务业的经营者，必须采取措施，防治油烟对居民的居住环境造成污染。

第二节　防治水污染的法律规定

一、水污染防治的立法概况

1. 法律

《水污染防治法》（1984 年 5 月 11 日颁布，1996 年 5 月 15 日修订，2008 年 2 月 28 日再次修订）。

2. 行政法规

（1）《水污染防治法实施细则》（2000 年 3 月 20 日颁布，以下简称《水细则》）；

（2）《淮河流域水污染防治暂行条例》（1995 年 8 月 8 日颁布）。

3. 部门规章

《饮用水水源保护区污染防治管理规定》（卫生部、建设部、水利部与国家环境保护局、地矿部 1989 年 7 月 10 日联合发布）。

4. 水环境质量标准与污染物排放标准

（1）《地表水环境质量标准》；

（2）《污水综合排放标准》；

（3）《城镇污水处理厂污染物排放标准》。

二、新《水污染防治法》简介

新修订的《水污染防治法》于2008年2月28日经第10届全国人大常委会第32次会议全票通过，自2008年6月1日起施行。新《水污染防治法》共8章92条，与1996年修订的《水污染防治法》相比在许多方面具有新意，其特点概括为以下10个方面。

1. 加大了地方政府责任

新《水污染防治法》规定，县级以上人民政府应当把水环境保护工作纳入国民经济和社会发展规划，并且采取对策和措施对本行政区域的水环境质量负责。同时还规定，国家实行水环境保护目标责任制和考核评价制度，将水环境保护目标完成情况作为对地方政府及其负责人考核评价的内容。上述规定，明确了地方政府的责任，有利于充分发挥地方政府在水环境保护中的主导作用。

2. 明确了违法界限，超标违法，不得超总量

新《水污染防治法》第9条规定“排放水污染物，不得超过国家或地方规定的水污染物排放标准和重点水污染物排放总量控制指标。”这一规定明确了违法排污行为的界限，是水环境保护立法的一大创举和重大突破。

3. 进一步完善了总量控制制度

新《水污染防治法》第18条规定，国家对重点水污染物排放实施总量控制制度。同时规定，对超过重点水污染物排放总量控制指标的地区，暂停审批新增重点水污染物排放总量的建设项目的环境影响评价文件。第19条还规定，国务院和省级环境保护行政主管部门，按照权限分别对未完成重点水污染排放物总量控制指标的省、自治区、直辖市和市、县予以公布。县级以上人民政府环境保护主管部门对违反法律规定，严重污染水环境的企业予以公布。上述规定是总量控制制度的核心内容，有利于削减重点水污染物的排放量，改善水环境质量。

4. 全面推行排污许可证制度，规范排污行为

新《水污染防治法》在排污许可证制度和规范排污行为方面作了如下规定。第20条规定，向水体排放工业废水和医疗污水以及其他按照规定应当取得排污许可证方可排放废水、污水的企事业单位，以及城镇污水集中处理设施的运营单位应当取得排污许可证。同时还规定，禁止企事业单位无排污许可证或者违反排污许可证的规定向水体排放法律规定的废水、污水。

关于规范排污行为，新《水污染防治法》第22条规定，向水体排放水污染物的企事业单位和个体工商户，应当按照法律、法规和国务院环境保护主管部门的规定设置排污口。同时明确规定，禁止私设暗管或者采取其他规避监管的方式排放水污染物。

全面推行排污许可证制度，规范排污口的设置，有利于落实水污染物排放总量控制制度，加强对重点排污单位排放水污染物的监测，及时制止和惩处违法排污行为。

5. 完善水环境监测，建立水环境统一发布制度

新《水污染防治法》第 23 条规定，重点排污单位应当安装水污染物排放自动监测设备，与环境保护主管部门的监测设备联网，并保证监测设备的正常运行。第 25 条规定，国家建立水环境质量监测和水污染物排放监测制度，统一发布国家水环境状况信息，组织监测网络。上述规定规范了水环境监测制度，有利于严格执法。

6. 完善了饮用水水源保护区管理制度

为确保城乡居民饮用水安全，新《水污染防治法》专门增设了“饮用水水源和其他特殊水体保护”一章，强化了对饮用水水源保护的管制。一是完善饮用水水源保护区分级管理制度，将饮用水水源保护区划分为一级和二级保护区，必要时在饮用水水源保护区外围划定一定的区域作为准保护区；二是明确了饮用水水源保护区划定机关和争议解决机制；三是对饮用水水源保护区实行严格管理，规定了一系列禁限措施；四是在饮用水准保护区内实行积极的保护措施，如采取工程措施或者建造湿地、水源涵养林等生态保护措施，确保饮用水安全。对城乡居民饮用水安全进行特殊保护，体现了以人为本的理念。

7. 强化了城乡污水防治

新《水污染防治法》规定，县级以上地方人民政府应当通过财政预算和其他渠道筹集资金，统筹安排建设城镇污水集中处理设施及配套管网，提高本行政区域城镇污水的收集率和处理率。该法还规定，城镇污水集中处理设施的运营单位，应当对污水集中处理设施的出水水质负责，环境保护主管部门应当对出水水质和水量进行监督检查。上述规定必将有利于加强城镇水污染的防治工作。

8. 加强农业和农村水污染防治

新《水污染防治法》第 49 条规定，畜禽养殖场、养殖小区应当保证其畜禽粪便、废水的综合利用或者无害化处理设施正常运转，保证污水达标排放，防止污染水环境。第 50 条规定，从事水产养殖应当保护水域生态环境，科学确定养殖密度，合理投饵和使用药物，防止污染水环境。第 63 条规定，国务院和省级人民政府可以规定在饮用水水源保护区内，采取禁止或者限制使用含磷洗涤剂、化肥、农药以及限制种植养殖等措施。加强对农业和农村水污染防治，对于促进社会主义新农建设，保护广大农民的身体健康，实施可持续发展战略，具有深远影响。

9. 增强了突发水污染事故的应急反应能力

为增强水污染应急反应能力，以减少水污染事故对环境造成的危害，新《水污染防治法》作出了如下规定：一是规定各级人民政府及其有关部门和可能发生水污染事故的企事业单位，应当做好突发水污染事故的应急准备，应急处置和事后恢复等工作。二是规定可能发生水污染事故的企事业单位，应当制定应急方案，做好应急准备，并定期进行演练。生产、储备危险化学品的企事业单位，应当采取措施，防止在处理安全生产事故中的消防废水、废液直接排入水体。三是规定企事业单位发生事故或其他突发事件，应当立即启动本单位的应急方案，采取应急措施，并及时报告有关部门。

10. 加大处罚力度，完善了法律责任

新《水污染防治法》加大了水污染违法成本，增强了对违法行为的震慑力。一是综合运用各种行政处罚手段，尤其加大了对私设暗管规避监管行为的处罚力度，加大了行政处罚力度；二是完善行政措施，强化环境保护主管部门的执法手段，将责令限期治理、停产整顿等行政强制权赋予环境保护主管部门；三是强化了排污者的民事责任：① 因水污染受到损害的当事人，有权要求排除危害和赔偿损失；② 明确举证责任倒置制度；③ 规定了共同诉讼制度；④ 建立对污染受害者的法律援助制度；⑤ 规定了因水污染引起的损害赔偿和赔偿金额的纠纷，当事人可以委托环境监测机构提供监测数据。

三、《水污染防治法》的结构及要点

见图表 5-2。

四、水污染防治的主要法律规定

（一） 水污染防治的主要法律制度

1. 环境影响评价制度

见《水污染防治法》第 17 条。

2. “三同时”制度

违反“三同时”制度的规定，建设项目的水污染防治设施未建成、未经验收或者验收不合格，主体工程即投入生产或者使用的，由县级以上人民政府环境保护主管部门责令停止生产或者使用，直至验收合格，处 5 万元以上 50 万元以下的罚款（《水污染防治法》第 17 条、第 71 条）。

3. 排污申报登记制度

见《水污染防治法》第 21 条、第 72 条第 1 款。

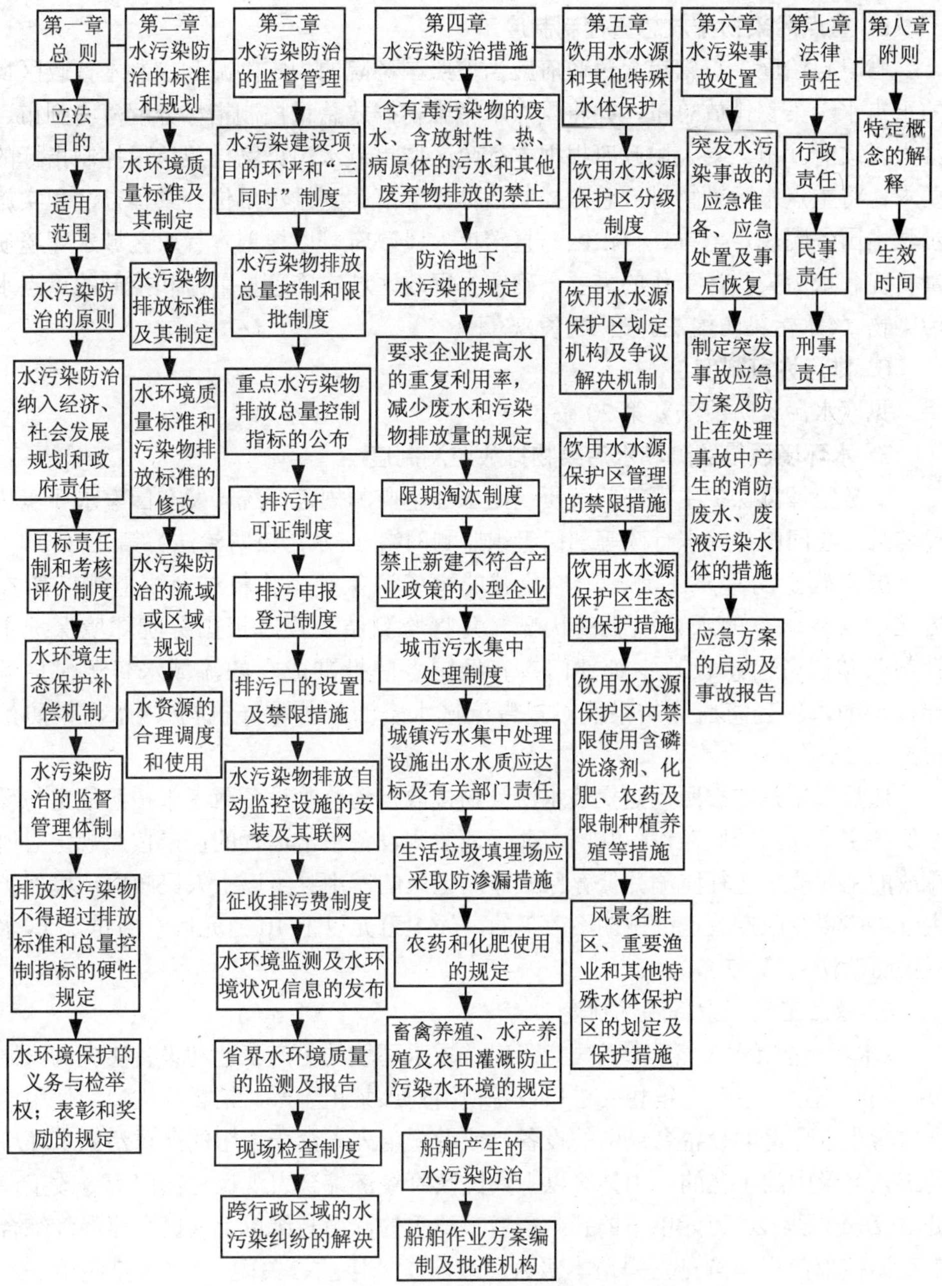

图表 5-2　《水污染防治法》的结构及要点

4. 排污收费制度

见《水污染防治法》第 24 条。

5. 重点污染物排放总量控制制度

省、自治区、直辖市人民政府应当按照国务院的规定削减和控制本行政区域的重点水污染物排放总量，并将重点水污染物排放总量控制指标分解落实到市、县人民政府。市、县人民政府根据本行政区域重点水污染物排放总量控制指标的要求，将重点水污染物排放总量控制指标分解落实到排污单位。具体办法和实施步骤由国务院规定。省、自治区、直辖市人民政府可以根据本行政区域水环境质量状况和水污染防治工作的需要，确定本行政区域实施总量削减和控制的重点水污染物（《水污染防治法》第18条）。

6. 排污许可制度

见《水污染防治法》第20条。

7. 水环境质量监测和水污染物排放监测制度

国务院环境保护主管部门负责制定水环境监测规范，统一发布国家水环境状况信息，会同国务院水行政等部门组织监测网络（《水污染防治法》第25条）。

国家确定的重要江河、湖泊流域的水资源保护工作机构负责监测其所在流域的省界水体的水环境质量状况，并将监测结果及时报国务院环境保护主管部门和国务院水行政主管部门；有经国务院批准成立的流域水资源保护领导机构的，应当将监测结果及时报告流域水资源保护领导机构（《水污染防治法》第26条）。

违反规定，未按照规定安装水污染物排放自动监测设备或者未按照规定与环境保护主管部门的监控设备联网，并保证监测设备正常运行的；未按照规定对所排放的工业废水进行监测并保存原始监测记录的，由县级以上人民政府环境保护主管部门责令限期改正；逾期不改正的，处1万元以上10万元以下的罚款（《水污染防治法》第72条）。

8. 落后工艺、设备淘汰制度

《水污染防治法》第41条规定了对严重水环境的生产工艺和设备实施淘汰制度。同时规定，生产、销售、进口或者使用列入禁止生产、销售、进口、使用的严重污染水环境的设备名录中的设备，或者采用列入禁止采用的严重污染水环境的工艺名录中的工艺的，由县级以上人民政府经济综合宏观调控部门责令改正，处5万元以上20万元以下的罚款；情节严重的，由县级以上人民政府经济综合宏观调控部门提出意见，报请本级人民政府责令停业、关闭（《水污染防治法》第77条）。

9. 限期治理制度

违反规定，排放水污染物超过国家或者地方规定的水污染物排放标准，或者超过重点水污染物排放总量控制指标的，由县级以上人民政府环境保护主管部门按照权限责令限期治理，处应缴纳排污费数额 2 倍以上 5 倍以下的罚款。限期治理期间，由环境保护主管部门责令限制生产、限制排放或者停产整治。限期治理的期限最长不超过 1 年；逾期未完成治理任务的，报经有批准权的人民政府批准，责令关闭（《水污染防治法》第 74 条）。

10. 现场检查制度

见《水污染防治法》第 27 条、第 70 条。

11. 跨行政区水污染纠纷协商解决制度

鉴于跨行政区水污染纠纷的原因复杂多样，许多纠纷是由于各行政区地方政府在有关经济与社会发展计划之间的不协调所致。因此，跨行政区水污染纠纷的处理并非司法审判所能全面解决，需要通过政府之间的协调才能达到最终目标。《水污染防治法》第 28 条规定，跨行政区域的水污染纠纷，由有关地方人民政府协商解决，或者由其共同的上级人民政府协调解决。

12. 水污染事故处置制度

不按照规定制定水污染事故应急方案或者水污染事故发生后，未及时启动水污染事故应急方案，采取有关应急措施的，由县级以上人民政府环境保护主管部门责令改正；情节严重的，处 2 万元以上 10 万元以下的罚款（《水污染防治法》第 82 条）。

（二）水污染防治措施

1. 一般规定

《水污染防治法》第 29 条、第 30 条、第 33 条、第 34 条、第 35 条、第 36 条、第 76 条，参见图表 5-3。

图表 5-3　水污染防治的一般规定

禁止性行为	法律责任
（1）禁止向水体排放油类、酸液、碱液； （2）禁止向水体排放、倾倒工业废渣、城镇垃圾和其他废弃物； （3）禁止在江河、湖泊、运河、渠道、水库最高水位线以下的滩地和岸坡堆放、存贮固体废弃物和其他污染物； （4）禁止利用无防渗漏措施的沟渠、坑塘等输送或者存贮含有毒污染物的废水、含病原体的污水和其他废弃物	由县级以上地方人民政府环境保护主管部门责令停止违法行为，限期采取治理措施，消除污染，处以 2 万元以上 20 万元以下的罚款；逾期不采取治理措施的，环境保护主管部门可以指定有治理能力的单位代为治理，所需费用由违法者承担

禁止性行为	法律责任
（1）禁止向水体排放剧毒废液； （2）禁止将含有汞、镉、砷、铬、铅、氰化物、黄磷等的可溶性剧毒废渣向水体排放、倾倒或者直接埋入地下； （3）禁止向水体排放、倾倒放射性固体废物或者含有高放射性和中放射性物质的废水； （4）禁止利用渗井、渗坑、裂隙和溶洞排放、倾倒含有毒污染物的废水、含病原体的污水和其他废弃物	由县级以上地方人民政府环境保护主管部门责令停止违法行为，限期采取治理措施，消除污染，处以5万元以上50万元以下的罚款；逾期不采取治理措施的，环境保护主管部门可以指定有治理能力的单位代为治理，所需费用由违法者承担
禁止在水体清洗装贮过油类或者有毒污染物的车辆和容器	由县级以上地方人民政府环境保护主管部门责令停止违法行为，限期采取治理措施，消除污染，处以1万元以上10万元以下的罚款；逾期不采取治理措施的，环境保护主管部门可以指定有治理能力的单位代为治理，所需费用由违法者承担

2. 排放其他污染物必须符合标准

（1）向水体排放含低放射性物质的废水，必须符合国家有关放射防护的规定和标准（《水污染防治法》第30条）。

（2）向水体排放含热废水，应当采取措施，保证水体的水温符合水环境质量标准，防止热污染危害（《水污染防治法》第31条）。

（3）排放含病原体的污水，必须经过消毒处理；符合国家有关标准后，方可排放（《水污染防治法》第32条）。

违反国家有关规定或者标准，向水体排放含低放射性物质的废水、热废水或者含病原体的污水的，由县级以上地方人民政府环境保护主管部门责令停止违法行为，限期采取治理措施，消除污染，处以1万元以上10万元以下的罚款；逾期不采取治理措施的，环境保护主管部门可以指定有治理能力的单位代为治理，所需费用由违法者承担（《水污染防治法》第76条）。

3. 禁止兴建严重污染水环境的小企业

国家禁止新建不符合国家产业政策的小型造纸、制革、印染、染料、炼焦、炼硫、炼砷、炼汞、炼油、电镀、农药、石棉、水泥、玻璃、钢铁、火电以及其他严重污染水环境的生产项目（《水污染防治法》第42条）。

违反规定，建设不符合国家产业政策的上述严重污染水环境的生产项目的，由所在地的市、县人民政府责令关闭（《水污染防治法》第78条）。

4. 城市污水应当集中处理

（1）城镇污水集中处理设施的运营单位按照国家规定向排污者提供污水处理的有偿服务，收取污水处理费用，保证污水集中处理设施的正常运行。向城镇污水集中处理设施排放污水、缴纳污水处理费用的，不再缴纳排污费。收取的污水处理费用应当用于城镇污水集中处理设施的建设和运行，不得挪作他用（《水污染防治法》第44条）。

（2）向城镇污水集中处理设施排放水污染物，应当符合国家或者地方规定的水污染物排放标准。城镇污水集中处理设施的出水水质达到国家或者地方规定的水污染物排放标准的，可以按照国家有关规定免缴排污费。城镇污水集中处理设施的运营单位，应当对城镇污水集中处理设施的出水水质负责（《水污染防治法》第45条）。

5. 船舶水污染防治

（1）船舶未配置相应的防污染设备和器材，或者未持有合法有效的防止水域环境污染的证书与文书的，由海事管理机构、渔业主管部门按照职责分工责令限期改正，处2 000元以上2万元以下的罚款；逾期不改正的，责令船舶临时停航。船舶进行涉及污染物排放的作业，未遵守操作规程或者未在相应的记录簿上如实记载的，由海事管理机构、渔业主管部门按照职责分工责令改正，处2 000元以上2万元以下的罚款（《水污染防治法》第79条）。

（2）违反规定，向水体倾倒船舶垃圾或者排放船舶的残油、废油；未经作业地海事管理机构批准，船舶进行残油、含油污水、污染危害性货物残留物的接收作业，或者进行装载油类、污染危害性货物船舱的清洗作业，或者进行散装液体污染危害性货物的过驳作业；未经作业地海事管理机构批准，进行船舶水上拆解、打捞或者其他水上、水下船舶施工作业；未经作业地渔业主管部门批准，在渔港水域进行渔业船舶水上拆解的，由海事管理机构、渔业主管部门按照职责分工责令停止违法行为，处以罚款；造成水污染的，责令限期采取治理措施，消除污染；逾期不采取治理措施的，海事管理机构、渔业主管部门按照职责分工可以指定有治理能力的单位代为治理，所需费用由船舶承担（《水污染防治法》第80条）。

（三）饮用水水源和其他特殊水体保护

1. 国家建立饮用水水源保护区制度

饮用水水源保护区分为一级保护区和二级保护区；必要时，可以在饮用水水源保护区外围划定一定的区域作为准保护区（《水污染防治法》第56条）。在饮用水水源保护区内，禁止设置排污口（《水污染防治法》第57条）。在饮用水水源保护区内设置排污口的，由县级以上地方人民政府责令限期拆除，处10万元以上50万元以下的罚款；逾期不拆除的，强制拆除，所需费用由违法者承担，处50万元以上100万元以下的罚款，并可以责令停产整顿（《水污染防治法》第75条）。

（1）饮用水水源一级保护区的水体保护

禁止在饮用水水源一级保护区内新建、改建、扩建与供水设施和保护水源无关的建设项目，有上述行为的，由县级以上地方人民政府环境保护主管部门责令停止违法行为，处10万元以上50万元以下的罚款；并报经有批准权的人民政府责令拆除或者关闭。禁止在饮用水水源一级保护区内从事网箱养殖、旅游、游泳、垂钓或者其他可能污染饮用水水体的活动，如若违反该禁止性规定，由县级以上地方人民政府环境保护主管部门责令停止违法行为，处2万元以上10万元以下的罚款。个人在饮用水水源一级保护区内游泳、垂钓或者从事其他可能污染饮用水水体的活动的，由县级以上地方人民政府环境保护主管部门责令停止违法行为，可以处500元以下的罚款（《水污染防治法》第58条、第81条）。

（2）饮用水水源二级保护区的水体保护

禁止在饮用水水源二级保护区内新建、改建、扩建排放污染物的建设项目，如若违反该禁止性规定，由县级以上地方人民政府环境保护主管部门责令停止违法行为，处10万元以上50万元以下的罚款；并报经有批准权的人民政府责令拆除或者关闭。在饮用水水源二级保护区内从事网箱养殖、旅游等活动的，应当按照规定采取措施，防止污染饮用水水体（《水污染防治法》第59条、第81条）。

（3）饮用水水源准保护区的水体保护

禁止在饮用水水源准保护区内新建、扩建对水体污染严重的建设项目；改建建设项目，不得增加排污量，如若违反该禁止性规定，由县级以上地方人民政府环境保护主管部门责令停止违法行为，处10万元以上50万元以下的罚款；并报经有批准权的人民政府责令拆除或者关闭（《水污染防治法》第60条、第81条）。

2. 其他特殊水体的保护

县级以上人民政府可以对风景名胜区水体、重要渔业水体和其他具有特殊经济文化价值的水体划定保护区，并采取措施，保证保护区的水质符合规定用途的水环境质量标准。在风景名胜区水体、重要渔业水体和其他具有特殊经济文化价值的水体的保护区内，不得新建排污口。在保护区附近新建排污口，应当保证保护区水体不受污染（《水污染防治法》第64条、第65条）。

（四）排污者的民事责任

（1）因水污染受到损害的当事人，有权要求排污方排除危害和赔偿损失。由于不可抗力造成水污染损害的，排污方不承担赔偿责任；法律另有规定的除外。

水污染损害是由受害人故意造成的，排污方不承担赔偿责任。水污染损害是由受害人重大过失造成的，可以减轻排污方的赔偿责任。水污染损害是由第三人造成的，排污方承担赔偿责任后，有权向第三人追偿（《水污染防治法》第 85 条）。

（2）因水污染引起的损害赔偿责任和赔偿金额的纠纷，可以根据当事人的请求，由环境保护主管部门或者海事管理机构、渔业主管部门按照职责分工调解处理；调解不成的，当事人可以向人民法院提起诉讼。当事人也可以直接向人民法院提起诉讼（《水污染防治法》第 86 条）。

（3）因水污染引起的损害赔偿诉讼，由排污方就法律规定的免责事由及其行为与损害结果之间不存在因果关系承担举证责任（《水污染防治法》第 87 条）。

（4）因水污染受到损害的当事人人数众多的，可以依法由当事人推选代表人进行共同诉讼。环境保护主管部门和有关社会团体可以依法支持因水污染受到损害的当事人向人民法院提起诉讼。国家鼓励法律服务机构和律师为水污染损害诉讼中的受害人提供法律援助（《水污染防治法》第 88 条）。

（5）因水污染引起的损害赔偿责任和赔偿金额的纠纷，当事人可以委托环境监测机构提供监测数据。环境监测机构应当接受委托，如实提供有关监测数据（《水污染防治法》第 89 条）。

引例中，四川化工股份有限公司第二化肥厂在未报经环境保护行政主管部门试生产批复的情况下，擅自技改并出现故障，使没有经过完全处理的含氨氮的工艺冷凝液直接排放，违反了环境影响评价制度的相关规定；在生产过程中违反向水体排放污染物的法律规定，未事先报经所在地的县级以上地方人民政府环境保护部门批准即闲置、停用其水污染物处理设施，导致严重污染环境后果的发生。环境保护行政主管部门有权根据《水污染防治法》的规定对该厂进行处罚；违法刑法的，将追究其刑事责任。

第三节　防治海洋环境污染的法律规定

一、防治海洋环境污染的立法概况

（一）法律

《海洋环境保护法》（1982 年 8 月 23 日颁布，1999 年 12 月 25 日修订）。

（二）行政法规

（1）《防治船舶污染海域管理条例》（1983 年 12 月 29 日颁布）；
（2）《海洋石油勘探开发环境保护管理条例》（1983 年 12 月 29 日颁布）；
（3）《海洋倾废管理条例》（1985 年 3 月 6 日颁布）；
（4）《防治拆船污染环境管理条例》（1988 年 5 月 18 日颁布）；
（5）《防治陆源污染物损害海洋环境管理条例》（1990 年 6 月 22 日颁布）；
（6）《防治海岸工程建设项目污染损害海洋环境管理条例》（1990 年 6 月 25 日颁布）。

（三）部门规章

《近岸海域环境功能区的管理办法》（国家环保总局 1999 年 11 月 10 日发布）。

（四）环境标准

（1）《海水水质标准》；
（2）《船舶污染物排放标准》；
（3）《海洋石油开发工业含油污水排放标准》；
（4）《污水海洋处置工程控制标准》。

（五）我国参加的国际公约

（1）《联合国海洋法公约》；
（2）《国际干预公海油污事故公约》。

二、《海洋环境保护法》的结构及要点

见图表 5-4。

三、防治海洋环境污染的主要法律规定

20 世纪 90 年代以来，随着内河河流和沿岸超标陆源污染物的增多，造成海洋环境污染损害不断加剧，海洋资源也遭到严重破坏。在加入《联合国海洋法公约》等国际条约的前提下，我国在海洋环境保护方面的立法在不断完善，1999 年修订的《海洋环境保护法》在强化海洋污染防治法律制度的基础上，对海域污染物总量控制制度、海洋污染事故应急制度、船舶油污损害民事赔偿制度、船舶油污保险制度和海洋环境污染民事损害赔偿制度等内容作了新的规定。

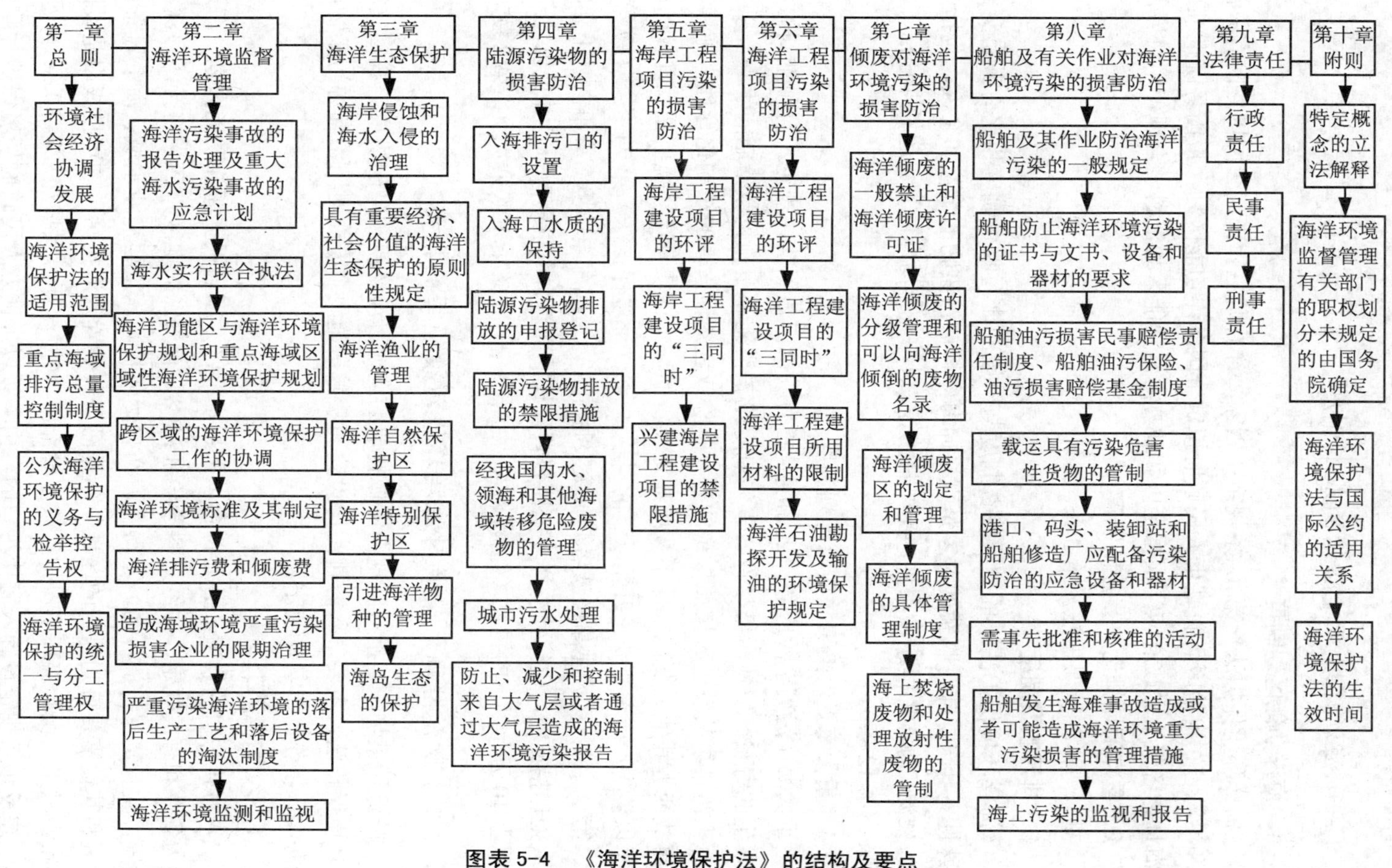

图表 5-4　《海洋环境保护法》的结构及要点

(一)海洋环境污染防治的基本制度

1. 海洋功能区划制度

《海洋环境保护法》第 6 条规定:国家海洋行政主管部门会同国务院有关部门和沿海省、自治区、直辖市人民政府拟定全国海洋功能区划,报国务院批准。沿海地方各级人民政府应当根据全国和地方海洋功能区划,科学合理使用海域。

2. 重点海域排污总量控制制度

见《海洋环境保护法》第 3 条。

3. 排污收费制度

《海洋环境保护法》的排污收费制度与一般的排污收费制度相比有其自身的特殊性。其一,排污收费的对象是直接向海洋排放污染物的单位和个人,包括陆地污染源,海洋工程建设项目,各种船舶等。其二,排污即收费,超标即违法(第 11 条、第 12 条)。

4. 重大海上污染事故应急计划制度

重大海洋污染事故应急计划制度是指有关部门依照法律规定,对预见到的可能发生的海水突发性污染事件,事先制定抢救措施和实施抢救措施的步骤,以备在海上污染事故发生时按照拟定的方案解除或者减轻危害的法制化管理措施。发生事故或者其他突发性事件不按照规定报告的,由行使海洋环境监督管理权的部门予以警告,或者处以 5 万元以下的罚款(《海洋环境保护法》第 74 条第 1 款第 2 项、第 2 款);因发生事故或者其他突发性事件,造成海洋环境污染事故,不立即采取处理措施的,由行使海洋环境监督管理权的部门责令限期改正,并处以 2 万元以上 10 万元以下的罚款(《海洋环境保护法》第 73 条第 1 款第 4 项、第 2 款)。

(二)防治陆源污染物对海洋环境污染损害的措施

陆源污染物,是指从陆地向海域排放的造成海洋环境污染的物质。我国《海洋环境保护法》主要从入海排污口设置和禁限措施两个方面对防治陆源污染物污染海洋环境作出了具体规定。

1. 入海排污口设置

入海排污口的设置,必须符合以下规定:(1)应当根据海洋功能区划、海水动力条件和有关规定,并经过科学论证;(2)有条件的地区,应当将排污口深海设置,实行离岸排放;(3)不得在海洋自然保护区、重要渔业水域、海滨风景名胜区和其他需要特别保护的区域新建排污口。设置入海排污口的审批权限是设区的市级以上人民政府环境保护行政主管部门(《海洋环境保护法》第 30 条)。

违反该条规定设置入海排污口的,由县级以上地方人民政府环境保护行政主管部门责令其关闭，并处2万元以上10万元以下的罚款（《海洋环境保护法》第77条）。

2．禁限措施

禁限措施包括两类，一是禁止性措施，二是限制性措施。

（1）禁止性措施包括：禁止向海域排放油类、酸液、剧毒废液和高、中水平放射性废水；禁止经中华人民共和国内水、领海转移危险废物；经中华人民共和国管辖的其他海域转移危险废物的，必须事先取得国务院环境保护行政主管部门的书面同意。

向海域排放禁止排放的污染物或其他物质的，由行使海洋环境监督管理权的部门责令限期改正，并处以3万元以上20万元以下的罚款（第73条第1款第1项、第2款）；经中华人民共和国管辖海域转移危险废物的，由国家海事行政主管部门责令非法运输该危险废物的船舶退出中华人民共和国管辖海域，处5万元以上50万元以下的罚款（第79条）。

（2）限制性措施包括：严格限制向海域排放低水平放射性废水，确需排放的，必须严格执行国家辐射防护规定；严格控制向海域排放含有不易降解的有机物和重金属的废水；严格控制向海湾、半封闭海及其他自净能力较差的海域排放含有有机物和营养物质的工业废水和生活废水；向海域排放含热废水，必须采取有效措施，保证邻近渔业水域的水温符合国家海洋环境质量标准等。

不按照规定向海洋排放污染物，或者超过标准排放污染物的，由行使海洋环境监督管理权的部门责令限期改正，并处以2万元以上10万元以下的罚款（第73条第1款第2项、第2款）。

（三）防止海岸工程建设项目对海洋环境污染损害的措施

1．严格执行环评制度和“三同时”制度

见《海洋环境保护法》第43条、第44条。

2．采取措施保护海洋生态环境

见《海洋环境保护法》第45条、第46条第2款、第76条、第82条。

（四）防止海洋工程建设项目对海洋环境污染损害的措施

海洋工程建设项目是指在海岸线以下施工兴建的各类海洋工程建设项目，包括海洋石油勘探开发、海上助航工程、跨海桥梁和隧道工程等影响海洋自然生态环境的开发建设项目。

1．严格执行环评制度和“三同时”制度

见《海洋环境保护法》第47条、第48条。

2. 防止油污染事故的措施

海洋石油勘探开发及输油过程中，必须采取有效措施，避免溢油事故的发生（《海洋环境保护法》第 50 条第 2 款）。海洋石油钻井船、钻井平台和采油平台的含油污水和油性混合物，必须经过处理达标后排放；残油、废油必须予以回收，不得排放入海。经回收处理后排放的，其含油量不得超过国家规定的标准（《海洋环境保护法》第 51 条第 1 款）。海水试油时，应当确保油气充分燃烧，油和油性混合物不得排放入海（《海洋环境保护法》第 53 条）。

海洋石油勘探开发活动，造成海洋环境污染的，由国家海洋行政主管部门予以警告，并处 2 万元以上 20 万元以下的罚款（《海洋环境保护法》第 85 条）。

（五）防止倾倒废弃物对海洋环境污染损害的措施

所谓倾倒，是指通过船舶、航空器、平台及其他载运工具将废弃物和其他物质处置于海洋的活动，包括弃置船舶、航空器、平台及其辅助设施和其他浮动工具的行为。但不包括船舶、航空器及其他载运工具和设施正常操作产生的废弃物的排放。[19]

1. 倾倒许可证制度

任何单位未经国家海洋行政主管部门批准，不得向我国管辖海域倾倒任何废弃物。需要倾倒废弃物的单位，必须向国家海洋行政主管部门提出书面申请，经国家海洋行政主管部门审查批准，发给许可证后，方可倾倒。禁止我国境外的废弃物在我国管辖海域倾倒（《海洋环境保护法》第 55 条）。

将我国境外的废弃物运进我国管辖海域倾倒的，由国家海洋行政主管部门予以警告，并根据造成或者可能造成的危害后果，处 10 万元以上 100 万元以下的罚款（《海洋环境保护法》第 87 条）。

2. 倾废单位的义务

（1）获准倾倒废弃物的单位，必须按照许可证注明的期限及条件，到指定的区域进行倾倒；（2）废弃物装载之后，批准单位应当予以核实。倾废单位应当详细记录倾倒的情况，并在倾倒后向批准部门做出书面报告；（3）倾倒废弃物的船舶必须向驶出港的海事行政主管部门做出书面报告（《海洋环境保护法》第 59 条）。

违反本法规定，不按照许可证的规定倾倒，或者向已经封闭的倾倒区倾倒废弃物的，由海洋行政主管部门予以警告，并处 3 万元以上 20 万元以下的罚款；对情节严重的，可以暂扣或者吊销许可证（《海洋环境保护法》第 86 条）。

3. 倾废主管部门的职责

国家海洋行政主管部门监督管理倾倒区的使用，组织倾倒区的环境监测。对

---

19 汪劲. 环境法学. 北京：北京大学出版社，2006.

经确认不宜继续使用的倾倒区，国家海洋行政主管部门应当予以封闭，终止在该倾倒区的一切倾倒活动，并报国务院备案（《海洋环境保护法》第58条）。

海洋环境监督管理人员滥用职权、玩忽职守、徇私舞弊造成海洋环境污染损害的，依法给予行政处分；构成犯罪的，依法追究刑事责任（《海洋环境保护法》第94条）。

（六）防治船舶及有关作业活动对海洋环境污染损害的措施

1. 防污设备

从事船舶污染物、废弃物、船舶垃圾接收、船舶清舱、洗舱作业活动的，必须具备相应的接收处理能力（《海洋环境保护法》第62条第2款）。船舶必须配置相应的防污设备和器材。载运具有污染危害性货物的船舶，其结构和设备应当能够防治或者减轻所载货物对海洋环境的污染（《海洋环境保护法》第64条）。

若船舶未配备防污设施、器材的，由行使海洋环境监督管理权的部门予以警告，或者处以2万元以上10万元以下的罚款（《海洋环境保护法》第88条）。

2. 防污文书

船舶必须按照有关规定持有防止海洋环境污染的证书与文书，在进行设计污染物排放及操作时，应当如实记录并向海洋环境监督管理部门报告（《海洋环境保护法》第63条）。

船舶未持有防污证书、文书或者不按照规定记载排污记录的，由行使海洋环境监督管理权的部门予以警告，或者处以2万元以下的罚款（《海洋环境保护法》第88条）。

3. 船舶污染损害民事赔偿制度

造成海洋环境污染损害的责任者，应当排除危害，并赔偿损失；完全由于第三者的故意或者过失造成海洋环境污染损害的，由第三者排除危害，并承担赔偿责任（《海洋环境保护法》第90条第1款）。国家完善并实施船舶油污损害民事赔偿责任制度；按照船舶油污损害赔偿责任由船东和货主共同承担风险的原则，建立船舶油污保险、油污损害赔偿基金制度。实施船舶油污保险、油污损害赔偿基金制度的具体办法由国务院规定（《海洋环境保护法》第66条）。

鉴于国务院尚未制定船舶油污损害赔偿责任强制保险的行政法规，因此从事国内沿海油品运输的船舶投保油污损害赔偿责任险，目前应当向国内经营商业保险业务的保险公司投保。[20]

20 参见中国保险监督管理委员会：关于境外船东互保机构承保国内航行油轮油污损害责任保险问题的复函（保监函[2002]13号）。

第四节　防治环境噪声污染的法律规定

一、环境噪声污染防治的立法概况

（一）法律

《环境噪声污染防治法》（1996年颁布）。

（二）行政法规

《关于调整超标污水和统一超标噪声排污费征收标准的通知》（1991 年国务院批准发布）。

（三）部门规章

（1）《军队环境噪声污染防治规定》（中国人民解放军总后勤部 1994 年 11 月 16 日发布）

（2）《关于夜间违法进行建筑施工作业处罚问题的复函》（国家环保总局 2004 年 11 月 5 日发布）；

（3）《关于限制营业性饮食服务单位和娱乐场所夜间工作时间的复函》（国家环保总局 2004 年 7 月 27 日发布）。

（四）环境标准

（1）《城市区域环境噪声标准》；

（2）《工业企业厂界噪声标准》；

（3）《社会生活环境噪声排放标准》；

（4）《建筑施工场界噪声环境标准》；

（5）《机场周围飞机噪声环境标准》；

（6）《机动车辆允许噪声标准》等。

二、《环境噪声污染防治法》的结构及要点

见图表 5-5。

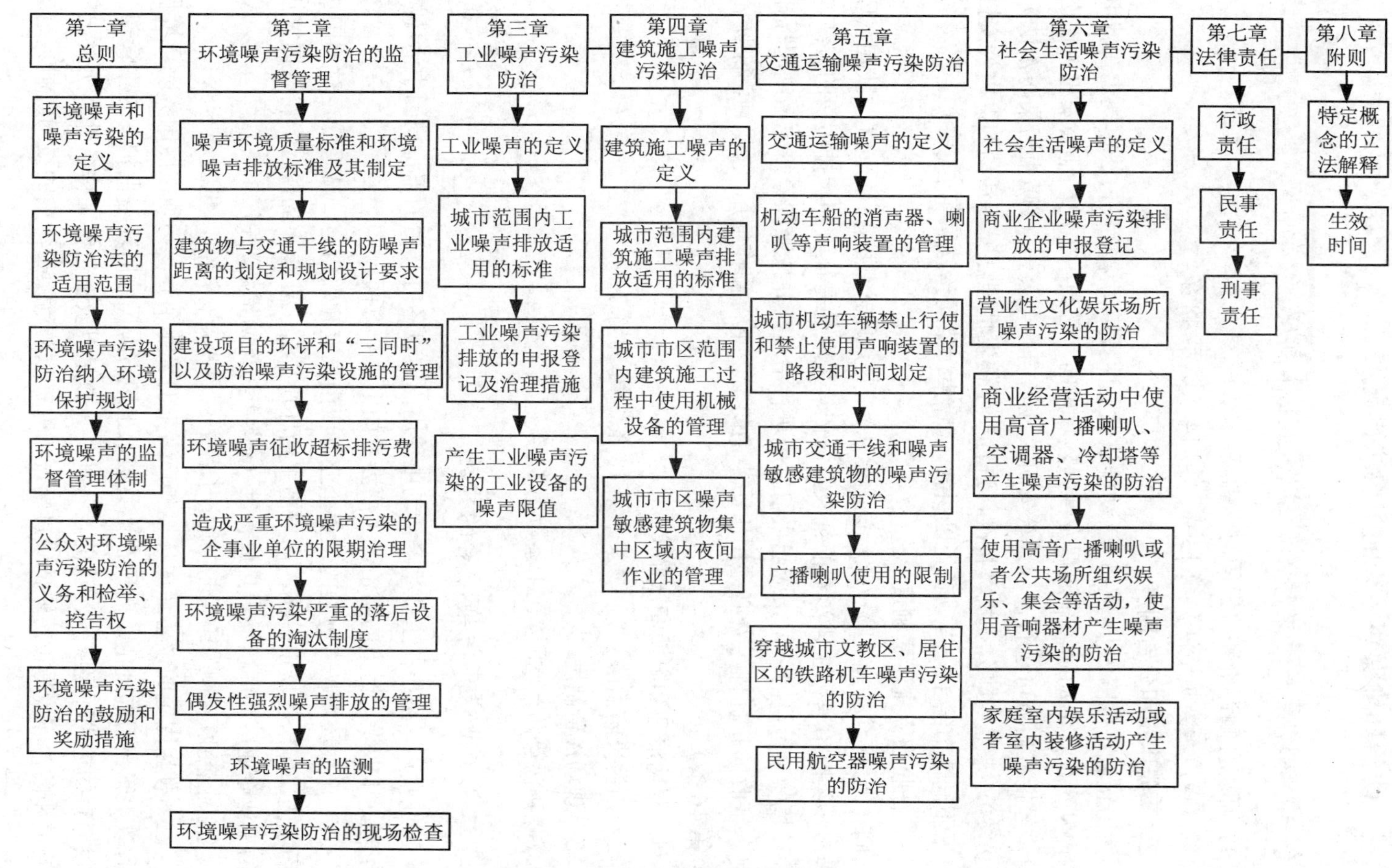

图表 5-5　《环境噪声污染防治法》的结构及要点

三、防治环境噪声污染的主要法律规定

（一）环境噪声污染防治的综合性法律制度

1．环境影响评价和“三同时”制度

见《噪声污染防治法》第13条、第14条、第48条。

2．事先申报和公告制度

为防止城市范围内从事生产活动排放偶发性噪声污染扰民，法律规定在城市范围内从事生产活动确需排放偶发性强烈噪声的，必须事先向当地公安机关提出申请，经批准后方可进行。当地公安机关应当向社会公告（《噪声污染防治法》第19条）。未经当地公安机关批准，进行产生偶发性强烈噪声活动的，由公安机关根据不同情节给予警告或者处以罚款（《噪声污染防治法》第54条）。

3．征收超标排污费制度

同《大气污染防治法》《水污染防治法》等污染防治法律不同的是，我国《环境噪声污染防治法》在排污费的征收方面依然采取的是征收超标排污费的方法。产生环境噪声污染的单位，应当采取措施进行治理，并按照国家规定缴纳超标排污费。征收的超标排污费必须用于污染的防治，不得挪作他用（《噪声污染防治法》第16条）。

4．限期治理和限期淘汰制度

《噪声污染防治法》第17条、第18条、第54条。

5．现场检查制度

《噪声污染防治法》第21条、第55条。

（二）工业噪声污染防治的措施

工业噪声，是指在工业生产活动中使用固定设备时产生的干扰周围生活环境的声音。工业噪声污染的防治，主要涉及如下几个方面。

（1）产生环境噪声污染的工业企业，应当采取有效措施，减轻噪声对周围生活环境的影响。在城市范围内向周围生活环境排放工业噪声的，应当符合国家规定的工业企业厂界环境噪声排放标准（《噪声污染防治法》第23条）。

《工业企业厂界噪声标准》规定了各类厂界噪声标准值，见图表5-6。

（2）使用固定的设备造成环境噪声污染的工业企业，必须按照国务院环境保护行政主管部门的规定，向所在地县级以上地方人民政府环境保护行政主管部门申报拥有的造成环境噪声污染的设备种类、数量以及在正常工作条件下所发出的噪声值和防治环境噪声污染的设施情况，并提供防治噪声污染的技术资料。造成

环境噪声污染的设备种类、数量、噪声值和防治设施有重大改变的，必须及时申报，并采取应有的防治措施。如果拒报或者谎报的，由县级以上地方人民政府环境保护行政主管部门根据情节给予警告或处以罚款（《噪声污染防治法》第24条、第49条）。

图表5-6　工业企业厂界噪声标准

类别	昼间	夜间	适用范围
I	55分贝	45分贝	以居住、文教机关为主的区域
II	60分贝	50分贝	居住、商业、工业混杂区及商业中心区
III	65分贝	55分贝	工业区
IV	70分贝	55分贝	交通干线道路两侧区域

各类标准使用范围由地方人民政府划定。

夜间频繁突发的噪声（如排气噪声），其峰值不得超过标准值10分贝；夜间偶然突发的噪声（如短促鸣笛声），其峰值不得超过标准值15分贝。

（三）建筑施工噪声污染防治的措施

（1）在城市市区范围内，建筑施工过程中使用机械设备，可能产生环境噪声污染的，施工单位必须在工程开工15日前向工程所在地县级以上地方人民政府环境保护行政主管部门申报该工程的项目名称、施工场所和期限、可能产生的环境噪声值以及所采取的环境噪声污染防治措施的情况（《噪声污染防治法》第29条）。

（2）在城市市区噪声敏感建筑物集中区域即医疗区、文教科研区和以机关或者居民住宅区为主的区域范围内，禁止夜间进行产生环境噪声污染的建筑施工作业，但抢修、抢险作业和因生产工艺上要求或特殊需要必须连续作业的除外。所谓“夜间”是指晚22点至晨6点之间的期间。如果确实因为特殊需要必须连续作业的，必须有县级以上人民政府或者其有关部门的证明，而且必须公告附近居民（《噪声污染防治法》第30条）。

（四）交通噪声污染防治的措施

（1）禁止制造、销售或者进口超过规定的噪声限值的汽车（《噪声污染防治法》第32条）。

（2）在城市市区范围内行使的机动车辆的消声器和喇叭必须符合国家规定的要求。机动车辆必须加强维修和保养，保持技术性能良好，防治环境噪声污染（《噪声污染防治法》第33条）。

（3）机动车辆在城市市区范围内行使，机动船舶在城市市区的内河航道航行，铁路机车驶经或者进入城市市区、疗养区时，必须按照规定使用声响装置，否则将由有关行政机关给予警告或者罚款。警车、消防车、工程抢险车、救护车等机动车辆安装、使用警报器，必须符合国务院公安部门的规定；在执行非紧急任务时，禁止使用警报器（《噪声污染防治法》第32条、第57条）。

（五）社会生活噪声污染防治的措施

1. 对商业经营活动排放噪声的规定

在城市市区噪声敏感集中区域内，因商业经营活动中使用固定设备造成环境噪声污染的商业企业，必须向所在地的县级以上地方人民政府环境保护行政主管部门申报拥有的造成环境噪声污染的设备的状况和防治环境噪声污染的设施的情况（《噪声污染防治法》第42条）。

2. 对营业性文化娱乐场所排放噪声的规定

新建营业性文化娱乐场所的边界噪声必须符合国家规定的环境噪声排放标准；不符合国家规定的环境噪声排放标准，文化行政主管部门不得核发文化经营许可证，工商行政管理部门不得核发营业执照。经营中的文化娱乐场所，其经营管理者必须采取有效措施，使其边界噪声不超过国家规定的环境噪声排放标准。违反该规定的，由县级以上地方人民政府环境保护行政主管部门责令改正，可以处以罚款（《噪声污染防治法》第43条、第59条）。

3. 对饮食服务业排放噪声的规定

禁止在城市市区噪声敏感建筑物集中区域用高音广播喇叭，并禁止在商业经营活动中以使用高音喇叭或者采取其他发出高噪声的方法来招揽顾客；在商业经营活动中使用空调器、冷却塔等可能产生环境噪声污染的设备设施的，其经营管理者应当采取措施，使其边界噪声不超过国家规定的环境噪声排放标准；在城市市区街道、广场、公园等公共娱乐场所组织娱乐、集会等活动，使用音响器材可能产生干扰周围生活环境的过大音量的，必须遵守和服从当地公安机关的规定（《噪声污染防治法》第44条、第45条）。

4. 对住宅楼室内装修等室内行为排放噪声的规定

在已竣工交付使用的住宅楼进行室内装修活动，应当限制作业时间，并采取其他有效措施，以减轻、避免对周围居民造成环境噪声污染；使用家用电器、乐器或者进行其他家庭室内娱乐活动时，应当控制音量或者采取其他有效措施，避免对周围居民造成环境噪声污染（《噪声污染防治法》第46条、第47条）。

第五节　防治固体废物污染的法律规定

一、固体废物污染防治的立法概况

（一）法律

《固体废物污染环境防治法》（1995 年 10 月 30 日颁布，2004 年 12 月 29 日修订）。

（二）行政法规

（1）《医疗废物管理条例》（2003 年 6 月 16 日公布）；
（2）《危险废物经营许可证管理办法》（2004 年 5 月 19 日公布）。

（三）部门规章

（1）《废物进口环境保护管理暂行规定》（国家环境保护局、对外经贸合作部、海关总署、国家工商行政管理局、国家商检局 1996 年 3 月 1 日联合发布）；
（2）《关于加强承运进口废物管理的规定》（交通部 1996 年 8 月 9 日发布）；
（3）《防治船舶垃圾和沿岸固体废物污染长江水域管理规定》（交通部、建设部、国家环境保护局 1997 年 12 月 24 日联合发布）；
（4）《危险废物转移联单管理办法》（国家环保总局 1999 年 5 月 1 日发布）；
（5）《危险废物污染防治技术政策》（国家环保总局 2001 年 12 月 17 日发布）。

（四）环境标准

（1）《危险废物焚烧污染控制标准》；
（2）《危险废物鉴别标准》；
（3）《进口废物环境保护控制标准》；
（4）《生活垃圾污染控制标准》；
（5）《城镇垃圾农用控制标准》；
（6）《有色金属工业固体废物腐蚀性试验方法标准》；
（7）《农用污泥中污染物控制标准》；
（8）《农用粉煤灰中污染物控制标准》等。

此外，国家还发布了有关《国家危险废物名录》等规范性法律文件，从而形成我国在固体废物污染防治方面较为完善的法律体系。

二、《固体废物污染环境防治法》的结构及要点

见图表 5-7。

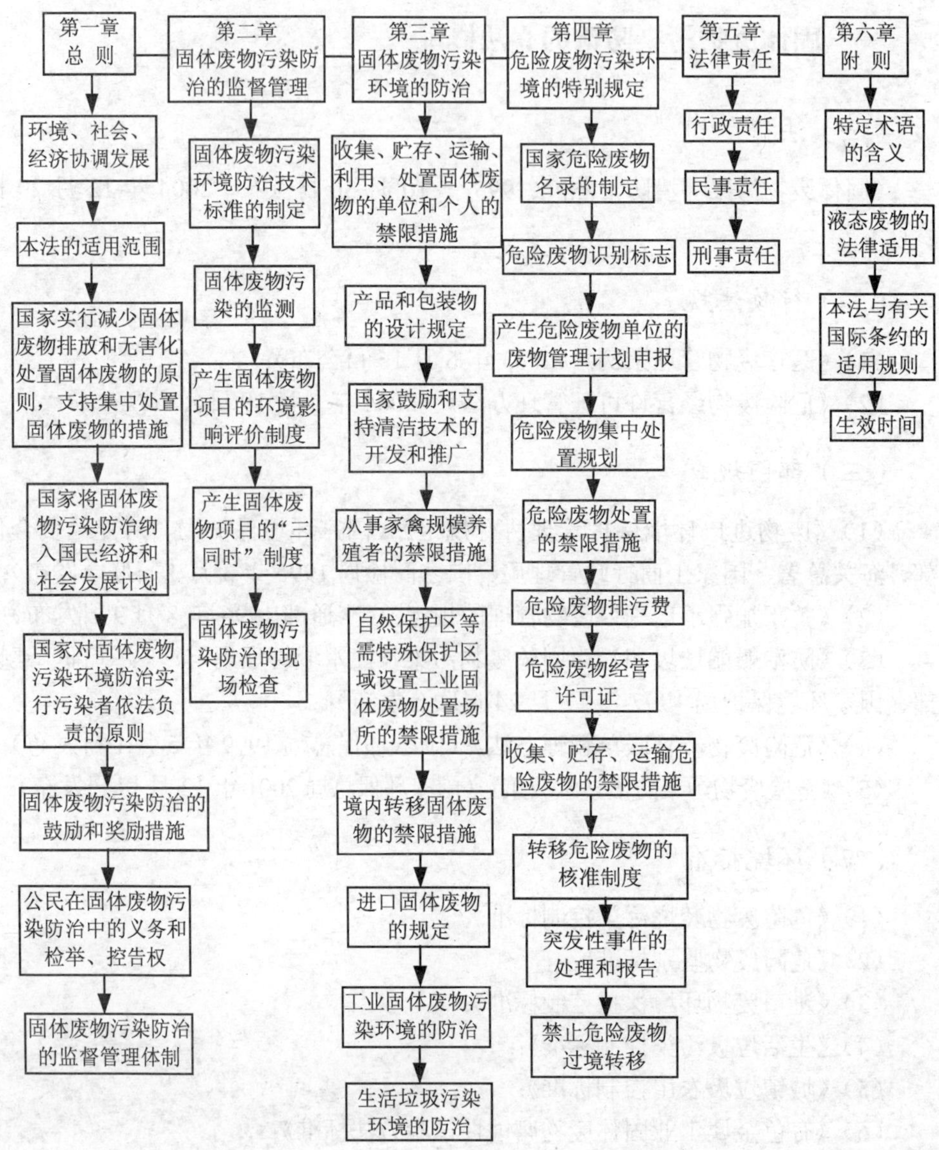

图表 5-7 《固体废物污染环境防治法》的结构及要点

三、固体废物污染环境防治的主要法律规定

（一）固体废物污染防治的法律原则

1．“三化”原则，即减量化、资源化、无害化原则

减量化是指从产生固体废物的源头进行控制，采取预防为主的原则，削减固体废物的产生量，采用清洁的生产工艺，将固体废物污染环境的防治提前到固体废物的产生阶段。

资源化即充分合理利用固体废物，是指将其中一部分可以回收利用的固体废物加以充分利用，使其变废为宝。通过对固体废物的大量利用，不仅减少了固体废物的数量，减轻了污染，而且创造了大量的物质财富，取得了可观的经济效益。综合利用、变废为宝，是防治固体废物污染环境的一项根本措施。

无害化是指将固体废物中不可利用的部分进行无害化处置。即通过焚烧以及其他改变固体废物的物理、化学、生物特性的方法，达到减少已产生的固体废物的数量、缩小其体积，减少或者消除其危险成分的活动，或者将固体废物最终置于环境保护规定要求的场所或者设施并不再取回的活动。

“三化”原则代表了当今国际社会固体废物污染防治中的先进指导思想，已被越来越多的国家采纳并用于实践。我国《固体废物污染环境防治法》中的很多条款都体现了“3R”原则，如第 3 条规定：“国家对固体废物污染环境的防治，实行减少固体废物的产生量和危害性、充分合理利用固体废物和无害化处置固体废物的原则，促进清洁生产和循环经济发展。国家采取有利于固体废物综合利用活动的经济、技术政策和措施，对固体废物实行充分回收和合理利用。国家鼓励、支持采取有利于保护环境的集中处置固体废物的措施，促进固体废物污染环境防治产业发展。”

2．“全过程控制”原则

“全过程控制”原则是指对固体废物的产生、运输、贮存、处理和处置的全过程及各个环节上都实行控制管理和开展污染防治工作，这一原则又形象地被称为从“摇篮”到“坟墓”的管理原则。该原则主要包括以下规定：

（1）产生固体废物的单位和个人，应当采取措施，防止或者减少固体废物对环境的污染；（2）收集、贮存、运输、利用、处置固体废物的单位和个人，必须采取防扬散、防流失、防渗漏或者其他防止污染环境的措施；不得擅自倾倒、堆放、丢弃、遗撒固体废物；对收集、贮存、运输、处置固体废物的设施、设备和场所，应当加强管理和维护，保证其正常运行和使用；（3）产品和包装物的设计、制造，应当遵守国家有关清洁生产的规定（《固体废物污染环境防治法》第 17 条、第 18 条）。

3．污染者依法负责原则

国家对固体废物污染环境防治实行污染者依法负责的原则。产品的生产者、销售者、进口者、使用者对其产生的固体废物依法承担污染防治责任（《固体废物污染环境防治法》第5条）。

4．对危险废物严格控制和重点防治原则

《固体废物污染环境防治法》设专节对危险废物的严格控制和防治作出规定。对此内容，将在下文详细阐述。

5．鼓励固体废物循环利用原则

国家鼓励单位和个人购买、使用再生产品和可重复利用产品；鼓励、支持采取有利于保护环境的集中处置固体废物的措施，促进固体废物污染环境防治产业发展；鼓励科研、生产单位研究、生产易回收利用、易处置或者在环境中可降解的薄膜覆盖物和商品包装物（《固体废物污染环境防治法》第3条、第9条、第17条）。

（二）固体废物污染环境防治的具体制度

1．环评制度和"三同时"制度

见《固体废物污染环境防治法》第13条、第14条、第69条。

2．现场检查制度

见《固体废物污染环境防治法》第15条、第70条。

3．固体废物信息发布制度

国务院环境保护行政主管部门建立固体废物污染环境监测制度，制定统一的监测规范，并会同有关部门组织监测网络。大、中城市人民政府环境保护行政主管部门应当定期发布固体废物的种类、产生量、处置状况等信息（《固体废物污染环境防治法》第12条）。

4．污染防治设施、场所的停用核准制度

禁止擅自关闭、闲置或者拆除工业固体废物污染环境防治设施、场所；确有必要关闭、闲置或者拆除的，必须经所在地县级以上地方人民政府环境保护行政主管部门核准，并采取措施，防止污染环境（《固体废物污染环境防治法》第34条）。擅自关闭、闲置或者拆除生活垃圾处置设施、场所的，由县级以上地方人民政府环境卫生行政主管部门责令停止违法行为，限期改正，处以1万元以上10万元以下罚款（《固体废物污染环境防治法》第74条）。

禁止擅自关闭、闲置或者拆除生活垃圾处置的设施、场所；确有必要关闭、闲置或者拆除的，必须经所在地县级以上地方人民政府环境卫生行政主管部门和环境保护行政主管部门核准，并采取措施，防止污染环境（《固体废物污染环境防治法》第44条第2款）。擅自关闭、闲置或者拆除危险废物集中处置设施、场所的，由县级以上人民政府环境保护行政主管部门责令停止违法行为，限期改正，处以2万元以上20万元以下的罚款（《固体废物污染环境防治法》第75条）。

5. 申报登记制度

见《固体废物污染环境防治法》第32条、第53条、第68条、第75条。

6. 限期淘汰和限期治理制度

（1）限期淘汰制度（《固体废物污染环境防治法》第28条、第68条第1款第3项、第2款）。

（2）限期治理制度。《固体废物污染环境防治法》改革了限期治理制度，将限期治理决定权下放到环保部门。该法第81条规定："违反本法规定，造成固体废物严重污染环境的，由县级以上人民政府环境保护行政主管部门按照国务院规定的权限决定限期治理；逾期未完成治理任务的，由本级人民政府决定停业或者关闭。"

7. 排污收费制度

见《固体废物污染环境防治法》第56条、第75条第1款第4项、第2款。

《固体废物污染环境防治法》改革了固体废物收费的项目，明确规定只收危险废物排污费，工业固废不再收费。

8. 生产者责任延伸制度

生产、销售、进口依法被列入强制回收目录的产品和包装物的企业，必须按照国家有关规定对该产品和包装物进行回收（《固体废物污染环境防治法》第18条第2款）。

9. 防治危险废物污染环境的特别制度

（1）国家危险废物名录制度。

国务院环境保护行政主管部门应当会同国务院有关部门制定国家危险废物名录，规定统一的危险废物鉴别标准、鉴别方法和识别标志（《固体废物污染环境防治法》第51条）。

（2）危险废物识别标志制度。

危险废物识别标志制度，是指对危险废物的容器和包装物以及收集、贮存、运输、处置危险废物的设施、场所，必须设置危险废物识别标志（《固体废物污染环境防治法》第52条）。

不具备专门知识的人只能通过危险废物的标志来获得理解，如通过文字、图像、色彩等。因此，设置统一的危险废物识别标志有利于方便和严格管制危险废物，这也是国际通行的做法。我国已经加入的《巴塞尔公约》中就明确要求设置危险废物识别标志。目前，国家环保总局正在组织制定有关统一识别标志及其管理的规定。

（3）危险废物经营许可证制度。

从事收集、贮存、处置危险废物经营活动的单位，必须向县级以上人民政府环境保护行政主管部门申请领取经营许可证；从事利用危险废物经营活动的单位，必须向国务院环境保护行政主管部门或者省、自治区、直辖市人民政府环境保护行政主管部门申请领取经营许可证。禁止无经营许可证或者不按照经营许可证规定从事危险废物收集、贮存、利用、处置的经营活动；禁止将危险废物提供或者委托给无经营许可证的单位从事收集、贮存、利用、处置的经营活动（《固体废物污染环境防治法》第57条）。

2004年6月5日，国务院发布了《危险废物经营许可证管理办法》。该《办法》对危险废物许可证的管理部门、申领许可证的条件和程序、许可证使用的监督管理以及相应的法律责任做了具体规定，从而使我国对危险废物的管理制度上了一个新台阶。

（4）安全处置管理制度。

第一，分类管理，禁混经营。收集、贮存危险废物，必须按照危险废物特性分类进行。禁止混合收集、贮存、运输、处置性质不相容而未经安全性处置的危险废物。禁止将危险废物混入非危险废物中贮存（《固体废物污染环境防治法》第58条）。

第二，运输管理。运输危险废物，必须采取防止污染环境的措施，并遵守国家有关危险货物运输管理的规定。禁止将危险废物与旅客在同一运输工具上载运（《固体废物污染环境防治法》第60条）。

第三，无害转用管理。收集、贮存、运输、处置危险废物的场所、设施、设备和容器、包装物及其他物品转作他用时，必须经过消除污染的处理，方可使用（《固体废物污染环境防治法》第60条）。

违反上述规定的，将由县级以上环境保护行政主管部门责令停止违法行为，限期改正，处1万元以上10万元以下的罚款（《固体废物污染环境防治法》第75条第1款第10项、第2款）。

（5）行政代执行制度。

行政代执行制度，是指为使危险废物的产生单位承担处置危险废物的责任，在其违反规定逾期不处置或者处置不符合规定时，由环境保护行政主管部门制定其他单位代为处置，处置费用由产生危险废物的单位承担的法律规定。

产生危险废物的单位，必须按照国家有关规定处置危险废物，不得擅自倾倒、堆放；不处置的，由所在地县级以上地方人民政府环境保护行政主管部门责令限期改正；逾期不处置或者处置不符合国家有关规定的，由所在地县级以上地方人民政府环境保护行政主管部门指定单位按照国家有关规定代为处置，处置费用由产生危险废物的单位承担（《固体废物污染环境防治法》第55条）。

危险废物产生者不处置其产生的危险废物又不承担依法应当承担的处置费用

的，由县级以上地方人民政府环境保护行政主管部门责令限期改正，处代为处置费用1倍以上3倍以下的罚款（《固体废物污染环境防治法》第76条）。

（6）编制应急预案及事故处理制度。

因发生事故或者其他突发性事件，造成危险废物严重污染环境的单位，必须立即采取措施消除或者减轻对环境的污染危害，及时通报可能受到污染危害的单位和居民，并向所在地县级以上地方人民政府环境保护行政主管部门和有关部门报告，接受调查处理。在发生或者有证据证明可能发生危险废物严重污染环境、威胁居民生命财产安全时，县级以上地方人民政府环境保护行政主管部门或者其他固体废物污染环境防治工作的监督管理部门必须立即向本级人民政府和上一级人民政府有关行政主管部门报告，由人民政府采取防止或者减轻危害的有效措施。有关人民政府可以根据需要责令停止导致或者可能导致环境污染事故的作业（《固体废物污染环境防治法》第63条、第64条）。

10．防止畜禽粪便污染环境的制度

从事畜禽规模养殖应当按照国家有关规定收集、贮存、利用或者处置养殖过程中产生的畜禽粪便，防止污染环境（《固体废物污染环境防治法》第20条）。从事畜禽规模养殖未按照国家有关规定收集、贮存、处置畜禽粪便，造成环境污染的，由县级以上地方人民政府环境保护行政主管部门责令限期改正，可以处5万元以下的罚款（《固体废物污染环境防治法》第71条）。

11．特殊保护区管理制度

特殊保护区是指国务院和国务院有关部门及省级人民政府划定的自然保护区，风景名胜区，饮水水源保护区，基本农田保护区和其他需特别保护的区域。禁止在特殊保护区建设工业固体废物集中贮存、处置的设施、场所和生活垃圾填埋场（《固体废物污染环境防治法》第22条）。

违反上述规定的，由县级以上人民政府环境保护行政主管部门责令停止违法行为，限期改正，处以1万元以上10万元以下的罚款（《固体废物污染环境防治法》第68条第1款第5项、第2款）。

12．控制固体废物转移的管理制度

控制固体废物转移的管理制度，是指为控制固体废物跨区或者越境转移而产生的环境污染，以及防止将治理污染的负担、损失向异地、异国转嫁的环境管理制度。《固体废物污染环境防治法》对此作了具体规定。

（1）转移固体废物出省、自治区、直辖市行政区域贮存、处置的，应当向固体废物移出地的省、自治区、直辖市人民政府环境保护行政主管部门提出申请。移出地的省、自治区、直辖市人民政府环境保护行政主管部门应当商经接受地的省、自治区、直辖市人民政府环境保护行政主管部门同意后，方可批准转移该固体废物出省、自治区、直辖市行政区域。未经批准的，不得转移（第 23 条）。

（2）禁止中华人民共和国境外的固体废物进境倾倒、堆放、处置。将中华人民共和国境外的固体废物进境倾倒、堆放、处置的，由海关责令退运该固体废物，可以并处 10 万元以上 100 万元以下的罚款；构成犯罪的，依法追究刑事责任（第 24 条、第 78 条）。

（3）转移危险废物的，必须按照国家有关规定填写危险废物转移联单，并向危险废物移出地设区的市级以上地方人民政府环境保护行政主管部门提出申请。移出地设区的市级以上地方人民政府环境保护行政主管部门应当商经接受地设区的市级以上地方人民政府环境保护行政主管部门同意后，方可批准转移该危险废物。转移危险废物途经移出地、接受地以外行政区域的，危险废物移出地设区的市级以上地方人民政府环境保护行政主管部门应当及时通知沿途经过的设区的市级以上地方人民政府环境保护行政主管部门（第 59 条）。不按照国家规定填写危险废物转移联单或者未经批准擅自转移危险废物的，处 2 万元以上 20 万元以下的罚款（第 75 条第 1 款第 6 项、第 2 款）。

（4）禁止经中华人民共和国过境转移危险废物。经中华人民共和国过境转移危险废物的，由海关责令退运该危险废物，可以并处 5 万元以上 50 万元以下的罚款（第 79 条）。

13．进口分类管理制度

（1）国务院环境保护行政主管部门会同国务院对外贸易主管部门、国务院经济综合宏观调控部门、海关总署、国务院质量监督检验检疫部门制定、调整并公布禁止进口、限制进口和自动许可进口的固体废物目录；（2）进口列入限制进口目录的固体废物，应当经国务院环境保护行政主管部门会同国务院对外贸易主管部门审查许可；（3）进口列入自动许可进口目录的固体废物，应当依法办理自动许可手续；（4）进口的固体废物必须符合国家环境保护标准，并经质量监督检验检疫部门检验合格（第 25 条）。

进口属于禁止进口的固体废物或者未经许可擅自进口属于限制进口的固体废物用作原料的，由海关责令退运该固体废物，可以并处 10 万元以上 100 万元以下的罚款；构成犯罪的，依法追究刑事责任（第 78 条）。

14．防治城市生活垃圾污染环境的制度

（1）为了防止城市生活垃圾对环境的污染，在贮存、运输、处置城市生活垃圾时不得违反环境法律关于水体、大气、海洋污染的规定。如在贮存、运输、处置城市生活垃圾时应当按照环境卫生行政主管部门的规定，在指定的地点放置，不得随意倾倒、抛撒或者堆放（《固体废物污染环境防治法》第 40 条）。

（2）及时清运、合理利用和无害化处置城市生活垃圾。县级以上地方人民政府环境卫生行政主管部门应当组织对城市生活垃圾进行清扫、收集、运输和处置，并应当遵守国家有关环境保护和环境卫生管理的规定，防止污染环境；合理利用生活垃圾是达到生活垃圾减量化的重要措施，采取这一措施不仅能够节余资源，同时也可减少生活垃圾对环境的污染（《固体废物污染环境防治法》第41条）。

（3）逐步做到城市生活垃圾分类收集、运输，并积极开展合理利用和实施无害化处置（《固体废物污染环境防治法》第42条）。

（三）固体废物污染防治的综合性管理制度

1．技术政策制度

县级以上人民政府应当将固体废物污染环境防治工作纳入国民经济和社会发展计划，并采取有利于固体废物污染环境防治的经济、技术政策和措施。国务院有关部门、县级以上地方人民政府及其有关部门组织编制城乡建设、土地利用、区域开发、产业发展等规划，应当统筹考虑减少固体废物的产生量和危害性、促进固体废物的综合利用和无害化处置（《固体废物污染环境防治法》第4条）。

2．推广技术与防治知识宣传

国家鼓励、支持固体废物污染环境防治的科学研究、技术开发、推广先进的防治技术和普及固体废物污染环境防治的科学知识。各级人民政府应当加强防治固体废物污染环境的宣传教育，倡导有利于环境保护的生产方式和生活方式（《固体废物污染环境防治法》第6条）。

3．奖励措施

各级人民政府对在固体废物污染环境防治工作以及相关的综合利用活动中作出显著成绩的单位和个人给予奖励（《固体废物污染环境防治法》第8条）。

（四）固体废物污染环境防治的其他规定

1．行政诉讼与复议程序

《固体废物污染环境防治法》第16条规定："进口者对海关将其所进口的货物纳入固体废物管理范围不服的，可以依法申请行政复议，也可以向人民法院提起行政诉讼。"

2．举证责任倒置

《固体废物污染环境防治法》第86条规定："因固体废物污染环境引起的损害赔偿诉讼，由加害人就法律规定的免责事由及其行为与损害结果之间不存在因果关系承担举证责任。"

3．法律援助

国家鼓励法律服务机构对固体废物污染环境诉讼中的受害人提供法律援助

(《固体废物污染环境防治法》第 84 条)。

4. 检测机构提供数据

固体废物污染环境的损害赔偿责任和赔偿金额的纠纷，当事人可以委托环境监测机构提供监测数据。环境监测机构应当接受委托，如实提供有关监测数据(《固体废物污染环境防治法》第 87 条)。

第六节 防治其他有毒有害物污染的法律规定

一、防治放射性污染的法律规定

(一)放射性污染防治的立法概况

1. 法律

《放射性污染防治法》(2003 年 6 月 28 日颁布)。

2. 行政法规

(1)《民用核设施安全监督管理条例》(1986 年 10 月 29 日公布);

(2)《核材料管理条例》(1987 年 6 月 15 日公布);

(3)《放射性药品管理办法》(1989 年 1 月 13 日公布);

(4)《核电厂核事故应急管理条例》(1993 年 8 月 4 日公布);

(5)《放射性同位素与射线装置安全核防护条例》(2005 年 9 月 14 日公布)。

3. 部门规章及规范性文件

(1)《城市放射性废物管理办法》(国家环境保护局 1989 年 7 月 16 日发布);

(2)《关于加强对进口废金属材料放射性污染检验的通知》(国家进出口商品检验局 1993 年 10 月 18 日发布);

(3)《关于进一步加强对进口可疑放射性物品检查的通知》(卫生部 1997 年 5 月 20 日发布)。

4. 环境标准

(1)《放射卫生防护基本标准》;

(2)《核电站环境辐射防护规定》;

(3)《辐射防护规定》;

(4)《核设施流出物监测的一般规定》;

(5)《核辐射环境质量评价一般规定》等。

（二）《放射性污染防治法》的结构及要点

见图表 5-8。

（三）防治放射性污染的主要法律规定

1. 放射性污染防治的综合性管理措施

（1）安全管理方针。我国《放射性污染防治法》第 3 条明确指出，国家对放射性污染的防治，实行预防为主、防治结合、严格管理、安全第一的方针。

（2）放射性污染防治标准。国家放射性污染防治标准由国务院环境保护行政主管部门根据环境安全要求、国家经济技术条件制定。国家放射性污染防治标准由国务院环境保护行政主管部门和国务院标准化行政主管部门联合发布（《放射性污染防治法》第 9 条）。

我国目前有关放射性的环境标准主要有《放射卫生防护基本标准》《核电站环境辐射防护规定》《核设施流出物监测的一般规定》《核辐射环境质量评价一般规定》等。其中，涉及放射工作、辐射应用、放射性废物的标准主要是《辐射防护规定》。

（3）涉核单位的预防义务。涉核单位是指核设施运营单位、核技术利用单位、铀（钍）矿和伴生放射性矿开发利用单位。涉核单位必须采取安全与防护措施，预防发生可能导致放射性污染的各类事故，避免放射性污染危害，并应当对其工作人员进行放射性安全教育、培训，采取有效的防护安全措施（《放射性污染防治法》第 13 条）。

（4）放射性标识与警示说明义务。放射性物质和射线装置应当设置明显的放射性标识和中文警示说明。生产、销售、使用、贮存、处置放射性物质和射线装置的场所，以及运输放射性物质和含放射源的射线装置的工具，应当设置明显的放射性标志（第 16 条）。

不按照规定设置放射性标识、标志、中文警示说明的，由县级以上人民政府环境保护行政主管部门或者其他有关部门依据职权责令限期改正；逾期不改正的，责令停产停业，并处 2 万元以上 10 万元以下罚款；构成犯罪的，依法追究刑事责任（第 55 条）。

（5）对含有放射性物质产品的要求。含有放射性物质的产品，应当符合国家放射性污染防治标准；不符合国家放射性污染防治标准的，不得出厂和销售。使用伴生放射性矿渣和含有天然放射性物质的石材做建筑和装修材料，应当符合国家建筑材料放射性核素控制标准（《放射性污染防治法》第 17 条）。

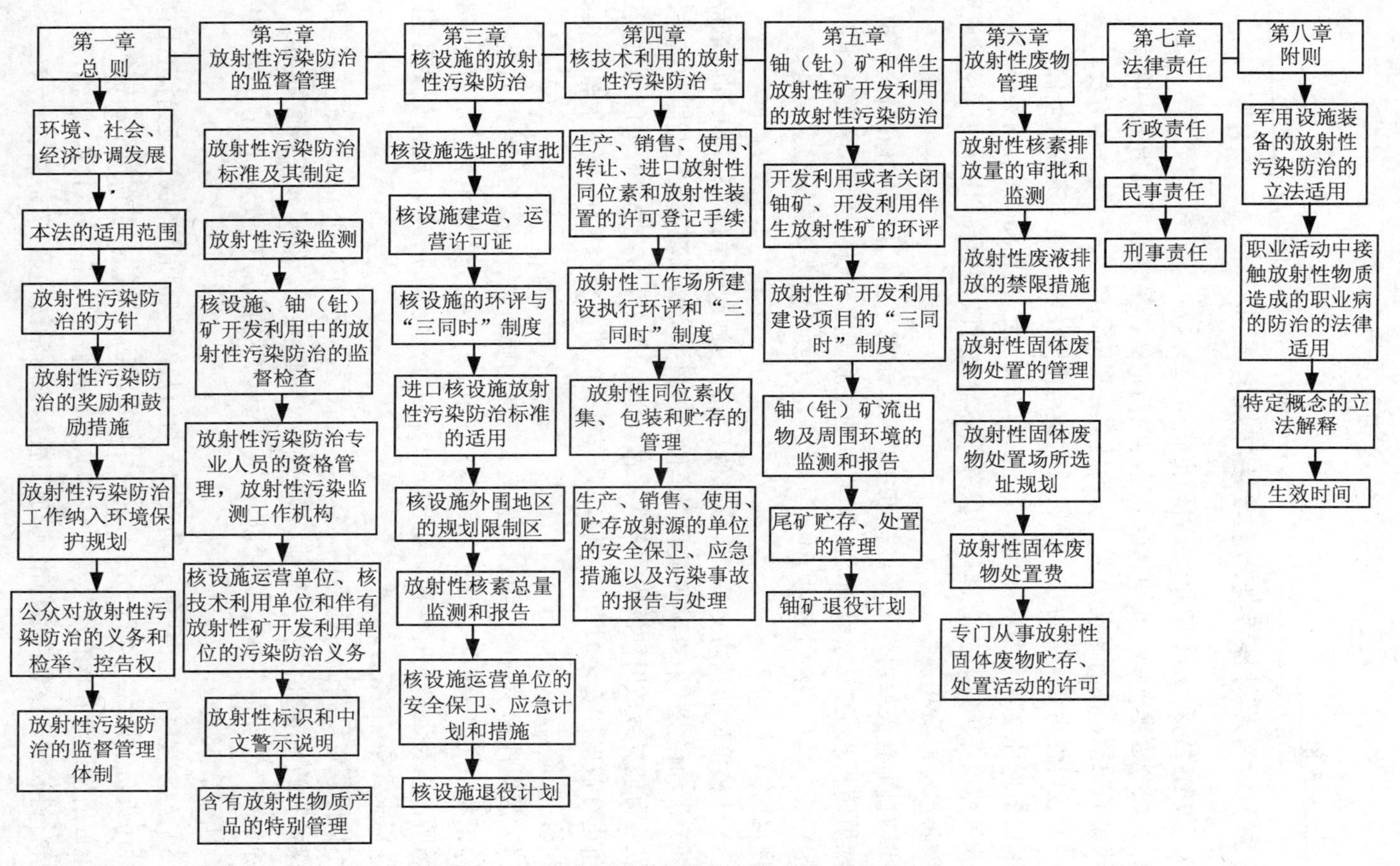

图表 5-8 《放射性污染防治法》的结构及要点

2. 核设施的管理措施

（1）核设施的运营。核设施营运单位在进行核设施建造、装料、运行、退役等活动前，必须按照国务院有关核设施安全监督管理的规定，申请领取核设施建造、运行许可证和办理装料、退役等审批手续。此前还应当执行环境影响评价和“三同时”制度（《放射性污染防治法》第19条、第20条）。

违反环境影响评价制度的，由审批环境影响评价文件的环境保护行政主管部门责令停止违法行为，限期补办手续或者恢复原状，并处1万元以上20万元以下罚款（《放射性污染防治法》第50条）。

违反“三同时”制度的，由审批环境影响评价文件的环境保护行政主管部门责令停止违法行为，限期改正，并处5万元以上20万元以下罚款（《放射性污染防治法》第51条）。

（2）核设施的进口。进口核设施，应当符合国家放射性污染防治标准；没有相应的国家放射性污染防治标准的，采用国务院环境保护行政主管部门指定的国外有关标准（《放射性污染防治法》第22条）。

（3）核设施的规划限制区。核动力厂等重要核设施外围地区应当划定规划限制区，其营运单位应当对核设施周围环境中所含的放射性核素的种类、浓度以及核设施流出物中的放射性核素总量实施监测，并定期向国务院环境保护行政主管部门和所在地省、自治区、直辖市人民政府环境保护行政主管部门报告监测结果。国务院环境保护行政主管部门负责对核动力厂等重要核设施实施监督性监测，并根据需要对其他核设施的流出物实施监测（《放射性污染防治法》第23条、第24条）。

（4）核设施的安全保卫和核事故报告。核设施营运单位应当建立健全安全保卫制度，加强安全保卫工作，并接受公安部门的监督指导。核设施营运单位应当按照核设施的规模和性质制定核事故场内应急计划，做好应急准备。出现核事故应急状态时，核设施营运单位必须立即采取有效的应急措施控制事故，并向核设施主管部门和环境保护行政主管部门、卫生行政部门、公安部门以及其他有关部门报告（《放射性污染防治法》第25条）。

（5）核事故应急制度。国家建立健全核事故应急制度。核设施主管部门、环境保护行政主管部门、卫生行政部门、公安部门以及其他有关部门，在本级人民政府的组织领导下，按照各自的职责依法做好核事故应急工作。中国人民解放军和中国人民武装警察部队按照国务院、中央军事委员会的有关规定在核事故应急中实施有效的支援（《放射性污染防治法》第26条）。

3. 核技术利用的管理措施

（1）放射性同位素和射线装置许可。生产、销售、使用放射性同位素和射线装置的单位，应当按照国务院有关放射性同位素与射线装置放射防护的规定申请领取许可证，办理登记手续。转让、进口放射性同位素和射线装置的单位以及装备有放射性同位素的仪表的单位，应当按照国务院有关放射性同位素与射线装置放射防护的规定办理有关手续（《放射性污染防治法》第 28 条）。

生产、销售、使用放射性同位素和加速器、中子发生器以及含放射源的射线装置的单位，应当在申请领取许可证前编制环境影响评价文件，报省、自治区、直辖市人民政府环境保护行政主管部门审查批准；未经批准，有关部门不得颁发许可证（《放射性污染防治法》第 29 条第 1 款）。

（2）放射性同位素管理。国家建立放射性同位素备案制度。放射性同位素应当单独存放，不得与易燃、易爆、腐蚀性物品等一起存放，其贮存场所应当采取有效的防火、防盗、防射线泄漏的安全防护措施，并指定专人负责保管；贮存、领取、使用、归还放射性同位素时，应当进行登记、检查，做到账物相符；生产、使用放射性同位素和射线装置的单位，应当按照国务院环境保护行政主管部门的规定对其产生的放射性废物进行收集、包装、贮存（《放射性污染防治法》第 29 条第 2 款、第 31 条、第 32 条第 2 款）。

对违法生产、销售、使用、转让、进口、贮存放射性同位素和射线装置以及装备有放射性同位素的仪表的，由县级以上人民政府环境保护行政主管部门或者其他有关部门依据职权责令停止违法行为，限期改正；逾期不改正的，责令停产停业或者吊销许可证；有违法所得的，没收违法所得；违法所得 10 万元以上的，并处违法所得 1 倍以上 5 倍以下罚款；没有违法所得或者违法所得不足 10 万元的，并处 1 万元以上 10 万元以下罚款；构成犯罪的，依法追究刑事责任（《放射性污染防治法》第 53 条）。

（3）放射源管理。生产放射源的单位，应当按照国务院环境保护行政主管部门的规定回收和利用废旧放射源；使用放射源的单位，应当按照国务院环境保护行政主管部门的规定将废旧放射源交回生产放射源的单位或者送交专门从事放射性固体废物贮存、处置的单位（《放射性污染防治法》第 32 条第 2 款）。

生产、销售、使用、贮存放射源的单位，应当建立健全安全保卫制度，指定专人负责，落实安全责任制，制定必要的事故应急措施。发生放射源丢失、被盗和放射性污染事故时，有关单位和个人必须立即采取应急措施，并向公安部门、卫生行政部门和环境保护行政主管部门报告（《放射性污染防治法》第 33 条）。

不按照规定报告放射源丢失、被盗情况或者放射性污染事故的，由县级以上人民政府环境保护行政主管部门或者其他有关部门依据职权责令限期改正；逾期不改正的，责令停产停业，并处 2 万元以上 10 万元以下罚款；构成犯罪的，依法追究刑事责任（《放射性污染防治法》第 55 条）。

4．放射性废物的管理措施

放射性废物，是指含有放射性核素或者被放射性核素污染，其浓度或者比活度大于国家确定的清洁解控水平，预期不再使用的废弃物。

（1）减量化要求。涉核单位应当合理选择和利用原材料，采用先进的生产工艺和设备，尽量减少放射性废物的产生量。（2）向环境排放放射性废气、废液，必须符合国家放射性污染防治标准。对符合标准排放放射性废气、废液的，应向审批环境影响评价文件的环境保护行政主管部门申请放射性核素排放量，并定期报告排放计量结果。（3）对符合标准的放射性废液按规定方式排放，对不得排放的放射性废液按要求处置或贮存。（4）低、中水平放射性固体废物在符合国家规定的区域实行近地表处置，高水平放射性固体废物实行集中的深地质处置（《放射性污染防治法》第39条至第43条）。

违反上述规定的，由县级以上人民政府环境保护行政主管部门责令停止违法行为，限期改正，处以罚款；构成犯罪的，依法追究刑事责任（《放射性污染防治法》第54条）。

二、防治危险化学品污染的法律规定

（一）防治危险化学品污染的立法概况

我国目前尚无对危险化学品的专门法律，但已经出台了一些有关防治化学品污染的行政法规和部门规章，对于危险化学品污染的防治起到了积极作用。

1．行政法规

《监控化学品管理条例》（1995年12月27日公布）；《危险化学品安全管理条例》（2002年3月15日公布，以下简称《化学品条例》）。

2．部门规章

（1）《防止含多氯联苯电力装置及其废物污染环境的规定》（国家环境保护局、能源部1991年1月23日联合发布）；

（2）《关于防治铬化物生产建设中环境污染的若干规定》（国家环境保护局、化工部1992年5月5日联合发布）；

（3）《化学品首次进口及有毒化学品进出口环境管理规定》（国家环境保护局1994年3月16日发布）；

（4）《新化学物质环境管理办法》（国家环境保护总局2003年9月12日发布）。

此外，在《环境保护法》《海洋环境保护法》《水污染防治法》《大气污染防治法》等法律中也设有一些对防治化学物质污染的规定。

（二）危险化学品污染防治的主要法律规定

1. 危险化学品的生产、储存和使用

（1）危险化学品的生产、储存的审批制度。国家对危险化学品的生产和储存实行统一规划、合理布局和严格控制，并对危险化学品生产、储存实行审批制度；未经审批，任何单位和个人都不得生产、储存危险化学品（《化学品条例》第7条）。

（2）危险化学品生产、储存企业的设立。危险化学品生产、储存企业必须满足《危险化学品安全管理条例》第8条规定的条件。设立剧毒化学品生产、储存企业和其他危险化学品生产、储存企业应当向有关部门提出申请，经批准后才能办理登记注册手续（《化学品条例》第9条）。

（3）危险化学品重大危险源设立应与特定区域保持国家规定的距离（《化学品条例》第10条）。

（4）危险化学品的包装及储存。危险化学品的包装必须符合国家法律、法规、规章的规定和国家标准的要求；必须储存在专用仓库、专用场地或者专用储存室内，储存方式、方法与储存数量必须符合国家标准，并由专人管理（《化学品条例》第14条、第22条）。

（5）危险化学品生产企业的生产许可制度。依法设立的危险化学品生产企业，必须向国务院质检部门申请领取危险化学品生产许可证；未取得危险化学品生产许可证的，不得开工生产。国务院质检部门应当将颁发危险化学品生产许可证的情况通报国务院经济贸易综合管理部门、环境保护部门和公安部门（《化学品条例》第27条、第29条）。

2. 危险化学品的经营

（1）国家对危险化学品经营销售实行许可制度。未经许可，任何单位和个人都不得经营销售危险化学品（《化学品条例》第27条）。

（2）经营危险化学品，不得从未取得危险化学品生产许可证或者危险化学品经营许可证的企业采购危险化学品；不得经营国家明令禁止的危险化学品和用剧毒化学品生产的灭鼠药以及其他可能进入人民日常生活的化学产品和日用化学品；不得销售没有化学品安全技术说明书和化学品安全标签的危险化学品（《化学品条例》第30条）。

（3）危险化学品生产企业不得向未取得危险化学品经营许可证的单位或者个人销售危险化学品。剧毒化学品，凭证购买。剧毒化学品生产企业、经营企业不得向个人或者无购买凭证、准购证的单位销售剧毒化学品。剧毒化学品购买凭证、准购证不得伪造、变造、买卖、出借或者以其他方式转让，不得使用作废的剧毒化学品购买凭证、准购证（《化学品条例》第33条、第34条）。

3．危险化学品的运输

国家对危险化学品的运输实行资质认定制度。未经资质认定，不得运输危险化学品；危险化学品运输企业应当对其相应人员进行培训，并按规程运载（《化学品条例》第35条）。

4．危险化学品的登记

危险化学品生产、储存企业以及使用剧毒化学品和数量构成重大危险源的其他危险化学品的单位，应当向国务院经济贸易综合管理部门负责危险化学品登记的机构办理危险化学品登记（《化学品条例》第48条）。

5．危险化学品事故的应急救援

有关部门和危险品单位应该制定危险化学品事故应急救援预案。发生危险化学品事故，单位主要负责人应当按照本单位制定的应急救援预案，立即组织救援，并立即报告当地负责危险化学品安全监督管理综合工作的部门和公安、环境保护、质检部门。地方人民政府负责组织、协调和实施危险化学品的事故救援工作（《化学品条例》第49条至第52条）。

三、防治农药污染的法律规定

（一）防治农药污染的立法概况

我国对农药的管理非常重视。虽然尚无防治农药污染的专门法律，但是大量行政法规和部门规章的出台对防治农药污染环境起到了积极作用。这些行政法规和部门规章主要有：《农药登记规定》（1982年4月12日发布）、《农药登记规定实施细则》（1982年9月1日发布）、《农药毒性试验方法暂行规定》（1982年9月1日发布）、《农药安全使用规定》（1982年6月5日发布）、《农药安全使用标准》（1984年发布）、《农药合理使用准则》（1984年发布）、《农药管理条例》（国务院1997年5月8日发布，2001年11月29日修订）等。

（二）农药污染防治的主要法律规定

1．农药登记制度

国家实行农药登记制度。生产和进口农药必须进行登记；国内首次生产的农药和首次进口的农药的登记，按照田间试验、临时登记、正式登记三个阶段进行登记（《农药管理条例》第6条）。

2．农药生产的规定

国家实行农药生产许可制度。生产有国家标准或者行业标准的农药的，应当向国务院工业产品许可管理部门申请农药生产许可证；生产尚未制定国家标准、行业标准但已有企业标准的农药的，应当经省、自治区、直辖市工业产品许可管理部门审核同意后，报国务院工业产品许可管理部门批准，发给农药生产批准文件。农药产品包装必须贴有标签或者附具说明书（《农药管理条例》第13条、第14条、第15条）。

3．农药经营的规定

农药经营单位应当具备有关法律、行政法规规定的条件，并依法向工商行政管理机关申请领取营业执照后，方可经营农药。禁止收购、销售无农药登记证或者农药临时登记证、无农药生产许可证或者农药生产批准文件、无产品质量标准和产品质量合格证和检验不合格的农药（《农药管理条例》第18条、第19条）。

4．安全使用农药的规定

一是应符合高效、安全、经济的原则；二是应按照安全使用标准用药；三是在配药、拌种、喷药过程中严格遵守农药使用注意事项，并在喷药结束时做好善后工作；四是要合理选择施药人员和做好施药人员的个人防护（《农药管理条例》第23条至第27条）。

四、防治电磁辐射污染的法律规定

（一）防治电磁辐射污染的立法概况

为加强电磁辐射环境保护工作的管理，有效保护环境，保障公众健康，根据我国《环境保护法》，国家环境保护局于1997年3月25日发布了《电磁辐射环境保护管理办法》。在电磁辐射方面的国家标准有《电磁辐射防护规定》（1988年发布）和《环境电磁波卫生标准》（1988年发布）。

（二）防治电磁辐射污染的主要法律规定

（1）环境影响评价和“三同时”制度（《电磁辐射环境保护管理办法》第6条）。

（2）申报登记制度（《电磁辐射环境保护管理办法》第11条）。

（3）电磁辐射环境监测制度（《电磁辐射环境保护管理办法》第21条）。

（4）污染事故报告和处理制度（《电磁辐射环境保护管理办法》第23条、第24条）。

【问题与讨论】

1. 大气污染防治的基本制度有哪些？
2. 防治燃煤污染大气的措施有哪些？
3. 谈谈《大气污染防治法》在清洁生产方面有何具体规定。
4. 防治地表水污染的具体措施有哪些？

5. 防治地下水污染的具体措施有哪些？

6. 生活饮用水地表水源保护区制度主要包括哪些内容？

7. 某幼儿园与某水上娱乐城相邻。由于幼儿园不断向外排放浓烟，导致水上娱乐城的水面上总是有一层黑色漂浮物，后经市卫生防疫站检测，水上娱乐城的水质不符合卫生标准，被责令限期整改。娱乐城认为其被责令限期整改的主要责任在于幼儿园排放浓烟污染了娱乐城的水质。经市环保局现场检测，鉴定幼儿园两烟囱的排放严重超标，是娱乐城水质恶化的主要污染源，于是责令幼儿园限期治理，并罚款 15 000 元。问：（1）水污染的危害有哪些？（2）为了避免此类事件的再次发生，幼儿园应当执行《水污染防治法》规定的哪些相关法律制度？

8. 防治陆源污染物对海洋环境污染损害的措施主要包括哪些？

9. 简述《海洋环境保护法》关于海洋生态保护的主要法律规定。

10. 防止倾倒废弃物对海洋环境污染损害的具体措施有哪些？

11. 工业噪声污染的防治措施有哪些？

12. 建筑施工噪声污染防治的措施有哪些？

13. 交通噪声污染防治的措施有哪些？

14. 如何理解“三化”原则？该原则在《固体废物污染防治法》中的具体体现有哪些？

15. 固体废物污染防治的具体制度有哪些？

16. 简述控制固体废物转移管理制度的主要内容。

17. 城市生活垃圾污染的防治措施有哪些？

18. 防治危险废物污染环境的特别制度的主要内容是什么？

19. 什么是行政代执行制度？其适用的条件是什么？

20. 某化工公司将有毒化工废料送到固体废弃物交换中心处置，并交付处置费用。此后，固体废弃物交换中心主任甲通过不正当途径搞到一份针对该批有毒化工材料的“无毒化验单”，并将该批废料交与其朋友乙、丙处置。不料乙、丙将此废料倾倒在半山腰。倾倒完毕后恰逢天降暴雨，废料顺地势侵入下游村庄，导致村民鱼池、菜地、藕田和湖水遭受污染，直接经济损失达 200 万元。问：化工厂将化工废料交固体废弃物交换中心处置的做法违反了《固体废物污染环境防治法》的哪些规定？

21. 放射性污染防治的综合性管理措施有哪些？

22. 核设施的管理措施的主要内容是什么？

23. 危险化学品污染防治的主要法律规定是什么？

24. 农药污染防治的主要法律规定是什么？

25. 防治电磁波辐射的具体法律制度有哪些？

第六章　自然资源保护的法律规定

【提要】

我国自然资源的优势是资源总量大，种类齐全；缺点是人均资源占有量小，资源的地区分布不平衡，开发利用率低，浪费严重，导致了严重的自然资源危机。目前，我国尚无一部综合性的自然资源保护法，而自然资源法律体系是由各单行自然资源法构成的，如《土地管理法》《矿产资源法》《水法》《水土保持法》《森林法》《草原法》《渔业法》《野生动物保护法》《野生植物保护条例》等。

【引例】

某村村民张某与该村委会签订沙坑承包协议，双方约定：由张某承包该村西口沙坑0.53公顷（8亩），并一次性交清承包费10万元，村委会提供料场，一切资源费用由村委会负责。2002年9月，市国土资源局以张某未取得采矿许可证非法采沙为由，对其处以追缴非法所得5万元，罚款2万元的行政处罚。张某遂以该村委会为被告向法院提起诉讼，认为该罚款应由村委会承担，请求法院判令村委会返还承包费10万元，并赔偿各项损失8万元。法院判决：一、确认张某与村委会的承包协议无效；二、村委会于判决生效之日起10日内返还张某承包费10万元；三、驳回张某其他诉讼请求。

第一节　土地资源保护的法律规定

一、土地资源保护的立法概况

（一）法律

（1）《土地管理法》（2004年8月28日起施行）；

（2）《农村土地承包法》（2003年3月1日起施行）；

（3）《城市房地产管理法》（1995年1月1日起施行）。

（二）行政法规

（1）《土地管理法实施条例》（1999 年 1 月 1 日起施行）；
（2）《基本农田保护条例》（1999 年 1 月 1 日起施行）；
（3）《土地复垦规定》（1989 年 1 月 1 日起施行）。

二、《土地管理法》的结构及要点

参见图表 6-1。

三、土地资源保护的主要法律规定

（一）关于土地资源权属的规定

我国实行土地的社会主义公有制，即全民所有制和劳动群众集体所有制（《土地管理法》第 2 条）。

1．全民所有制

全民所有，即国家所有土地的所有权由国务院代表国家行使（《土地管理法》第 2 条）。

属于全民所有即国家所有的土地有：① 城市市区的土地；② 农村和城市郊区中已经依法没收、征收、征购为国有的土地；③ 国家依法征用的土地；④ 依法不属于集体所有的林地、草地、荒地、滩涂及其他土地；⑤ 农村集体经济组织全部成员转为城镇居民的，原属于其成员集体所有的土地；⑥ 因国家组织移民、自然灾害等原因，农民成建制地集体迁移后不再使用的原属于迁移农民集体所有的土地[《土地管理法实施条例》（以下简称《条例》）第 2 条]。

2．集体所有制

农村和城市郊区的土地，除由法律规定属于国家所有的以外，属于农民集体所有；宅基地和自留地、自留山，属于农民集体所有（《土地管理法》第 8 条）。

任何单位和个人不得侵占、买卖或者以其他形式非法转让土地。土地使用权可以依法转让（《土地管理法》第 2 条）。

买卖或者以其他形式非法转让土地的，没收违法所得；对直接负责的主管人员和其他直接责任人员，依法给予行政处分；构成犯罪的，依法追究刑事责任（《土地管理法》第 73 条）。

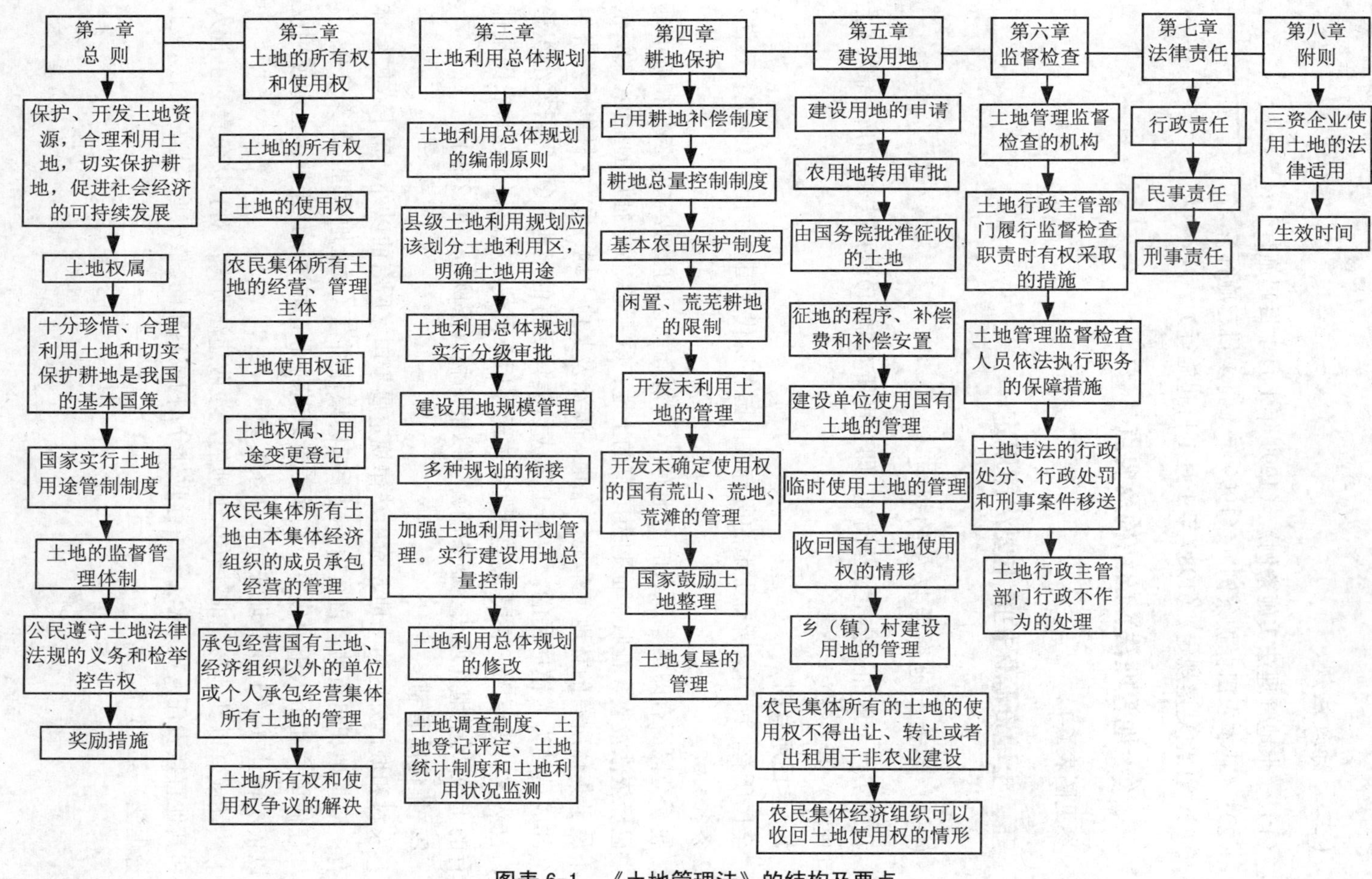

图表 6-1　《土地管理法》的结构及要点

（二）关于土地利用规划的规定

1. 编制土地利用总体规划的原则

土地利用总体规划按照下列原则编制：① 严格保护基本农田，控制非农业建设占用农用地；② 提高土地利用率；③ 统筹安排各类、各区域用地；④ 保护和改善生态环境，保障土地的可持续利用；⑤ 占用耕地与开发复垦耕地相平衡（《土地管理法》第19条）。

2. 土地利用总体规划的审批权限

根据《土地管理法》第21条及《条例》第8条规定，土地利用总体规划的审批权限见图表6-2。

图表6-2　土地利用总体规划的审批权限

类　型	编制机关	审批机关	备　注
全国土地利用总体规划	国务院土地行政主管部门会同国务院有关部门	国务院	
省、自治区、直辖市的土地利用总体规划	省、自治区、直辖市人民政府组织本级土地行政主管部门和其他有关部门	国务院	
省、自治区人民政府所在地的市、人口在100万以上的城市以及国务院指定的城市的土地利用总体规划	各该市人民政府组织本级土地行政主管部门和其他有关部门	国务院	报国务院批准前，需经省、自治区人民政府审查同意
其他的土地利用总体规划	有关人民政府组织本级土地行政主管部门和其他有关部门	逐级上报省、自治区、直辖市人民政府批准	其中，乡（镇）土地利用总体规划，由乡（镇）人民政府编制，逐级上报省、自治区、直辖市人民政府或者省、自治区、直辖市人民政府授权的设区的市、自治州人民政府批准

对违反土地利用总体规划擅自将农用地改为建设用地的，责令限期拆除在非法转让的土地上新建的建筑物和其他设施，恢复土地原状，对符合土地利用总体规划的，没收在非法转让的土地上新建的建筑物和其他设施；可以并处罚款，罚款额为非法所得的50%以下；对直接负责的主管人员和其他直接责任人员，依法给予行政处分；构成犯罪的，依法追究刑事责任（《土地管理法》第73条及《条

例》第38条）。

另外，对在土地利用总体规划制定前已建的不符合土地利用总体规划确定的用途的建筑物、构筑物重建、扩建的，责令限期拆除；逾期不拆除的，由作出处罚决定的机关依法申请人民法院强制执行（《条例》第36条）。

3．土地利用总体规划的规划期限

土地利用总体规划的规划期限一般为15年（《条例》第9条）。

4．多种规划的衔接

城市总体规划、村庄和集镇规划，应当与土地利用总体规划相衔接，城市总体规划、村庄和集镇规划中建设用地规模不得超过土地利用总体规划确定的城市和村庄、集镇建设用地规模（第22条）。

江河、湖泊综合治理和开发利用规划，应当与土地利用总体规划相衔接（《土地管理法》第23条）。

5．建立土地调查制度

县级以上人民政府土地行政主管部门会同同级有关部门进行土地调查（《土地管理法》第27条）。

6．建立土地统计制度

县级以上人民政府土地行政主管部门和同级统计部门共同制定统计调查方案，依法进行土地统计，定期发布土地统计资料（《土地管理法》第29条）。

（三）关于保护耕地的规定

1．实行占用耕地补偿制度

为实现耕地总量的动态平衡，非农业建设经批准占用耕地的，按照“占多少，垦多少”的原则，由占用耕地的单位负责开垦与所占用耕地的数量和质量相当的耕地；没有条件开垦或者开垦的耕地不符合要求的，应当按照省、自治区、直辖市的规定缴纳耕地开垦费，专款用于开垦新的耕地。省、自治区、直辖市人民政府应当制定开垦耕地计划，监督占用耕地的单位按照计划开垦耕地或者按照计划组织开垦耕地，并进行验收（《土地管理法》第31条）。

2．保证耕地总量不减少

省、自治区、直辖市人民政府编制的土地利用总体规划，应当确保本行政区域内耕地总量不减少（《土地管理法》第18条）。

省、自治区、直辖市人民政府应当严格执行土地利用总体规划和土地利用年度计划，采取措施，确保本行政区域内耕地总量不减少；耕地总量减少的，由国务院责令在规定期限内组织开垦与所减少耕地的数量与质量相当的耕地，并由国务院土地行政主管部门会同农业行政主管部门验收。个别省、直辖市确因土地后备资源匮乏，新增建设用地后，新开垦耕地的数量不足以补偿所占用耕地的数量的，必须报经国务院批准减免本行政区域内开垦耕地的数量，进行异地开垦（《土地管理法》第33条）。

3．实行基本农田保护制度（《土地管理法》第34条）

应当根据土地利用总体规划划入基本农田保护区的耕地包括：① 经国务院有关主管部门或者县级以上地方人民政府批准确定的粮、棉、油生产基地内的耕地；② 有良好的水利与水土保持设施的耕地，正在实施改造计划以及可以改造的中、低产田；③ 蔬菜生产基地；④ 农业科研、教学试验田；⑤ 国务院规定应当划入基本农田保护区的其他耕地。

各省、自治区、直辖市划定的基本农田应当占本行政区域内耕地的80%以上。

4．节约使用土地，禁止闲置、荒芜耕地

（1）禁止占用耕地建窑、建坟或者擅自在耕地上建房、挖砂、采石、采矿、取土等。如果实施上述行为，破坏种植条件的，责令限期改正或者治理，可以并处罚款，罚款额为耕地开垦费的2倍以下；构成犯罪的，依法追究刑事责任（《土地管理法》第36条、第74条及《条例》第40条）。

（2）禁止占用基本农田发展林果业和挖塘养鱼。占用基本农田从事其他活动（注：包括发展林果业和挖塘养鱼）破坏基本农田，毁坏种植条件的，责令改正或者治理，恢复原种植条件，处占用基本农田的耕地开垦费1倍以上2倍以下的罚款；构成犯罪的，依法追究刑事责任（《土地管理法》第36条及《基本农田保护条例》第33条）。

（3）禁止任何单位和个人闲置、荒芜耕地。已经办理审批手续的非农业建设占用耕地，一年内不用而又可以耕种并收获的，应当由原耕种该幅耕地的集体或者个人恢复耕种，也可以由用地单位组织耕种；一年以上未动工建设的，应当按照省、自治区、直辖市的规定缴纳闲置费；连续两年未使用的，经原批准机关批准，由县级以上人民政府无偿收回用地单位的土地使用权；该幅土地原为农民集体所有的，应当交由原农村集体经济组织恢复耕种（《土地管理法》第37条）。

5．实行土地复垦制度

因挖损、塌陷、压占等造成土地破坏，用地单位和个人应当按照国家有关规定负责复垦；没有条件复垦或者复垦不符合要求的，应当缴纳土地复垦费，专项用于土地复垦。复垦的土地应当优先用于农业（《土地管理法》第42条）。

违反规定，拒不履行土地复垦义务的，责令限期改正；逾期不改正的，责令缴纳复垦费，专项用于土地复垦，可以处以罚款，罚款额为土地复垦费的2倍以下（《土地管理法》第75条及《条例》第41条）。

（四）关于控制建设用地的规定

由于土地资源的有限性和功能的不可替代性，以及土地资源受到污染或破坏后很难恢复其原有的功能等特征，所以必须严格控制建设用地。

1. 实行建设用地审批制度

任何单位和个人进行建设，需要使用土地的，必须依法申请使用国有土地；但是，兴办乡镇企业和村民建设住宅经依法批准使用本集体经济组织农民集体所有的土地的，或者乡（镇）村公共设施和公益事业建设经依法批准使用农民集体所有的土地的除外（《土地管理法》第 43 条）。

《土地管理法》第 44 条规定，建设占用土地，涉及农用地转为建设用地的，应当办理农用地转用审批手续，审批权限。见图表 6-3。

图表 6-3 农用地转用审批权限

建设项目类型	批准机关
省、自治区、直辖市人民政府批准的道路、管线工程和大型基础设施建设项目、国务院批准的建设项目占用土地，涉及农用地转为建设用地的	国务院
在土地利用总体规划确定的城市和村庄、集镇建设用地规模范围内，为实施该规划而将农用地转为建设用地的	原批准土地利用总体规划的机关
在已批准的农用地转用范围内的具体建设项目用地	可以是市、县人民政府
其他的建设项目占用土地，涉及农用地转为建设用地的	省、自治区、直辖市人民政府

2. 依法征收土地制度

（1）征收土地的审批权限。根据《土地管理法》第 45 条规定，征收土地的审批权限见图表 6-4。

图表 6-4 征收土地的审批权限

土地类型	审批机关	备 注
① 基本农田； ② 基本农田以外的耕地超过 35 公顷的； ③ 其他土地超过 70 公顷的	国务院	
其他土地	省、自治区、直辖市人民政府	报国务院备案

（2）征收土地的补偿。国家征收土地的，依照法定程序批准后，由县级以上地方人民政府予以公告并组织实施。被征收土地的所有权人、使用权人应当在公告规定期限内，持土地权属证书到当地人民政府土地行政主管部门办理征地补偿

登记（《土地管理法》第46条）。

根据《土地管理法》第 47 条规定，征收土地的，按照被征收土地的原用途给予补偿，补偿标准见图表 6-5。

图表 6-5　征收土地的补偿标准

征收耕地的补偿费用的组成	补偿标准
土地补偿费	为该耕地被征收前 3 年平均年产值的 6～10 倍
安置补助费	每一个需要安置的农业人口的安置补助费标准，为该耕地被征收前 3 年平均年产值的 4～6 倍。但是，每公顷被征收耕地的安置补助费，最高不得超过被征收前 3 年平均年产值的 15 倍
地上附着物和青苗的补偿费	补偿标准，由省、自治区、直辖市规定

另外，依照规定支付土地补偿费和安置补助费，尚不能使需要安置的农民保持原有生活水平的，经省、自治区、直辖市人民政府批准，可以增加安置补助费。但是，土地补偿费和安置补助费的总和不得超过土地被征收前 3 年平均年产值的 30 倍；征收城市郊区的菜地，用地单位应当按照国家有关规定缴纳新菜地开发建设基金（《土地管理法》第 47 条）。

土地补偿费归农村集体经济组织所有；地上附着物及青苗补偿费归地上附着物及青苗的所有者所有。需要安置的人员由农村集体经济组织安置的，安置补助费支付给农村集体经济组织，由农村集体经济组织管理和使用；由其他单位安置的，安置补助费支付给安置单位；不需要统一安置的，安置补助费发放给被安置人员个人或者征得被安置人员同意后用于支付被安置人员的保险费用（《条例》第 26 条）。

侵占、挪用被征收土地单位的征地补偿费用和其他有关费用，构成犯罪的，依法追究刑事责任；尚不构成犯罪的，依法给予行政处分（《土地管理法》第 79 条）。

3．建设用地的取得

建设单位使用国有土地，应当以出让等有偿使用方式取得（《土地管理法》第 54 条）。

但是，下列建设用地，经县级以上人民政府依法批准，可以以划拨方式取得：① 国家机关用地和军事用地；② 城市基础设施用地和公益事业用地；③ 国家重点扶持的能源、交通、水利等基础设施用地；④ 法律、行政法规规定的其他用地（《土地管理法》第 54 条）。

4．建设用地的收回

有下列情形之一的，由有关人民政府土地行政主管部门报经原批准用地的人民政府或者有批准权的人民政府批准，可以收回国有土地使用权：① 为公共利益需要使用土地的；② 为实施城市规划进行旧城区改建，需要调整使用土地的；③ 土地出让等有偿使用合同约定的使用期限届满，土地使用者未申请续期或者申请续期未获批准的，但是，住宅建设用地使用权期间届满的，自动续期；④ 因单位撤销、迁移等原因，停止使用原划拨的国有土地的；⑤ 公路、铁路、机场、矿场等经核准报废的（《土地管理法》第 58 条及《物权法》第 149 条）。

依法收回国有土地使用权当事人拒不交出土地的，临时使用土地期满拒不归还的，或者不按照批准的用途使用国有土地的，责令交还土地，处以罚款，罚款额为非法占用土地每平方米 10 元以上 30 元以下（《土地管理法》第 80 条及《条例》第 43 条）。

5. 严格控制乡（镇）村建设用地

（1）控制乡镇企业建设用地。农村集体经济组织使用乡（镇）土地利用总体规划确定的建设用地兴办企业或者与其他单位、个人以土地使用权入股、联营等形式共同举办企业的，应当持有关批准文件，向县级以上地方人民政府土地行政主管部门提出申请，按照省、自治区、直辖市规定的批准权限，由县级以上地方人民政府批准；其中，涉及占用农用地的，依照规定办理审批手续（《土地管理法》第 60 条、第 44 条）。

（2）控制乡（镇）村公共设施、公益事业建设用地。乡（镇）村公共设施、公益事业建设，需要使用土地的，经乡（镇）人民政府审核，向县级以上地方人民政府土地行政主管部门提出申请，按照省、自治区、直辖市规定的批准权限，由县级以上地方人民政府批准；其中，涉及占用农用地的，依照规定办理审批手续（《土地管理法》第 61 条、第 44 条）。

（3）控制农村村民住宅用地。农村村民一户只能拥有一处宅基地，其宅基地的面积不得超过省、自治区、直辖市规定的标准。农村村民建住宅，应当符合乡（镇）土地利用总体规划，并尽量使用原有的宅基地和村内空闲地。农村村民住宅用地，经乡（镇）人民政府审核，由县级人民政府批准；其中，涉及占用农用地的，依照规定办理审批手续。农村村民出卖、出租住房后，再申请宅基地的，不予批准（《土地管理法》第 62 条、第 44 条）。

农村村民未经批准或者采取欺骗手段骗取批准，非法占用土地建住宅的，责令退还非法占用的土地，限期拆除在非法占用的土地上新建的房屋（《土地管理法》第 77 条）。

建设单位或者个人对责令限期拆除的行政处罚决定不服的，可以在接到责令限期拆除决定之日起 15 日内，向人民法院起诉；期满不起诉又不自行拆除的，由作出处罚决定的机关依法申请人民法院强制执行，费用由违法者承担（《土地管理法》第 83 条）。

另外，农民集体所有的土地的使用权不得出让、转让或者出租用于非农业建设；但是，符合土地利用总体规划并依法取得建设用地的企业，因破产、兼并等情形致使土地使用权依法发生转移的除外（《土地管理法》第63条）。

擅自将农民集体所有的土地的使用权出让、转让或者出租用于非农业建设的，责令限期改正，没收违法所得，并处罚款，罚款额为非法所得的5%以上20%以下（《土地管理法》第81条及《条例》第39条）。

第二节　矿产资源保护的法律规定

一、矿产资源保护的立法概况

（一）法律

《矿产资源法》(1997年1月1日起实施)。

（二）行政法规

《矿产资源法实施细则》（1994年3月26日起实施）。

（三）部门规章

(1)《矿产资源勘查区块登记管理办法》(1998年2月12日起实施)；
(2)《矿产资源开采登记管理办法》(1998年2月12日起实施)；
(3)《探矿权采矿权转让管理办法》(1998年2月12日起实施)。

二、《矿产资源法》的结构及要点

参见图表6-6。

三、矿产资源保护的主要法律规定

（一）关于矿产资源权属的规定

矿产资源属于国家所有，由国务院行使国家对矿产资源的所有权。地表或者地下的矿产资源的国家所有权，不因其所依附的土地的所有权或者使用权的不同而改变（《矿产资源法》第3条）。

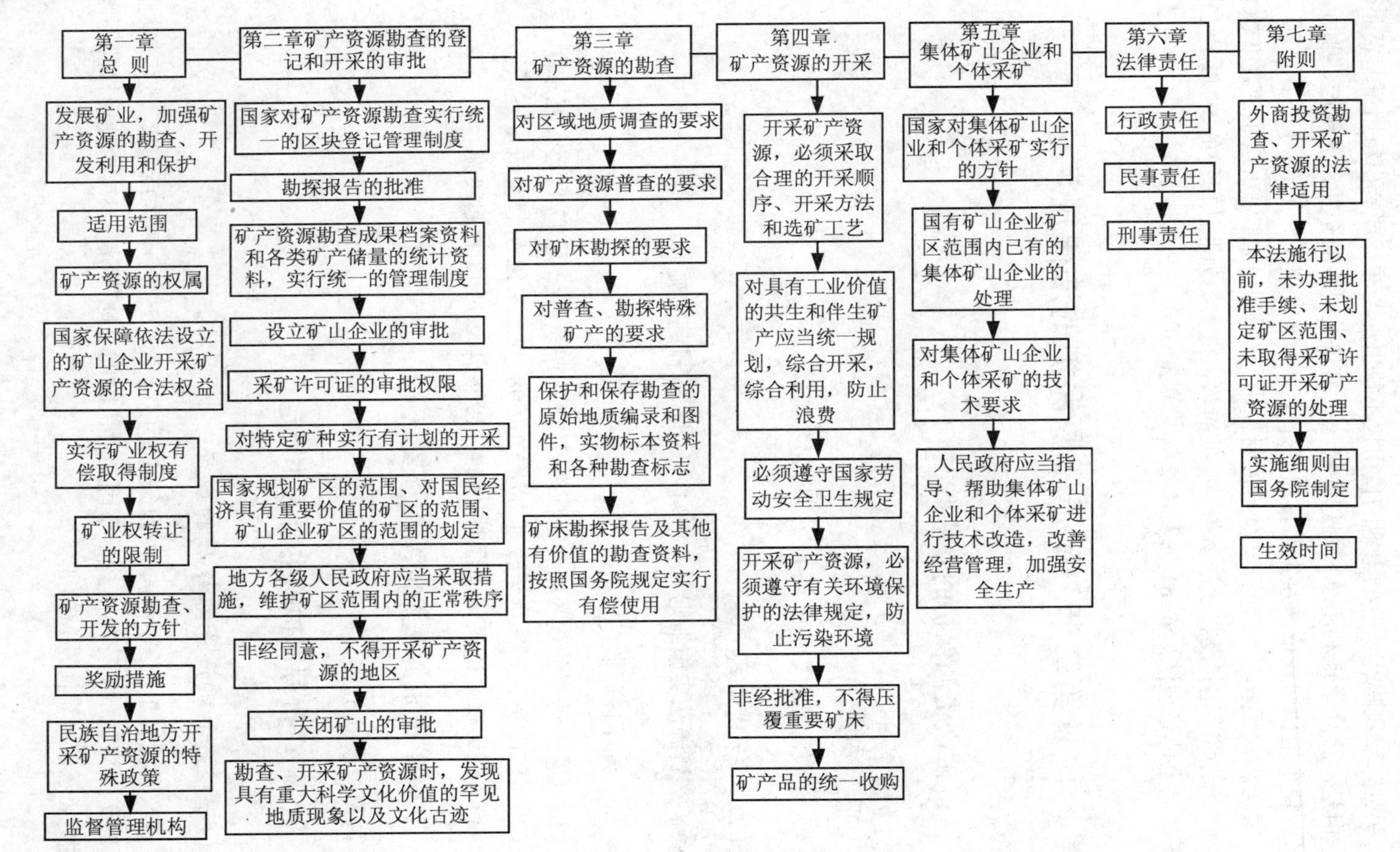

图表 6-6 《矿产资源法》的结构及要点

（二）关于矿业权的规定

就我国的矿业立法实际而言，矿业权包括探矿权和采矿权。探矿权，是指在依法取得的勘查许可证规定的范围内，勘查矿产资源的权利。取得勘查许可证的单位或者个人称为探矿权人。采矿权，是指在依法取得的采矿许可证规定的范围内，开采矿产资源和获得所开采的矿产品的权利。取得采矿许可证的单位或者个人称为采矿权人[《矿产资源法实施细则》，（以下简称《细则》）第6条]。

1. 许可证制度

国家对矿产资源的勘查、开采实行许可证制度。勘查矿产资源，必须依法申请登记，领取勘查许可证，取得探矿权；开采矿产资源，必须依法申请登记，领取采矿许可证，取得采矿权（《细则》第5条）。

违反上述规定，未取得采矿许可证擅自采矿的，责令停止开采、赔偿损失，没收采出的矿产品和违法所得，可以并处罚款，处以违法所得 50%以下的罚款；拒不停止开采，造成矿产资源破坏的，依照刑法的规定对直接责任人员以非法采矿罪追究其刑事责任。单位和个人进入他人依法设立的国有矿山企业和其他矿山企业矿区范围内采矿的，依照上述规定处罚（《矿产资源法》第39条及《细则》第42条）。

超越批准的矿区范围采矿的，责令退回本矿区范围内开采、赔偿损失，没收越界开采的矿产品和违法所得，可以并处罚款，处以违法所得30%以下的罚款；拒不退回本矿区范围内开采，造成矿产资源破坏的，吊销采矿许可证，依照刑法的规定对直接责任人员以非法采矿罪追究其刑事责任（《矿产资源法》第 40 条及《细则》第42条）。

2. 有偿取得制度

国家实行探矿权、采矿权有偿取得的制度。但是，国家对探矿权、采矿权有偿取得的费用，可以根据不同情况规定予以减缴、免缴。具体办法和实施步骤由国务院规定。开采矿产资源，必须按照国家有关规定缴纳资源税和资源补偿费（《矿产资源法》第5条）。

3. 限制流转制度

禁止将探矿权、采矿权倒卖牟利。除按下列规定可以转让外，探矿权、采矿权不得转让。

（1）探矿权人有权在划定的勘查作业区内进行规定的勘查作业，有权优先取得勘查作业区内矿产资源的采矿权。探矿权人在完成规定的最低勘查投入后，经依法批准，可以将探矿权转让他人（《矿产资源法》第6条）。

（2）已取得采矿权的矿山企业，因企业合并、分立，与他人合资、合作经营，或者因企业资产出售以及有其他变更企业资产产权的情形而需要变更采矿权主体的，经依法批准可以将采矿权转让他人采矿（《矿产资源法》第 6 条）。

买卖、出租或者以其他形式转让矿产资源的，没收违法所得，违反规定将探矿权、采矿权倒卖牟利的，吊销勘查许可证、采矿许可证，没收违法所得，并对卖方、出租方、出让方处以违法所得 1 倍以下的罚款（《矿产资源法》第 42 条及《细则》第 42 条）。

上述行政处罚由县级以上人民政府负责地质矿产管理工作的部门按照国务院地质矿产主管部门规定的权限决定。给予吊销勘查许可证或者采矿许可证处罚的，须由原发证机关决定。依照规定应当给予行政处罚而不给予行政处罚的，上级人民政府地质矿产主管部门有权责令改正或者直接给予行政处罚（《矿产资源法》第 45 条）。

（三）关于矿产资源勘查登记和开采审批的规定

1．矿产资源勘查登记制度

国家对矿产资源勘查实行统一的区块登记管理制度。为此，国务院于 1998 年专门制定了《矿产资源勘查区块登记管理办法》。

2．申请开办矿山企业或个体采矿所应具备的条件

根据《矿产资源法》第 3 条规定，从事矿产资源勘查和开采的，必须符合规定的资质条件。

（1）开办国有矿山企业，除应当具备有关法律、法规规定的条件外，还应当具备的条件详见《细则》第 11 条的规定。

（2）申请开办集体所有制矿山企业或者私营矿山企业，除应当具备有关法律、法规规定的条件外，还应当具备的条件详见《细则》第 13 条的规定。

（3）申请个体采矿应当具备的条件详见《细则》第 14 条的规定。

3．开采审批制度

（1）审批权限

《矿产资源法》第 16 条规定了开采矿产资源的审批权限见图表 6-7。

（2）计划开采和限制开采区域

对国家规划矿区、对国民经济具有重要价值的矿区和国家规定实行保护性开采的特定矿种，实行有计划的开采；未经国务院有关主管部门批准，任何单位和个人不得开采（《矿产资源法》第 17 条）。

根据《矿产资源法》第 20 条规定，非经国务院授权的有关主管部门同意，不得在下列地区开采矿产资源：① 港口、机场、国防工程设施圈定地区以内；② 重要工业区、大型水利工程设施、城镇市政工程设施附近一定距离以内；③ 铁路、重要公路两侧一定距离以内；④ 重要河流、堤坝两侧一定距离以内；⑤ 国家划定的自然保护区、重要风景区，国家重点保护的不能移动的历史文物和名胜古迹所在地；⑥ 国家规定不得开采矿产资源的其他地区。

图表 6-7　开采矿产资源的审批权限

类　型	审批并颁发采矿许可证的机关
① 国家规划矿区和对国民经济具有重要价值的矿区内的矿产资源； ② 前项规定区域以外可供开采的矿产储量规模在大型以上的矿产资源； ③ 国家规定实行保护性开采的特定矿种； ④ 领海及中国管辖的其他海域的矿产资源； ⑤ 国务院规定的其他矿产资源	国务院地质矿产主管部门
石油、天然气、放射性矿产等特定矿种	国务院地质矿产主管部门，也可以是国务院授权的有关主管部门
其他的矿产资源，其可供开采的矿产的储量规模为中型	省、自治区、直辖市人民政府地质矿产主管部门

（四）关于矿产资源勘查与开采的规定

1. 探矿权人的权利义务及争议解决方式

（1）探矿权人享有的权利详见《细则》第 16 条的规定。

（2）探矿权人应当履行的义务详见《细则》第 17 条的规定。

（3）探矿权人之间对勘查范围发生争议时，由当事人协商解决；协商不成的，由主管部门裁决（《细则》第 23 条）。

2. 采矿权人的权利义务及争议解决方式

（1）采矿权人享有的权利详见《细则》第 30 条的规定。

（2）采矿权人应当履行的义务详见《细则》第 31 条的规定。

（3）采矿权人之间对矿区范围发生争议时，先协商解决；协商不成的，由人民政府处理（《细则》第 36 条）。

（五）关于集体矿山企业和个体采矿的规定

1. 指导方针

国家对集体矿山企业和个体采矿实行积极扶持、合理规划、正确引导、加强管理的方针（《矿产资源法》第 35 条）。

2. 集体矿山企业和个体采矿的开采范围

《细则》第 38 条、第 39 条规定了集体矿山企业和个体采矿的开采范围（见图表 6-8）。

图表 6-8　集体矿山企业和个体采矿的开采范围

开采主体	开采范围
集体矿山企业 （私营矿山企业开采矿产资源的范围参照执行）	不适于国家建设大、中型矿山的矿床及矿点
	经国有矿山企业同意，并经其上级主管部门批准，在其矿区范围内划出的边缘零星矿产
	矿山闭坑后，经原矿山企业主管部门确认可以安全开采并不会引起严重环境后果的残留矿体
	国家规划可以由集体所有制矿山企业开采的其他矿产资源
个体采矿者	零星分散的小矿体或者矿点
	只能用作普通建筑材料的沙、石、黏土

（六）关于勘查、开采矿产资源过程中，保护生态环境的规定

（1）关闭矿山，必须提出矿山闭坑报告及有关采掘工程、不安全隐患、土地复垦利用、环境保护的资料，并按照国家规定报请审查批准（第 21 条）。

关闭矿山报告批准后，矿山企业应当按照批准的关闭矿山报告，完成有关水土保持、土地复垦和环境保护工作，或者缴清土地复垦和环境保护的有关费用（《细则》第 34 条）。

（2）勘查作业不得阻碍或者损害航运、灌溉、防洪等活动或者设施，勘查作业结束后应当采取措施，防止水土流失，保护生态环境（《细则》第 22 条）。

（3）开采矿产资源，必须遵守有关环境保护的法律规定，防止污染环境。开采矿产资源，应当节约用地。耕地、草原、林地因采矿受到破坏的，矿山企业应当因地制宜地采取复垦利用、植树种草或者其他利用措施。开采矿产资源给他人生产、生活造成损失的，应当负责赔偿，并采取必要的补救措施（第 32 条）。

第三节　水资源保护的法律规定

一、水资源保护的立法概况

（一）法律

《水法》（2002年10月1日起实施）。

（二）行政法规

（1）《河道管理条例》（1988年6月10日起实施）；
（2）《防汛条例》（2005年7月15日起实施）；
（3）《取水许可管理办法》（2008年4月9日起施行）。

二、《水法》的结构及要点

参见图表6-9。

三、水资源保护的主要法律规定

（一）关于水资源权属的规定

《水法》第3条规定：水资源属于国家所有。水资源的所有权由国务院代表国家行使。另外该条还特别强调：农村集体经济组织的水塘和由农村集体经济组织修建管理的水库中的水，归各该农村集体经济组织使用。但其所有权还是属于国家所有。

（二）关于水资源管理体制的规定

国家对水资源实行流域管理与行政区域管理相结合的管理体制（《水法》第12条）。

（三）关于水资源规划的规定

1．水资源规划的制定

《水法》第17条规定了水资源规划的编制及审批机关，见图表6-10。

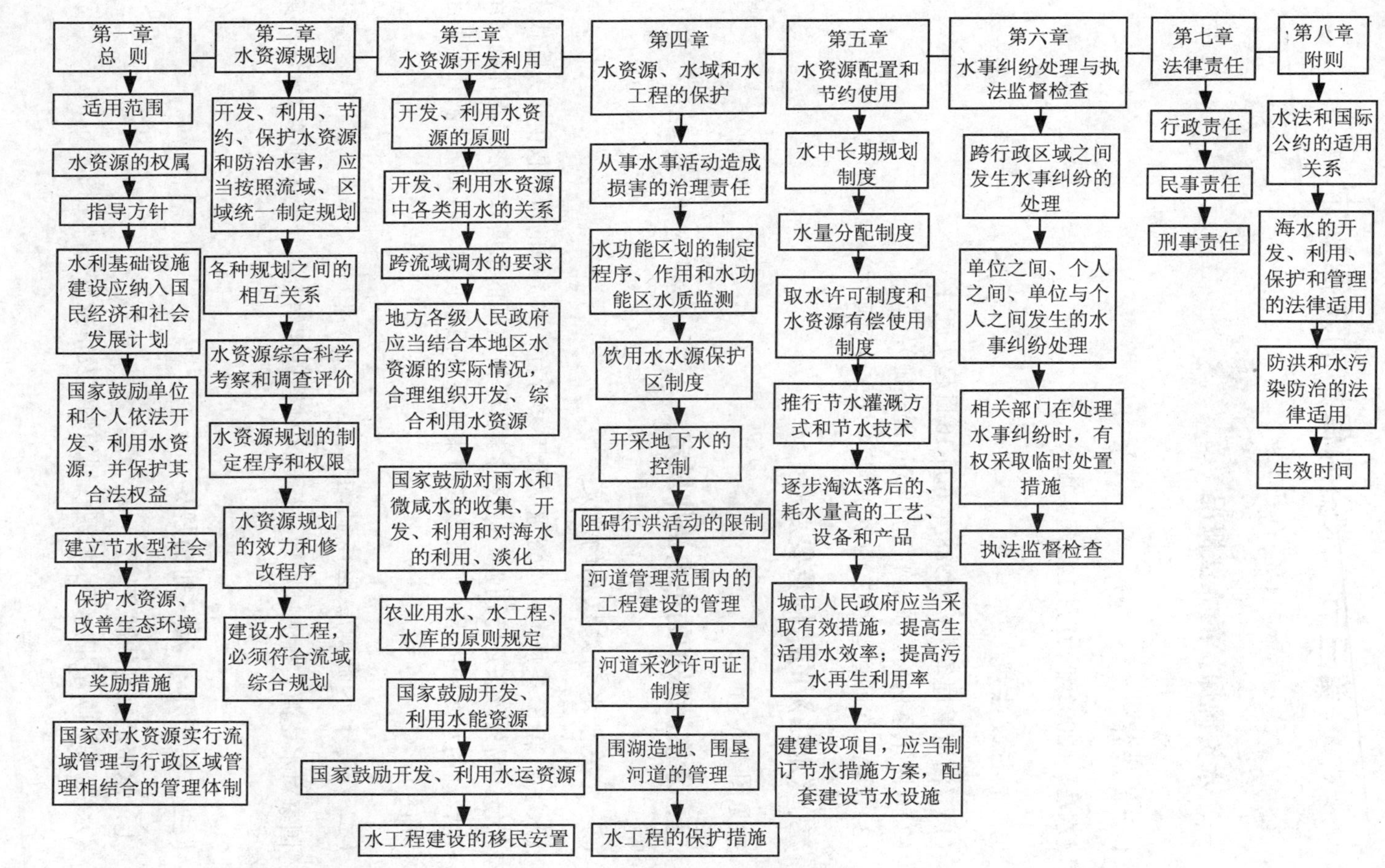

图表 6-9 《水法》的结构及要点

图表 6-10　水资源规划的编制及审批机关

规划类型	编制机关	审批机关	备注
国家确定的重要江河、湖泊的流域综合规划	国务院水行政主管部门会同国务院有关部门和有关省、自治区、直辖市人民政府编制	国务院	
跨省、自治区、直辖市的其他江河、湖泊的流域综合规划和区域综合规划	有关流域管理机构会同江河、湖泊所在地的省、自治区、直辖市人民政府水行政主管部门和有关部门编制	国务院或者其授权的部门	分别经有关省、自治区、直辖市人民政府审查提出意见后，报国务院水行政主管部门审核；国务院水行政主管部门征求国务院有关部门意见后，报国务院或者其授权的部门批准
其他江河、湖泊的流域综合规划和区域综合规划	县级以上地方人民政府水行政主管部门会同同级有关部门和有关地方人民政府编制	本级人民政府或者其授权的部门	需报上一级水行政主管部门备案
专业规划	县级以上人民政府有关部门编制	报本级人民政府批准	报批准前需征求同级其他有关部门意见。另外，防洪规划、水土保持规划的编制、批准，依照防洪法、水土保持法的有关规定执行

2. 水资源规划的种类

规划分为流域规划和区域规划。流域规划包括流域综合规划和流域专业规划；区域规划包括区域综合规划和区域专业规划。

（四）关于保护水资源、水域和水工程的规定

1. 地下水的保护

从事水资源开发、利用、节约、保护和防治水害等水事活动，应当遵守经批准的规划；因违反规划造成江河和湖泊水域使用功能降低、地下水超采、地面沉降、水体污染的，应当承担治理责任。开采矿藏或者建设地下工程，因疏干排水导致地下水水位下降、水源枯竭或者地面塌陷，采矿单位或者建设单位应当采取补救措施；对他人生活和生产造成损失的，依法给予补偿（《水法》第 31 条）。

2．水功能区划制度

《水法》第32条规定了水功能区划的拟定及审批权限，见图表6-11。

图表6-11　水功能区划的拟定及审批权限

水功能区类型	拟定机关	审批机关	备注
国家确定的重要江河、湖泊的水功能区划	国务院水行政主管部门会同国务院环境保护行政主管部门、有关部门和有关省、自治区、直辖市人民政府	国务院批准	
跨省、自治区、直辖市的其他江河、湖泊的水功能区划	有关流域管理机构会同江河、湖泊所在地的省、自治区、直辖市人民政府水行政主管部门、环境保护行政主管部门和其他有关部门	国务院或者其授权的部门批准	报送审批前，需分别经有关省、自治区、直辖市人民政府审查提出意见，然后由国务院水行政主管部门会同国务院环境保护行政主管部门审核
其他江河、湖泊的水功能区划	县级以上地方人民政府水行政主管部门会同同级人民政府环境保护行政主管部门和有关部门	同级人民政府或者其授权的部门批准	并报上一级水行政主管部门和环境保护行政主管部门备案

3．饮用水水源保护区制度

国家建立饮用水水源保护区制度。省、自治区、直辖市人民政府应当划定饮用水水源保护区，并采取措施，防止水源枯竭和水体污染，保证城乡居民饮用水安全；禁止在饮用水水源保护区内设置排污口（《水法》第33条、第34条）。

《水法》第67条规定，在饮用水水源保护区内设置排污口的，由县级以上地方人民政府责令限期拆除、恢复原状；逾期不拆除、不恢复原状的，强行拆除、恢复原状，并处5万元以上10万元以下的罚款。

4．江河、湖泊的保护

（1）在江河、湖泊新建、改建或者扩大排污口，应当经过有管辖权的水行政主管部门或者流域管理机构同意，由环境保护行政主管部门负责对该建设项目的环境影响报告书进行审批（《水法》第34条）。

如若违反上述规定，责令停止违法行为，限期恢复原状，处5万元以上10万元以下的罚款（《水法》第67条）。

（2）禁止在江河、湖泊、水库、运河、渠道内弃置、堆放阻碍行洪的物体和种植阻碍行洪的林木及高秆作物（《水法》第37条）。

如若违反上述规定，且防洪法未作规定的，责令停止违法行为，限期清除障碍或者采取其他补救措施，处1万元以上5万元以下的罚款（《水法》第66条）。

（3）禁止在河道管理范围内建设妨碍行洪的建筑物、构筑物以及从事影响河势稳定、危害河岸堤防安全和其他妨碍河道行洪的活动（《水法》第37条）。

如若违反上述规定，责令停止违法行为，限期拆除违法建筑物、构筑物，恢复原状；逾期不拆除、不恢复原状的，强行拆除，所需费用由违法单位或者个人负担，并处1万元以上10万元以下的罚款（《水法》第65条）。

（4）在河道管理范围内建设桥梁、码头和其他拦河、跨河、临河建筑物、构筑物，铺设跨河管道、电缆，应当符合国家规定的防洪标准和其他有关的技术要求，工程建设方案应当依照防洪法的有关规定报经有关水行政主管部门审查同意（《水法》第38条）。

如若违反上述规定，且防洪法未作规定的，责令停止违法行为，限期补办有关手续；逾期不补办或者补办未被批准的，责令限期拆除违法建筑物、构筑物；逾期不拆除的，强行拆除，所需费用由违法单位或者个人负担，并处1万元以上10万元以下的罚款（《水法》第65条）。

（5）禁止围湖造地。已经围垦的，应当按照国家规定的防洪标准有计划地退地还湖。禁止围垦河道。确需围垦的，应当经过科学论证，经省、自治区、直辖市人民政府水行政主管部门或者国务院水行政主管部门同意后，报本级人民政府批准（《水法》第40条）。

如若违反上述规定，责令停止违法行为，限期拆除违法建筑物、构筑物，恢复原状；逾期不拆除、不恢复原状的，强行拆除，所需费用由违法单位或者个人负担，并处1万元以上10万元以下的罚款（《水法》第65条）。

5．河道采沙许可证制度

国家实行河道采沙许可制度。河道采沙许可制度实施办法，由国务院规定（《水法》第39条）。

6．水工程的保护

水工程是指在江河、湖泊和地下水源上开发、利用、控制、调配和保护水资源的各类工程。

（1）单位和个人有保护水工程的义务，不得侵占、毁坏堤防、护岸、防汛、水文监测、水文地质监测等工程设施（《水法》第41条）。

侵占、盗窃或者抢夺防汛物资或防洪排涝、农田水利、水文监测和测量以及其他水工程设备和器材，贪污或者挪用国家救灾、抢险、防汛、移民安置和补偿及其他水利建设款物，构成犯罪的，依照刑法的有关规定追究刑事责任（《水法》第73条）。

尚不够刑事处罚，且防洪法未作规定的，责令停止违法行为，采取补救措施，处1万元以上5万元以下的罚款；违反《治安管理处罚法》的，由公安机关依法给予治安管理处罚；给他人造成损失的，依法承担赔偿责任（《水法》第72条）。

（2）在水工程保护范围内，禁止从事影响水工程运行和危害水工程安全的爆破、打井、采石、取土等活动（《水法》第43条）。

如若违反上述规定，构成犯罪的，依照刑法的有关规定追究刑事责任；尚不够刑事处罚，且防洪法未作规定的，责令停止违法行为，采取补救措施，处1万元以上5万元以下的罚款；违反《治安管理处罚法》的，由公安机关依法给予治安管理处罚；给他人造成损失的，依法承担赔偿责任（《水法》第72条）。

（五）关于水资源配置和节约使用的规定

1. 实行水中长期供求规划制度

《水法》第44条规定了水中长期供求规划的制订及审批权限，见图表6-12。

图表6-12　水中长期供求规划的制订及审批权限

规划类型	制订机关	审批机关
全国的和跨省、自治区、直辖市的水中长期供求规划	国务院水行政主管部门会同有关部门	国务院发展计划主管部门
地方的水中长期供求规划	县级以上地方人民政府水行政主管部门会同同级有关部门	本级人民政府发展计划主管部门

2. 实行水量分配制度

《水法》第45条规定，调蓄径流和分配水量，应当依据流域规划和水中长期供求规划，以流域为单元制定水量分配方案。该条款还规定了水量分配方案的制订及审批权限，见图表6-13。

图表6-13　水量分配方案的制订及审批权限

类型	制订机关	批准机关
跨省、自治区、直辖市的水量分配方案和旱情紧急情况下的水量调度预案	流域管理机构商有关省、自治区、直辖市人民政府	国务院或者其授权的部门
其他跨行政区域的水量分配方案和旱情紧急情况下的水量调度预案	共同的上一级人民政府水行政主管部门商有关地方人民政府	本级人民政府

3. 实行取水许可制度和水资源有偿使用制度

直接从江河、湖泊或者地下取用水资源的单位和个人，应当按照国家取水许可制度和水资源有偿使用制度的规定，向水行政主管部门或者流域管理机构申请领取取水许可证，并缴纳水资源费，取得取水权（《水法》第 48 条）。

未经批准擅自取水或者未依照批准的取水许可规定条件取水的，由县级以上人民政府水行政主管部门或者流域管理机构依据职权，责令停止违法行为，限期采取补救措施，处 2 万元以上 10 万元以下的罚款；情节严重的，吊销其取水许可证（《水法》第 69 条）。

拒不缴纳、拖延缴纳或者拖欠水资源费的，由县级以上人民政府水行政主管部门或者流域管理机构依据职权，责令限期缴纳；逾期不缴纳的，从滞纳之日起按日加收滞纳部分 2‰的滞纳金，并处应缴或者补缴水资源费 1 倍以上 5 倍以下的罚款（《水法》第 70 条）。

但是，家庭生活和零星散养、圈养畜禽饮用等少量取水的除外。实施取水许可制度和征收管理水资源费的具体办法，由国务院规定（《水法》第 48 条）。

4．节约用水

（1）工业用水应当采用先进技术、工艺和设备，增加循环用水次数，提高水的重复利用率（《水法》第 51 条）。

生产、销售或者在生产经营中使用国家明令淘汰的落后的、耗水量高的工艺、设备和产品的，责令停止生产、销售或者使用，处 2 万元以上 10 万元以下的罚款（《水法》第 68 条）。

（2）新建、扩建、改建建设项目，应当制订节水措施方案，配套建设节水设施。节水设施应当与主体工程同时设计、同时施工、同时投产。供水企业和自建供水设施的单位应当加强供水设施的维护管理，减少水的漏失（《水法》第 53 条）。

建设项目的节水设施没有建成或者没有达到国家规定的要求，擅自投入使用的，责令停止使用，限期改正，处 5 万元以上 10 万元以下的罚款（《水法》第 71 条）。

（六）关于水事纠纷处理的规定

1．不同行政区域之间水事纠纷的处理

不同行政区域之间发生水事纠纷的，应当协商处理；协商不成的，由上一级人民政府裁决，有关各方必须遵照执行。在水事纠纷解决前，未经各方达成协议或者共同的上一级人民政府批准，在行政区域交界线两侧一定范围内，任何一方不得修建排水、阻水、取水和截（蓄）水工程，不得单方面改变水的现状（《水法》第 56 条）。

拒不执行上一级人民政府的裁决或者在水事纠纷解决前，未经各方达成协议或者上一级人民政府批准，单方面违反本法规定改变水的现状的，对负有责任的主管人员和其他直接责任人员依法给予行政处分（《水法》第 75 条）。

2．单位之间、个人之间、单位与个人之间发生的水事纠纷的处理

先由当事人之间协商解决；当事人不愿协商或者协商不成的，可以申请县级以上地方人民政府或者其授权的部门调解，也可以直接向人民法院提起民事诉讼。县级以上地方人民政府或者其授权的部门调解不成的，当事人可以向人民法院提起民事诉讼。在水事纠纷解决前，当事人不得单方面改变现状（《水法》第57条）。

第四节　水土保持的法律规定

一、水土保持的立法概况

（一）法律

《水土保持法》（1991年6月29日起施行）。

（二）行政法规

《水土保持法实施条例》（1993年8月1日起实施）。

二、《水土保持法》的结构及要点

参见图表6-14。

三、水土保持的主要法律规定

（一）关于水土保持工作指导方针的规定

国家对水土保持工作实行预防为主，全面规划，综合防治，因地制宜，加强管理，注重效益的方针（第4条）。

（二）关于预防水土流失的规定

1．限制开垦坡地

（1）禁止在25度以上陡坡地开垦种植农作物。省、自治区、直辖市人民政府可以根据本辖区的实际情况，规定小于25度的禁止开垦坡度（第14条）。

如若违反上述规定，责令停止开垦、采取补救措施，可处以罚款，罚款幅度为非法开垦的陡坡地每平方米1～2元[第32条、《水土保持法实施条例》（以下简称《条例》）第26条]。

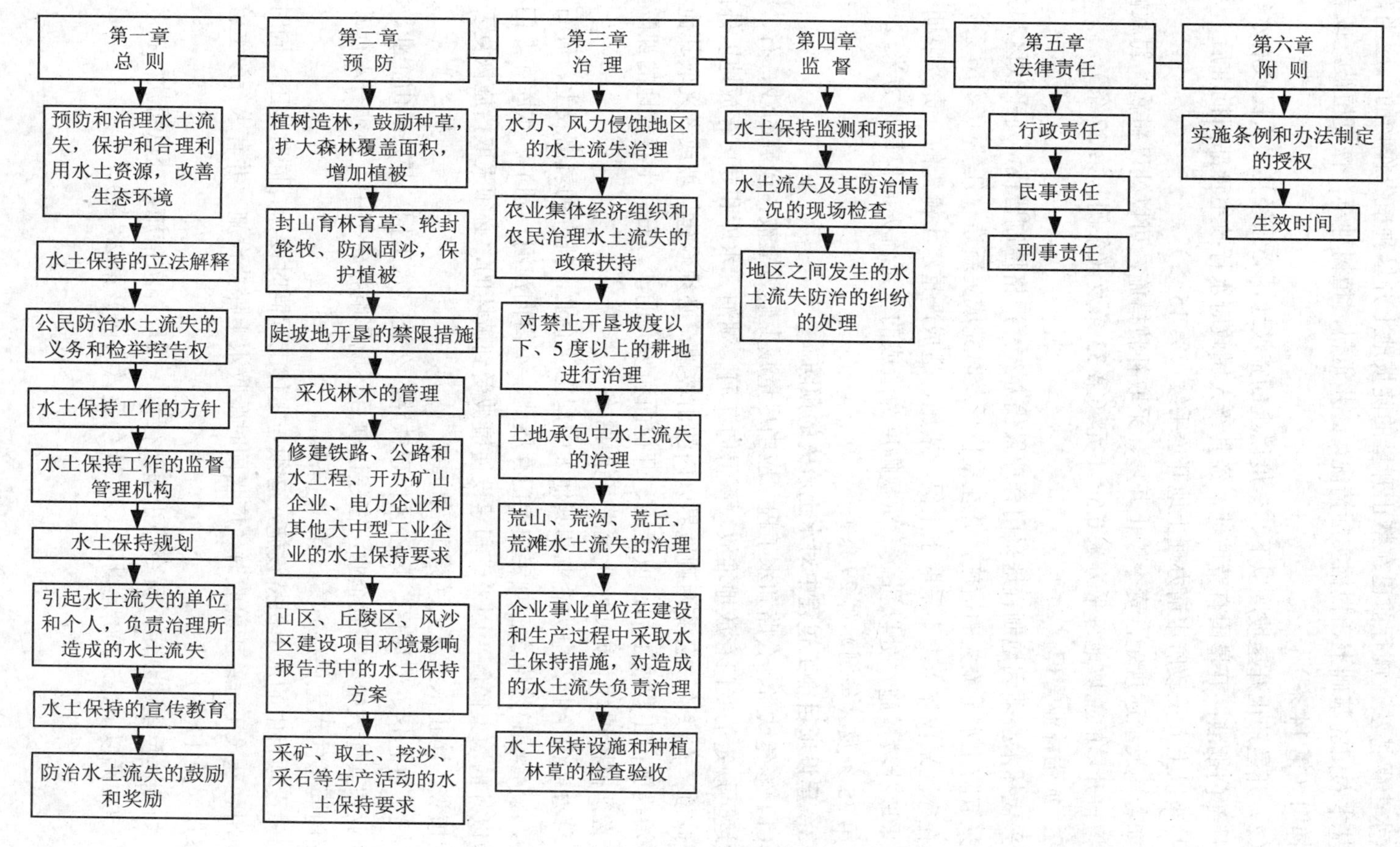

图表 6-14　《水土保持法》的结构及要点

《水土保持法》施行前已在禁止开垦的陡坡地上开垦种植农作物的，应当在建设基本农田的基础上，根据实际情况，逐步退耕，植树种草，恢复植被，或者修建梯田（第 14 条）。

（2）开垦禁止开垦坡度以下、5 度以上的荒坡地，必须经县级人民政府水行政主管部门批准；开垦国有荒坡地，经县级人民政府水行政主管部门批准后，方可向县级以上人民政府申请办理土地开垦手续（第 15 条）。

如若违反上述规定，责令停止开垦、采取补救措施，可以处以罚款，罚款幅度为擅自开垦的荒坡地每平方米 0.5～1 元（第 33 条及《条例》第 27 条）。

2. 加强林业管理

采伐林木必须因地制宜地采用合理采伐方式，严格控制皆伐，对采伐区和集材道采取防止水土流失的措施，并在采伐后及时完成更新造林任务（第 16 条）。

在林区采伐林木，不采取水土保持措施，造成严重水土流失的，责令限期改正、采取补救措施，处以罚款，罚款幅度为造成的水土流失面积每平方米 2～5 元（第 35 条及《条例》第 29 条）。

3. 建设项目施工过程中对水土流失的预防

（1）修建铁路、公路和水工程，应当尽量减少破坏植被；废弃的沙、石、土必须运至规定的专门存放地堆放，不得向江河、湖泊、水库和专门存放地以外的沟渠倾倒；在铁路、公路两侧地界以内的山坡地，必须修建护坡或者采取其他土地整治措施；工程竣工后，取土场、开挖面和废弃的沙、石、土存放地的裸露土地，必须植树种草，防止水土流失（第 18 条）。

开办矿山企业、电力企业和其他大中型工业企业，排弃的剥离表土、矸石、尾矿、废渣等必须堆放在规定的专门存放地，不得向江河、湖泊、水库和专门存放地以外的沟渠倾倒；因采矿和建设使植被受到破坏的，必须采取措施恢复表土层和植被，防止水土流失（第 18 条）。

（2）在山区、丘陵区、风沙区修建铁路、公路、水工程，开办矿山企业、电力企业和其他大中型工业企业，在建设项目环境影响报告书中，必须有水行政主管部门同意的水土保持方案（第 19 条）。

建设项目中的水土保持设施，必须与主体工程同时设计、同时施工、同时投产使用。建设工程竣工验收时，应当同时验收水土保持设施，并有水行政主管部门参加（第 19 条）。

如若违反上述规定，责令停止违法行为、采取补救措施，处以罚款，罚款幅度为 500 元以上、5 000 元以下（第 34 条及《条例》第 28 条）。

（三）关于治理水土流失的规定

1. 承包土地的治理

水土流失地区的集体所有的土地承包给个人使用的，应当将治理水土流失的责任列入承包合同（第25条）。

荒山、荒沟、荒丘、荒滩的水土流失，可以由农业集体经济组织、农民个人、联户或者专业队承包治理，也可以由企业事业单位或者个人投资投劳入股治理（第26条及《条例》第18条）。

对荒山、荒沟、荒丘、荒滩水土流失的治理实行承包的，应当按照谁承包治理谁受益的原则，签订水土保持承包治理合同。承包治理所种植的林木及其果实，归承包者所有，因承包治理而新增加的土地，由承包者使用（第26条）。

国家保护承包治理合同当事人的合法权益。在承包治理合同有效期内，承包方经发包方同意，可以将承包治理合同转让给第三者；承包人死亡时，继承人可以依照承包治理合同的约定继续承包（第26条及《条例》第18条）。

2. 企业事业单位的治理责任

企业事业单位在建设和生产过程中造成水土流失的，应当负责治理。本单位因技术等原因无力自行治理的，可以交纳防治费，由水行政主管部门组织治理（《条例》第19条）。

企业事业单位在建设和生产过程中造成水土流失，不进行治理的，可以根据所造成的危害后果处以罚款，罚款幅度为1 000 元以上、1 万元以下，罚款由县级人民政府水行政主管部门报请县级人民政府决定；或者责令停业治理，责令停业治理由市、县人民政府决定，中央或者省级人民政府直接管辖的企业事业单位的停业治理，须报请国务院或者省级人民政府批准（第36条及《条例》第30条）。

第五节　森林资源保护的法律规定

一、森林资源保护的立法概况

（一）法律

《森林法》（1984年9月20日通过，1998年4月29日修订并于同年7月1日起实施）。

（二）行政法规

（1）《森林采伐更新管理办法》（1987年8月25日国务院批准，同年9月1日颁布实施）；

（2）《森林防火条例》（1988年3月5日实施）；

（3）《森林病虫害防治条例》（1989年12月18日颁布实施）；

（4）《森林法实施条例》（2000年1月29日颁布实施）；

（5）《退耕还林条例》（2003年1月20日实施）；

（6）《国家处置重特大森林火灾应急预案》（2006年1月14日颁布实施）；

（7）《中共中央、国务院关于加快林业发展的决定》（2003年6月25日颁布实施）。

（三）部门规章

（1）《林业行政处罚程序规定》（1996年10月1日实施）；

（2）《占用征用林地审核审批管理办法》（2001年1月4日实施）；

（3）《森林植被恢复费征收使用管理暂行办法》（2003年1月1日实施）；

（4）《林业行政处罚听证规则》（2002年12月15日实施）；

（5）《林业标准化管理办法》（2003年9月1日实施）；

（6）《国家林业局关于严格天然林采伐管理的意见》（2003年12月15日颁布实施）；

（7）《中央森林生态效益补偿基金管理办法》（2004年10月21日颁布实施）；

（8）《森林资源资产抵押登记办法（试行）》（2004年7月5日颁布实施）；

（9）《国家林业局关于全面推进依法治林实施纲要》（2004年11月5日颁布实施）；

（10）《林业统计管理办法》（2005年7月1日颁布实施）；

（11）《突发林业有害生物事件处置办法》（2005年7月1日起施行）；

（12）《开展林木转基因工程活动审批管理办法》（2006年7月1日实施）；

（13）《林木种子质量管理办法》（2007年1月1日实施）。

二、《森林法》的结构及要点

见图表6-15。

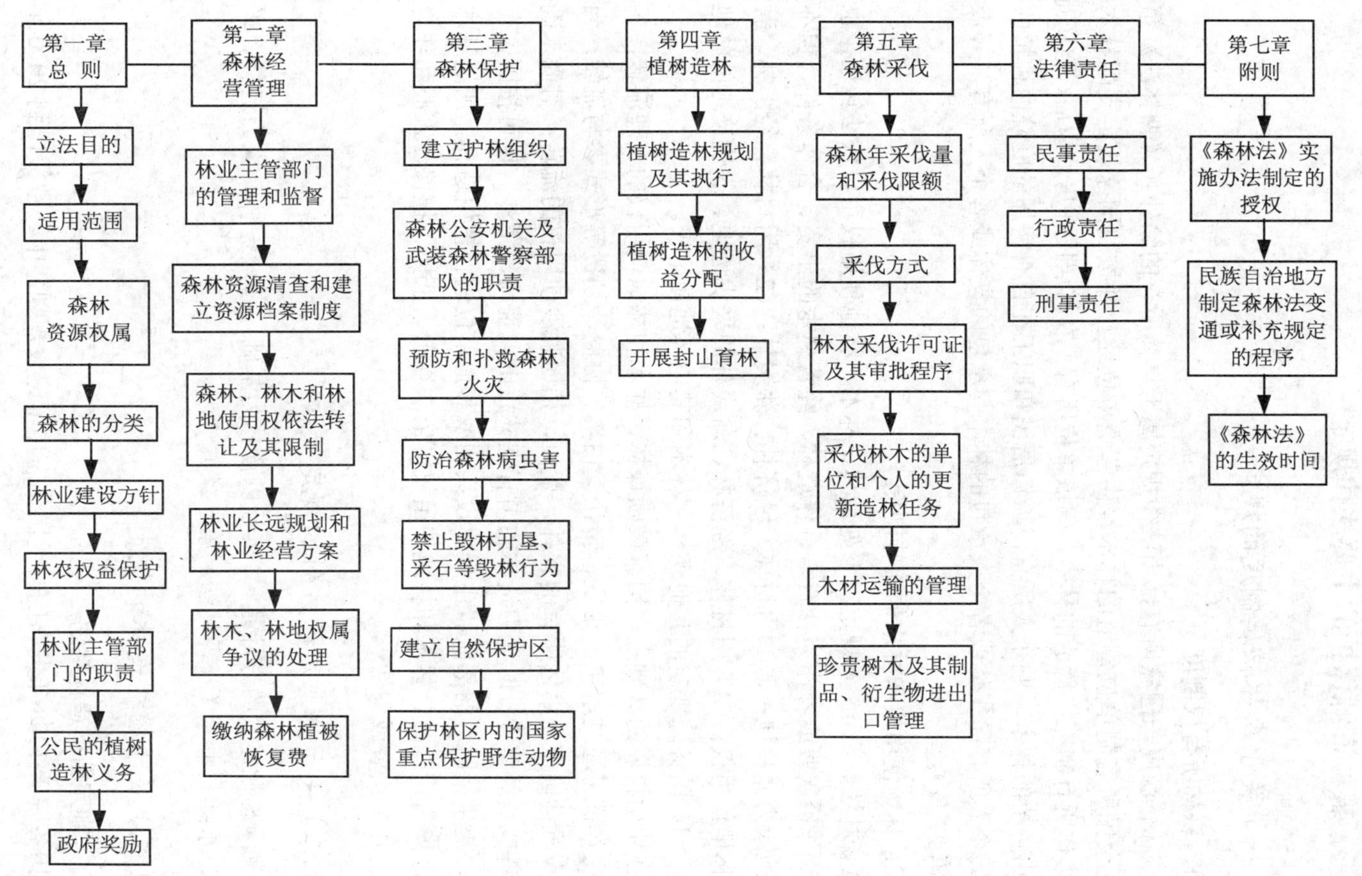

图表 6-15　《森林法》的结构及要点

三、森林资源保护的主要法律规定

（一）关于森林权属制度的规定

1. 森林所有权制度

森林资源属于国家所有，由法律规定属于集体所有的除外（《森林法》第 3 条）。全民所有制单位营造的林木，由营造单位经营并按照国家规定支配林木收益；集体所有制单位营造的林木，归该单位所有；农村居民在房前屋后、自留地、自留山种植的林木，归个人所有，城镇居民和职工在自有房屋的庭院内种植的林木，归个人所有；集体或者个人承包的林木归承包的集体或者个人所有（《森林法》第 27 条）。

2. 林地使用权和林木的流转制度

《森林法》第 15 条规定，下列森林、林木、林地使用权可以依法转让，也可以依法作价入股或者作为合资、合作造林、经营林木的出资、合作条件，但不得将林地改为非林地：（1）用材林、经济林、薪炭林；（2）用材林、经济林、薪炭林的林地使用权；（3）用材林、经济林、薪炭林的采伐迹地、火烧迹地的林地使用权；（4）国务院规定的其他森林、林木和其他林地使用权。

在明确权属的基础上，国家鼓励森林、林木和林地使用权的合理流转，各种社会主体都可通过承包、租赁、转让、拍卖、协商、划拨等形式参与流转；当前要重点推动国家和集体所有的宜林、荒山、荒地荒沙使用权的流转；对尚未确定经营者或其经营者一时无力造林的国有宜林荒山、荒地、荒沙，也可按国家有关规定，提供给附近的部队、生产建设兵团或其他单位进行植树造林，所造林木归造林者所有；森林、林木和林地使用权可依法继承、抵押、担保、入股和作为合资、合作的出资或条件[21]。

（二）关于林业建设方针的规定

我国林业建设的方针是："实行以营林为基础，普遍护林、大力造林、采育结合、永续利用。"（《森林法》第 5 条）。

（三）关于植树造林的规定

1. 制定植树造林规划

国务院于 1998 年发布的《全国生态环境建设规划》中，曾提出到 2010 年，

---

21 参见 2003 年 6 月 25 日国务院出台的《中共中央国务院关于加快林业发展的决定》。

全国森林覆盖率达到 17.6%以上；2003 年 9 月 10 日国务院公布的《关于加快林业发展的决定》中提出，力争到 2010 年，使我国森林覆盖率达到 19%以上。

2．组织植树造林

各级政府应当组织各行各业和城乡居民完成植树造林规划确定的任务。

3．组织封山育林

封山育林是山区人民扩大森林面积的有效措施，具有投资少、简便易行、形成多树种多层次覆盖、保持水土、比单一树种能较佳发挥生态效益等优点，适合于天然更新能力强的疏林地、造林不易成活需要改善土地条件的荒山荒地、幼林地以及一切其他有天然恢复植被可能的荒山和荒地，由当地人民政府组织实施。

（四）关于森林保护的规定

1．建立林业基金制度

林业基金由国家对林业的投资、各级财政的拨款、银行的贷款、按照规定提取的育林基金和更新改造资金、接收的捐赠款、经过批准的其他资金等组成，主要用于营林生产性支出。由各级林业部门按照规定权限分级管理，专款专用，年终结余允许跨年度使用。

煤炭、造纸等部门，按照煤炭和木浆纸张等产品的产量提取一定数额的资金，专门用于营造坑木、造纸等用材林（《森林法》第 8 条第 1 款）。

2．建立森林生态效益补偿基金制度

森林生态效益补偿基金用于提供生态效益的防护林和特种用途林的森林资源、林木的营造、抚育、保护和管理。森林生态效益补偿基金必须专款专用，不得挪作他用。具体办法由国务院规定（《森林法》第 8 条第 2 款）。

3．征收育林费制度

育林费就是从木材、竹材和一部分林产品的销售收入中，征收一定数额的资金，用来造林育林，也叫育林基金。目前我国实行的征收育林费制度分为两种：一种叫国有林育林基金，按第一次销售价的 21%，由生产单位向用户提取；另一种叫集体育林基金，由木材经营单位缴纳，按第一次卖出价的 12%提取。育林基金由林业部门统一征收，分级管理，专款专用，用于造林育林（《森林法》第 8 条第 1 款）。

4．木材综合利用及木材代用制度

随着森林资源日渐衰竭，提倡木材综合利用、节约使用木材，鼓励开发、利用木材代用品，是保护森林资源的必要措施。在有条件的地方可以实行以煤代木，发展沼气和小水电，发展人造板生产；在煤炭、铁道、建材等用材较多的部门，积极推广金属矿柱、水泥轨枕、塑钢门窗等多种木材代用品（《森林法》第 8 条第 1 款）。

5．建立护林组织

地方各级人民政府应当组织有关部门建立护林组织，负责护林工作，划定责任区，并配备专职或者兼职护林员（《森林法》第 19 条）。在林区设立的森林公安机关，负责维护辖区社会治安秩序，保护辖区内的森林资源，并依法代行行政处罚权（《森林法》第 20 条）。

6．预防和扑救森林火灾

地方各级人民政府应当切实做好森林火灾的预防和扑救工作，森林防火工作实行“预防为主，积极消灭”的方针，遵从《国家处置重、特大森林火灾应急预案》的规定。

7．防治森林病虫害

森林病虫害防治工作实行“预防为主，综合治理”的方针和“谁经营，谁防治”的责任制度。各级林业主管部门负责组织森林病虫害防治工作，负责规定林木种苗的检疫对象，划定疫区和保护区，对林木种苗进行检疫。

8．禁止毁林

禁止毁林开垦和毁林采石、采砂、采土以及其他毁林行为。禁止在幼林地和特种用途林内砍柴、放牧（《森林法》第 23 条）。从事上述违法活动，致使森林、林木受到毁坏的，依法赔偿损失，由林业主管部门依法追究法律责任（《森林法》第 44 条）。

9．建立自然保护区

国务院林业主管部门和省级政府，应当依法划定自然保护区，加强保护管理。对自然保护区以外的珍贵树木和林区内具有特殊价值的植物资源，应当认真保护；未经省、自治区、直辖市林业主管部门批准，不得采伐和采集（《森林法》第 24 条）。

（五）关于森林采伐的规定

1．森林采伐的原则

我国森林采伐原则是“用材林的消耗量低于生长量”。

2．森林采伐限额的规定

国家根据用材林的消耗量低于生长量的原则，严格控制森林年采伐量。国家、集体、个人所有的森林、林木，除农民自留地和房前屋后零星树木外，都要制定采伐限额，报国务院批准；国家制定统一的年度木材生产计划，年度木材生产计划不得超过批准的年采伐限额。违反上述规定，依法追究法律责任（《森林法》第 41 条）。

3．森林采伐许可证制度

采伐林木（包括竹林）必须申请采伐许可证，按许可证的规定进行采伐；农村居民采伐自留地和房前屋后个人所有的零星林木除外。违反上述规定，依法追究法律责任（《森林法》第32条、第39条、第40条）。

按照《森林法》规定，有无采伐许可证和是否按照采伐许可证的规定进行采伐是判断林木采伐行为合法与否的界限。违反采伐许可证的规定，盗伐、滥伐森林、林木及非法采伐珍贵树木的，导致行政违法，甚至刑事犯罪[22]。

4．木材运输管理制度

依法取得采伐许可证后，按照许可证的规定采伐的木材，从林区运出时，林业主管部门应当发给运输证件。对未取得运输证件或者物资主管部门发给的调拨通知书运输木材的，木材检查站有权制止。违反本法规定，在林区非法收购明知是盗伐、滥伐的林木的，由林业主管部门依法追究法律责任[23]。

5．森林采伐方式

采伐森林和林木必须遵守下列规定：（1）成熟的用材林应当根据不同情况，分别采取择伐、皆伐和渐伐方式，皆伐应当严格控制，并在采伐的当年或者次年内完成更新造林；（2）防护林和特种用途林中的国防林、母树林、环境保护林、风景林，只准进行抚育和更新性质的采伐；（3）特种用途林中的名胜古迹和革命纪念地的林木、自然保护区的森林，严禁采伐。

6．珍贵树木及其制品、衍生物的出口禁限制度

我国的椴木、水曲柳、红豆杉、榉木、柳杉、黄菠萝等珍贵树种处于濒危或者趋于灭绝状态，国家禁止、限制出口珍贵树木及其制品、衍生物。出口国家限制出口的珍贵树木及其制品、衍生物的，必须依法办理手续；进出口的树木或者其制品、衍生物属于中国参加的国际公约限制进出口的濒危物种的，并必须向国家濒危物种进出口管理机构申请办理允许进出口证明书，海关凭允许进出口证明书放行。违反法律规定，依法追究法律责任。[24]

---

22 详见《刑法》第344条、第345条及《刑法修正案四》。

23 详见《森林法》第39条、第40条；《刑法》第344条、第345条及《刑法修正案四》。

24 详见《森林法》第38条、《刑法修正案四》。

第六节　草原资源保护的法律规定

一、草原资源保护的立法概况

（一）法律

《中华人民共和国草原法》（1985 年通过，2002 年修订，2003 年 3 月 1 日起实施）。

（二）行政法规

（1）《草原防火条例》（1993 年 10 月 5 日发布实施）；

（2）《国务院关于进一步做好退耕还林还草试点工作的若干意见》（2000 年 9 月 10 日发布实施）；

（3）《国务院关于禁止采集和销售发菜制止滥挖甘草和麻黄有关问题的通知》（2000 年 6 月 14 日发布实施）；

（4）《国务院关于加强草原保护与建设的若干意见》（2002 年 9 月 16 日发布实施）。

（三）部门规章

（1）《农业部关于进一步做好退牧还草工程实施工作的通知》（2003 年 10 月 14 日发布实施）；

（2）《关于加强水土保持生态修复促进草原保护与建设的通知》（2004 年 9 月 4 日发布实施）；

（3）《关于进一步加强草原监督管理工作的通知》（2005 年 10 月 7 日发布实施）；

（4）《草畜平衡管理办法》（2005 年 1 月 19 日颁布，同年 3 月 1 日实施）；

（5）《农业部草原监理中心关于印发〈草原监理人员行为准则〉的通知》（2005 年 12 月 14 日颁布实施）；

（6）《草原征占用审核审批管理办法》（2006 年 1 月 27 日颁布，同年 3 月 1 日实施）。

二、《草原法》的结构及要点

见图表 6-16。

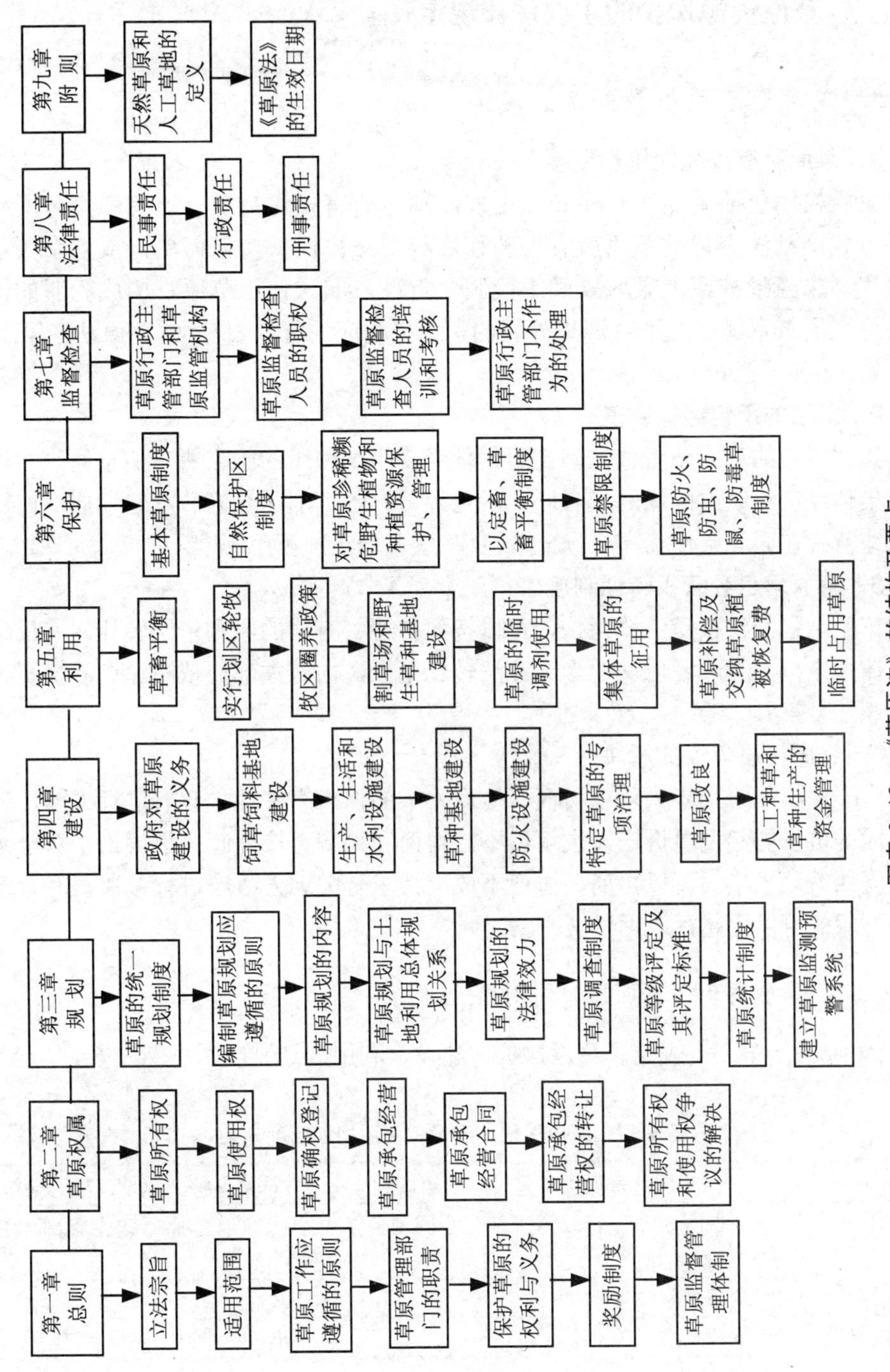

图表 6-16　《草原法》的结构及要点

三、草原资源保护的主要法律规定

（一）关于草原权属制度的规定

1．草原所有权和使用权制度

草原权属包括草原所有权和使用权。草原所有权包括全民所有和集体所有两种方式。依法登记的草原所有权和使用权受法律保护，任何单位或者个人不得侵犯。未经批准或者采取欺骗手段骗取批准，非法使用草原，构成犯罪的，依法追究刑事责任；尚不够刑事处罚的，承担相应的行政责任（《草原法》第11条、第12条、第65条）。

2．草原的承包经营制度

集体所有的草原或者依法确定给集体经济组织使用的国家所有的草原，可以由本集体经济组织内的家庭或者联户承包经营，签订书面合同。承包期届满，原承包经营者在同等条件下享有优先承包权（《草原法》第14条）。

3．草原承包经营权转让制度

草原承包经营权受法律保护，可以按照自愿、有偿的原则依法转让。违反上述法律规定，买卖或者以其他形式非法转让草原，由有关部门依法追究法律责任（《草原法》第64条）。

4．草原权属争议的解决

对于侵权纠纷当事人可以协商，协商不成的请求有关地方政府进行调解，调解不成的可以提起民事诉讼，也可以不经协商和调解直接提起民事诉讼；对于确认权属纠纷，当事人可以协商，协商不成的请求有关地方政府进行裁决，对行政裁决不服的可以提起行政诉讼。

（二）草原保护、建设、利用规划制度

《草原法》第三章规定了草原保护、建设、利用规划制度，见图表6-17。

图表6-17　草原保护、建设、利用规划制度分类

	全国草原保护、建设、利用规划	地方草原保护、建设、利用规划
编制主体	国务院草原行政主管部门会同国务院有关部门	县以上政府草原行政主管部门会同有关部门
批准机关	国务院	本级政府
调整或修改	原批准机关批准	原批准机关批准

		全国草原保护、建设、利用规划	地方草原保护、建设、利用规划
编制依据和原则		应当依据国民经济和社会发展规划并遵循下列原则：改善生态环境，维护生物多样性，促进草原的可持续利用；以现有草原为基础，因地制宜，统筹规划，分类指导；保护为主、加强建设、分批改良、合理利用；生态效益、经济效益、社会效益相结合	应当依据国民经济和社会发展规划并遵循下列原则：改善生态环境，维护生物多样性，促进草原的可持续利用；以现有草原为基础，因地制宜，统筹规划，分类指导；保护为主、加强建设、分批改良、合理利用；生态效益、经济效益、社会效益相结合
规划内容		草原保护、建设、利用的目标和措施，草原功能分区和各项建设的总体部署，各项专业规划等	草原保护、建设、利用的目标和措施，草原功能分区和各项建设的总体部署，各项专业规划等
与其他规划的关系		应当与土地利用总体规划相衔接，与环境保护规划、水土保持规划、防沙治沙规划、水资源规划、林业长远规划、城市总体规划、村庄和集镇规划以及其他有关规划相协调	应当与土地利用总体规划相衔接，与环境保护规划、水土保持规划、防沙治沙规划、水资源规划、林业长远规划、城市总体规划、村庄和集镇规划以及其他有关规划相协调
规划的效力		草原保护、建设、利用规划一经批准，必须严格执行	草原保护、建设、利用规划一经批准，必须严格执行
与规划有关的配套制度	草原调查制度	县级以上人民政府草原行政主管部门会同同级有关部门定期进行草原调查	县级以上人民政府草原行政主管部门会同同级有关部门定期进行草原调查
	草原等级评定制度	国务院草原行政主管部门会同国务院有关部门制定全国草原等级评定标准	县级以上人民政府草原行政主管部门根据草原调查结果、草原的质量，依据草原等级评定标准，对草原进行评等定级
	草原统计制度	县级以上政府草原行政主管部门和同级统计部门共同制定草原统计调查办法，依法对草原的面积、等级、产草量、载畜量等进行统计，定期发布草原统计资料	县级以上政府草原行政主管部门和同级统计部门共同制定草原统计调查办法，依法对草原的面积、等级、产草量、载畜量等进行统计，定期发布草原统计资料
	草原生产、生态监测系统	县级以上人民政府草原行政主管部门对草原的面积、等级、植被构成、生产能力、自然灾害、生物灾害等草原基本状况实行动态监测，及时为本级政府和有关部门提供动态监测和预警信息服务	县级以上人民政府草原行政主管部门对草原的面积、等级、植被构成、生产能力、自然灾害、生物灾害等草原基本状况实行动态监测，及时为本级政府和有关部门提供动态监测和预警信息服务

（三）关于草原建设的规定

1. 增加草原建设的投入

县级以上人民政府应当增加草原建设的投入，支持草原建设。国家鼓励单位和个人投资建设草原，按照“谁投资、谁受益”的原则保护草原投资建设者的合法权益（《草原法》第 26 条）。

2．支持、鼓励和引导农牧民开展生产、生活和水利设施建设

县级以上人民政府应当支持、鼓励和引导农牧民开展草原围栏、饲草饲料储备、牲畜圈舍、牧民定居点等生产生活设施的建设。县级以上地方人民政府应当支持草原水利设施建设，发展草原节水灌溉，改善人畜饮水条件（《草原法》第 28 条）。

3．加强草种基地建设

县级以上人民政府应当按照草原保护、建设、利用规划加强草种基地建设，鼓励选育、引进、推广优良草品种（《草原法》第 29 条）。

4．草原防火设施建设

县级以上人民政府应当有计划地进行火情监测、防火物资储备、防火隔离带等草原防火设施的建设，确保防火需要（《草原法》第 30 条）。

5．组织专项治理草原

对退化、沙化、盐碱化、石漠化和水土流失的草原，地方各级人民政府应当按照草原保护、建设、利用规划，划定治理区，组织专项治理（《草原法》第 31 条）。

（四）关于草原利用的规定

1．草畜平衡

草原承包经营者应当合理利用草原，不得超过草原行政主管部门核定的载畜量，保持草畜平衡（《草原法》第 33 条）。

2．均衡利用草原

牧区的草原承包经营者应当实行划区轮牧，合理配置畜群，均衡利用草原（《草原法》第 34 条）。

3．提倡牲畜圈养

国家提倡在农区、半农半牧区和有条件的牧区实行牲畜圈养（《草原法》第 35 条）。

4．轮割轮采

县级以上地方人民政府草原行政主管部门对割草场和野生草种基地应当规定合理的割草期、采种期以及留茬高度和采割强度，实行轮割轮采（《草原法》第 36 条）。

5．征用集体草原和使用国有草原

进行矿藏开采和工程建设，一般应当不占或者少占草原；确需征用或者使用草原的，必须经省以上政府草原行政主管部门审核同意后，依法办理建设用地审批手续；因建设征用集体草原或使用国有草原的，应当依法给予补偿并交纳草原植被恢复费。违反法律规定，非法批准征用、使用草原或截流、挪用草原植被恢复费，依法追究法律责任（《草原法》第 38 条、第 62 条、第 63 条）。

6．临时占用草原

需要临时占用草原的，应当经县以上地方政府草原行政主管部门审核同意。临时占用草原的期限不得超过 2 年，并不得在该草原上修建永久性建筑物、构筑物。违反上述规定，依法承担相应的法律责任（《草原法》第 71 条）。

7．修建草原保护的必要设施

在草原上修建直接为草原保护和畜牧业生产服务的工程设施，需要使用草原的，由县以上政府草原行政主管部门批准；修筑其他工程，需要将草原转为非畜牧业生产用地的，必须依法办理建设用地审批手续（《草原法》第 41 条）。

（五）关于草原保护的规定

1．实行基本草原保护制度

下列草原应当划为基本草原，实施严格管理：① 重要放牧场；② 割草地；③ 用于畜牧业生产的人工草地、退耕还草地以及改良草地、草种基地；④ 对调节气候、涵养水源、保持水土、防风固沙具有特殊作用的草原；⑤ 作为国家重点保护野生动植物生存环境的草原；⑥ 草原科研、教学试验基地；⑦ 国务院规定应当划为基本草原的其他草原。

2．建立草原自然保护区

国务院草原行政主管部门或者省级政府可以按照自然保护区管理的有关规定（见《自然保护区条例》第 10 条）在下列地区建立草原自然保护区：① 具有代表性的草原类型；② 珍稀濒危野生动植物分布区；③ 具有重要生态功能和经济科研价值的草原。

3．实行以草定畜、草畜平衡制度

县级地方政府草原行政主管部门应当按照国务院草原行政主管部门制定的草原载畜量标准，结合当地实际情况，定期核定草原载畜量。各级政府应当采取有效措施，防止超载过牧（《草原法》第 45 条）。

4．禁止开垦草原

对水土流失严重、有沙化趋势、需要改善生态环境的已垦草原，应当有计划、有步骤地退耕还草；已造成沙化、盐碱化、石漠化的，应当限期治理（《草原法》第 46 条）。对非法开垦草原的，依法追究法律责任；给草原所有者或者使用者造成损失的，依法承担赔偿责任（《草原法》第 66 条）。

5. 实行退耕还草、禁牧、休牧制度

对严重退化、沙化、盐碱化、石漠化的草原和生态脆弱区的草原，实行禁牧、休牧制度（《草原法》第 47 条）。国家支持依法实行退耕还草和禁牧、休牧（《草原法》第 48 条）。

6. 禁止破坏草原植被

禁止在荒漠、半荒漠和严重退化、沙化、盐碱化、石漠化、水土流失的草原以及生态脆弱区的草原上采挖植物和从事破坏草原植被的其他活动（《草原法》第 49 条）。违法实施上述行为的，依法承担行政责任和民事赔偿责任（《草原法》第 67 条）。

7. 在草原上从事采土、采沙、采石等作业活动的审批制度

在草原上从事采土、采沙、采石等作业活动的，应当报县级人民政府草原行政主管部门批准（《草原法》第 50 条）。违法进行上述活动的，由有关部门进行行政处罚；给草原所有者或者使用者造成损失的，依法承担赔偿责任（《草原法》第 68 条）。

8. 其他保护措施

① 在草原上开展经营性旅游活动，应当符合有关草原规划，并事先征得有关部门的同意，不得侵犯草原所有者、使用者和承包经营者的合法权益，不得破坏草原植被。违反上述规定，依法追究法律责任（《草原法》第 52 条、第 69 条）。② 禁止机动车辆离开道路在草原上行驶（抢险救灾和牧民搬迁的机动车辆除外），破坏草原植被。违反上述规定，依法追究法律责任（《草原法》第 55 条、第 70 条）。

（六）关于监督检查的规定

1. 设立草原监督管理机构

国务院草原行政主管部门和草原面积较大的省、自治区的县级以上地方人民政府草原行政主管部门设立草原监督管理机构，负责草原法律、法规执行情况的监督检查，对违反草原法律、法规的行为进行查处（《草原法》第 56 条）。

2. 草原监督检查人员职责

草原监督检查人员履行监督检查职责时，有权采取下列措施：①要求被检查单位或者个人提供有关草原权属的文件和资料，进行查阅或者复制；②要求被检查单位或者个人对草原权属等问题作出说明；③进入违法现场进行拍照、摄像和勘测；④责令被检查单位或者个人停止违反草原法律、法规的行为，履行法定义务（《草原法》第 57 条）。草原行政主管部门工作人员及其他国家机关有关工作人员玩忽职守、滥用职权，不依法履行监督管理职责，或者发现违法行为不予查处，造成严重后果，构成犯罪的，依法追究刑事责任；尚不够刑事处罚的，依法

给予行政处分（《草原法》第 61 条）。

第七节　野生动植物资源保护的法律规定

一、野生动物资源保护的法律规定

（一）野生动物保护的立法概况

1．法律

《中华人民共和国野生动物保护法》（1988 年 11 月 8 日通过，2004 年 8 月 28 日修订实施）。

2．行政法规

（1）《森林和野生动物类型自然保护区管理办法》（1985 年 6 月 21 日国务院批准，同年 7 月 6 日发布实施）；

（2）《国家重点保护野生动物名录》（1988 年 12 月公布）；

（3）《陆生野生动物保护实施条例》（1992 年发布）；

（4）《水生野生动物保护实施条例》（1993 年发布）；

（5）《关于禁止犀牛角和虎骨贸易的通知》（1993 年发布）；

（6）《中华人民共和国濒危野生动植物进出口管理条例》（2006 年 4 月 29 日发布）。

3．部门规章

（1）《国家保护的有益的或者有重要经济、科学研究价值的陆生野生动物名录》（2000 年 8 月 1 日国家林业局发布）；

（2）《关于发布中国第一批外来入侵物种名单的通知》（2003 年 1 月 10 日国家环保总局发布）；

（3）《关于加强外来入侵物种防治工作的通知》（2003 年 1 月 13 日国家环保总局发布实施）；

（4）《引进陆生野生动物外来物种种类及数量审批管理办法》（2005 年 9 月 27 日国家林业局发布，同年 11 月 1 日起施行）；

（5）《突发林业有害生物事件处置办法》（2005 年 5 月 13 日通过，7 月 1 日起实施）。

4．国际公约

我国加入的关于保护野生动物的国际公约、协定主要有：①《濒危野生动植物种国际贸易公约》；②《关于特别是作为水禽栖息地的国际重要湿地公约》；③《生物多样性保护公约》；④《中华人民共和国政府和日本国政府保护候鸟及其栖息环境的协定》；⑤《中华人民共和国政府和澳大利亚政府保护候鸟及其栖息环境的协定》。

（二）《野生动物保护法》的结构及要点

见图表 6-18。

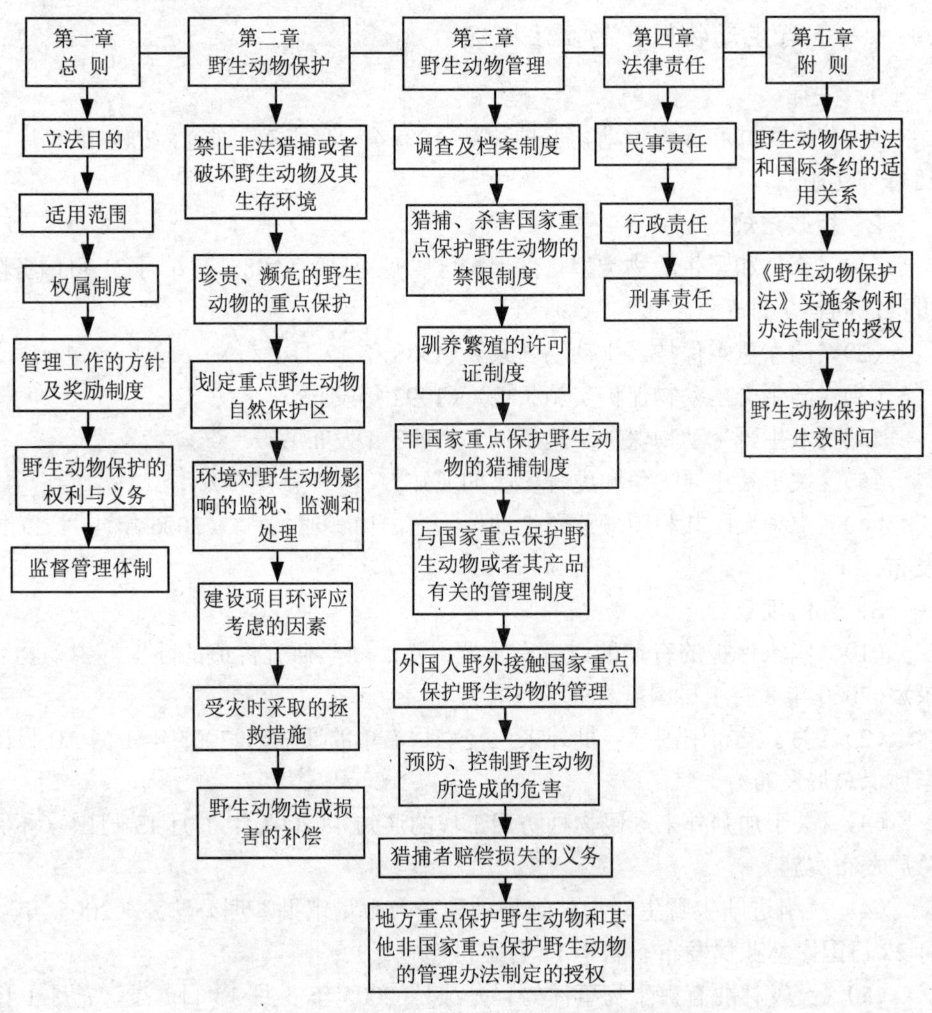

图表 6-18 《野生动物保护法》的结构及要点

（三）野生动物保护的主要法律规定

1. 野生动物保护的方针

国家对野生动物实行加强资源保护、积极驯养繁殖、合理开发利用的方针，鼓励开展野生动物科学研究（《野生动物保护法》第4条）。

2. 野生动物的权属制度

野生动物资源属于国家所有。国家保护依法开发利用野生动物资源的单位和个人的合法权益（《野生动物保护法》第3条）。

3. 野生动物保护制度

（1）野生动物分级保护制度。国家对珍贵、濒危的野生动物实行重点保护。国家重点保护的野生动物分为一级保护野生动物和二级保护野生动物；[25]国家对有益的或者有重要经济、科学研究价值的陆生野生动物实行重点保护。

（2）保护野生动物及其生存环境。国家保护野生动物及其生存环境，禁止任何单位和个人非法猎捕或者破坏（《野生动物保护法》第8条）。违反上述规定，在自然保护区、禁猎区破坏国家或者地方重点保护野生动物主要生息繁衍场所的，由野生动物行政主管部门责令停止破坏行为，限期恢复原状，处以罚款（《野生动物保护法》第34条）。

（3）划定自然保护区。国务院野生动物行政主管部门和省、自治区、直辖市政府，应当在国家和地方重点保护野生动物的主要生息繁衍的地区和水域，划定自然保护区，加强对国家和地方重点保护野生动物及其生存环境的保护管理（《野生动物保护法》第10条）。

（4）及时采取拯救和补偿措施。国家和地方重点保护野生动物受到自然灾害威胁时，当地政府应当及时采取拯救措施（《野生动物保护法》第13条）。因保护国家和地方重点保护野生动物，造成农作物或者其他损失的，由当地政府给予补偿（《野生动物保护法》第14条）。

（5）建设单位的环境影响评价义务。建设项目对国家或者地方重点保护野生动物的生存环境产生不利影响的，建设单位应当提交环境影响报告书；环境保护部门在审批时，应当征求同级野生动物行政主管部门的意见（《野生动物保护法》第12条）。

4. 野生动物管理制度

（1）野生动物资源档案制度。野生动物行政主管部门应当定期组织对野生动物资源的调查，建立野生动物资源档案（《野生动物保护法》第15条）。

---

25 参见《国家重点保护野生动物名录》。

（2）野生动物猎捕许可证管理制度。禁止猎捕、杀害国家重点保护野生动物，因科学研究、驯养繁殖、展览或者其他特殊情况，需要捕捉、捕捞国家一级或二级保护野生动物的，必须向国务院野生动物行政主管部门或省级野生动物行政主管部门申请特许猎捕证。违反上述规定，依法追究法律责任。[26]猎捕非国家重点保护野生动物的，必须取得狩猎证，并且服从猎捕量限额管理。违法狩猎的，由有关部门给予行政处罚（《野生动物保护法》第18条、第19条、第33条）。

（3）野生动物猎捕的禁限制度。在自然保护区、禁猎区和禁猎期内，禁止猎捕和其他妨碍野生动物生息繁衍的活动。违反上述规定，由野生动物行政主管部门给予行政处罚；情节严重、构成犯罪的，依法[27]追究刑事责任（《野生动物保护法》第32条）。

5．野生动物驯养、繁殖管理制度

（1）国家鼓励驯养、繁殖野生动物。驯养、繁殖国家重点保护野生动物的，应当持有许可证（《野生动物保护法》第 17 条）。违法驯养、繁殖国家重点保护野生动物的，由野生动物行政主管部门给予行政处罚（《陆生野生动物保护实施条例》第39条）。

（2）引进野生动物进行驯养、繁殖的审批制度。从国外或者外省引进野生动物进行驯养、繁殖，应当采取适当措施，防止其逃至野外；需要将其放生于野外的，放生单位应当向所在省级林业行政主管部门提出申请，经省级以上政府林业行政主管部门指定的科研机构进行科学论证后，报国务院林业行政主管部门或者其授权的单位批准。

6．野生动物经营利用管理制度

（1）禁止出售、收购国家重点保护野生动物或者其产品。因科学研究、驯养、繁殖、展览等特殊情况，需要出售、收购、利用国家一级保护野生动物或者其产品的，必须经国务院野生动物行政主管部门或者其授权的单位批准；需要出售、收购、利用国家二级保护野生动物或者其产品的，必须经省级政府野生动物行政主管部门或者其授权的单位批准。违反上述规定，由有关部门给予行政处罚（《陆生野生动物保护实施条例》第37条）。

（2）禁止在集贸市场出售、收购国家重点保护野生动物或者其产品。持有狩猎证的单位和个人需要出售依法获得的非国家重点保护野生动物或者其产品的，应当按照狩猎证规定的种类、数量向经核准登记的单位出售，或者在当地政府有关部门指定的集贸市场出售（《陆生野生动物保护实施条例》第27条）。

26 参见《陆生野生动物保护实施条例》第33条。

27 参见《刑法》第341条第2款。

（3）国家重点保护野生动物或者其产品出县境的管理。运输、携带国家重点保护野生动物或者其产品出县境的，必须经省级政府野生动物行政主管部门或者其授权的单位批准。违反上述规定的，由有关部门给予行政处罚（《野生动物保护法》第37条）。

（4）出口国家重点保护野生动物或者其产品的管理。进出口中国参加的国际公约所限制进出口的野生动物或者其产品的，必须经国务院野生动物行政主管部门或者国务院批准，并取得国家濒危物种进出口管理机构核发的允许进出口证明书。海关凭允许进出口证明书查验放行（《野生动物保护法》第24条）。

（5）经营利用非国家重点保护野生动物或者其产品的管理。经营利用非国家重点保护野生动物或者其产品的，应当向工商行政管理部门申请登记注册，并在核定的年度经营利用限额指标内，从事经营利用活动。

（6）野生动物资源保护管理费。经营利用野生动物或者其产品的，应当缴纳野生动物资源保护管理费。

（7）外国人接触野生动物的管理。外国人在中国境内对国家重点保护野生动物进行野外考察或者在野外拍摄电影、录像，必须经国务院野生动物行政主管部门或者其授权的单位批准。建立对外国人开放的猎捕场所，必须经国务院野生动物行政主管部门批准（《野生动物保护法》第 26 条）。违反上述规定，由野生动物行政主管部门没收考察、拍摄的资料以及所获标本，可以并处5万元以下罚款（《陆生野生动物保护实施条例》第40条）。

（8）猎捕者的赔偿义务。因猎捕野生动物造成农作物或者其他损失的，由猎捕者负责赔偿（《野生动物保护法》第 28 条）。有关地方政府应当采取措施，预防、控制野生动物所造成的危害，保障人畜安全和农业、林业生产（《野生动物保护法》第29条）。

二、野生植物保护的法律规定

（一）野生植物保护的立法概况

1. 行政法规

（1）《野生药材资源保护管理条例》（1987年10月30日颁布，同年12月1日实施）；

（2）《野生植物保护条例》（1996年9月30日颁布，1997年1月1日实施）；

（3）《国务院关于禁止采集和销售发菜制止滥挖甘草和麻黄草有关问题的通知》（2000年6月14日颁布实施）；

（4）《关于加强生物物种资源保护和管理的通知》（2004年3月31日颁布

实施）；

（5）《濒危野生动植物进出口管理条例》（2006 年 4 月 29 日发布，同年 9 月 1 日起施行）。

2．行政规章

（1）《国家重点保护野生植物名录（第一批）》（1999 年 9 月 9 日国家林业局、农业部发布、实施）；

（2）《农业野生植物保护办法》（2002 年 8 月 12 日农业部第 17 次常务会议审议通过，自 2002 年 10 月 1 日起施行）。

（二）《野生植物保护条例》的结构及要点（见图表 6-19）

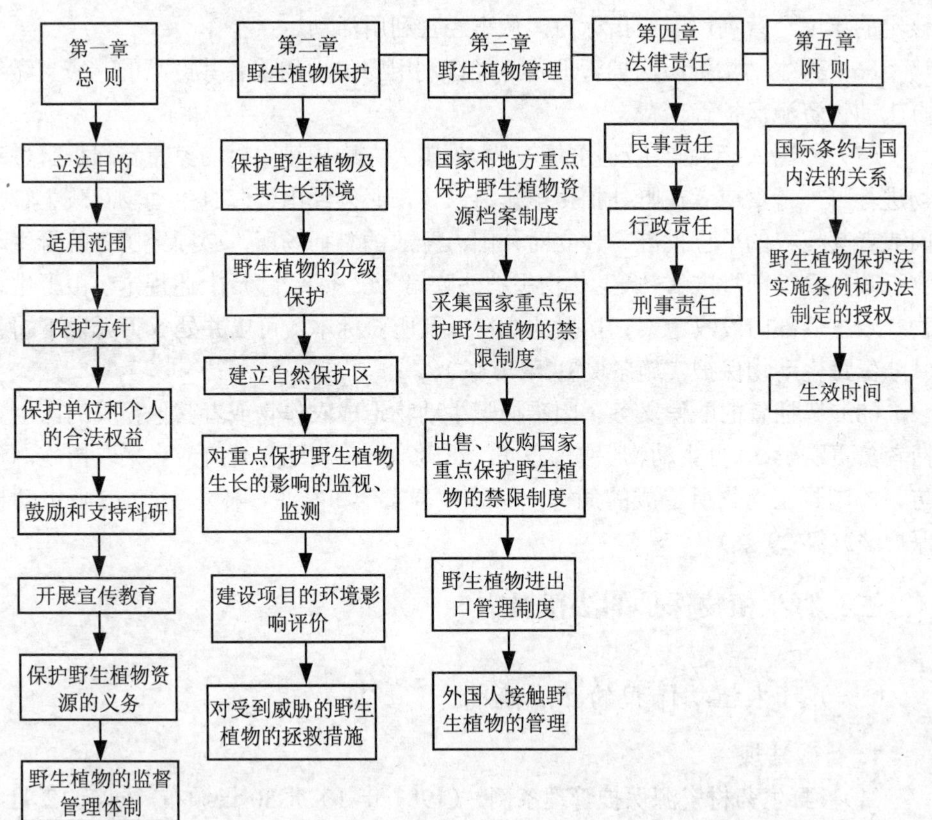

图表 6-19　《野生植物保护条例》的结构及要点

（三）野生植物保护的具体法律规定

1．野生植物保护的规定

（1）国家重点保护野生植物的分级保护。野生植物分为国家重点保护野生植物和地方重点保护野生植物。国家重点保护野生植物分为国家一级和国家二级保护野生植物[28]。（《野生植物保护条例》第10条）

（2）国家保护野生植物及其生长环境。禁止任何单位和个人非法采集野生植物或者破坏其生长环境。（《野生植物保护条例》第9条）

（3）建立自然保护区。在国家重点保护野生植物物种和地方重点保护野生植物物种的天然集中分布区域，应当依照有关法律、行政法规的规定，建立自然保护区。禁止破坏国家重点保护野生植物和地方重点保护野生植物的保护点的保护设施和保护标志。（《野生植物保护条例》第11条）

（4）监视、监测环境对重点保护野生植物生长的影响。（《野生植物保护条例》第12条）

（5）建设单位的环境影响评价义务。建设项目对国家重点保护野生植物和地方重点保护野生植物的生长环境产生不利影响的，建设单位提交的环境影响报告书中必须对此作出评价；环境保护部门在审批环境影响报告书时，应当征求野生植物行政主管部门的意见。（《野生植物保护条例》第13条）

（6）及时采取拯救措施。野生植物行政主管部门和有关单位对生长受到威胁的国家重点保护野生植物和地方重点保护野生植物应当采取拯救措施，保护或者恢复其生长环境，必要时应当建立繁育基地、种质资源库或者采取迁地保护措施。（《野生植物保护条例》第14条）

2．野生植物管理的规定

（1）野生植物资源档案制度。（《野生植物保护条例》第15条）

（2）野生植物采集许可证管理制度。采集国家重点保护野生植物的单位和个人，必须按照采集证规定的种类、数量、地点、期限和方法进行采集（《野生植物保护条例》第17条）。违法采集的，由有关部门给予行政处罚。（《野生植物保护条例》第23条）

（3）野生植物经营利用的管理制度。禁止出售、收购国家一级保护野生植物。出售、收购国家二级保护野生植物的，必须经省级政府野生植物行政主管部门或者其授权的机构批准。（《野生植物保护条例》第18条）违反上述规定的，由有关部门给予处罚。（《野生植物保护条例》第24条）

---

28 见《国家重点保护野生植物名录》（第一批）。

出口国家重点保护野生植物或者进出口中国参加的国际公约所限制进出口的野生植物的，必须依法进行。禁止出口未定名的或者新发现并有重要价值的野生植物。违反上述规定，非法进出口野生植物的，由海关依照海关法的规定处罚。（《野生植物保护条例》第20条、第25条）

（4）外国人接触国家重点保护野生植物的管理。外国人不得在中国境内采集或者收购国家重点保护野生植物。外国人在中国境内对国家重点保护野生植物进行野外考察的，必须经有关部门批准。违反上述规定，由野生植物行政主管部门给予行政处罚。（《野生植物保护条例》第21条、第27条）

第八节　渔业资源保护的法律规定

一、渔业资源保护的立法概况

（一）法律

《渔业法》（1986年1月20日通过，2004年8月28日修订后发布实施）。

（二）行政法规

（1）《水产资源繁殖保护条例》（1979年2月10日发布实施）；

（2）《国务院关于印发中国水生生物资源养护行动纲要的通知》（2006年2月14日颁布实施）；

（3）《国务院批转农业部关于进一步加快渔业发展意见的通知》（1997年1月27日颁布实施）；

（4）《国务院办公厅关于做好涉外渔业管理工作的通知》（2004年8月9日颁布实施）。

（三）部门规章

（1）《远洋渔业管理规定》（2003年6月1日实施）；

（2）《农业部进一步加强鳗鱼养殖用药管理》（2003年6月19日颁布实施）；

（3）《水产养殖质量安全管理规定》（2003年9月1日实施）；

（4）《国家质量监督检验检疫总局关于印发〈“注水”鱼产品检验程序和判别标准〉的通知》（2004年6月14日颁布实施）；

（5）《渔业捕捞许可管理规定（修订）》（2004年7月1日修订实施）；

（6）《水产苗种管理办法》（2005 年 1 月 5 日颁布实施）；

（7）《关于加强海上渔事纠纷调处工作的通知》（2006 年 2 月 24 日颁布实施）；

（8）《农业部关于加强水产养殖用药监督管理的紧急通知》（2006 年 11 月 18 日颁布实施）；

（9）《农业部办公厅关于加强渔业海事处理工作的通知》（2007 年 2 月 7 日颁布实施）。

二、《渔业法》的结构及要点（见图表 6-20）

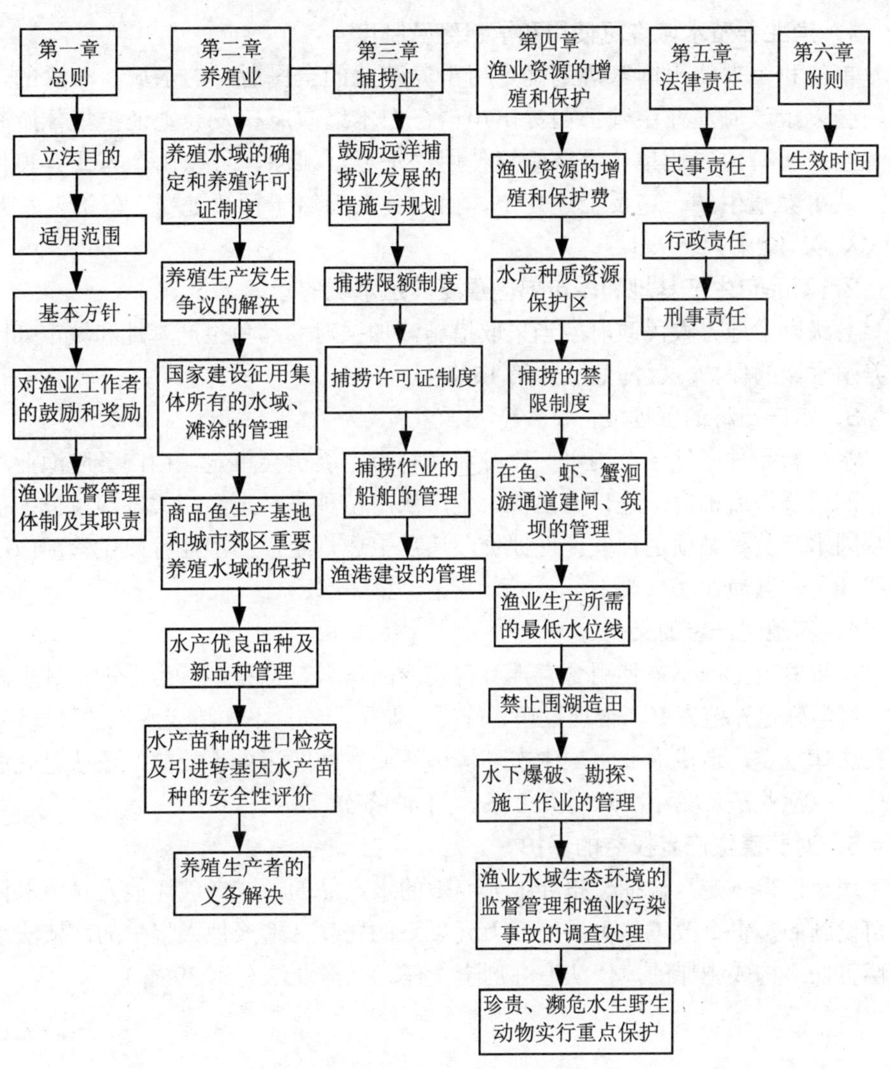

图表 6-20　《渔业法》的结构及要点

三、渔业资源保护的具体法律规定

（一）渔业生产的方针

国家对渔业生产实行以养殖为主，养殖、捕捞、加工并举，因地制宜，各有侧重的方针。（《渔业法》第3条）

（二）关于养殖业的规定

1. 渔业养殖水域许可使用和承包经营制度

单位和个人使用国家规划确定用于养殖业的全民所有的水域、滩涂的，应当向县以上政府渔业主管部门提出申请，由本级政府核发养殖证；集体所有的或者全民所有由农业集体经济组织使用的水域、滩涂，可以由个人或者集体承包，从事养殖生产。违反上述规定，由有关部门给予行政处罚。（《渔业法》第11条、第40条）

2. 商品鱼生产基地和城市郊区重要养殖水域的管理

县级以上地方人民政府应当采取措施，加强对商品鱼生产基地和城市郊区重要养殖水域的保护。（《渔业法》第15条）

3. 水产苗种的管理

水产新品种必须经全国水产原种和良种审定委员会审定，由国务院渔业行政主管部门公告后推广；进口、出口、生产水产苗种，必须经相关部门审批；引进转基因水产苗种必须进行安全性评价。违反上述规定，由渔业行政主管部门给予行政处罚。（《渔业法》第16条、第17条、第44条）

4. 养殖生产者的义务

从事养殖生产不得使用含有毒有害物质的饵料、饲料；应当保护水域生态环境，科学确定养殖密度，合理投饵、施肥、使用药物，不得造成水域的环境污染。违反法律规定，造成渔业水域生态环境破坏或者渔业污染事故的，依法追究法律责任。（《渔业法》第19条、第20条、第47条）

5. 对养殖生产者权益的保护

违反法律规定，偷捕、抢夺他人养殖的水产品的，或者破坏他人养殖水体、养殖设施的，责令改正，可以处2万元以下的罚款；造成他人损失的，依法承担赔偿责任；构成犯罪的，依法追究刑事责任。（《渔业法》第39条）

（三）关于捕捞业的规定

1．实行捕捞限额制度

国家根据捕捞量低于渔业资源增长量的原则，确定渔业资源的总可捕捞量，实行捕捞限额制度。

2．实行捕捞许可证制度

国家对捕捞业实行捕捞许可证制度。违反法律规定，未依法取得捕捞许可证擅自进行捕捞的；未按照捕捞许可证的规定进行捕捞的；涂改、买卖、出租或者以其他形式转让捕捞许可证的；伪造、变造、买卖捕捞许可证的，依法追究法律责任。（《渔业法》第41条、第42条、第43条）

（四）关于渔业资源增值保护的规定

1．征收渔业资源增值保护费

县级以上政府渔业主管部门可以向受益的单位和个人征收渔业资源增殖保护费，专门用于增殖和保护渔业资源。（《渔业法》第28条）

2．建立水产种质资源保护区

国家保护水产种质资源及其生存环境，并在具有较高经济价值和遗传育种价值的水产种质资源的主要生长繁育区域建立水产种质资源保护区。未经批准在水产种质资源保护区内从事捕捞活动的，依法追究法律责任。（《渔业法》第29条、第45条）

3．保护渔业资源的禁止性规定

① 禁止使用炸鱼、毒鱼、电鱼等破坏渔业资源的方法进行捕捞；② 禁止制造、销售、使用禁用的渔具；③ 禁止在禁渔区、禁渔期进行捕捞；④ 禁止使用小于最小网目尺寸的网具进行捕捞；⑤ 在禁渔区或者禁渔期内禁止销售非法捕捞的渔获物；⑥ 禁止捕捞有重要经济价值的水生动物苗种。违反上述规定，由有关部门依法追究相应的法律责任。（《渔业法》第30条、第31条、第38条）

4．其他保护措施

① 引水用水时应当保护苗种；② 建设过鱼设施；③ 防止水下爆破对渔业资源的损害；④ 保护和改善渔业水域的生态环境。（《渔业法》第31条、第32条、第35条、第36条）

第九节　自然保护区

一、自然保护区保护的立法概况

（一）行政法规

（1）《森林和野生动物类型自然保护区管理办法》（1985 年 7 月 6 日国务院颁布实施）；

（2）《自然保护区条例》（1994 年 10 月 9 日国务院发布，1994 年 12 月 1 日实施）；

（3）《国务院办公厅关于进一步加强自然保护区管理工作的通知》（1998 年 8 月 4 日颁布实施）。

（二）部门规章

（1）《海洋自然保护区管理办法》（1995 年 5 月 29 日农业部发布）；

（2）《水生动植物自然保护区管理办法》（1997 年 10 月 17 日农业部发布）；

（3）《关于印发〈国家级自然保护区总体规划大纲〉的通知》（2002 年 6 月 26 日国家环保总局颁布实施）；

（4）《关于进一步加强自然保护区建设和管理工作的通知》（2002 年 11 月 19 日国家环保总局颁布实施）；

（5）《国家林业局关于加强自然保护区建设管理工作的意见》（2005 年 4 月 14 日国家林业局颁布实施）；

（6）《关于印发〈海洋特别保护区管理暂行办法〉的通知》（2005 年 11 月 16 日国家海洋局颁布实施）；

（7）《国家级自然保护区监督检查办法》（2006 年 10 月 26 日国家环境保护总局颁布实施）；

（8）《国家林业局关于进一步加强自然保护区自然资源管理的通知》（2006 年 11 月 10 日颁布实施）。

二、《自然保护区条例》的结构和要点

参见图表 6-21。

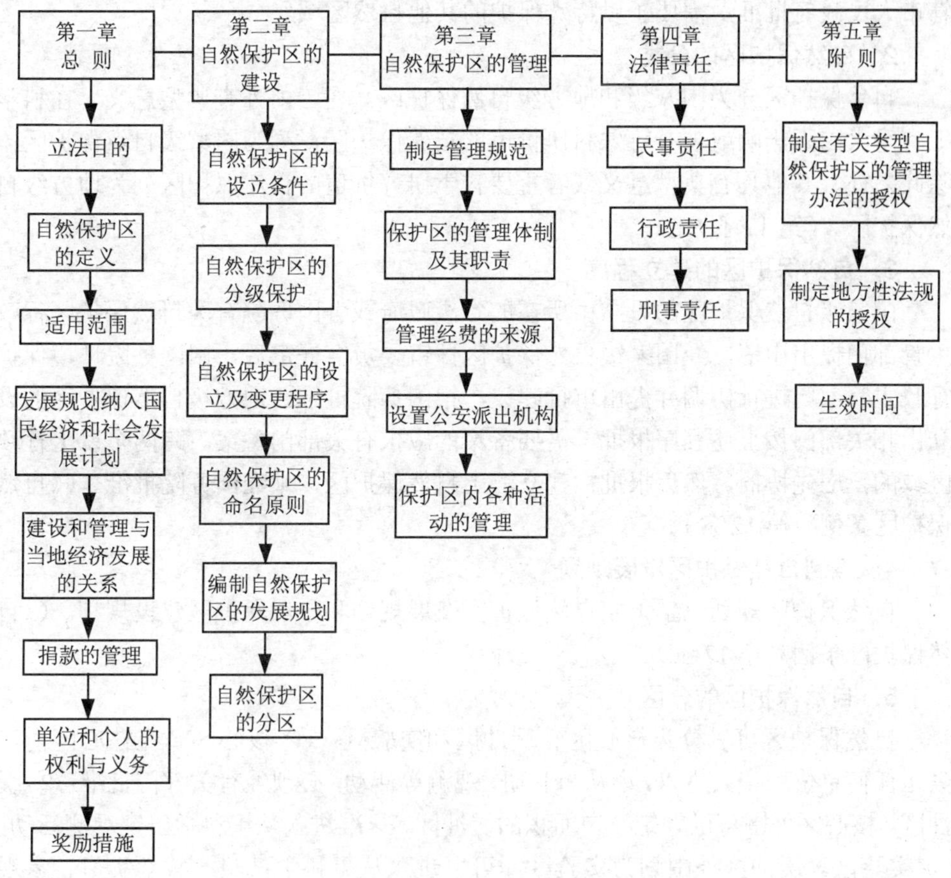

图表 6-21　《自然保护区条例》的结构及要点

三、自然保护区保护的主要法律规定

（一）关于自然保护区建设的规定

1. 建立自然保护区的条件

《自然保护区条例》第 10 条规定，凡具有下列条件之一的，应当建立自然保护区：① 典型的自然地理区域、有代表性的自然生态系统区域以及已经遭受破坏但经保护能够恢复的同类自然生态系统区域；② 珍稀、濒危野生动植物物种的天然集中分布区域；③ 具有特殊保护价值的海域、海岸、岛屿、湿地、内陆水域、森林、草原和荒漠；④ 具有重大科学文化价值的地质构造、著名溶洞、化石分布区、冰川、火山、温泉等自然遗迹；⑤ 经国务院或者省、自治区、直辖市人民政府批准，需要予以特殊保护的其他自然区域。

2. 自然保护区的分类

自然保护区分为国家级和地方级自然保护区。在国内外有典型意义、在科学上有重大国际影响或者有特殊科研价值的自然保护区，列为国家级自然保护区；除此之外，其他具有典型意义或者重要科学研究价值的自然保护区列为地方级自然保护区。（第 11 条）

3. 自然保护区的建立程序

国家级自然保护区的设立由所在的省级政府或者国务院有关自然保护区行政主管部门提出申请，经国家级自然保护区评审委员会评审后，由国务院环境保护行政主管部门进行协调并提出审批建议，报国务院批准。地方级自然保护区的设立由相关部门按上述程序报批，需要备案的应报有关部门备案。跨两个以上行政区域的，应先协商，然后报批；建立海上自然保护区，须经国务院批准。（《自然保护区条例》第 12 条）

4. 编制自然保护区发展规划

自然保护区规划包括国家自然保护区发展规划和自然保护区建设规划。（《自然保护区条例》第 17 条）

5. 自然保护区的分区

自然保护区可以分为核心区、缓冲区和实验区：① 核心区。在核心区内，禁止任何单位和个人进入，如从事科研、观测等活动，必须经有关部门批准；② 缓冲区。核心区外围可以划定一定面积的缓冲区，只准进入从事科学研究观测活动；③ 实验区。缓冲区外围划为实验区，可以进入从事科学试验、教学实习、参观考察、旅游以及驯化、繁殖珍稀、濒危野生动植物等活动；④ 外围保护地带。原批准建立自然保护区的人民政府认为必要时，可以在自然保护区的外围划定一定面积的外围保护地带。

（二）关于自然保护区管理的规定

1. 自然保护区的管理部门

国家级自然保护区，由其所在地的省级政府有关自然保护区行政主管部门或者国务院有关自然保护区行政主管部门管理。地方级自然保护区，由其所在地的县级以上政府有关自然保护区行政主管部门管理。（《自然保护区条例》第 21 条）

2. 自然保护区管理机构的职责

① 贯彻执行国家有关自然保护的法律、法规和方针、政策；② 制定自然保护区的各项管理制度，统一管理自然保护区；③ 调查自然资源并建立档案，组织环境监测，保护自然保护区内的自然环境和自然资源；④ 组织或者协助有关

部门开展自然保护区的科学研究工作；⑤ 进行自然保护的宣传教育；⑥ 在不影响保护自然保护区的自然环境和自然资源的前提下，组织开展参观、旅游等活动。

3．设置公安派出机构

自然保护区所在地的公安机关，可以根据需要在自然保护区设置公安派出机构，维护自然保护区内的治安秩序。（《自然保护区条例》第 24 条）

4．对自然保护区内单位、人员的管理

在自然保护区内的单位、居民和经批准进入自然保护区的人员，必须遵守各项管理制度，接受管理。违反上述规定，管理机构有权依法处罚。（《自然保护区条例》第 34 条）

5．自然保护区内的禁限制度

（1）禁止在自然保护区内进行砍伐、放牧、狩猎、捕捞、采药、开垦、烧荒、开矿、采石、捞沙等活动，对违反上述规定的单位和个人依法追究法律责任。（《自然保护区条例》第 26 条、第 35 条）

（2）禁止任何人进入核心区、在缓冲区开展旅游和生产经营活动，因科研需要，必须进入核心区或缓冲区的，应当事先经有关部门批准。违反上述规定，由自然保护区管理机构责令其改正，并可处罚款。（《自然保护区条例》第 27 条、第 28 条、第 34 条）

（3）在自然保护区组织参观、旅游活动的，必须按照批准的方案进行，并加强管理；严禁开设与自然保护区保护方向不一致的参观、旅游项目。违反上述规定，由有关部门依法追究法律责任。（《自然保护区条例》第 29 条、第 37 条）

（4）在自然保护区的核心区和缓冲区内，不得建设任何生产设施。在自然保护区的实验区内，不得建设污染环境、破坏资源或者景观的生产设施；建设其他项目，其污染物排放不得超过国家和地方规定的污染物排放标准。在自然保护区的实验区内已经建成的设施，其污染物排放超过国家和地方规定的排放标准的，应当限期治理；造成损害的，必须采取补救措施。（《自然保护区条例》第 32 条第 1 款）

6．对外国人进入自然保护区的管理

外国人进入地方级或省级自然保护区的，接待单位应当事先报经省级政府或国务院有关自然保护区行政主管部门批准；进入自然保护区的外国人，应当遵守有关自然保护区的法律、法规和规定。（《自然保护区条例》第 31 条）

7．对外围保护地带的管理

在自然保护区的外围保护地带建设的项目，不得损害自然保护区内的环境质量；已造成损害的，应当限期治理。（《自然保护区条例》第 32 条）

【问题与讨论】

1. 我国土地资源权属制度的主要内容包括哪些？

2. 简述基本农田保护制度的内容。

3. 关于控制建设用地的主要法律规定有哪些？

4. 经批准，可以划拨方式取得的建设用地包括哪些？

5. 各级政府征收土地的审批权限是如何规定的？征地补偿款应如何分配？

6. 我国矿产资源权属制度的主要内容包括哪些？

7. 关于矿业权的主要法律规定有哪些？

8. 勘查、开采矿产资源过程中，保护生态环境的主要法律规定有哪些？

9. 如果一宗土地属于某农村集体经济组织所有，那么其地下的矿产资源属于该农村集体经济组织所有吗？

10. 水资源权属的主要法律规定有哪些？

11. 简述饮用水水源保护区制度的主要内容。

12. 取水许可制度和水资源有偿使用制度主要内容是什么？

13. 简述解决水事纠纷的主要法律规定。

14. 如果有人在禁止开垦的陡坡地开垦种植农作物，应由哪个部门进行处罚？应该如何处罚？

15. 张家村与李家村毗邻，李家村的用水取自流经张家村的小河，多年来两村经常因用水问题发生冲突。2001 年春，为根本解决问题，县政府决定将这条小河的水流交给乡水管站统一调配。张家村人认为，小河历史上就属于张家村所有，县政府无权将这条河的水流交乡水管站统一调配，遂将县政府告上法院。问：本案中的小河的水流属于谁所有？法律依据是什么？

16. 林地使用权和林木的流转制度的主要内容是什么？

17. 森林采伐的主要法律规定有哪些？

18. 森林采伐许可证制度的主要内容是什么？

19. 1980 年，村民甲与本村村委会签订了承包荒山的合同，承包期限为 20 年。合同签订后，村民甲按照合同规定的土地用途种植红松树，至 1994 年大部分红松树均已成林。1995 年 4 月 12 日，村民甲与该村砖瓦厂达成协议，由村民甲向砖瓦厂出售 40 棵红松，砖瓦厂向其支付 1 万元购材款。村民甲于 4 月 15 日开始在其承包的山上砍树。村委会闻讯后前往阻止，称甲无权砍掉承包山上的树木，并要对其进行处罚，甲表示不服。问：① 村民甲有权砍伐自己承包地里种植的树木吗？② 如果村民甲想砍伐承包地里种植的树木，依照《森林法》应当采取哪些措施？

20. 草原权属制度的主要内容是什么？

21. 草原利用的主要法律规定有哪些？

22. 野生动物猎捕许可证管理制度的主要内容是什么？

23. 野生动物驯养繁殖管理制度的主要内容是什么？

24. 野生动物经营利用管理制度的主要内容是什么？

25. 野生植物保护的主要法律规定是什么？

26. 野生植物管理的主要法律规定是什么？

27. 渔业资源保护的法律规定是什么？

28. 据报道，在 2006 年十大食品安全事件中有两个与渔业养殖有关：11 月 17 日，上海市公布了对 30 件冰鲜或鲜活多宝鱼的抽检结果，30 件样品中全部被检出硝基呋喃类代谢物，部分样品还被检出环丙沙星、氯霉素、红霉素等多种禁用鱼药残留，部分样品土霉素超过国家标准限量要求。11 月底，香港地区食环署食物安全中心对 15 个桂花鱼样本进行化验，结果发现 11 个样本含有孔雀石绿。孔雀石绿是有毒的三苯甲烷类化学物，既是染料，也是杀菌剂，可致癌。它是带有金属光泽的绿色结晶体，可用作治理鱼类或鱼卵的寄生虫、真菌或细菌感染。问：① 我国渔业法律对养殖过程中添加药物有哪些规定？② 水生野生动物由哪些法律来调整？

29. 自然保护区是如何进行分区保护的？

第七章　环境法律责任

【提要】

环境法律责任是指违法者对其环境违法犯罪行为所应承担的具有强制性的法律后果，主要包括环境行政责任、环境民事责任、环境刑事责任三种。环境法律责任是环境法的重要组成部分，是环境保护最强有力的手段。本章的学习目的：掌握不同环境法律责任的概念和特征，特别是不同环境法律责任构成要件的特殊性。

【引例】

1997 年 10 月上旬，山西省运城市天马文化用纸厂的污水池决口，污水流入引黄干渠，并在渠中大量积存。此后，由于该厂在工作中损坏了引黄干渠闸门上的零部件，致使大量污水再次流入引黄干渠，造成安邑水库管理委员会所辖的樊村水库上水两个多小时，将污水带入樊村水库，41 万立方米的库存水被严重污染，运城市北城区居民饮用水被迫停供 3 天，直接经济损失高达 35.8 万余元。1998 年 9 月轰动全国的这一特大环境污染案在运城市人民法院作出一审判决，被告人天马文化用纸厂法定代表人杨军武被判有期徒刑两年，并处罚金 5 万元。第一审宣判后，被告人杨军武不服，提出上诉。运城地区中级人民法院于 1998 年 12 月 7 日做出终审裁定：驳回上诉，维持原判。

第一节　环境行政责任

一、环境行政责任的概念及特征

1．环境行政责任的定义

违反环境保护法，实施了污染环境的单位或个人所应承担的行政方面的法律责任。其中的“单位”是指法人和其他组织。“法人”是指“具有民事权利能力和民事行为能力，依法独立享有民事权利和承担民事义务的组织”。[29]“其他组织”是指不具备法人资格的社会组织。“个人”是指具有相应民事行为能力的自然人，包括我国公民和在我国境内的外国人以及无国籍人。

2．环境行政责任的特征

（1）承担环境行政责任的主体是行政主体和行政相对人。行政主体是拥有行政管理职权的行政机关及其公职人员，如各级环境保护行政主管部门和依照有关法律的规定对环境污染实施监督管理的港务监督、渔政渔港监督等。行政相对人是负有遵守环境行政法律义务的普通公民、法人和其他组织。

（2）构成环境行政责任是行为人的行政违法行为和法律规定的特定情况。追究行政责任的法律依据，包括一切环境保护法律、法规、规章和具有普遍约束力的决定、命令。[30]

（3）在正常情况下，实行过错责任原则。过错责任原则，又称过失责任原则，是以行为人的过错作为归责的根据和要件。[31]这一原则要求对加害人追求法律责任以加害人的主观有过错为要件，在举证责任上实行“谁主张，谁举证”的原则。

（4）环境行政责任的承担方式多样化，包括财产责任和人身责任等。

二、环境行政责任的构成要件

根据环境保护法的规定，行政责任的构成要件包括：行为违法，行为有危害结果，违法行为与危害后果之间有因果关系、行为人有过错。

1．行为违法

单位或个人（以下简称“行为人”）实施了污染或者破坏环境的行为而违反了《环境保护法》，这是环境保护领域中行为人承担行政责任的第一个必要条件。

关于排污单位超过国家或者地方标准排放污染物是否属于违法行为的问题，应当认为，在 1999 年年底以前一般不属于违法，因而也不应承担行政责任。只有同时具备“擅自拆除或者闲置防治污染的设施”，因而造成“污染物排放超过规定的排放标准”[32]时，才算违法，并要承担相应的行政责任。1999 年 12 月 25 日和 2000 年 4 月 29 日，经修订后的《海洋环境保护法》和《大气污染防治法》则明文规定，超过规定标准向海洋或者大气环境排放污染物者的行为属于违法，并应受到行政处罚。

29 见《民法通则》第 36 条。

30 陈汉光，朴光洙. 环境法基础. 北京：中国环境科学出版社，2004.

31 魏振瀛. 民法. 北京：北京大学出版社，2000.

32 见《环境保护法》第 37 条。

2．行为有危害后果

违法行为造成了污染或者破坏环境的后果。例如排污者擅自拆除或者闲置防治污染设施致使污染物超标排放，造成农作物枯黄失收或者鱼类死亡等。

需要注意的是，《环境保护法》和环境保护单行法的许多行政责任规范中，并未将危害后果规定为承担行政责任的必要条件。[33]这体现了《环境保护法》以预防为主的基本原则和惩罚危害行为的精神。就是说，只要行为者实施了污染或者破坏环境的违法行为，即使未造成危害后果，也将受到法律制裁。但是，在另一些场合，《环境保护法》则明文规定，只有造成危害后果的行为才算违法，也才应受到法律制裁。

可见，在行政责任中“危害后果”具有不同的意义。在一些场合，即在法律明文规定的情况下，它是承担行政责任的构成要件；[34]在另一些场合，它既是承担行政责任的构成要件，又是对违法者从重处罚的情节；[35]还在一些场合，只有在情节较重时，才成为追究有关责任人员行政责任的构成要件。[36]

3．违法行为与危害后果有因果关系

违法行为与该行为所造成的污染或者破坏环境的后果之间存在着内在的、必然的联系，而不是表面的、偶然的联系。例如，某鱼塘鱼类的死亡，经环境监测确认系由附近某化工厂因发生事故大量超标排放的污染物所致。这时，就可认定该化工厂的上述排污行为是造成该鱼塘鱼类死亡的原因。该鱼塘鱼类的死亡是化工厂排污行为造成的危害后果。排污行为与鱼类死亡存在着必然的因果关系。

4．行为者有过错

“过错”指行为者实施污染或者破坏环境违法行为时的心理状态，分故意和过失两种。“故意”是指行为者明知自己的行为会造成污染或者破坏环境的危害后果，并且希望或者放任这种危害后果发生。“过失”是指行为者应当预见自己的行为可能发生污染或者破坏环境的危害后果，因疏忽大意而没有预见，或者已经预见而轻信可以避免，以致发生危害后果的心理状态。

我国现行的《环境保护法》，对故意实施污染或者破坏环境的违法行为，一般都规定应当追究其行政责任。对过失行为，则规定在一定条件下不予追究。例如《环境保护法》第35条第1款中的“一”和“二”，如果不是拒绝、拒报、弄虚作假，而是因疏忽大意而忘却或者计算错误，就不应追究其行政责任。需要注

33 见《环境保护法》第35条、第36条和第37条，各种环境保护单行法的法律责任中的大部分行政责任规范都未将危害后果规定为承担行政责任的构成要件。

34 见《环境保护法》第39条、《海洋环境保护法》第76条，等等。

35 有的环境保护单行法明文规定，行为“情节严重”的，应从重处罚，而“情节严重”包括造成了危害后果。见《海洋环境保护法》第86条、《大气污染防治法》第57条第2款，等等。

36 见《环境保护法》第38条。

意的是，一些违法行为既可以是故意，也可以是过失实施。区分故意与过失心理状态的意义在于：过错的形式不同，对其惩罚的程度应有区别。

从以上的分析可知，承担行政责任必须具备行为违法和有过错两个条件；只有在法律明文规定的情况下，危害后果和违法行为与危害后果之间有因果关系才是承担行政责任的条件。故可将前者称为“必要条件”，后者则称“选择条件”。

三、环境行政制裁的概念及特征

1. 环境行政制裁的定义

环境保护监督管理部门对违反环境保护法而承担行政责任者，依法实施的行政方面的惩罚措施。

环境行政制裁的对象有：① 环境保护监督管理相对人（以下简称“相对人”），对其实施行政制裁是为了申明环境保护法义务的严肃性，惩罚恣意污染或者破坏环境的违法者，教育人们自觉地保护和改善环境；② 环境保护监督管理机关及其行政执法人员，对其制裁是为了惩罚那些滥用职权、玩忽职守或者徇私舞弊者，防止渎职，依法行政。《环境保护法》中的行政制裁，包括行政处罚和行政处分两大类。

2. 环境行政制裁的特征

（1）行政制裁必须体现环境保护法的目的。如前所述，保障人体健康，促进经济社会的可持续发展是环境保护法的目的。因而也必然是该法行政制裁的目的。

（2）行政制裁必须体现可持续发展的思想。可持续发展的思想要求环境保护监督管理部门必须正确看待和实施各种制裁形式。明确它们各自的不同作用，不能以罚款代替一切。

（3）行政制裁必须严格区分制裁的主体、对象和种类。依据环境保护法的规定，行政处罚的主体是环境保护监督管理部门；行政处分则是受处分者所在单位或者行政机关、监察部门。行政制裁的对象包括相对人和环境保护监督管理者。

四、环境行政处罚

详见第十一章。

五、环境行政处分

（一）环境行政处分的概念及种类

1. 环境行政处分的概念

国家行政机关对有环境保护违法违纪的国家行政机关的直接负责的主管人

员、其他直接责任人员以及工作人员依法实施的一种行政惩戒措施。纪律处分是指国家行政机关或者监察机关，对企业中有环境保护违纪行为但不够刑事惩罚的直接负责的主管人员和其他直接责任人员中由国家行政机关任命的人员的行政惩罚措施。

2．环境行政处分的种类

所谓处分的种类，即处分的具体方式。根据《公务员法》第 56 条的规定，对国家行政机关工作人员的处分分为警告、记过、记大过、降级、撤职、开除 6 种；而对企业有关人员的处分，根据《企业职工奖惩条例》，除上述 6 种外还有留用察看等 7 种。

（二）环境行政处分与纪律处分的区别

1．对象不同

行政处分的对象是国家行政机关中有环境违法行为的直接负责人员，纪律处分的对象可以是企业中有环境保护违纪行为的直接负责的责任人。

2．依据不同

行政处分所依据的是环境法律、法规和规章；纪律处分依据《环境保护违法违纪行为处分暂行规定》（以下简称《暂行规定》）和企业、事业单位内部的行政纪律规定、组织章程。

3．处分形式不同

纪律处分的形式中，除与行政处分相同的 6 种处分形式之外，还具有独有的纪律处分形式——“留用察看”。

4．处分程序不同

行政处分有法定的程序，包括任免机关的处分程序和监察机关的行政处分程序，但是纪律处分没有统一规定的程序，在实践中一般会参照行政处分的程序，同时适用上比较灵活。

（三）环境行政处分的主体及处分权限

1．环境行政处分的主体

根据我国现行的处分体制，对国家行政机关工作人员和由国家行政机关任命的人员给予处分的决定机关分别是任免机关和监察机关。

2．环境行政处分的权限

任免机关和监察机关给予有环境保护违法违纪行为的国家行政机关工作人员处分的权力分工。处分权限包括一般处分权限和特殊处分权限。

（1）一般处分权限：对由各级国家行政机关自行任命的本机关的公务员的行

政处分，各该机关可以决定。根据《行政监察法》的有关规定，监察机关可以给予有环境违法违纪行为的监察对象处分，其中包括不是由监察机关任命的国家行政机关公务员处分。

（2）特殊处分权限：给予经各级人民代表大会及其常务委员会选举或者决定任命的国家行政机关工作人员行政处分的特殊处分权限；监察机关的特殊处分权限；县级人民政府各工作部门或者乡、镇人民政府的特殊处分权限。

（四）应受行政处分和纪律处分的环境违法违纪行为

根据所受处分行为的主体特征不同可以把应受行政处分或纪律处分的环境违法违纪行为归纳为：国家行政机关及其工作人员中的直接责任人员应受处分的环境违法违纪行为；依法具有环境保护监督管理职责的国家行政机关及其工作人员中的直接责任人员应受处分的环境违法违纪行为；企业中直接负责的主管人员和其他直接责任人员中由国家行政机关任命的人员有应受处分的环境违法违纪行为。

1. 国家行政机关及其工作人员中的直接责任人员应受处分的环境违法违纪行为

（1）拒不执行国家有关环境保护法律法规规定的行为或制定与国家环境保护法律法规相抵触的规定的行为。根据《暂行规定》第 4 条，应受到处分的具体行为主要包括 6 种。

（2）违反环境保护法律、法规进行行政审批或许可的行为。根据《暂行规定》第 5 条，应受到处分的具体行为主要包括 6 种。

（3）违反自然保护区条例的行为。根据《暂行规定》第 6 条，应受到处分的具体行为主要包括 4 种。

（4）贪污、索贿、受贿和截留、挤占环境保护专项资金的行为。根据《暂行规定》第 9 条，应受到处分的具体行为主要包括 5 种。

国家行政机关及其工作人员有上述四类 21 种行为之一的，给予警告、记过或者记大过处分；情节较重的，给予降级处分；情节严重的，给予撤职处分。

（5）为被检查单位通风报信或者包庇、纵容环境保护违法违纪的行为。

根据《暂行规定》第 10 条，国家行政机关及其工作人员为被检查单位通风报信或者包庇、纵容环境违法行为的，给予降级或者撤职处分；致使公民、法人或者其他组织的合法权益、公共利益遭受重大损失，或者导致发生群体性事件或者冲突，严重影响社会安定的，给予开除处分。

2. 依法具有环境保护监督管理职责的国家行政机关及其工作人员中的直接责任人员应受处分的环境违法违纪的行为

（1）不按法定条件或者违反法定程序对环境违法行为进行行政处罚或者采取行政强制措施的行为。根据《暂行规定》第 7 条，应受到处分的具体行为主要包括 4 种。

（2）不依法履行监督管理职责的行为。根据《暂行规定》第 8 条，应受到处分的具体行为主要包括 5 种。

3. 企业中直接负责的主管人员和其他直接责任人员中由国家行政机关任命的人员应受处分的环境违法违纪行为

根据《暂行规定》第 11 条规定，企业有下列行为之一的，对其直接负责的主管人员和其他直接责任人员中由国家行政机关任命的人员给予降级处分；情节较重的，给予撤职或者留用察看处分；情节严重的，给予开除处分。

（1）未依法履行环境影响评价文件审批程序，擅自开工建设，或者经责令停止建设、限期补办环境影响评价审批手续而逾期不办的；

（2）与建设项目配套建设的环境保护设施未与主体工程同时设计、同时施工、同时投产使用的；

（3）擅自拆除、闲置或者不正常使用环境污染治理设施，或者不正常排污的；

（4）违反环境保护法律法规，造成环境污染事故，情节较重的；

（5）不按照国家有关规定制定突发事件应急预案，或者在突发事件发生时，不及时采取有效控制措施导致严重后果的；

（6）被依法责令停业、关闭后仍继续生产的；

（7）阻止、妨碍环境执法人员依法执行公务的；

（8）有其他违反环境保护法律法规进行建设、生产或者经营行为的。

（五）环境行政处分的程序

1. 任免机关的处分程序

初步调查；立案；调查取证；听取被调查的国家行政机关工作人员的陈述、申辩；作出行政处分决定或者撤销案件；告知和宣布；归档；备案。

2. 监察机关的行政处分程序

对需要调查处理的事项进行初步审查，认为有违反行政纪律的事实，需要追究行政纪律责任的，予以立案；组织实施调查，收集有关证据；有证据证明违反行政纪律，需要给予行政处分或者作出其他处理的，进行审理；作出监察决定或者提出监察建议。

第二节　环境民事责任

一、环境民事责任的概念

（一）环境民事责任的定义

污染环境或者破坏资源所应当承担的民事法律责任。我国环境法律有两大任务：一是保护和改善生活环境和生态环境，二是防治环境污染和其他公害。与此相对应，危害环境的违法行为也可分为两大方面，即污染环境的违法行为和破坏环境与自然资源的违法行为。而民事责任相应的也可分为对污染危害环境者的民事责任（即公害的民事责任）和对资源破坏者的民事责任。由此可见，公害民事责任与资源破坏民事责任，是环境法律中针对不同的行为及行为对象规定的民事责任，是两类基本的环境民事责任。

"公害"一词的含义简单说是指由于人们的生产和生活活动，使生活环境和生态环境质量下降，并对人们的身体健康、生命安全以至财产所造成的社会性危害。《环境保护法》第 24 条所列举的废气、废水、废渣、粉尘、恶臭气体、放射性物质等有害物对环境的污染和噪声、振动、电磁波辐射等对环境的危害，均属于"公害"之列。"公害的民事责任"，即指公民、法人因污染危害环境而侵害国家或集体的公共财产或者他人的人身、财产而应承担的民事方面的法律责任。

资源破坏民事责任是指公民、法人因违反环境法律中有关资源保护法的规定，破坏土地、水、矿产、森林、野生动植物等资源而侵害公共财产或者他人财产而应承担的民事方面的法律责任。追究资源破坏民事责任与公害民事责任的目的，都是为了保障人体健康，促进社会主义现代化建设的发展。

（二）环境民事责任的特征

1. 主要为财产责任

因污染危害环境造成公共财产或者他人财产损失，和因污染危害环境造成他人人身伤害、死亡所应承担的民事责任，主要是一种财产责任。即使造成人身伤亡，在民事责任方面，也是指污染危害环境行为造成他人人身伤亡导致财产损失的民事赔偿责任，至于侵害他人人体健康、生命安全本身，则应承担刑事责任，而不是民事责任。

2. 平等双方当事人一方对另一方所承担的责任

民事法律关系主体之间，其权利、义务是对应和平等的。一方当事人不履行民事义务或者侵害了另一方当事人的合法权益；另一方当事人的权利、义务关系和平等地位就受到了破坏，这时，民事法律就要迫使不履行义务者或者侵害者承担民事责任后果，以使被破坏的平等地位和被侵害的民事权益得到恢复或者得到弥补。

3. 公害民事责任的范围与环境污染危害造成的损失相当

这一特点表明，致害者造成损失的大小是确定其承担民事责任的程度和范围的唯一依据。造成多大的损失就应承担多大的责任，以使受害者的合法权益得到充分、合理的补偿；这一特点还表明，侵害的后果不同。

4. 实行较长的诉讼时效

《民法通则》对一般民事责任的诉讼时效分两种，因身体受到伤害要求赔偿的时效为 1 年，因财产受到损害要求赔偿的时效为两年。由于环境污染原因复杂，其危害的潜伏期较长，要发现和查明致害人以便提出赔偿要求或者提起诉讼都需要较长的时间。因此，《环境保护法》第 42 条规定："因环境污染损害赔偿提起诉讼的时效期间为 3 年，从当事人知道或者应当知道受到污染损害时起计算。

5. 诉讼中实行举证责任倒置

按照《民事诉讼法》的一般规定，原告应当为自己的诉讼请求提供证据，包括提供致害人有过错，侵权行为与损害结果有因果关系的依据。考虑到公害的特殊性和环境污染因果关系的复杂性，我国法律确认了举证责任倒置原则，即原告只需提出自己所受的损害是由被告的环境污染行为引起的，这样"表面"证据，要求便告成立。如果被告要否认，被告就必须提出足够证据来否定这种因果关系的存在，否则不能免除其责任。

（三）环境民事责任的构成要件

一般民事责任的构成要件为：损害后果、违法行为、损害和行为之间的因果关系以及行为人的主观过错。

环境民事责任的构成要件：污染环境（公害）和破坏资源两种环境侵权行为承担民事责任的要件有所不同，后者要求符合一般构成要件，而公害民事责任的构成要件则为：损害事实的客观存在，污染危害行为以及污染危害行为和损害事实之间有因果关系。（见图表 7-1）

因此，污染环境（公害）民事责任所适用的是无过错责任原则。

图表 7-1　污染环境（公害）与破坏资源承担民事责任的要件比较

污染环境（公害）	破坏资源
损害后果	损害后果
损害后果和污染危害环境行为之间有因果关系	损害后果和破坏行为之间有因果关系
污染危害环境的行为	破坏资源的行为
	主观过错

二、无过错责任

（一）无过错责任原则的概念

实施污染危害环境的行为，给国家、其他单位或者个人客观上造成了损失的公民、法人，即使主观上没有过错，也应当承担民事赔偿责任。无过错责任原则，属于民法中承担特殊侵权责任的特殊原则，即一般民事责任的归责原则——过错责任原则的例外。但是，在环境污染民事赔偿责任归责中，则是普遍的归责原则。

从上述定义可知，环境污染民事责任的构成要件有三：① 污染危害环境的行为；② 造成损害后果；③ 污染危害环境的行为与损害后果之间存在因果关系。

1．污染危害环境的行为

排污者实施的污染危害环境的行为是否违反环境法的规定，均视为承担环境民事责任的要件。

2．造成损害后果的事实客观存在

环境污染民事责任是一种侵权的民事责任。《环境保护法》第 41 条规定："造成环境污染危害的，有责任排除危害，并对直接受到损害的单位或者个人赔偿损失。"从这一规定中不难看出，污染危害环境造成他人损害的事实，是追究环境污染民事责任的首要条件。

3．污染危害环境的行为与损害后果之间存在因果关系

因果关系是客观存在的不以人的意志为转移的现象之间内在的必然联系。环境污染民事案件中，污染危害环境的行为与损害后果之间，是相对的两种社会现象与自然现象的综合。因此，要追究排污者的民事责任，就必须查明其行为与结果之间的因果关系。

无过错责任原则与过错责任原则相比较，其范围更宽，也更严格，即环境污染危害包括了过错行为造成的环境污染事故和无过错行为造成的环境污染事件。排污者只要具备了上述 3 个要件，即使主观上没有过错，也应当承担民事赔偿责任；有过错，当然更应当承担民事赔偿责任。

（二）实行无过错责任的原因及其意义

1. 现代工业是属于具有高度危险的污染危害环境的企业

环境污染是现代工业的产物，而大工业是造成环境污染危害的主要原因。随着科学技术的飞速发展，现代企业的生产过程、技术设备及工艺越来越复杂，其规模也越来越大。这些企业往往为了追求经济利益，降低成本，无时不向环境超标排放各种污染物，尤其是排放有毒有害物质。虽然企业采取了各种污染防治措施和安全措施，但仍然不能完全消除对环境的污染和侵害人体健康的危险。也就是说，即使企业排污中没有过错，也可能给他人造成污染危害。另外，环境污染所造成的危害，一般都范围广，后果严重，不但危及当代人的健康及生命，制约经济、社会的可持续发展，而且还会影响到下一代人乃至整个人类和其他生物的生存与发展。因此，环境污染民事责任采用无过错责任原则，明确企业应承担的法律责任是十分必要的。

2. 环境污染民事责任实行过错责任归责不合理也不公平

一般民事责任实行过错责任归责，即在一般民事侵权赔偿诉讼中，受害人必须提供有关证据，包括加害人有过错的证据，否则索赔请求不成立。但是，在环境污染民事赔偿诉讼中，由于现代工业生产及由此造成的环境污染一般都涉及复杂的专门科学技术问题，作为普通公众的受害人，难以了解生产工艺及造成污染的原因，更难以提供充足的证据，也就难以证实加害人的故意或过失。如果因受害人不能证明加害人有过错，使受害人得不到法律保护，这实际上等于承认排污者“污染权”的合法化，无异于放纵排污者图财害命，这很不合理也很不公平。因此，无过错责任原则已普遍成为当代各国环境法所采用的归责原则。

关于无过错责任原则的适用，一些国家的规定与我国环境法的规定有所不同。如日本的公害防治法只对因大气污染、水污染造成损害实行无过错责任，而且仅限于“对人的生命或者健康的危害”及特定的“原因物质”，而对法律未作规定的“新的公害”和对人体伤害之外的“农业损害和渔业损害”，或者“噪声、振动及其他公害所造成的损害”，则不适用无过错责任。而我国的环境法考虑到环境污染所造成的严重后果，以及加害人与受害人的不同经济状况，并没有规定上述限制条件，这是符合我国环境法的立法宗旨，也体现了社会的公正性。

环境污染民事责任实行无过错责任归责，对于依法及时、有效保护受害者的合法权益，使受害人得到应有的补偿；明确排污者的责任，加强防范，推动排污者采取防治污染的措施，积极主动治理具有重要意义。

（三）无过错责任的免责条件

无过错责任的免责条件，是指排污者虽然造成了环境污染损害，但是由于不可归责的原因，法律规定可以不承担民事赔偿责任的特殊情况。

我国环境法对无过错责任的免责条件，作了如下规定：

《环境保护法》第 41 条第 3 款规定："完全由于不可抗拒的自然灾害，并经及时采取合理措施，仍然不能避免造成环境污染损害的，免予承担责任。"

《海洋环境保护法》第 92 条规定："完全属于下列情形之一，经过及时采取合理措施，仍然不能避免对海洋环境造成污染损害的，造成污染损害的有关责任者免予承担责任：① 战争；② 不可抗拒的自然灾害；③ 负责灯塔或者其他助航设备的主管部门，在执行职责时的疏忽，或者其他过失行为。"

《水污染防治法》第 85 条第 3 款、第 4 款规定："水污染损害是由受害人故意造成的，排污方不承担赔偿责任。水污染损害是由受害人重大过失造成的，可以减轻排污方的赔偿责任。""水污染损害是由第三人造成的，排污方承担赔偿责任后，有权向第三人追偿。"

《大气污染防治法》第 63 条也作了同《环境保护法》第 41 条第 3 款类似的规定。

根据上述规定，可将我国环境法中无过错责任的免责条件归纳为：① 战争；② 不可抗拒的自然灾害；③ 完全由于第三者或者受害人自身过错造成的。

只要具备上述条件之一的，排污者即可以免除承担民事赔偿责任。为充分保障受害人的合法权益，我国《民法通则》对"不可抗力"作了严格的界定："是指不能预见，不能避免并不能克服的客观情况"。[37]排污者只有在不可抗力的情况下，又经过及时采取合理措施，仍然不能避免造成环境污染损害[38]时，才免除承担民事赔偿责任。《民法通则》第 120 条、第 129 条还规定，符合正当防卫或者紧急避险条件的，也不予承担民事赔偿责任。

正确理解和准确把握无过错责任的免责条件，对于公正公平调解环境污染民事纠纷，提高环境保护行政机关及审判机关的办案质量，以环境公平促进社会公平具有重要现实意义。

---

37 《民法通则》第 153 条的规定。

38 《环境保护法》第 41 条第 3 款、《水污染防治法》第 56 条、《大气污染防治法》第 63 条的规定。

三、关于连带责任、混合责任及公平责任

（一）连带责任

两个以上排污单位共同造成环境污染损害时，每一个排污单位都应当对损害后果承担全部的民事责任[39]。连带责任是一种更加严格的环境民事责任，它要求排污单位在从事对环境有影响的活动中特别要加强环境管理，避免对他人造成损害，否则就要承担全部民事责任。

（二）混合责任

由于排污单位和受害者的过错，共同造成环境污染损害所应承担的民事责任。《民法通则》第 131 条规定："受害人对于损害的发生也有过错的，可以减轻侵害人的民事责任。"根据这一规定，当排污单位和受害者均有过错且共同造成环境污染损害时，应当按照双方各自的过错情节分别确定各方的民事责任。

（三）公平责任

由于排污单位排污行为的情节不能适用无过错责任，而适用过错责任原则又会使受害者得不到应有的赔偿，在这种情况下，根据双方当事人的情节，按照不失公平，合理负担的原则确定，由双方各自分担损失的一种民事责任。

关于公平责任，《民法通则》第 132 条规定："当事人对造成损害都没有过错的，可以根据实际情况由当事人分担民事责任。"另外，《民法通则》关于限制民事行为能力和无民事行为能力的民事责任的规定，也属于公平责任[40]。

四、举证责任转移及因果关系推定

（一）举证责任转移

举证责任是指当事人对自己的主张负有提供证据的责任，否则可能导致不利于自己的法律后果。

所谓举证责任转移，也称举证责任倒置，是指受害方不必提供包括加害方有过错的证据，而只需提供加害方已有污染危害环境行为等"表面"证据及自身受损害是由于加害方排污行为所造成的事实，赔偿请求即成立，如果加害方要否认，

39 见《民法通则》第 130 条规定："二人以上共同侵权造成他人损害的，应当承担连带责任。"

40 江平. 现代实用民法典. 北京：北京出版社，1992.

就必须提供反证。

关于举证责任转移的法律规定，我国于1992年7月14日，在最高人民法院《关于适用〈民事诉讼法〉若干问题的意见》中首次作出了明确规定。该《意见》第74条规定：因环境污染引起的损害赔偿诉讼，“对原告提出的侵权事实，被告否认的，由被告负责举证”。此外，经修订后新颁布的《固体废物污染防治法》第86条规定：“因固体废物污染环境引起的损害赔偿诉讼，由加害人就法律规定的免责事由及其行为与损害结果之间不存在因果关系承担举证责任。”这一规定，第一次在我国环境法中确立了举证责任转移的原则。

实行举证责任转移原则，对于更好地维护受害者的合法环境权益；促使排污者积极治理污染，防止重大污染事故的发生；推动证据理论的发展，完善环境立法具有重要意义。

（二）因果关系推定

只要确定某工厂已排放了有害污染物，且单独排放量已使群众的健康或者生命安全达到危害的程度时，便可推定此种危害系排污单位排放的污染物所致[41]。

在环境污染民事纠纷中，排污者污染危害行为与损害结果之间因果关系的认定，要比一般民事责任和行政责任、刑事责任的因果关系复杂和困难得多。为解决这一难题，一些国家的环境法规定，在不能确定严格因果关系的情况下，可以采用因果关系推定原则，即以因果关系推定原则代替因果关系的直接认定。如，日本1970年12月16日颁布的《关于危害人体健康的公害犯罪制裁法》第5条对因果关系推定原则作了明确规定，而且日本法院在审理有关公害民事纠纷案件中也采纳了这一原则。

我国环境法至今尚未作出因果关系推定原则的规定，但是在环境污染民事纠纷的行政处理和法院审判实践中，实际上已接受和采纳了这一原则，不要求严格的直接因果关系的证据。

五、环境污染民事责任的形式

（一）一般民事责任的形式

公民、法人由于不履行合同义务或者侵权而应承担民事法律后果的方式或者范围。根据《民法通则》第134条规定：承担一般民事责任的方式有十种，停止侵害；排除妨碍；消除危险；返还财产；恢复原状；修理、重作、更换；赔偿损

41 见[日]野村好弘. 日本公害法概论. 第281～286页。

失；支付违约金；消除影响，恢复名誉；赔礼道歉。上述民事责任的形式，可以单独适用，也可以合并适用。

（二）环境污染民事责任的形式

根据环境法的规定，因污染危害环境造成财产或者人身损失的公民、法人应承担民事法律后果的方式及范围。关于环境污染民事责任的形式，《环境保护法》及环境污染防治单行法[42]均有明确的规定。如《环境保护法》第 41 条第 1 款规定："造成环境污染危害的，有责任排除危害，并对直接受到损害的单位或者个人赔偿损失。"由此可见，环境污染民事责任的形式主要是排除危害和赔偿损失两种。

（三）赔偿损失

1. 赔偿损失的概念

依照环境法的规定，由国家强令污染危害环境的法人、公民，以自己的财产弥补对他人造成的财产损失的一种民事责任形式。

根据我国环境法的精神，将污染危害环境所造成的"损害"分为直接损失与间接损失、物质损失与精神损害、直接受到损害者与间接受到损害者等。

（1）直接损失与间接损失。直接损失，是指因受环境污染危害而造成法律所保护的现有财产的减少或者丧失的实际，也称实际损失；间接损失，也称可得利益的损失，是指由直接损失引发的其他损失，即在正常情况下应当得到，但因环境污染危害而得不到的那一部分合法收入。

（2）物质损失与精神损害。物质损失，是指受害者因环境污染危害所造成的财产上的损失；精神损害在民法上是指侵权行为所造成的人格上的损害。近年来，我国各地因环境污染危害而导致精神伤害或养殖物损害的事件不断发生。对此，有的地方人民法院能正确地判决加害方承担精神赔偿责任[43]，这一点很值得在今后的环境立法中加以规范和完善。

（3）直接受到损害者与间接受到损害者。直接受到损害者，是指环境污染危害行为直接指向的公民、法人或者其他组织。例如某企业排污毒死养鱼塘中鱼苗案中，个体养鱼户是直接受到损害的人。个体养鱼户与某饭店签订了供应鱼的合同，后因鱼苗全部死亡而未能按合同供应鱼，致使饭店的经营蒙受损失，饭店便

---

42 参见《大气污染防治法》第 62 条第 1 款；《水污染防治法》第 55 条第 1 款；《海洋环境保护法》第 99 条第 1 款；《环境噪声污染防治法》第 61 条第 1 款等。

43 参见《污染损失也要进行精神赔偿》，载于《中国环境报》，2002 年 8 月 3 日第三版。

是间接受到损害者。[44]

2．赔偿损失的原则

确定赔偿损失的范围及具体数额时应遵循的准则。根据环境法及相关法律规定，以及我国环境保护法的实践，在环境污染民事纠纷中，确定赔偿损失的范围及具体数额应遵循如下原则。

（1）对财产损失全部赔偿的原则。环境污染民事责任的财产性质及对受害者给予经济补偿的目的决定了赔偿损失的范围、具体数额完全取决于加害者造成他人财产损失的大小。即损失多少应赔偿多少，没有造成损失就无须承担赔偿责任。

（2）对人体健康及生命的伤害只赔偿由此引起的财产损失的原则。这一原则是指加害者必须承担因污染危害环境造成他人伤残或者死亡所引起的财产损失的全部赔偿责任，而不是赔偿人体伤残或死亡本身。

（3）适当考虑当事人经济状况的原则。根据这一原则，在确定赔偿金额时，可以适当考虑当事人（主要指加害者）的经济状况。但是，必须以承担赔偿责任为前提，且必须征得受害者的同意。

3．赔偿金额的计算方法

（1）对财产损失的赔偿范围及其计算方法。根据全部赔偿原则，对财产损失的赔偿包括了直接损失的赔偿及间接损失的赔偿。对此，我国环境法尚未作出具体规定，但是我国许多地方在实践中积累的行之有效的做法值得总结和借鉴。

以企业排污污染个体养鱼塘水质毒死鱼苗案为例：在此，个体养鱼户的财产直接损失是指被毒死的鱼苗成本，包括购鱼苗费、运输费、鱼塘租金、鱼苗死前的饵料费及劳务费等；财产的间接损失是指鱼苗长大成鱼后个体养鱼户通常应得的收入，即利润部分。这一部分计算较为复杂，通常从成鱼的价格中扣除成鱼过程中的必要费用（即成本部分）。在计算时，还应当考虑鱼的成活率、市场价格、鱼的品种及渔民养鱼经验、经营水平等因素[其计算公式为：（鱼苗数×成活率（%）×千克/每尾×元/千克）－成鱼成本]。

另一种最简便的计算方法，是按照正常情况下成鱼价格的一定比例计算，一般按40%～60%进行赔偿[即成鱼价格×（40%～60%）]。

（2）对污染危害人体健康、生命造成财产损失的赔偿及其计算方法。根据《民法通则》第119条规定，因污染危害环境造成人身伤害的赔偿分为三类：

第一类为人身伤害。指受害人经治疗后可以恢复健康的伤害。对这一类人身伤害所造成的财产损失的赔偿，包括医药费、住院费、住院期间的伙食补助费、

44 根据我国环境保护法规定，加害者不承担对间接受到损失者的赔偿责任，但是作为间接受到损失的饭店可以据合同法向个体养鱼户索赔。

必要的护理费、营养费、治疗期间的误工工资及交通费等。

第二类为人身伤残。指因环境污染危害造成身体伤残程度的确定，一般应按照医院诊断结论为准；对身体伤残所造成的财产损失的赔偿，除上述医疗费之外，还应赔偿受害者因身体伤残所减少的收入和必要的生活补助。

第三类为死亡者。指因环境污染危害所造成的死亡者。对因受害死亡而造成财产损失的赔偿，包括死者生前的医疗费、死者丧葬费及死者生前扶养的人必要的生活费等。

（四）排除危害

环境保护监督管理部门依法强令造成或者可能造成环境污染危害者，排除可能发生的环境污染危害，或者停止已经发生环境污染危害并予以消除继续发生环境污染危害的一种民事制裁形式。从上述概念可知，环境保护法所规定的排除危害实际上包括了《民法通则》所规定的停止侵害、排除妨碍及消除危险三种民事责任形式。[45]

从环境保护法的规定看，排除危害具有如下两个特点：第一，排除危害是一种预防性的民事责任形式。即排除危害与停止侵害、排除妨碍、消除危险相同，都是属于强调预防性的民事责任形式，而不是带有补偿性、财产性的民事责任形式；第二，排除危害的预防性功能更为突出。即排除危害与上述三种民事责任形式相比较，其预防性功能更为明显，更为突出。因为它不仅严格要求停止已发生的环境污染危害行为，而且还要求排除尚未发生但实际可能要发生的环境危害隐患。

在环境保护监督管理中，正确及时适用排除危害这种民事责任形式，对贯彻“预防为主”原则，主动预防和消除环境污染危害的危险或者隐患具有重要意义。

六、解决环境污染民事赔偿纠纷的程序

根据我国环境保护法的规定，解决环境污染民事纠纷的程序主要有两种形式：一是根据当事人的请求，由环境保护监督管理部门调解处理（如果调解不成，当事人还可以向人民法院起诉）；二是由当事人直接向人民法院起诉，由人民法院按照《民事诉讼法》规定的程序审理。由此可见，民事诉讼程序是解决环境污染民事纠纷的最终程序。

45 停止侵害，是指停止已发生的侵犯他人利益的侵害行为；排除妨碍，是指排除妨碍他人行使权利的侵害行为；消除危险，是指消除对公共财产、他人财产及人身危险隐患的侵害行为。

（一）环境污染民事纠纷行政处理程序

详见第十二章。

（二）环境污染民事纠纷的民事诉讼程序（略）

第三节　环境刑事责任

一、环境刑事责任的概念

违反《刑法》[46]和《环境保护法》的规定，严重污染或者破坏环境，造成或者可能造成公私财产重大损失或者人身伤亡的严重后果，构成犯罪所应负的刑事方面的法律后果。《刑法》在分则第六章“妨害社会管理秩序罪”中的第六节用了 9 个条文（第 338 条～第 346 条）专节规定了破坏环境资源保护罪，共 15 种犯罪；此外，《刑法》还在其他章节里规定了与破坏环境资源罪相关的一些犯罪，主要包括三个方面：第一，可能造成或者导致严重的环境污染和资源破坏的危害公共安全罪，如放火罪等；第二，可能导致环境污染的走私罪，如走私固体废物罪等；第三，可能导致环境污染和资源破坏的渎职罪，如环境监管失职罪等。

二、环境犯罪构成

（一）环境犯罪构成的概念

违反环境法律规范和刑事法律规范，严重污染环境或破坏环境，造成或可能造成严重后果，应当承担刑事责任的行为。

由上述概念可知，构成环境犯罪必须具备刑法规定的相应的主客观要件，只有符合环境犯罪的犯罪构成的行为才构成环境犯罪，才需要承担环境刑事责任。

（二）环境犯罪构成的要件

1．犯罪客体

我国《刑法》所保护而被犯罪行为所侵犯的权益。例如破坏环境资源保护罪这一类犯罪的犯罪客体就是环境保护法规定并为刑法所保护的环境权益，如清

46 本节中的《刑法》均指 1997 年修订后的《中华人民共和国刑法》（简称《刑法》）。

洁、安静、舒适的环境权益，合理开发利用并可持续发展的环境资源权益等。

2．犯罪客观方面

我国《刑法》规定的，成立犯罪所必需的客观外在表现，包括危害行为及其方式、行为对象、危害结果以及危害行为的时间、地点等；其中危害行为是必备要件，其他的是选择要件（只是某些犯罪的必备要件）。在环境领域中，危害行为主要表现为各种污染和破坏环境的行为，例如，违反《固体废物污染环境防治法》的规定，将境外的固体废物进境倾倒、堆放、处置的行为等。

3．犯罪主体

我国《刑法》规定的，实施了严重危害社会的行为，应对自己行为承担刑事责任的单位和个人。在破坏环境资源保护罪这一类犯罪中，单位和自然人均可构成，但自然人中只包括一般主体。[47]

4．犯罪主观方面

我国《刑法》规定的，犯罪主体对所实施的危害行为及其危害结果所持的心理态度，包括犯罪故意和犯罪过失（合称罪过）以及犯罪目的、犯罪动机。根据《刑法》的规定，罪过的形式不同，犯罪的性质、种类以至是否负刑事责任均有所区别。故意犯罪，应当负刑事责任；过失犯罪，法律有规定的才负刑事责任。行为人主观上有罪过（犯罪故意和犯罪过失）是构成犯罪、承担刑事责任的必要要件；犯罪目的、犯罪动机是选择要件（只是某些犯罪的必备要件）。

在破坏环境资源保护罪这一类犯罪中，主观罪过多为故意；并且其中的污染环境类犯罪[48]的主观方面多为间接故意，破坏自然资源类犯罪[49]的主观方面多为直接故意，并多伴有牟利动机。

环境犯罪的犯罪构成的4个要件，是密切联系的有机整体，缺一不可。只有4个要件同时具备，才构成环境犯罪，才需要承担环境刑事责任。

三、破坏环境资源保护罪

以1997年3月14日修订、10月1日正式实施的《刑法》为标志，我国开始了在《刑法》中就污染环境、破坏资源的犯罪进行专门的规制，这是我国运用《刑法》武器保护环境的重大转折与起步。

---

47 指不需要具备一定职务或身份就可构成某种犯罪的人；与一般主体相对应的是特殊主体，特殊主体是需具有一定职务或身份才能构成某种犯罪的人。

48 指《刑法》第338条和第339条规定的犯罪。

49 指《刑法》第340条～第345条规定的犯罪。

（一）破坏环境资源保护罪概述

违反环境法律规范与刑事法律规范，严重污染环境或破坏环境，造成或可能造成公私财产重大损失或人身伤亡的严重后果，应当承担刑事责任的行为。

（二）破坏环境资源保护罪分述

1．重大环境污染事故罪

根据我国《刑法》第338条的规定，违反环境保护法的规定，向土地、水体、大气排放、倾倒或者处置有放射性的废物、含传染性病原体的废物、有毒物质或者其他危险废物，造成重大环境污染事故，致使公私财产遭受重大损失或者人身伤亡的严重后果的行为。

（1）本罪的基本特征：① 本罪的犯罪客体是公民的环境权益；② 本罪的客观方面表现为向环境非法排入危险废物的行为和严重的危害后果；③ 本罪的主体是一般主体，包括自然人和单位；④ 本罪的主观方面是过失。

（2）对本罪的处罚：个人犯本罪，后果严重的，处3年以下有期徒刑或者拘役，并处或单处罚金；后果特别严重的，处3年以上7年以下有期徒刑，并处罚金。单位犯本罪的，对单位判处罚金，并对其直接负责的主管人员和其他直接责任人员，依照个人犯本罪的规定处罚。[50]

2．非法处置进口的固体废物罪

根据我国《刑法》第339条的规定，违反《固体废物污染环境防治法》的规定，将境外固体废物进境排放、倾倒、处置的行为。个人犯本罪的，处5年以下有期徒刑，并处罚金；造成重大环境污染事故，致使公私财产遭受重大损失或者严重危害人体健康的，处5年以上10年以下有期徒刑，并处罚金；后果特别严重的，处10年以上有期徒刑，并处罚金。

3．擅自进口固体废物罪

根据我国《刑法》第339条第2款的规定，未经市级以上环境保护行政主管部门许可，擅自进口固体废物用作原料，造成重大环境污染事故，致使公私财产遭受重大损失或者严重危害人体健康的行为。

（1）本罪的基本特征：① 本罪的犯罪客体是公民的环境权益；② 本罪的客观表现是擅自进口固体废物用作原料，造成重大环境污染事故和严重后果；③ 本罪的主体是一般主体；④ 本罪的主观方面是故意，而且主要是间接故意。

50 破坏环境资源保护罪这一类犯罪包含的15种犯罪，单位均可构成，对其处罚的原则也相同，关于单位构成以下14种环境犯罪的，对其处罚参照此原则，以下不再赘述。

（2）对本罪的处罚：个人犯本罪，对造成严重后果的，处 5 年以下有期徒刑或拘役，并处罚金；后果特别严重的，处 5 年以上 10 年以下有期徒刑，并处罚金。

4. 非法捕捞水产品罪

根据我国《刑法》第 340 条的规定，违反《渔业法》的规定，在禁渔区、禁渔期或者使用禁用的工具、方法捕捞水产品，情节严重的行为。

（1）本罪的基本特征。① 本罪的犯罪客体是公民的环境权益；② 本罪的客观表现是违法在禁渔区、禁渔期或者使用禁用的工具、方法捕捞水产品[51]，情节严重；③ 本罪的主体为一般主体，多为我国不法渔民和境外渔轮所有者；④ 本罪的主观方面是故意。

（2）对本罪的处罚：个人犯本罪的，处 3 年以下有期徒刑、拘役、管制或者罚金。

5. 非法猎捕、杀害珍贵、濒危野生动物罪

根据我国《刑法》第 341 条第 1 款的规定，违反《野生动物保护法》的规定，猎捕、杀害国家重点保护的珍贵、濒危野生动物[52]的行为。个人犯本罪的，处 5 年以下有期徒刑或者拘役，并处罚金；情节严重的，处 5 年以上 10 年以下有期徒刑，并处罚金；情节特别严重的，处 10 年以上有期徒刑，并处罚金或者没收财产。

6. 非法收购、运输、出售珍贵、濒危野生动物、珍贵、濒危野生动物制品罪

根据我国《刑法》第 341 条第 1 款的规定，违反《野生动物保护法》的规定，擅自收购、运输、出售珍贵、濒危野生动物及其制品的行为。本罪与对非法猎捕、杀害珍贵、濒危野生动物罪的处罚相同。

7. 非法狩猎罪

根据我国《刑法》第 341 条第 2 款的规定，违反《野生动物保护法》的规定，在禁猎区、禁猎期或者使用禁用的方法、工具进行狩猎，破坏野生动物资源，情节严重的行为。

（1）本罪的基本特征：① 本罪的犯罪客体是珍贵、濒危野生动物的生存权益和国家对其管理秩序；② 本罪的客观表现是实施了上述“三禁”之一的行为进行猎捕，情节严重的行为；③ 本罪的主体是一般主体；④ 本罪的主观方面是故意。

---

51 见《渔业法》第 38 条和第 46 条的规定。

52 国家重点保护的珍贵、濒危野生动物不包括地方保护的野生动物和其他野生动物，而且只包括非人类控制的野生动物，而不包括已为人类所实际控制（驯养、繁殖）的野生动物；如果残害人类驯养、繁殖等已被人类控制的野生动物的，以故意毁坏财物罪论处。

（2）对本罪的处罚。个人犯本罪的，按不同情节处 3 年以下有期徒刑、拘役、管制或者罚金。

8．非法占用农用地罪

根据《刑法》第 342 条的规定，违反土地管理法规，非法占用耕地、林地等农用地，改变被占用土地用途，数量较大，造成耕地、林地等农用地大量毁坏的行为。[53]

（1）本罪的基本特征：① 本罪的犯罪客体是公民耕地资源的环境保护权益和国家对耕地的管理秩序；② 本罪的客观方面表现为非法占用农用地，改作他用，数量较大，造成农用地大量毁坏；③ 本罪的主体是一般主体；④ 本罪的主观方面是故意。

（2）对本罪的处罚：个人犯本罪的，根据不同情节处 5 年以下有期徒刑或者拘役，并处或单处罚金。

9．非法采矿罪

根据我国《刑法》第 343 条第 1 款的规定，违反《矿产资源法》的规定，未取得采矿许可证擅自采矿的，擅自进入国家规划矿区、对国民经济具有重要价值的矿区和他人矿区范围采矿的，擅自开采国家规定实行保护性开采的特定矿种，经责令停止开采后拒不停止开采，造成矿产资源破坏的行为。个人犯本罪的，处 3 年以下有期徒刑、拘役或者管制，并处或单处罚金；造成矿产资源严重破坏的，处 3 年以上 7 年以下有期徒刑，并处罚金。

10．破坏性采矿罪

根据我国《刑法》第 343 条第 2 款的规定，违反《矿产资源法》的规定，采取破坏性开采方法开采矿产资源，造成矿产资源严重破坏的行为。

（1）本罪的基本特征：① 本罪的犯罪客体是公民对矿产资源的环境保护权益和国家对矿产资源的管理秩序；② 本罪的客观方面表现为采取破坏性开采方法开采矿产资源，造成矿产资源严重破坏；③ 本罪的主体是一般主体；④ 本罪的主观方面是故意。

（2）对本罪的处罚：个人犯本罪的，根据不同情节处 5 年以下有期徒刑或者拘役，并处罚金。

11．非法采伐、毁坏珍贵树木罪

根据我国《刑法》第 344 条的规定，违反《森林法》和《野生植物保护条例》，非法采伐或者破坏珍贵树木或者国家重点保护的其他植物的行为。

（1）本罪的基本特征：① 本罪的犯罪客体是公民对国家重点保护的珍贵林

---

53 这是《中华人民共和国刑法修正案（二）》调整后的罪名。

木的环境保护权益和国家对这类珍贵林木的管理秩序；② 本罪的客观方面表现为非法采伐或者毁坏珍贵树木或者国家重点保护的其他植物的行为；③ 本罪的主体是一般主体；④ 本罪的主观方面是故意。

（2）对本罪的处罚：个人犯本罪的，处3年以下有期徒刑、拘役或者管制，并处罚金；情节严重的，处3年以上7年以下有期徒刑，并处罚金。

12. 非法收购、运输、加工、出售珍贵树木、珍贵树木制品罪[54]

根据我国《刑法》第344条的规定，违反《森林法》和《野生植物保护条例》，非法收购、运输、加工、出售珍贵树木或国家重点保护的其他植物及其制品的行为。本罪与对非法采伐、毁坏珍贵树木罪的处罚相同。

13. 盗伐林木罪

根据我国《刑法》第345条第1款的规定，违反《森林法》的规定，以非法占有为目的，盗伐森林或者其他林木，数量较大的行为。个人犯本罪，"数量较大"的，处3年以下有期徒刑、拘役或者管制，并处或单处罚金；"数量巨大"的，处3年以上7年以下有期徒刑，并处罚金；"数量特别巨大"的，处7年以上有期徒刑，并处罚金。盗伐国家的自然保护区内的森林或其他林木的，从重处罚。[55]

14. 滥伐林木罪

根据我国《刑法》第345条第2款的规定，违反《森林法》的规定，滥伐森林或其他林木，数量较大的行为。

（1）本罪的基本特征：① 本罪的犯罪客体是公民对森林资源环境保护权益和国家对森林资源的管理秩序；② 本罪的客观方面表现为无采伐许可证或未按采伐许可证的规定，违法进行采伐，且数量较大；③ 本罪的主体是一般主体；④ 本罪的主观方面是故意。

（2）对本罪的处罚：个人犯本罪，"数量较大"的，处3年以下有期徒刑、拘役或者管制，并处或单处罚金；"数量巨大"的，处3年以上7年以下有期徒刑，并处罚金。滥伐国家的自然保护区内的森林或其他林木的，从重处罚。

15. 非法收购、运输盗伐、滥伐的林木罪

根据我国《刑法》第345条第5款的规定，违反《森林法》的规定，以牟利为目的，非法收购、运输明知是盗伐、滥伐的林木，情节严重的行为。个人犯本罪的，处3年以下有期徒刑、拘役或者管制，并处或单处罚金；情节特别严重的，处3年以上7年以下有期徒刑，并处罚金。

---

54 这是根据《中华人民共和国刑法修正案（四）》第6条增设的新罪名。

55 关于"盗伐林木罪"和"滥伐林木罪"中的"数量较大"、"数量巨大"、"数量特别巨大"的标准，参见最高人民法院、最高人民检察院：关于办理盗伐滥伐林木案件应用法律的几个问题的解释（1987）。

四、环境监管人员的渎职犯罪

（一）环境监管人员的渎职犯罪概述

我国《刑法》在分则第 9 章第 397 条、第 407 条、第 408 条、第 410 条对环境监管人员的渎职犯罪作了具体规定，同时，最高人民检察院 2006 年 7 月 26 日公布了《关于渎职侵权犯罪案件立案标准的规定》，对各种具体渎职犯罪的立案条件作了详细规定。对于一般的渎职犯罪在此不再赘述，我们这里重点阐述几种典型的环境监管人员渎职犯罪。

（二）环境监管人员的渎职犯罪分述

1．环境监管失职罪

根据我国《刑法》第 408 条的规定，即负有环境保护监督管理职责的国家机关工作人员严重不负责任，不履行或者不认真履行环境保护监管职责导致发生重大环境污染事故，致使公私财产遭受重大损失或者造成人身伤亡的严重后果的行为。

（1）本罪的基本特征：① 本罪的客体是环境保护行政主管部门的正常工作制度和应有信誉；② 本罪的客观方面表现为严重不负责任导致发生重大环境污染事故和严重后果；③ 本罪的主体是各级环境保护行政主管部门中履行该部门职能的工作人员；④ 本罪的主观方面是过失。

（2）对本罪的处罚：处 3 年以下有期徒刑或者拘役。

2．违法发放林木采伐许可证罪

根据我国《刑法》第 407 条的规定，林业主管部门的工作人员违反《森林法》的规定，超过批准的年采伐限额发放林木采伐许可证或者违反规定滥发林木采伐许可证，情节严重，致使森林资源遭受严重破坏的行为。犯本罪的，处 3 年以下有期徒刑或者拘役。

3．非法批准征用、占用土地罪

根据我国《刑法》第 410 条的规定，国家机关工作人员徇私舞弊，违反《土地管理法》《森林法》《草原法》等法律以及有关行政法规中关于土地管理的规定，滥用职权，非法批准征用、占用耕地、林地等农用地以及其他土地，情节严重的行为。犯本罪的，处 3 年以下有期徒刑或者拘役；致使国家或集体利益遭受特别重大损失的，处 3 年以上 7 年以下有期徒刑。

4．非法低价出让国有土地使用权罪

根据我国《刑法》第 410 条的规定，国家机关工作人员徇私舞弊，违反《土地管理法》《森林法》《草原法》等法律以及有关行政法规中关于土地管理的规定，滥用职权，非法低价出让国有土地使用权，情节严重的行为。本罪与对非法批准征用、占用土地罪的处罚相同。

【问题与讨论】

1. 什么是环境行政责任？其主要特征是什么？

2. 如何理解环境行政责任的构成要件？

3. 什么是行政处分？什么是纪律处分？纪律处分与行政处分的区别是什么？

4. 环境行政处分的种类包括哪些？

5. 什么是环境民事责任？其主要特征是什么？

6. 什么是无过错责任原则？其构成要件是什么？

7. 为什么在环境污染民事责任中实行无过错责任原则？其意义是什么？

8. 无过错责任的免责条件是什么？有何意义？

9. 环境污染民事责任形式中的“赔偿损失”是指什么？如何理解“赔偿损失”的原则？

10. 张庄村民李国祥联络同村 18 个村民承包了石凉河入海口处的滩涂养殖场。2006 年 8 月上旬，大量的工业污水沿石凉河河道奔涌至河口海域，污染了养殖场，致使鱼类、贝类大量死亡。李国祥等村民将沿岸企业告上法庭，请求赔偿。据调查，沿岸排污企业共有 9 家，其中 8 家企业超标排放，只有某化工公司达标排放，据此化工公司拒绝赔偿。问：① 此纠纷属于一般民事纠纷还是环境民事纠纷？② 沿途企业应承担何种法律责任？③ 达标排放的化工公司是否应承担民事赔偿责任？为什么？④ 我国民法对李国祥等村民提起民事诉讼的诉讼时效是怎样规定的？

11. 试举例说明什么是直接损失？什么是间接损失？

12. 什么是环境刑事责任？

13. 如何理解环境犯罪构成的要件？

14. 陕西省旬阳县环保局批准某家铬锌选矿企业污水未经处理就投入生产，结果其排放的污水严重污染了长江的支流汉江，造成恶劣影响。问：对批准这家企业生产的环境保护行政主管部门的相关负责人能否追究相关行政责任？为什么？

15. 1999 年冬，四川省宝兴县大溪乡农民 A 在打野鸡时，无意中发现 3 只大熊猫，遂上前追赶。两只较大的熊猫迅速跑掉，而一只年幼的熊猫逃跑不及，被 A 杀死。A 在现场剥掉熊猫皮，带回家烘干后藏匿。之后，A 以 200 元价格将熊猫皮卖给 B，B 以 2 000 元价格卖给 C，C 又以 55 万元的价格卖给 D，在 C、D 交货时被公安人员逮着，当场缴获大熊猫皮一张。问：

（1）A、B、C、D 4 人的行为是否构成犯罪？

（2）如果构成犯罪，是何种犯罪，其犯罪构成是什么？

下篇 环境执法

本篇主要介绍环境执法的基本理论、环境执法程序的分类、运用及环境执法文书的分类与制作，这是本书的核心部分，也是环境执法实务的关键所在。本篇包括环境执法概述、环境违法行为和证据、环境行政许可、环境行政处罚、环境污染民事纠纷的行政处理、环境行政复议、环境行政诉讼、环境行政赔偿及环境执法文书九章。

第八章环境执法概述，主要内容有：环境执法分类及环境执法手段的分类；第九章环境违法行为和证据，主要内容有：环境违法行为的分类、认定，证据的种类及适用；第十章环境行政许可，主要内容有：环境行政许可的种类、原则、制度及程序；第十一章环境行政处罚，主要内容有：环境行政处罚的原则、处罚的种类、处罚机关、处罚的管辖、处罚的法律适用及程序；第十二章环境污染民事纠纷的行政处理，主要内容有：环境纠纷行政处理的法律适用、环境民事责任形式及行政处理程序；第十三章环境行政复议，主要内容有：环境行政复议的原则、制度、复议范围、管辖、复议参加人及复议程序；第十四章环境行政诉讼，主要内容有：环境行政诉讼的原则、制度、受案范围、管辖、诉讼参加人、诉讼程序及执行；第十五章环境行政赔偿，主要内容有：行政赔偿的构成要件、赔偿范围、标准、赔偿请求人、赔偿义务机关、赔偿程序及追偿；第十六章环境执法文书，主要内容有：环境行政执法文书的分类及制作、环境诉讼文书的分类及制作。

第八章　环境执法概述

【提要】

环境执法是指有关国家机关按照法定权限和程序将环境法规范中抽象的权利义务变成环境法主体的具体权利义务的过程。环境执法主要分为环境行政机关的执法和司法机关的执法，并采用环境行政执法手段和环境司法手段。环境执法必须遵循环境行政执法程序、环境司法程序。本章依照环境执法概念、分类及环境执法手段、环境执法程序的体例，对环境执法的内容进行分别阐述。

【引例】

1990 年，厦门市某公司擅自将黄铜铸造车间迁入集美分厂并投入生产。在生产过程中排放出的恶臭气体污染周围环境，尤其是与该公司一路之隔的福建省体育学院时常受到恶臭气体的侵扰，不少师生经常夜不能寐，口干、喉痛、咳嗽、胸闷等病症增多，一些班级无法正常训练，大运动量项目成绩下降。1992 年 7 月，厦门市环境保护局作出决定，责令该公司自 1992 年 7 月 5 日起在集美分厂停止使用产生恶臭的树脂壳模浇铸工艺。但该公司并未完全执行该项决定。同年 9 月，厦门市环境保护局在查实该公司集美分厂仍继续使用树脂壳模铸铜之后，又对该公司作出罚款 5 000 元的处罚决定。此后，该公司虽提出了治污措施和计划，但仍没有消除恶臭污染。厦门市环境保护局再次作出决定，责令该公司集美分厂铸造车间于 1993 年 5 月 1 日之前停止生产；从 1992 年 12 月 20 日起，该车间每日 18 时至次日 6 时不得开炉；每次使用炉数不得超过两个。该公司不服，向福建省环境保护局申请复议。1993 年 3 月 23 日，省环境保护局复议决定维持厦门市环境保护局的具体行政行为。[56]

56 王灿发. 环境与自然资源法案例教程. 北京：知识产权出版社，2006：117.

第一节　环境执法及其分类[57]

一、环境执法的概念

环境执法是整个国家执法活动的一个组成部分，是有关国家机关按照法定权限和程序将环境法规范中抽象的权利义务变成环境法主体的具体的权利义务的过程。或者说是国家有关机关将环境法规范适用于具体环境法主体的过程。

环境执法不同于环境法的实施。环境法的实施是指环境法在现实社会生活中的具体运用、贯彻和执行，也就是用抽象的环境法规范确立环境法主体之间的具体环境法律关系的过程。环境法的实施比环境执法的内涵和外延更大，环境执法只是环境法实施的一个组成部分。

二、环境执法的特点

环境执法的特点是与环境立法和其他方面的执法比较而表现出来的特殊性。这种特殊性，一方面由环境法的特点来决定，一方面由执法的特点来决定，是环境法特点与环境执法特点的有机结合。环境执法主要有以下几个特点。

（一）环境执法具有多部门性

环境执法不是由一个行政部门实施，而是由多个部门分别或共同实施的。有权从事环境执法的部门，除了司法机关和各级人民政府外，还包括县级以上各级人民政府的环境保护行政主管部门和相关部门。环境执法的多部门性是由环境法内容的综合性和保护范围的广泛性所决定的。

（二）环境执法具有技术性

环境执法的技术性是由环境法的科学技术性特点决定的。环境法作为通过调整一定领域的社会关系来协调人与自然关系的法律部门，其内容包含有大量的反映自然规律的技术规范，从而使其具有科学技术性的特点。

（三）环境执法具有超前性

环境执法在许多情况下不是在环境污染或破坏事件发生之后进行，而是在环

57 解振华. 中国环境执法全书. 北京：红旗出版社，1997：1～4.

境污染或破坏事件发生之前进行。这是由环境法中预防为主的原则决定的。因为环境污染和破坏一旦发生，往往难以消除和恢复，甚至具有不可逆转性，而且环境造成污染和破坏以后再进行治理，往往要耗费巨额资金，从经济上来说也是不合算的。所以，环境执法应当具有一定的超前性，应当使这种执法足以防止环境污染和破坏行为的发生。

三、环境执法的分类

（一）按照执法机关的不同，环境执法可分为环境行政机关的执法和司法机关的执法

环境行政机关的执法，亦称环境行政执法，它是指环境行政机关执行环境法律规范的活动。环境行政执法又可分为环境保护行政主管部门的执法和环境保护行政相关部门的执法。

司法机关的环境执法，亦称环境司法，是人民检察院和人民法院依照法定的权限和程序，对环境纠纷和环境犯罪案件进行检察、起诉、审判和监督的活动。其目的和作用在于国家通过行使环境检察权和审判权，打击和制裁环境犯罪，解决环境纠纷，维护法人、公民和其他组织的环境权益，使环境法得以贯彻执行和遵守，使环境得以保护。

（二）按照执法机关是否主动从事执法行为，可分为依职权的环境执法和依申请的环境执法

依职权的环境执法是指执法机关无须他人的申请，即可依其职权范围而主动从事的执法行为。例如，环境保护行政主管部门现场检查的行为，检察机关起诉环境犯罪嫌疑人的行为等。

依申请的环境执法是指环境执法机关只有在他人提出申请后才能进行的执法行为，如环境保护行政主管部门应当事人请求处理环境民事纠纷的行为等。

（三）按照执法行为是否须具备一定方式，可分为要式环境执法和非要式环境执法

要式环境执法是指环境执法机关必须依法定的方式或遵循一定的程序才能正式生效的环境执法行为。例如，环境保护行政主管部门对环境违法行为人科处罚款，必须书面通知受罚人，收到罚款后必须开具符合规定的收据给受罚人；人民法院审理环境案件，已判决结案的，必须制作判决书，并送达当事人，等等，就都属于要式环境执法。

非要式环境执法是指环境执法机关不必具备特定的方式即可生效的环境执法行为。例如，环境保护行政主管部门对轻微的环境违法、违章行为给予的口头批评教育，就属于非要式环境执法。

（四）按照能否以环境执法机关的单方意思表示即可使执法行为成立，可分为单方的环境执法和双方的环境执法

单方的环境执法是指只要有环境执法机关一方的意思表示即可成立的执法行为。例如，环境行政处罚、采取环境行政强制措施的行为，不需要行政相对人和当事人的同意，因而都属于单方的环境执法行为。大量的环境执法活动属于单方的执法行为。

双方的环境执法行为，并不是说环境执法机关与行政相对人或案件当事人共同执法，而是指环境执法机关的意思表示须征得行政相对人或案件当事人同意，执法行为方可成立、生效的情况。比如，环境保护行政主管部门调处环境民事纠纷的执法行为，只有在纠纷当事人同意的情况下方可进行，也才能成立。

第二节　环境执法手段

一、环境行政执法手段

（一）概念

环境行政执法机关贯彻执行环境保护法律规范所采取的各种方式、方法和措施。在理解环境行政执法手段这一概念时，应注意把握以下三点。

（1）行政执法中所采用的执法手段基本可适用于环境行政执法。行政执法一般采用行政许可与行政确认、行政征收、行政合同、行政奖励、行政监督检查、行政强制执行和行政处罚等手段。

（2）环境行政执法手段是为履行环境行政执法内容服务的，并由环境行政执法的内容所决定。因此，采取什么样的环境行政执法手段要视环境行政执法内容而定。

（3）相对于一般行政执法手段来说，环境行政执法手段具有特殊性。环境行政执法是一项专业性、技术性较强的工作，其具体执法手段也受自身的特定规律和特殊要求的约束。

（二）环境行政执法的形式

环境行政执法，包括环境行政监督检查、环境行政指导、环境行政合同、环境行政处理决定等多种形式。

1. 环境行政处理决定

环境行政机关依法针对特定对象所作的具体的、单方面的、能直接发生行政法律关系的决定。其实体法上的表现形式一般为“行政处理决定”或者“行政决定”。[58]环境行政处理决定通常有环境行政确认、环境行政征收、环境行政给付、环境行政奖励、环境行政许可、环境行政处罚、环境行政强制措施与环境行政强制执行等形式。

其中常见的环境行政许可、环境行政处罚等内容将在后面的章节介绍。

实际工作中常见环境行政处理决定，有排污收费的决定、限期治理的决定、实施强制性应急措施的决定、批准环境影响报告书（表）的决定、批准建设项目初步设计环境保护篇章的决定、批准环保设施竣工验收报告的决定、批准颁发排污许可证的决定、批准环保设施闲置的决定、环境行政处罚的决定等。可以说，环境行政机关所从事的具体行政行为，大部分都是以行政处理决定的形式表现的。

2. 环境行政监督检查

环境行政机关为实现环境监督管理职能，对相对人是否遵守环境保护法律法规和具体行政决定所进行的监督检查。包括两种情况：一种是对相对人是否遵守环境法律法规所作的监督检查；另一种是对相对人是否执行环境行政处理决定和环境行政处罚决定所作的监督检查。

环境行政监督检查与其他环境执法手段的区别在于：其他环境执法手段都是对相对人的权利、义务进行设定、取消或确认，也就是说对相对人的实体权利义务产生法律上的效力和后果；而环境行政监督检查不具有这种功能，它只对相对人行使权利和承担义务的情况依职权进行检查。

3. 环境行政合同

环境行政主体为实现特定的环境行政目标，行使行政职权与公民、法人或其他组织经协商一致所达成的协议。环境行政合同是环境行政主体行使职权和相对方积极参与相结合的一种法律形式，是双方意思表示一致与保留环境行政主体一定特权的有机统一体，在环境行政领域发挥着日益重要的作用。

4. 环境行政指导

环境行政机关在其职责范围内，为实现一定的行政目的而采取的符合法律或

58 姜明安. 行政法与行政诉讼法. 北京：北京大学出版社、高等教育出版社，2005：250.

政策的指导、劝告、建议等，不具有国家强制力的行为。

环境行政指导虽是一种非权力手段，但却是环境行政主体依据其法定职权实施的行为。因其主体的优势地位，环境行政指导亦可发挥重要作用。

二、环境行政司法手段

环境行政争议和环境民事纠纷，依照我国法律规定，可由环境行政机关依法运用一定的行政司法手段处理和裁决。行政机关解决环境行政争议的主要手段是环境行政复议；行政机关解决环境民事纠纷的主要手段为环境行政调处。

三、环境司法手段

司法机关处理环境案件所采用的方式、方法和措施。环境案件按其性质可分为环境刑事案件、环境民事案件和环境行政案件，以下对司法机关处理这三种案件的手段作分别介绍。

(一)司法机关处理环境刑事案件的方法和手段

环境刑事案件是指因污染和破坏环境构成犯罪，需依法追究刑事责任的案件。我国《刑法》规定了“破坏环境资源保护罪”，破坏环境和资源的犯罪按《刑法》规定惩罚。

司法机关处理环境刑事案件的手段主要包括：

(1)侦查：公安机关、人民检察院在办理环境刑事案件过程中，依照法律进行的专门调查工作和有关的强制性措施。

(2)提起公诉：人民检察院代表国家对环境刑事案件提起公诉和出庭支持公诉，追究犯罪人的刑事责任。

(3)审判：由人民法院对环境刑事案件进行审理，并对环境刑事案件的被告人作出是否有罪以及对犯罪人判处何种刑罚的判决。

(4)执行：由劳动改造机关或公安机关对人民法院已经生效的判处犯罪人刑罚的刑事判决予以执行。其中对罪犯不予关押的判决由公安机关负责执行，其他由劳改机关负责执行。

(5)监督：由人民检察院对公安机关、审判机关及劳改机关的刑事司法活动进行监督。如对人民法院错误的判决和裁定提出抗诉等。

(二)司法机关处理环境民事案件的手段

平等的民事主体之间因环境纠纷而提起的诉讼案件称环境民事案件。司法机关处理环境民事案件的手段包括：

（1）由人民法院对环境民事案件进行审判，通过审判，由人民法院就诉讼当事人争议事项作出判决或就诉讼中的一些事项作出裁定或通过人民法院主持的调解工作，使诉讼当事人达成调解。

（2）应当事人的申请，由人民法院执行已经发生效力的环境民事判决、裁定及调解书。

（3）由人民检察院对人民法院环境民事案件的审判活动实施监督。如根据《民事诉讼法》第187条的规定，人民检察院对人民法院已经发生法律效力的判决、裁定，可依照审判监督程序提出抗诉。

（三）司法机关处理环境行政案件的手段

环境行政案件是指环境行政机关与管理相对人发生行政争议，而请求人民法院处理的案件。环境行政案件又分为以下两种类型：① 相对人对环境行政机关的具体行政行为不服提起行政诉讼的案件；② 相对人在法定期限内对环境行政机关作出的具体行政行为，不申请行政复议也不提起行政诉讼又不履行的，由作出该具体行政行为的环境行政机关申请人民法院强制执行的案件。

《环境保护法》对行政处罚可依法申请法院强制执行作出了明确规定。除行政处罚之外，其他可允许相对人申请行政复议和提起行政诉讼的具体行政行为，如果有需要相对人履行的内容（如缴纳排污费），也可申请法院强制执行。

第三节　环境执法程序

一、程序和程序法

（一）程序及程序法的概念

程序是指事情进行的先后次序。程序可表述为：由一定的行为方式和步骤所构成的行为过程。所谓方式，是行为过程的空间表现形式；所谓步骤，则是指行为过程的时间表现形式。

国家机关、公职人员以及被授权的单位依照其职权范围实施法律规范的法律行为，也必须遵守更为严格的程序要求，这类要求通常由法律规范形成与实体法相对称的程序法。

狭义的程序法又称“诉讼法”、“审判法”等，是为保证实体法所规定的权利义务关系的实现而制定的诉讼程序的法律。行政诉讼法、民事诉讼法、刑事诉讼法是狭义程序法的三大内容。广义的程序法，除“诉讼法”以外，还包括行政程序法等内容。所谓行政程序法，是关于行政行为的方式、步骤及其所形成的过程的法律规范的总称。

（二）程序法的作用

1. 保障实体法的顺利实施

实体法对各类法律关系主体享有的权利和承担的义务作了规定，但无论是权利的行使，还是义务的履行，都必须以一定的方式和步骤进行，而对此方式和步骤的调整，正是程序法的内容。

2. 提高法律适用的效率

程序法把合理的、简明的程序法律化、制度化，既从根本上免去了烦琐或不必要的程序，又通过法的强制力，使法律的适用得以依法定程序进行。尤其是程序法中有关时效、期限等方面的规定，在时间、步骤上保证了法律适用的效率。

3. 监督有关机关及其工作人员

法律适用是一种国家行为，由有关国家机关及其工作人员具体适用。程序法的一大作用是通过对法律适用具体程序的规定，对有关机关及其工作人员在实施法律中的活动予以监督。

4. 保护个人和组织的合法权益

程序法对法律适用的方式和步骤作出明确规定，并同时确立个人和组织在此程序中享有的权利及行使此权利的途径。

（三）环境执法程序的概念

贯彻执行环境法律规范的方式、步骤及其手续的总称。按照执法机关的不同可分为环境行政执法程序和环境司法程序。

二、环境行政执法程序

（一）环境行政执法程序的概念

由有关环境行政机关执行环境法的方式和步骤所组成的过程。环境行政执法程序法，则是有关环境行政执法程序的法律规范的总称。

（二）环境行政执法程序的分类

环境行政执法的内容丰富，手段多样，每种执法行为都有不同的内容和程序要求。根据我国《行政许可法》《行政处罚法》《行政复议法》《国家赔偿法》及环境法律、法规和环境执法实践，将环境行政执法程序主要分为：环境行政许可程序；环境行政处罚程序；环境行政强制执行程序；环境行政调处程序；环境行政复议程序；环境行政赔偿程序。

上述程序，将分别在后面详细介绍。

三、环境司法程序

所谓环境司法，是指国家司法机关处理环境案件的活动。从内容看，我国司法机关处理环境案件的活动主要包括对环境民事案件进行审理，对环境行政案件进行审理，对危害环境的刑事案件进行审理，以及协助环境行政机关强制执行行政处罚决定 4 个方面。从另一个角度看，环境司法的内容主要是环境诉讼，因此环境司法程序主要是环境诉讼程序。

（一）环境诉讼程序

环境诉讼，是指在特定环境法主体的请求和参加下，人民法院依法定程序审理和裁判环境案件的全部活动。环境诉讼程序，则是指司法机关及环境案件当事人为解决案件而分阶段又相连贯的顺次进行的活动的方式和步骤。

按环境诉讼所保护的利益性质和所采用的调整方法的不同，环境诉讼可分成环境民事诉讼、环境刑事诉讼和环境行政诉讼三种。相应的环境诉讼程序也分为环境民事诉讼程序、环境刑事诉讼程序和环境行政诉讼程序三种。三种程序可分别适用《民事诉讼法》《刑事诉讼法》和《行政诉讼法》。

（二）环境行政诉讼

详见第十四章。

（三）环境民事诉讼

环境法主体在其环境权利受到或可能受到损害时，为请求国家保护自己的合法环境权利而按照民事诉讼程序向人民法院对侵权行为人提起的诉讼。

我国环境法中规定了环境民事诉讼的一般条件。《环境保护法》第 41 条第 2 款规定：“赔偿责任和赔偿金额的纠纷，可以根据当事人的请求，由环境保护行政主管部门或者其他依照法律规定行使环境监督管理权的部门处理；当事人对处理决定不服的，可以向人民法院起诉。当事人也可以直接向人民法院起诉。”起诉的具体条件，应依照民事诉讼法规定。

根据诉讼内容的不同，环境民事诉讼主要有停止侵害之诉；排除妨碍之诉；恢复原状之诉；损害赔偿之诉等。此外，民事诉讼中的其他诉讼种类，如消除危险之诉、返还财物之诉等，在环境民事诉讼中也有一定应用。而且，对于一起环境民事纠纷案件，在实践中可以同时提起两种或两种以上诉讼请求。

（四）环境刑事诉讼

由国家检察机关为追究环境犯罪人的刑事责任而向人民法院提起的诉讼。环境刑事诉讼作为刑事诉讼的一个方面，具有以下特点。

（1）只能由国家检察机关以国家的名义提起，任何其他组织和个人，包括环境保护行政主管部门都无权提起。

（2）起诉的目的是为了追究环境犯罪人的刑事责任，结果也往往是违反环境法和刑事法律的犯罪者受到刑罚处罚。

（3）适用刑事诉讼程序。

本章引例中厦门市环境保护局针对厦门市某公司擅自将黄铜铸造车间迁入集美分厂并投入生产，在生产过程中排放出的恶臭气体污染着周围环境的违法行为，先后作出了罚款 5 000 元和责令停止生产的行政处罚，即采取行政处罚这一执法手段促使厦门市某公司履行法律义务。如果该公司仍不履行法定义务，环保部门还可以申请法院强制执行，福建省体育学院师生也可以向法院起诉以保障自己的合法权益。可见，环境执法是保护环境的重要手段。

【问题与讨论】

1. 什么是环境执法？环境执法的特点有哪些？

2. 环境执法是如何分类的？

3. 什么是环境行政执法手段？常见的环境行政执法手段有哪些？

4. 什么是环境行政司法手段？

5. 什么是环境司法手段？司法机关处理环境刑事案件、民事案件、行政案件的手段是什么？

6. 什么是环境执法程序？如何分类？

7. 环境行政监督检查与其他环境行政执法手段的区别与联系是什么？

第九章　环境违法行为和证据

【提要】

环境违法行为是指企业、事业单位和公民因违反环境法律的规定，侵犯环境社会关系，对环境资源造成污染和破坏，依法应当承担法律责任的行为。环境违法行为的认定离不开证据，正确理解和把握证据是准确认定各种环境违法行为的关键。本章依照环境违法行为的概念、特点、分类、环境违法行为的认定，证据的概念、特点、种类及其运用的体例，对环境违法行为及其证据进行分别阐述。

【引例】

河南省伊川县个体户曹××于 1991 年在伊川城南建立城南加油站，与 1970 年建造的中州制药厂的大口井仅隔 5.7 米。加油站与医药工业用水源太近，而且没有经过环保部门的环境影响评价、“三同时”的审批和验收。城南加油站的油罐和装卸汽油时渗漏的汽油以及所洗油罐的污水就地排泄，污染了地表层并渗透到地下水层，导致地下水层流向下游的大口井被油污染。1995 年 5 月 26 日，中州药厂的两名职工白××、李××在井房查看水位，随后一声闷响把两人冲到井房外不省人事。两人被送往洛阳市医专附属医院抢救，白××烧伤面积达 90%，因抢救无效于 5 月 28 日死亡；李××被严重烧伤，头部有溢血，患严重的脑震荡后遗症，丧失了工作能力。案发后，经国家燃料油质量监督检验中心检验，井水含不合格汽油达 14%；并经环保部门勘测，城南加油站是中州制药厂大口井井水的唯一污染源。1995 年 8 月，伊川县城建环保局对城南加油站处以罚款 2 万元。同时伊川县人民政府下达文件，责令城南加油站停业，并于 1 个月内搬迁完毕。但原告不服，拒不搬迁，并向伊川县人民法院起诉，请求撤销县城建环保局对该加油站作出的处罚决定。

第一节　环境违法行为

一、环境违法行为的概念[59]

具有法定责任能力的组织或个人违反法律规定，不履行法定义务，侵犯他人权利，致使法律所保护的社会关系和社会秩序受到破坏，依法应承担法律责任的行为。环境违法行为通常分为广义和狭义两种，广义的违法行为包括严重违法和一般违法；狭义的违法行为仅指一般违法，是指违反刑法以外的法律、法规的行为。

环境违法行为则采用广义的违法行为的概念，是指企业、事业单位和公民因违反环境法律规定，侵犯环境社会关系，对环境资源造成污染和破坏，依法应当承担法律责任的行为。环境违法行为应具备以下几个方面的构成要件：① 它是一种违反环境法律法规的行为，并且造成了一定的损害后果；② 它是在一定程度上对环境社会关系造成危害的行为；③ 环境违法行为人在主观上有过错，即具有主观上的故意或过失；④ 必须具有明确的违法主体，且该主体具有法定责任能力。

二、环境违法行为的特点[60]

（一）主体广泛

公民、法人和一般社会团体及国家机关都可能成为违法主体。

（二）后果复杂

许多环境违法行为能造成多方位的、长期的、甚至是潜伏的危害后果。环境受到污染损害后，通过其内部的运动变化机制，将危害后果反馈给人类。

（三）环境违法行为常常直接表现为违反技术性规范的行为

所谓技术规范指国家或各部门各行业制定的技术要求和操作要求。不仅是环境领域的技术规范，而且一般生产中的技术规范对保护环境往往也有重要意义。

59 王权典、高敏. 现代环境法学概论. 广州：华南理工大学出版社，2004：66.

60 胡保林，等. 环境法新论. 北京：中国政法大学出版社，1992.

例如由于操作不当引起的跑、冒、滴、漏而污染环境的就屡见不鲜。环境法律规范不可能对任何具有污染危害危险的行为都作出事先的限制，对某些科研、生产、开发活动法律往往只规定其不得产生何种危害后果，而如何保障达到这一目的，就需要有一系列具体的技术规范和要求。

（四）具有持续性和反复性的特点

一般违法行为多为一次性的，屡犯是少数情况，而环境违法行为如违法排污行为，往往是持续性和反复性的，这给环境执法带来很大的困难。

三、环境违法行为的分类

环境违法行为可以划分为一般违法行为和环境犯罪两大类。一般违法行为大致上又可分成两种类型，即以违反环境行政管理法规为主要特征的违法行为[61]和以污染侵权为主要特征的违法行为。但二者之间没有明显的界限。环境犯罪，在我国《刑法》中有专章规定，即《刑法》第 6 章第 6 节规定的“破坏环境资源保护罪”。根据违法行为所侵害的客体，环境违法行为划分为：

（1）防治污染和其他公害方面的违法行为，即排放污染物或造成其他公害所导致的违法行为。如造成大气污染的违法行为，造成水体污染的违法行为，造成海洋污染的违法行为，造成噪声污染的违法行为，造成固体废弃物污染的违法行为，造成放射性污染的违法行为，造成农药污染的违法行为，造成食品污染的违法行为等。

（2）自然资源保护方面的违法行为，即在自然资源的保护、开发、利用及管理过程中，危害自然资源的行为。如水保护方面的违法行为，土地保护方面的违法行为，森林保护方面的违法行为，草原保护方面的违法行为，矿产资源保护方面的违法行为，渔业保护方面的违法行为，野生动植物保护方面的违法行为等。

（3）特殊区域保护方面的违法行为，即由于相对人对人文景观、风景名胜区、自然保护区以及自然历史遗产等造成不良影响而导致的违法行为。如违反文物保护法的行为，违反风景名胜区环境保护法规的行为，违反自然保护区管理规范的行为等。

61　又叫环境行政违法行为。但叫环境行政违法行为其违法主体究竟是环境行政法律关系的主体还是环境行政主体或者环境行政管理相对人会有不同观点。吕忠梅著《环境法学》，法律出版社，2004 年 9 月第一版第 160 页，环境行政违法行为概念：指环境行政法律关系的主体违反环境法律法规，造成环境污染和破坏或侵害其他行政关系但尚未构成犯罪的有过错的行为。笔者赞成该观点，但环境行政违法行为与环境行政机关违法行政行为仍应有区别。

四、环境违法行为的认定

（一）概念

环境违法行为的认定就是对环境违法行为的确认。它可以分为环境违法行为事实的认定与环境违法行为违法的认定。环境违法行为事实的认定又分为环境违法行为主体事实的认定、环境违法行为事实的认定以及环境违法行为后果事实的认定等。由于环境违法行为事实的认定比起环境违法行为违法的认定要复杂得多，故通常环境违法行为的认定，是指环境违法行为事实的认定。

（二）证明标准

环境违法行为证明标准是指在行政程序中利用证据对环境违法行为事实加以证明所要达到的程度。即证据证明到什么程度才能确认发生了该环境违法行为。对案件事实的证明标准，我国过去在诉讼中坚持的是“以事实为根据，以法律为准绳”，即采用的是客观真实标准，但最高人民法院《关于行政诉讼证据若干问题的规定》第 53 条规定，“人民法院裁判行政案件，应当以证据证明的案件事实为依据”，这实际上是法律真实标准。

行政机关作出行政处罚和行政强制执行等行为应当采用比较严格的证明标准，而作出行政许可和行政裁判等行为就应采用较宽松的证明标准。在环境法律法规中环境违法行为的类型很多，且多数是应受到处罚的行为。我国《行政处罚法》第 30 条规定“违法事实不清的，不得给予行政处罚”。因此，对环境违法行为事实的认定在实践中尽量采用比较严格的证明标准，即排除合理怀疑标准。

（三）证明责任

在行政程序中证明责任，是与证明标准相联系的重要概念，是指国家行政机关调查、收集证据，证明特定案件事实的职责与义务。

在一般情况下，环境行政机关在作出具体行政行为时负有完全的证明责任，应当主动、积极地调查、收集证据，既要收集对相对人不利的证据，同时也应当收集对相对人有利的证据。在依申请的行政许可、登记案件中，申请人对其主张负有举证责任，环境行政机关负有调查核实的证明责任。申请人如不能充分履行其举证责任，申请人自己承担不利的法律后果。环境违法行为主要指违反环境法律、法规应受到环境行政处罚的违法行为，因此环境违法行为的认定，是由环境行政机关承担证明责任，去证明环境违法行为事实的存在。

环境违法行为的认定还应注意主要事实规则。即对于环境违法行为的主要事实，必须查证属实；否则，必然导致对环境违法行为作出的具体行政行为无效。

第二节　证据

一、证据的概念及特征

（一）证据的概念

指经过查证属实可以作为定案根据的，具有法定形式和来源的，证明案件真实情况的一切事实。环境司法即诉讼离不开证据，环境行政执法也涉及证据问题。比如，环境行政机关要对某厂的排污行为进行处罚，就必须有确凿的证据证明发生了违法排污行为。环境行政执法中的证据即指能证明环境执法所涉及事实真实情况的一切事实。环境行政机关在执法活动中收集和认定的材料应当属于证据，是认定案件事实的依据。

（二）证据的属性[62]

“证据的属性是证据概念的内涵的具体化表现或分解，也是证据赖以构成的诸要素，同时也是判断某物是否为证据的标准，是证据区别于其他非证据事物的标志。所以，证据的属性、证据的特征、证据的构成要素、证据的形成条件、证据的判断标准等，都是等义的说法，都是一个意思。”[63]证据的属性或称特征对于揭示证据的内涵，分析其他证据问题具有重要作用。

证据应当具有客观性、关联性和合法性，客观性、关联性和合法性是判断一个材料能否作为证据使用的标准。

1．证据的客观性

证据所反映的内容必须是客观存在的现象，这种现象不以主观意志为转移。同任何事物一样，环境案件事实作为客观存在的事物，并不是孤立存在的，它必然要和周围世界发生各种各样的联系。无论是环境犯罪事实、环境民事争议事实还是环境行政案件事实，也无论是合法、违法甚至犯罪事实，都是在一定时间、空间和条件下发生的，必然要和客观外界其他事物发生各种各样的相互作用。各种案件事实与周围环境、物品等发生作用，必然会留下相应的痕迹和物质。这些

62 徐继敏. 行政证据通论. 北京：法律出版社，2004：16～19.

63 汤维建. 关于证据属性的若干问题的思考和讨论. 载何家弘. 证据学论坛（第一卷）. 北京：中国检察出版社，2000：246.

与案件事实有关的物品、痕迹、印象等保留着案件事实的各种信息，可据以查明案件真实情况，它们可以作为证据使用。

2．证据的关联性

作为认定案件事实的证据与案件的待证事实间有客观的联系。证据的关联性是证据赖以存在的又一个重要属性，缺乏关联性就不能称其为证据。证据仅有客观性还不够，还必须具有关联性，并非所有的客观事实都能成为证据，有些事实虽然其本身是客观的、真实的，但因其同案件没有关系，也就不能最终获得证据资格。

证据的关联性也是我国法律规范性文件对证据的要求。如最高人民法院《关于行政诉讼证据若干问题的规定》第 54 条规定："法庭应当对经过庭审质证的证据和无须质证的证据进行逐一审查和对全部证据综合审查，遵循法官职业道德，运用逻辑推理和生活经验，进行全面、客观和公正的分析判断，确定证据材料与案件事实之间的证明关系，排除不具有关联性的证据材料，准确认定案件事实。"但我国法律对证据关联性的判断标准尚未作出具体规定。

3．证据的合法性

证据必须依照法律要求的程序取得，并符合法律要求的形式。证据的合法性有两点要求：一是证据符合法定形式；二是证据的取得符合法律、法规、司法解释和规章的要求。前者要求各类证据须符合法律要求的形式，否则不能作为证据。如认定环境违法行为的环境监测报告就必须采用书面形式等。后者要求取得证据的程序要符合法律要求，取证程序不合法所获得的材料不能作为证据使用。如以利诱、欺诈、胁迫、暴力等不正当手段获取的材料和以偷拍、偷录、窃听等手段获取侵害他人合法权益的材料等，这些材料因取证程序违法而不能作为证据使用。

二、证据的种类

证据种类是指对证明案件事实材料的分类。 对于环境行政执法中的证据，当然包括对环境违法行为认定的证据，由于我国行政程序法发展相对缓慢，目前还没有专门的行政程序法或行政证据法。

行政程序中的证据有书证、物证、证人证言、当事人陈述、视听资料、鉴定结论、勘验笔录、现场笔录和言辞审理笔录、电子证据等。

（一）书证

以文字、符号、图案等所记录或表示的内容证明案件事实的书面材料，称之为书证。常见书证及其应用情况是：① 合同、协议书。在有些环境案件中，合同与协议书是一种重要书证。如我国《环境保护法》规定："任何单位不得将产生严重污染的生产设备转移给没有污染防治能力的单位使用。”当某单位通过合同或协议转移污染时，该合同或协议就成为一种书证，环境行政机关可据此适用法律，予以相应的处罚。② 呈批、审批的有关文件，以及环境行政机关在实施其他具体行政行为时所发布的命令、通知、决定等。这类书证种类很多，主要应用于环境执法、环境行政诉讼和行政强制执行中。包括环境影响报告书、竣工验收报告、缴费通知单、罚款通知单、限期治理决定，等等。③ 监测记录、化验材料，常常用于证明环境是否受污染以及某一排污是否超标。④ 为确定污染行为及其程度，经常需要运用污染者的生产记录等书证。⑤ 为了确定危害结果，也需用很多书证。在人体健康损害方面，需要医疗诊断书、医药费单据、误工证明等书证；在财产损失方面，需要发票、生产情况记录及有关历史资料等书证。

（二）物证

以自身存在的形状、质量、特征等来证明案件事实的物品或痕迹为物证。环境执法中涉及的物证很多，主要有各种污染物、生产中使用的有毒有害原材料、容器、因污染而受害致死的农作物、鱼类等。物证在环境执法中有一定作用，但从上述物证也不难看出，污染物等有迁移性、反应性、毒害性等特点，受污染危害的农作物和水产品比较容易变质、腐烂。因此，物证总体上具有容易灭失变质的特点。在环境执法中对于物证应及时提取；注意保全；采用物证的替代证据，比如用视听资料、鉴定结论等代替物证。

（三）证人证言

证人就其所经历的事项所作的有关案情的陈述，证人证言不包括当事人陈述和鉴定结论。证人证言一般是关于环境污染破坏的原因、过程、后果、危害等的陈述。

（四）当事人陈述

行政程序的当事人就有关案件事实向环境行政机关及其工作人员所作的叙述和承认。当事人陈述是行政程序中的重要证据类型。行政程序中的当事人陈述包括：当事人向环境行政机关提交的有关报告、意见等；当事人对案件事实和证据发表的意见和看法等。当事人陈述包括确认性陈述、否认性陈述和承认性陈述；从表现形式来看也可以分为口头陈述和书面陈述。

（五）视听资料

利用录像或录音磁带等所能反映出的图像或音响证明一定事实的证据。随着管理的现代化，视听资料在环境执法中的应用越来越广。常见的有：在环境行政执法中（如现场检查等）录制的录音带，对环境污染破坏现场拍摄、录像的胶卷、照片、录像带，等等。视听资料是一种介于书证和物证之间的证据，一般来说，反映的是环境污染破坏的外观状况。

（六）鉴定结论

鉴定结论是具有专门知识的鉴定人，根据有关案件材料，对某些专门问题作出科学分析所得出的结论性意见。由于环境问题往往涉及广泛而复杂的科学技术问题，在环境执法中，鉴定结论成为一种应用较广的独立证据。常见的有污染物鉴定、污染病理学鉴定和病因学鉴定等。

（七）勘验笔录

在环境执法实践中，经常需要对污染现场等场所和不能搬动或难以搬动的物品进行勘验。把勘验的情况与结果制成笔录所形成的书面材料，就是勘验笔录。勘验笔录是执法人员对勘验现场的真实记录。对有现场的案件，环境行政机关执法人员都应当进行勘验。到达现场后，执法人员首先应观察现场周围情况，了解现场所在方位和现场内部概况，确定勘查范围和勘验重点；全面、细致地检查环保设施、排污口及污染现场；发现有证据价值的污染或破坏的痕迹、污染物或其他物品，应及时提取和保存。从其内容上看，勘查涉及污染源勘验、污染传播途径勘验、污染危害现场勘验等。

（八）现场笔录和言辞审理笔录

现场笔录，是环境行政机关及其工作人员在实施具体行政行为时，对现场情况、当事人陈述、证人证言等所作的记录。现场笔录与勘验笔录不同，勘验笔录一般只记录现场的事实情况，并不涉及当事人、证人等的询问；同时，勘验笔录是环境行政机关作出行政处罚的一个环节，它通常在作出行政处罚决定之前完成。 现场笔录包括环境行政机关及其工作人员对违反环境法律、法规行为进行处罚时所进行的当场记录；也包括应公民、法人或其他组织的要求、申请而同意或拒绝作出具体行政行为的当场记录。现场笔录的种类包括许多种，有现场检查笔录、现场询问笔录、现场检验笔录、现场制作的音像视听资料笔录等。

言辞审理笔录，是环境行政机关对案件进行言辞审理过程中所形成的笔录，包括听证笔录。《行政处罚法》第 42 条规定，“听证应当制作笔录；笔录应当交当事人审核无误后签字或者盖章。”与现场笔录不同的是，言辞审理笔录主要是对环境行政程序中事项的记载，包括行政程序的进行、环境行政参与人和证人对案件事实的意见等。

（九）电子证据

电子证据的概念有广义和狭义之分。广义电子证据，是指以电子形式表现出来的、用以证明案件事实的一切材料。狭义电子证据，是指存储于计算机系统中的除计算机程序以外的一切信息资料，即那些由计算机系统所有者及用户采集并输入计算机系统的、非计算机本身运行所不可缺少的信息。随着环境污染源自动监测的普及，电子证据会成为环境执法中的重要证据之一。

三、证据的运用

（一）证据力与证据的效力[64]

证据力，是指证据本身依据其真实性以及与客体之间的关系，所具有证明案件真实情况的能力。因此证据力也就是证据具有的证明能力或证明作用。所以只有具备证据条件的，才能具有证据力，也就是说证据力是由证据的本质决定的，只属于那些称得上证据的东西才有的一种能证性，不是所有的证据材料都具有的。不过这些证据材料一旦经过查证属实，成为作为定案根据的证据，它就具有证据力，能证明案件中的某一问题，即有关案件事实。因此，由证据材料到证据需要经过识别过程和对其证据力的把握过程。

证据效力，是指证据依法定程序经审查或当事人提供并经质证后确认为该案件证据的法律效力。由此可知证据效力不同于证据力，证据效力是指证据在法律上的效力，这是两种不同的证明能力。即证据力是证据的自然能力，而证据效力是证据在法律上的证明能力，受法律的约束。其主要特点包括：

（1）证据效力和证据力虽同属证明能力，但它们是有区别的，证据力来自于证据本身，证据效力来自于法律程序。也就是说具有证据力的不必然具有证据效力，而具有证据效力的也不必然具有证据力，不过一般地说，证据效力和证据力应是统一的。

（2）证据效力和证据力之所以要区别，目的是通过法律的规定和程序来确认证据的可采性，排除虚假证据，确保证据的价值。所以，一般来说，证据的法律效力是证据自然力的保障。但这并不说明有法律效力的证据都有证据力。

最高人民法院《关于行政诉讼证据若干问题的规定》对行政证据效力作出了

64 宋世杰. 证据学新论——证据运用问题研究. 北京：中国检察出版社，2002：54～56.

如下规定。下列证据材料不能作为定案依据：① 严重违反程序收集的证据材料；② 以偷拍、偷录、窃听等手段获取侵害他人合法权益的证据材料；③ 以利诱、欺诈、胁迫、暴力等不正当手段获取的证据材料；④ 被当事人或者他人进行技术处理而无法辨明真伪的证据材料；⑤ 不能正确表达意志的证人提供的证言；⑥ 以违反法律禁止性规定或者侵犯他人合法权益的方法取得的证据；⑦ 鉴定人不具备鉴定资格；⑧ 鉴定程序严重违法；⑨ 鉴定结论错误、不明确或者内容不完整。

该《规定》对证明同一事实的数个证据的证明效力做了如下规定：① 国家机关以及其他职能部门依职权制作的公文文书优于其他书证；② 鉴定结论、现场笔录、勘验笔录、档案材料以及经过公证或者登记的书证优于其他书证、视听资料和证人证言；③ 原件、原物优于复制件、复制品；④ 法定鉴定部门的鉴定结论优于其他鉴定部门的鉴定结论；⑤ 原始证据优于传来证据；⑥ 其他证人证言优于与当事人有亲属关系或者其他密切关系的证人提供的对该当事人有利的证言；⑦ 数个种类不同、内容一致的证据优于一个孤立的证据。

（二）运用证据证明案件事实的方法

证据的运用是利用证据的特性判断、认定案件事实的过程。证据的运用与证据的收集、保全、审查等密切相关。证据的收集是证据运用的前提，证据的保全是证据收集的重要内容，审查证据是证据运用的保障。

运用证据证明案件事实的方法可有多种分类：① 根据证明的方式不同，可以分为直接证明法和间接证明法；② 根据证明中推理的形式不同，可以分为演绎证明法和归纳证明法；③ 根据证明的过程形态不同，可以分为要素证明法和系统证明法。

1. 直接证明法和间接证明法

直接证明法，是指直接用证据的真实性来证明案件事实的真实性的方法。这是司法机关在办案中最常用的一种证明方法。演绎证明法和归纳证明法都属于直接证明法的范畴。

间接证明法，是指通过证明与案件事实相反之事实为假设来证明案件事实为真的方法。它不是用证据来直接证明案件事实本身，而是去否定与之相反的假设事实，然后再间接地证明案件事实的真实性。间接证明法又可分为反证法和排除法两种。

运用反证法证明案件事实，首先要假设一个与该案件事实相反的事实，其次再否定该假设事实的真实性，从而肯定该案件事实的真实性。

运用排除法证明案件事实，首先要提出关于该案件事实的全部可能性假设，其次逐个排除，直至剩下唯一的一种可能，从而证明其真实性。

2. 演绎证明法和归纳证明法

演绎证明法，是指运用演绎的形式从证据的真实性直接推导出案件事实的真实性。

归纳证明法，是指运用归纳的形式从证据的真实性直接推导出案件事实的真实性。这里所说的“归纳”不是严格的逻辑学意义上的“归纳推理”。

演绎证明通常要运用两种论据：一种是一般的原理或规则，即大前提；另一种是案件中的具体证据，即小前提。演绎证明就是通过把一般原理或规则适用于具体案件情况，从而证明某案件事实的真实性。

归纳证明要通过一系列具体事实或一组证据来证明案件事实的真实性。由于演绎证明中前提的正确与否比较容易判断，而归纳证明中的归纳往往是不完全的，所以演绎证明的可靠性较高。但是，演绎证明的前提比较抽象，而归纳证明的依据都是具体事实，因此归纳证明的说服力较强。在运用证据证明案件事实时，演绎证明和归纳证明往往要结合起来使用。

3. 要素证明法和系统证明法

要素证明法，是指通过运用证据证明构成案件事实的每一项要素来证明全案事实的方法。由于其证明过程是从部分到整体，所以有人称之为“自下而上”的证明方法。

系统证明法与之相反，它是先从整体上证明案件事实的基本结构，然后再证明具体的构成要素。由于其证明过程是从整体到部分，所以又被称为“自上而下”的证明方法。

不同的案件往往适用于不同的证明方法，同一个案件也可以使用多种证明方法。

本章引例中涉及城南加油站环境违法行为的认定，要认定城南加油站环境违法行为需要各种证据，涉及的证据种类有现场询问笔录、现场勘验笔录、污染检测报告、白××死亡及李××烧伤的医院证明等书证，等等。

【问题与讨论】

1. 怎样理解环境违法行为的概念？环境违法行为有什么特点？
2. 如何理解环境违法行为证明标准？
3. 试举例说明什么是证据？
4. 证据的属性包括哪些？
5. 行政程序中的证据包括哪些？
6. 什么是书证？环境执法中常见的书证有哪些？
7. 结合环境执法实践，谈谈运用证据证明案件事实的方法有哪些？
8. 什么是证据力？什么是证据效力？
9. 关于证据效力，司法解释上有哪些规定？

第十章　环境行政许可

【提要】

环境行政许可是指环境行政机关根据行政相对人的申请，经依法审查，准予其从事特定活动的行为，是环境行政机关的一项重要行政权力，在环境执法和环境管理中处于非常重要的地位。本章将分别对环境行政许可的概念、特点、意义、种类，环境行政许可的原则与制度，环境行政许可实施程序进行阐述。

【引例】

华北电网有限公司北京电力公司于 2004 年 2 月开工建设西沙屯—上庄—六郎庄 220 kV/110 kV 架空输电线。该工程沿途穿越国防大学、解放军 309 医院、百旺家苑小区、百望山森林公园等单位。该工程在开工之前，并未进行环境影响评价，根据居民投诉，北京市环保局经调查，于 2004 年 6 月 8 日作出《关于限期补办环保审批手续的通知》，认定该工程未办理环评审批手续，属于违法开工建设，责令其立即停止违法行为，并限期在 30 日内补办环保手续。由于百旺家苑小区居民认为该工程建设项目产生的电磁辐射污染及其对居民造成的人身伤害都是非常巨大的，2004 年 7 月 7 日，百旺家苑小区居民正式将《强烈要求召开听证会的信》递交北京市环保局。2004 年 7 月 9 日北京市环保局受理了华北电网有限公司北京电力公司报送的《西沙屯—上庄—六郎庄 220 kV/110 kV 输电线路工程环境影响报告书》。针对环境影响报告书，北京市环保局应百旺家苑小区居民申请，于 2004 年 8 月 13 日举行了全国首例环境行政许可听证会。[65]

65 周珂. 环境保护行政许可听证实例与解析. 北京：中国环境科学出版社，2005：48～50.

第一节　环境行政许可概述

一、环境行政许可概念

（一）环境行政许可的概念与特点

1. 环境行政许可的概念

环境行政机关根据行政相对人的申请，经依法审查，准予其从事特定活动的行为。

2. 环境行政许可的特点

① 环境行政许可是依申请行为；② 环境行政许可是管理性行为；③ 环境行政许可是外部行为；④ 环境行政许可是准予相对人从事特定活动的行为。

（二）环境行政许可的意义

环境行政许可是环境行政机关的一项重要的行政权力，是管理环境保护事务的重要手段。建立完善的环境行政许可制度，正确行使环境行政许可权，对于转变政府职能，建设法治政府、责任政府；推进各级环境保护行政机关依法行政，依法管理环境；从源头上和制度上防止“暗箱操作”，清除环境行政审批中存在的腐败现象，树立环境保护行政机关在人民群众心目中的威信；方便人民群众，保证人民群众参与国家环境保护事务管理，行使当家做主的民主权利，具有重要的现实意义。

二、《行政许可法》简介

《行政许可法》从研究起草到正式颁布前后经历了 7 年多的时间。1996 年，全国人大常委会法工委着手行政许可法的调研、起草工作，形成了《行政许可法（征求意见稿）》。1998 年九届全国人大常委会将行政许可法列入立法规划，确定由国务院提出法律草案。2002 年 6 月 19 日，国务院第 60 次常务会议审议通过了 《行政许可法（草案）》，由国务院提请全国人大常委会审议。经过第九届全国人大常委会、第十届全国人大常委会的 4 次审议，于 2003 年 8 月 27 日审议通过，自 2004 年 7 月 1 日起施行。《行政许可法》共有 8 章 83 条。

三、环境行政许可的种类

（一）可以设定环境行政许可的事项

1. 普通许可

普通许可是指直接涉及国家安全、公共安全、经济宏观调控、生态环境保护以及直接关系人身健康、生命财产安全等特定活动，需要按照法定条件予以批准的事项。这种类型的环境行政许可主要包括：审批环境影响评价、“三同时”验收、防治污染设施的拆除或闲置审批、进入国家级自然保护区核心区的审批等。

2. 特许

特许是指有限自然资源开发利用、公共资源配置以及直接关系公共利益的特定行业的市场准入等，需要赋予特定权利的事项。这种类型的环境行政许可主要包括：民用核设施建造许可证、海洋倾倒废弃物许可证、特定矿种开采许可证、捕捉、捕捞国家一级保护野生动物的特许猎捕证审批、国家一级保护野生植物采集证等。

3. 认可

认可是指提供公众服务并且直接关系公共利益的职业、行业，需要确定具备特殊信誉、特殊条件或者特殊技能等资格、资质的事项。这种类型的环境行政许可主要包括：民用核设施操作人员执照、建设项目环境影响评价单位的资格审查、建设项目环境报设施的验收、环保产品检测机构资质等。

4. 核准

核准是指直接关系公共安全、人身健康、生命财产安全的重要设备、设施、产品、物品，需要按照技术标准、技术规范，通过检验、检测、检疫等方式进行审定的事项。这种类型的环境行政许可主要包括：危险废物越境转移核准、新化学物质环境管理登记证，放射性固体废物储存、处置许可证，在用机动车排放污染监测、海洋工程污染物排放种类、数量核定等。

5. 登记

登记是指企业或者其他组织的设立等，需要确定主体资格的事项。这种类型的环境行政许可主要包括：环境保护设施运营单位资质认定，海洋倾倒废弃物检验单位资质认定，建设项目环境影响评价单位资格审查，民用核承压设备设计、制造、安装活动单位资格许可等。

6. 其他

法律、行政法规规定可以设定行政许可的其他环境事项。

（二）可以不设环境行政许可的事项

（1）行政相对人能够自主决定的事项；
（2）市场竞争机制能够有效调节的事项；
（3）行业组织或者中介机构能够自律管理的事项；
（4）行政机关采用事后监督等其他行政管理方式能够解决的事项。

第二节　环境行政许可的原则与制度

一、环境行政许可的原则

（1）合法原则
（2）公开、公平、公正原则
（3）便民原则
（4）效率原则
（5）救济原则
（6）信赖保护原则
（7）监督原则

二、环境行政许可的主要制度

（1）环境行政许可的设定制度
（2）环境行政许可的实施制度

第三节　环境行政许可的实施程序

环境行政许可的实施程序，是指行政相对人为从事特定活动而向有权实施行政许可的环境行政机关提出申请，由该环境行政机关审查、决定行政许可的过程的总称。根据行政许可法的规定，可将环境行政许可程序分为申请、受理、审查、决定、监督检查 5 个阶段。

一、申请

（一）申请的概念

申请是指行政相对人向环境行政机关提出拟从事依法需要取得行政许可的活动的意思表示。申请行政许可的行政相对人为行政许可申请人。

（二）申请方式

《行政许可法》第29条规定，行政许可申请可以通过信函、电报、电传、传真、电子数据交换和电子邮件等方式提出。申请人可以委托代理人提出行政许可申请，但是依法应当由申请人到行政机关办公场所提出行政许可申请的除外。

（三）环境行政机关的义务

环境行政机关的义务包括：① 环境行政机关应当公示有关行政许可事项的规定；② 环境行政机关应当答复行政许可申请人的疑问；③ 环境行政机关可以提供申请书格式文本，并示范如何填写；④ 环境行政机关不得要求申请人提交与其申请的行政许可事项无关的材料；⑤ 环境行政机关应当积极发展电子政务，提高办事效率。

（四）申请人的义务

申请人申请行政许可，应当如实向环境行政机关提交有关材料和反映真实情况，并对其申请材料实质内容的真实性负责；法律规定需要缴纳申请费的，应当按时如数缴纳；申请人获得行政许可之后，应当按照行政许可规定的范围从事活动。

二、受理

（一）受理的概念

环境行政机关经对行政相对人提出的申请进行形式审查后，认为行政许可申请事项属于本机关职责范围，申请材料齐全、符合法定形式的，对其申请予以接受的行为称受理。

（二）决定是否受理的审查

申请人提出行政许可申请，环境行政机关就负有审查并作出相应决定的义务。主要审查以下内容：① 申请事项是否属于本行政机关管辖范围；② 申请事项是否属于依法需要取得行政许可的事项；③ 申请人是否按照法律、法规和规章的规定提交了符合规定数量、种类的申请材料；④ 申请人提供的行政许可申请材料是否符合规定的格式；⑤ 其他事项。

（三）对环境行政许可申请的处理

环境行政机关经审查，对于行政相对人提出的申请，应当区别以下情况作出相应处理：① 申请事项依法不需要取得行政许可的，应当及时告知申请人不受理；② 申请事项依法不属于本行政机关职权范围的，应当及时作出不予受理的决定，并告知申请人向有关行政机关申请；③ 申请材料存在可以当场更正的错误的，应当允许申请人当场更正；④ 申请材料不齐全或者不符合法定形式的，应在当场或者在 5 日内一次告知申请人需要补正的全部内容，逾期不告知的，自收到申请材料之日起即为受理；⑤ 申请事项属于本行政机关职权范围，申请材料齐全、符合法定形式，或者申请人按照本行政机关的要求提交全部补正申请材料的，应当受理行政许可申请。

三、审查

（一）审查的概念

环境行政机关对已经受理的行政许可申请材料的实质内容进行核查的过程称审查。行政许可的审查程序是环境行政机关作出行政许可决定的必经环节，审查的质量直接影响行政许可决定的质量。

（二）审查的方式

审查的方式包括：① 书面审查；② 实地核查；③ 听取利害关系人意见；④ 其他审查方式。

（三）听证程序

1．听证的概念

环境行政机关在作出影响行政相对人合法权益的决定前，向其告知决定理由和听证权利，行政相对人随之向环境行政机关表达意见、提供证据、申辩、质证以及行政机关听取意见、接纳其证据的程序所构成的一种法律制度。

2．听证的适用范围

（1）环境行政机关应当主动举行听证的事项：法律、法规、规章规定实施行政许可应当听证的事项；行政机关认为需要听证的事项。

（2）环境行政机关应申请人申请举行听证的事项：行政许可直接涉及申请人与他人之间重大利益关系的，行政机关在作出行政许可决定前，应当告知申请人、利害关系人享有要求听证的权利；申请人、利害关系人在被告知听证权利之日起 5 日内提出听证申请的，行政机关应当在 20 日内组织听证。引例中，北京市环保局举行的行政许可听证会，就属于环境行政机关应申请人申请举行听证的情形。

3. 听证参加人

一般包括：听证主持人、记录员、行政许可审查人员、行政许可申请人和利害关系人。

4. 环境行政机关在听证程序中的义务

① 告知的义务；② 在法定期限内举行听证的义务；③ 承担听证费用的义务。

5. 听证程序规则

听证按以下程序进行：① 听证主持人宣布听证会场纪律，告知申请人、利害关系人的权利和义务，询问并核实听证参加人的身份，宣布听证开始；② 记录员宣布听证所涉及许可事项、听证主持人和听证员的姓名、工作单位和职务；③ 行政许可审查人员提出初步审查意见、理由和证据；④ 行政许可申请人、利害关系人陈述和申辩，提出有关证据，进行质证；⑤ 行政许可审查人员和行政许可申请人、利害关系人进行辩论；⑥ 行政许可申请人、利害关系人做最后陈述；⑦ 主持人宣布听证结束。

在听证过程中，主持人可以向行政许可审查人员、申请人、利害关系人和证人发问，有关人员应当如实回答。

6. 听证笔录的效力

环境行政机关应当根据听证笔录，作出行政许可决定。根据听证笔录作出行政许可决定，要求环境行政机关只能根据听证笔录中认定的事实作出决定。对应当听证的行政许可，环境行政机关作出准予行政许可、不予行政许可的决定，都必须以听证中所展示并经过对质得以认证的、确有证明力的证据作为事实依据，而这些事实必须是听证记录中有所记载的。

四、决定

（一）决定的概念

环境行政机关根据审查行政许可申请材料的结果，作出是否准予行政许可的决定的过程。

（二）准予行政许可的决定

环境行政机关经过审查，认为申请人的申请符合法定条件、标准的，依法作出准予行政许可的书面决定，并予以公开。

（三）不予行政许可的决定

环境行政机关经过审查，认为申请人的申请不符合法定条件、标准的，依法作出不予行政许可的书面决定。行政机关依法作出不予行政许可的书面决定的，应当说明理由，并告知申请人享有依法申请行政复议或者提起行政诉讼的权利。

（四）环境行政许可证件的颁发和送达

环境行政机关作出准予行政许可的决定，需要颁发行政许可证件的，应当向申请人颁发加盖本行政机关印章的下列行政许可证件：① 许可证、资格证、资质证或者其他合格证书；② 环境行政机关的批准文件或者证明文件；③ 法律、法规规定的其他环境行政许可证件。

（五）作出行政许可决定的期限

（1）一般规定。除可以当场作出行政许可决定的以外，应当自受理行政许可申请之日起 20 日内作出行政许可决定。20 日内不能作出决定的，经批准，可以延长 10 日。

（2）采取统一办理或者联合办理、集中办理的行政许可的期限。不得超过 45 日；45 日内不能办结的，经批准，可以延长 15 日。

（3）下级环境行政机关初审的期限。应当自其受理行政许可申请之日起 20 日内审查完毕。

（4）环境行政机关颁发、送达行政许可证件的期限。应当自作出决定之日起 10 日内向申请人颁发、送达行政许可证件。

五、监督检查

监督检查是指环境行政机关对实施行政许可和被许可人从事行政许可事项的活动进行监督检查，查处违法行为。监督检查包括两方面的含义：一是环境行政机关内部的层级监督；二是对被许可人的监督。

为了防止行政机关的监督检查权力的滥用，《行政许可法》明确规定了约束行政许可行为的禁止性行为规范，同时还规定了可以依法撤销或注销的违法行为。这些规定，环境行政机关应当认真执行。

【问题与讨论】

1. 什么是行政许可？其特征是什么？
2. 环境行政许可的种类包括哪些？
3. 在申请阶段环境行政许可机关的义务包括哪些？
4. 环境行政许可的审查方式有哪些？
5. 听证的适用范围是什么？
6. 听证程序规则包括哪些具体内容？
7. 作出行政许可决定的期限是什么？
8. 2004 年 10 月，山东省平度市城关街道办事处一居委会在旧城改造中，按城市规划的总体要求，拟引进 50 家在餐饮业当中具有相当影响力的品牌店、连锁店，在城区内建设“美食一条街”。由于该项目在建设及营运过程中会产生废水、废气、噪声、固体废弃物等环境污染，可能影响到周围环境和居民生活。因此，平度市环保局就“美食一条街”项目举行了环境保护行政许可公开听证会。这是山东省平度市举行的首次行政许可听证会，有 12 名群众代表及两个单位在通过市环保局的审核后参加了听证会。平度市环保局根据听证参加人提出的意见和建议做出了最终的环境行政许可决定。问：结合本案，谈一谈听证制度在环境行政许可中具有何种意义？

第十一章　环境行政处罚

【提要】

环境行政处罚是指国家环境保护监督管理部门，依照法定权限和程序对违反环境法律规范尚不构成犯罪的单位或个人实施的一种行政制裁。环境行政处罚应以处罚法定原则、公正、公开原则、罚责相当原则、处罚与教育相结合的原则、保障当事人权利原则为基本原则；处罚种类包括警告、罚款、没收违法所得、停止生产或者使用、吊销许可证、责令停业关闭等；处罚程序有简易程序和一般程序两种程序，听证是一般程序中的特殊程序。本章将依照环境行政处罚的概念、处罚的原则、处罚的种类、处罚机关、处罚的管辖和处罚的法律适用以及处罚程序的体例，对环境行政处罚的内容进行分别阐述。

【引例】

2000 年 3 月中旬，广东省环境保护监理所收到一封群众来信，反映新塘镇某漂染厂被广州市环保局责令停止生产后，仍在继续生产，而且还设置了非法排污口，把未经处理的废水从偷排管直接倒入东江干流。广东省环境保护监理所立即与广州市环保局组成联合调查小组对漂染厂偷排工业废水情况进行了现场调查。经调查发现该厂未进行环评，未经环保部门批准擅自进行违法建设和生产，将生产中产生的大量有害工业废水未经有效处理且未从正式排污口排放，而是通过另外一个非法排放口偷排。调查组通过进一步深入细致的调查发现：该厂调节池东侧有一被薄膜覆盖的沙井口，里面安装了一个阀门。阀门开动后，下边的渠道可汇集生产车间和第二调节池的废水，并通过偷排管直排东江干流；阀门关闭后，生产车间的废水则流入调节池；偷排管被埋入地下，经河边滩地后还留有标记，废水经偷排管排入河中。

在证据确凿的情况下，广州市环保局对该厂作出了罚款 5 000 元的处罚决定；同时将这一情况立即上报了广州市政府。广州市政府于 2000 年 4 月 4 日，对该厂采取了强制停电措施，并责令停产治理。

第一节　环境行政处罚的概念

一、环境行政处罚的定义

指国家环境保护监督管理部门，依照法定权限和程序对违反环境法律规范尚不构成犯罪的单位或个人实施的一种行政制裁。

从上述定义可知，环境行政处罚具有以下特点。

（一）行政处罚的主体是特定的环境保护行政机关和法律、法规授权的组织

“特定的环境保护行政机关”是指依法享有环境行政处罚权的环境保护行政机关，即包括县级以上人民政府环境保护行政主管部门和其他依照法律规定行使环境保护监督管理权的部门等，而不是所有的国家行政机关。而且这些享有环境保护行政处罚权的行政机关也只能在法定权限范围内实施行政处罚，否则就是违法，其行政处罚决定无效。[66]

（二）行政处罚的对象是环境行政相对人中的违法者

环境行政相对人与环境保护监督管理部门之间存在着被监督与监督的行政法律关系。据此，环境行政相对人的环境行为将受到环境保护监督管理部门的监督与约束。反之，环境保护监督管理部门对环境行政相对人的环境行为必须加强监督检查，当发现环境行政相对人实施违反环境法律、法规的行为时必须依法及时查处。

（三）行政处罚的前提是环境行政相对人实施了违反环境法律规范的行为

即只有环境行政相对人已经实施或者正在实施违反环境法律规范的行为，如某企业未经批准擅自拆除或者闲置污染防治设施才能给予行政处罚；且只有环境法律法规明确规定必须或者可以处罚的行为才可以处罚，而法律法规没有规定的就不能处罚。

---

66 例如，根据《大气污染防治法》第 58 条第 2 款规定，对建筑施工造成扬尘污染的处罚，由建设行政主管部门决定，当地环境保护行政主管部门则无此处罚权。如果擅自作出行政处罚决定，其决定无效。见《行政处罚法》第 3 条、第 15 条。

二、环境行政处罚与其他环境行政行为的区别

环境行政处罚属于环境保护监督管理部门所做出的具体行政行为，但是它与其他环境行政行为[67]有明显的区别。

（一）性质不同

环境行政处罚是一种带有强制性、惩罚性的行政制裁措施；其他环境行政行为则不具备惩罚性，多为应履行的义务，违反者才受到行政处罚。

（二）对象不同

环境行政处罚的对象必须是违反环境法律规范的违法者；其他环境行政行为的对象并不一定都具有行政违法性，如颁发许可证、批准环境影响评价文件等则是根据行政相对人的请求作出的，在此，环境行政相对人并不具备违法性特征。

（三）内容不同

根据我国环境法律法规的规定，环境行政处罚的基本形式有：警告、罚款、没收违法所得、责令停止生产或者使用、责令停业、关闭、吊销许可证等；其他环境行政行为除上述审批环境影响评价文件等之外，还有责令限期治理、责令采取强制应急措施、申请法院强制执行等。

（四）程序不同

环境行政处罚依据《行政处罚法》《环境保护行政处罚办法》规定的程序，其程序比较规范且严格；其他环境行政行为则依据有关法律、法规、规章规定的程序。[68]

（五）时效不同

环境行政相对人对行政处罚不服提起行政诉讼的时效为 15 日（《环境保护法》第 40 条）；对其他环境行政行为不服起诉的时效为 3 个月（《行政诉讼法》第 39 条）。

67 除环境行政处罚之外的其他环境行政行为，如审批环境影响评价文件、验收“三同时”、接受排污申报登记、颁发许可证、征收排污费、进行现场检查等。

68《环境影响评价法》《建设项目环境保护管理条例》《排污费征收使用管理条例》《环境保护行政许可听证暂行办法》等。

三、环境行政处罚与环境刑事惩罚的区别

（一）性质不同

环境行政处罚属于环境行政责任性质；环境刑事惩罚则属于环境刑事犯罪性质，社会危害性与法律制裁要严重和严厉得多。

（二）对象不同

环境行政处罚的对象是违反环境法律规范应承担行政责任的环境行政相对人；环境刑事惩罚的对象是实施了污染或者破坏环境造成人身伤亡或者重大经济损失触犯刑律应承担刑事责任的自然人或法人。

（三）适用法律不同

环境行政处罚实体法适用环境法规中行政责任规范，程序法适用《行政处罚法》及《环境保护行政处罚办法》；环境刑事惩罚实体法适用《刑法》中刑事法律规范及其他有关规定，程序法适用《刑事诉讼法》。

（四）惩罚的机关不同

环境行政处罚由环境保护监督管理机关实施；环境刑事惩罚则只能由人民法院实施。

（五）惩罚的形式不同

环境行政处罚的形式包括警告、罚款、吊销许可证、责令停业关闭等，侧重于财产罚和能力罚；环境刑事惩罚的形式包括管制、拘役、有期徒刑、无期徒刑、死刑等主刑和罚金、剥夺政治权利、没收财产等附加刑，侧重于人身罚。在特殊场合，如对外国公民还可适用驱逐出境的惩罚形式。在此，罚款与罚金虽然均对环境行政相对人实施经济上的制裁，但两者性质却不同。罚款为行政制裁，由环境保护监督管理部门对违反环境法律法规但不够刑事惩罚的行政相对人适用；罚金为刑罚的一种，只能由人民法院对严重污染或者破坏环境的犯罪分子适用。

第二节　环境行政处罚的原则

环境行政处罚的原则，是指立法机关在环境法中设置行政处罚规范和环境保

护监督管理部门实施行政处罚时必须遵循的指导思想。

根据《行政处罚法》和《环境保护行政处罚办法》规定的精神，环境行政处罚的主要原则可概括为：处罚法定原则、公正公开原则、罚责相当原则、处罚与教育相结合的原则、保障当事人合法权益原则。

一、处罚法定原则

处罚法定原则，是由《行政处罚法》第 3 条规定的一项基本原则，是指环境保护监督管理部门必须严格依照环境法规定的处罚依据、形式、程序，对承担行政责任者实施行政处罚。这是依法行政对环境行政处罚的基本要求和具体化，它包含以下三层意思。

（1）实施处罚的主体必须是法定的环境行政主体，即享有行政处罚权的环境保护行政机关必须由环境法律、法规或者规章明确规定。根据环境法的规定，具有行政执法主体资格的部门有：县级以上人民政府的环境保护行政主管部门；其他依照法律规定行使环境保护监督管理权的部门以及地方县级以上人民政府。未经环境法律、法规授权或者环境保护行政机关委托的任何组织和个人均不能擅自实施行政处罚。

（2）处罚的依据必须是环境法律、法规、规章明确规定的。根据《行政处罚法》关于行政处罚设定权的规定，环境法律、法规和规章才能在各自的权限范围内设定相应的行政处罚权，亦即只有环境法律、法规及规章才能作为行政处罚的依据，除此之外其他的规范性文件不得设定行政处罚[69]，亦即不能作为环境行政处罚的依据，否则处罚无效[70]。

（3）处罚的程序必须是环境法律、法规、规章明确规定的。《行政处罚法》规定了行政处罚的简易程序、一般程序、听证程序、执行程序。据此，国家环境保护总局颁布的《环境保护行政处罚办法》明确规定了行政处罚的具体程序。环境保护行政机关及其工作人员实施行政处罚必须严格执行上述法定程序，如若违反，例如对符合法定条件且当事人要求听证的环境保护行政机关无正当理由不予采纳的，行政处罚决定无效[71]，或者可能导致败诉[72]。

---

69 见《行政处罚法》第 14 条。

70 例如，北京市某区环保局根据该区政府规范性文件规定，对该区某烤鸭店超标排污的行为做出罚款 5 000 元的处罚决定引起行政诉讼，经法院审理最终被判决撤销处罚决定。

71 参见《行政处罚法》第 3 条第 2 款规定。

72 例如，北京市丰台区环保局对一家违反环评、“三同时”制度，违法加工铝合金的业主实施行政处罚中，因只派出一名执法人员进行现场调查，且在现场笔录中没有签署当事人的姓名，作出罚款 3 000 元的处罚决定引起行政诉讼。由于违反法定程序，最终被法院判决撤销处罚决定。

二、公正、公开原则

公正、公开原则，是由《行政处罚法》第 4 条第 1 款规定的一项重要原则。它是指环境保护行政机关对违反环境法律规范的行政相对人提起行政处罚程序，以至决定给予行政处罚时，必须做到客观、公平和有透明度。公正、公开原则的含义和要求如下：

（一）公正原则

公正原则要求：一是环境保护行政机关实施行政处罚必须以事实为根据，要查明违法事实，没有违法事实，不得给予处罚；二是给予行政处罚必须以法律为准绳，处罚与违法行为的事实、情节、性质以及社会危害程度相符合，不得滥罚；三是与当事人有直接利害关系的环境行政执法人员应当回避；[73]四是听证应当由环境行政机关指定的非本案调查人员主持；[74]五是对情节复杂或者重大违法行为需要给予较重行政处罚的应当集体讨论决定。

（二）公开原则

公开原则有两层含义：一是行政处罚所依据的环境法律、法规和规章必须正式公开[75]，即凡是要求行政相对人遵守的，应当事先公布；二是对违法者依法给予行政处罚必须要公开，即要公开处罚程序。公开处罚程序要求环境行政机关及其执法人员实施行政处罚时必须做到如下几点：

（1）告知当事人作出行政处罚决定的事实、理由及依据，并告知当事人依法享有的权利。[76]值得注意的是如果不告知，行政处罚决定不能成立；[77]

（2）充分听取当事人的意见。[78]如果拒绝听取当事人的陈述或者申辩，行政处罚决定不能成立；[79]

（3）符合法定条件且当事人要求听证的，应当组织听证；[80]

（4）决定给予行政处罚的，应当制作行政处罚决定书（简易程序除外）；[81]

（5）行政处罚决定书应当在宣布后当场交付当事人，当事人不在场时，应当

73 见《行政处罚法》第 37 条第 2 款和第 42 条第 1 款第 4 项规定。

74 见《行政处罚法》第 42 条第 1 款第 4 项之规定。这一规定是为了避免主观片面、“先入为主”。

75 见《行政处罚法》第 4 条第 3 款规定。

76 见《行政处罚法》第 31 条规定。

77 见《行政处罚法》第 41 条规定。

78 见《行政处罚法》第 32 条规定。

79 见《行政处罚法》第 41 条规定。

80 见《行政处罚法》第 42 条规定。

81 见《行政处罚法》第 39 条第 1 款规定。

依法送达。[82]

三、罚责相当原则

罚责相当原则，是《行政处罚法》第4条第2款规定的一项基本原则。它是指设定行政处罚和实施行政处罚，必须根据环境违法行为的事实、性质、情节以及社会危害程度决定给予行政处罚的轻重程度，也称过罚相当原则。罚责相当原则包含以下三个方面的内容。

（一）环境行政处罚规范必须与环境行政责任规范相当

即首先要求立法部门在环境立法中设定行政处罚规范与义务性规范时必须前呼后应，相互配合，协调一致，既不能遗漏，也不能相互脱节，罚不当责。

（二）必须全面、准确认定违法事实，正确适用法律

违法事实包括违法行为发生的时间、地点、侵害的对象、违法的手段、违法者的心理状态（故意或过失）、违法行为造成社会危害后果的大小，以及违法者违法前后的表现等，这些客观与主观事实都需要全面收集、仔细分析、正确评判。在实践中那种只把污染和破坏环境造成损失的大小作为确认行政处罚轻重的主要或者唯一根据的做法是不可取的，因为它忽略了行为人的过错形式。事实上在同样的损害结果情况下，故意要比过失造成的社会危害性更大。在一些场合，过失行为并不违法。在此，需要明确的是，我国环境法的一些条款，并没有把危害后果规定为承担行政责任的必要条件，而把可能造成污染损害的违法行为设定为给予行政处罚的必要条件。[83]在这种情形下，如果某些违法行为因未造成污染损害后果而不予行政处罚，就属于行政机关不作为，即违法；如果不分有无危害后果，一律予以相同的行政处罚，就是偏重或者偏轻，可能会导致罚不当责。

（三）行政处罚的轻重必须在法定形式与幅度之内

我国环境法针对不同的行政违法行为，设定了不同的处罚形式和处罚幅度。例如《水污染防治法实施细则》第42条规定，对逾期未完成治理任务的企业事业单位，除按国家规定征收两倍以上的超标排污费外，可以根据所造成的危害后果和损失处20万元以下的罚款，或者责令停业或者关闭。根据上述规定，对于

82 见《行政处罚法》第40条规定。

83 见《环境保护法》第35条、第36条、第37条和《大气污染防治法》等有关单行法的相关条款。

确实属于污染严重且规模小，治理无望的单位就应当责令停业或者关闭，而不应当罚款；对于确实因资金有困难或者属于技术、设备问题虽努力仍未全部达到治理要求而且产品又属于社会急需的单位，可给予罚款，而不应责令停业或者关闭。在此，罚款可根据所造成的危害和损失的大小而确定。如果危害不大，可给予10万元以下的罚款；如果危害和损失严重，则应给予10万～20万元的罚款。

四、处罚与教育相结合的原则

处罚与教育相结合的原则，是《行政处罚法》第5条所明确的一项基本原则。它是指环境保护行政机关在实施行政处罚之前，首先要对行政相对人进行环境法制宣传，通过教育和帮助使其认识违法行为的危害，提高守法意识，在此基础上给以必要的处罚，以达到制止和预防违法的目的。

（一）实施行政处罚必须以教育为先

实施行政处罚不是目的，更不是唯一的手段，实施行政处罚是为了纠正违法行为，教育行政相对人自觉守法。即通过“惩”已然违法行为，达到“戒”未然违法行为的目的，以保障环境行政机关有效地实施环境监督管理。

（二）教育必须以行政处罚为后盾

教育的特殊功能在于启发、感化和引导，但教育不是万能，教育也不能代替行政处罚，教育必须借助行政处罚的强制手段才能发挥其最大功效。因此，对违法者进行环境法制教育和帮助的同时，给予必要的适当的行政处罚，二者必须兼顾，不可偏废，才能达到制止和预防违法的目的。

处罚与教育相结合的原则，要求环境保护行政机关在实施行政处罚时，必须注意以下三点：① 明确行政处罚的目的在于教育，在于制止和预防违法；② 注重提高行政相对人的环境法律意识和守法的自觉性；③ 行政处罚与部门利益分开。

五、保障当事人权利原则

保障当事人权利原则，是《行政处罚法》第6条及第42条第1款规定的一项基本原则。它是指环境保护行政机关对违反环境法的行政相对人实施行政处罚时，在行政处罚的整个过程中必须依法保障相对人的合法权益不受任何侵害。《行政处罚法》明确规定当事人依法享有如下权利。

（一）陈述、申辩权

陈述、申辩是当事人在环境行政处罚中依法享有的最基本的权利。当事人通过行使这项权利，可以充分发表自己的意见，进一步了解环境保护行政机关作出处罚决定的事实、理由及依据，切实维护自身的合法权益；环境行政机关通过当事人的陈述和申辩，可以防止和避免处罚错误，以便提高行政处罚的质量和效率。

（二）听证权

听证是为加大行政处罚的透明度，保证行政处罚的公开、公正、公平，更好地接受行政相对人的监督而设置的当事人依法享有的一项重要权利。行政相对人在可能受到较重的处罚或者较高额罚款且符合法定条件的[84]，可以要求环境行政机关举行听证会。反之，环境保护行政机关，在实施较重的处罚或者较高额罚款时，必须告知行政相对人有要求听证的权利；当事人要求听证的，必须按照法定程序举行听证会。

（三）申请行政复议和提起行政诉讼权

行政复议和行政诉讼作为行政处罚的最有效的救济途径，因而是行政相对人依法享有的一项最大、最重要的权利。行政复议和行政诉讼有严格的法定程序和时效，有保障行政相对人在复议、诉讼过程中与环境保护行政机关处于平等地位的各项制度规定，从而使这一监督和制约更加公正、有效，其范围更加广泛。

（四）行政赔偿请求权

行政赔偿是行政处罚的一个特殊救济方式。《行政处罚法》第 6 条规定：“公民、法人或者其他组织因行政机关违法给予行政处罚受到损害的，有权依法提出赔偿要求。”这一规定有两层意思：一是行政相对人对环境保护行政机关违法实施处罚造成其合法权益损害的，可以在法定期限内请求做出该处罚决定的环境保护行政机关给予赔偿；二是环境保护行政机关发现自己违法实施行政处罚侵犯行政相对人合法权益造成损害时，应当主动给予赔偿或者根据当事人的请求依法给予必要的赔偿。

84 见《环境保护行政处罚办法》第 32 条、第 49 条规定。

第三节　环境行政处罚的种类

一、环境行政处罚种类的概念

环境行政处罚种类的概念指环境保护行政机关对违反环境法律规范的行政相对人给予行政处罚的形式，也称行政处罚的方式。

我国环境法针对污染环境或者破坏环境和自然资源违法行为，规定了两类行政处罚形式。根据《环境保护法》《环境保护行政处罚办法》及污染防治单行法的规定，对违反环境法律规范造成或者可能造成环境污染的行政相对人给予行政处罚的主要形式有：警告；罚款；没收违法所得；责令停止生产或者使用；吊销许可证或者其他具有许可性质的证书；责令停业或者关闭等6种。此外，《大气污染防治法》等污染防治单行法中还分别规定了责令停止施工；责令限期拆除；责令停工整顿；责令退运放射性废物和被放射性污染的物品；责令非法运输危险废物船舶退出我国管辖海域；销毁未达标的机动车船等。上述行政处罚形式可称为对污染环境的行政相对人给予行政处罚的特殊形式。[85]

对破坏环境和自然资源的行政相对人给予行政处罚的形式，我国自然资源保护单行法规定了如下主要形式：罚款；责令退还非法占用的土地；限期拆除在非法转让的土地上新建的建筑物和其他设施；责令限期拆除养殖设施；责令缴纳复垦费；责令补种盗伐、滥伐的林木；责令停止开垦；责令收回非法批准、使用的土地；没收（如违法所得，违法买卖的证件、文件，在非法转让的土地上新建的建筑物和其他设施，没收苗种等）；责令非法进入我国管辖海域从事渔业生产或者渔业资源调查的外国人、外国渔船离开或者将其驱逐等。上述行政处罚的形式，只能由特定资源保护监督管理部门对违反自然资源保护法的特定的行政相对人实施。

我国环境法所规定的行政处罚形式有如下两个明显的特点：

第一，突出了预防性。环境法所规定的诸多行政处罚形式中，最突出的一个特点是，设立和实施某种行政处罚，不是为了惩罚而惩罚，而是为了维护生态系统的良性循环，恢复生态平衡，防治环境污染和破坏。

第二，突出了行为罚。行为罚是指环境保护行政机关依法责令违反环境法的

85 即只能对特定的污染物和由特定的环境保护行政机关适用，否则无效。

行政相对人为某种行为或不为某种行为，以达到维持环境管理秩序，制裁违法者的目的。如责令重新安装使用污染治理设施、责令补种树木，责令停止生产或者使用、责令停止开垦等，这类行政处罚形式在整个行政处罚形式中占了绝大多数，体现了环境法的立法宗旨。

上述特点，要求环境保护行政机关在实施行政处罚时，正确使用自由裁量权，多选用预防性行为罚，使预防性行为罚在环境行政处罚中发挥更大的作用。

二、环境行政处罚的基本形式

根据环境法的规定，对污染环境者给予行政处罚的主要形式有如下6种。

（一）警告

环境保护行政机关对那些轻微违反环境法律规范的行政相对人的谴责和告诫。警告是申戒罚的一种形式，其作用是通过对违法行为人精神上的惩戒，以申明其有违反环境法的行为，促使其不再违法；对他人则能起到警戒作用，告诫他人不要再去污染或者破坏环境。

警告的处罚具有以下特点：

（1）警告是一种最轻微的行政处罚形式。警告适用于违法情节轻微或者尚未造成实际危害后果的违法行为。

（2）警告是以影响违法行为人声誉为内容的处罚。警告是一种软约束措施，虽然不影响违法行为人的财产权利及行为能力方面不受损失，但其声誉，即环保形象受到一定影响。

（3）警告是单独适用的行政处罚形式。由于警告是行政处罚形式中惩罚性最轻的一种，将警告与其他行政处罚形式合并适用没有意义。

（二）罚款

环境保护行政机关依法强迫违反环境法律规范，应承担行政责任的相对人，向国家缴纳一定数额的金钱的行政处罚形式。罚款是财产罚的一种形式，在环境行政处罚中应用最广泛。罚款具有以下特点：

（1）罚款是最普遍适用的行政处罚形式。我国现行环境法律、法规、规章，几乎都规定有罚款这一行政处罚形式，而且地方环境保护行政机关在实施行政处罚中，适用的最多最普遍的也是罚款。

（2）罚款只对单位和非履行公职的公民适用。根据我国现行环境法的规定，适用罚款的对象主要是单位（即企事业法人），在一些特殊场合对违反环境法的公民也可以处以罚款。[86]

（3）罚款是对违法者一定财产权的强制性剥夺。罚款作为剥夺违法者一定数额金钱的强制性手段，其目的是促使其醒悟，今后自觉守法，加强内部环境管理，不再以身试法。

（4）罚款的幅度较大。现行环境法规定的罚款幅度普遍较大，有的条款规定的罚款，上下限之间幅度有10倍之差。[87]

（三）没收违法所得

环境保护行政机关将违法行为人的非法收入和所得收归国有的处罚形式。违法所得是指违法者通过非法手段获取的财产，如无经营许可证从事收集、贮存、利用、处置危险废物经营活动获取的财产等。[88]没收违法所得处罚具有以下特点：

（1）没收违法所得是行政处罚形式之一。没收违法所得不同于刑罚附加刑中的没收财产，二者的主要区别在于：性质不同；适用范围不同。

（2）没收违法所得只适用于有违法所得的环境违法情形。换言之，对于环境违法行为采取没收违法所得的处罚，必须严格区分是否有违法所得。

（3）没收违法所得是涉及违法者财产权利的处罚形式。环境保护行政机关将违法者违法获取的利益收归国有，使违法者已经获得的财产随之丧失，体现了对违法者的制裁。

（四）责令停止生产或者使用

环境保护行政机关对防治污染设施没有建成或者没有达到国家规定要求，投入生产或者使用的建设项目，责令其停止生产或者使用的一种行政处罚形式。被责令停止生产或者使用的建设项目，包括生产部门的建设项目和非生产部门的建设项目，对前者责令停止生产，对后者责令停止使用。

实施这一行政处罚形式的条件是，建设项目的防治污染设施没有建成或者没有达到国家规定的要求便投入生产或者使用。如果没有投入生产或者使用，就不能给予这一行政处罚。

责令停止生产或者使用具有以下特点：

（1）由特定的环境保护行政机关主管部门实施。即由批准该项目的环境影响报告书的环境保护行政机关部门科处。

86 见《大气污染防治法》第57条；《噪声污染防治法》第58条第1款第3项。

87 见《大气污染防治法》第59条、第60条，《固废法》第70条、第73条、第74条、第75条、第78条、第79条、第82条。

88 见《固体废物污染防治法》第77条第1款、《海洋环境保护法》第75条。

（2）对特定的对象科处。即只能对污染防治设施没有建设或者没有达到国家规定的要求便投入生产或者使用的建设项目所在的单位科处。

（3）不以造成环境污染或者破坏为实施处罚的条件。即只要污染防治（处理）设施没有建成或者建成后未经验收或者验收不合格便投入生产或者使用的，即使没有造成危害后果也可给予责令停止生产或者使用的行政处罚。

（4）可以并处罚款。是指责令停止生产或者使用时，是否给予罚款，应由环境保护行政主管部门根据违法者的情节自由裁量。但不能单处罚款而不责令停止生产或者使用。

（五）吊销许可证（或者其他证书）

环境保护行政机关依法收回或撤销违法者已获得的从事某种活动的权利或者资格证书，剥夺或限制违法者从事某种特许活动的资格或权利的处罚形式。吊销许可证（或其他证书）是属于资格罚的一种，具有以下特点：

（1）吊销许可证（或其他证书）是一种严厉的行政处罚形式之一，直接涉及行政相对人的财产权利。吊销许可证（或其他证书）剥夺和限制了行政相对人从事生产、经营等资格和能力，实质上影响了其财产权利。

（2）吊销许可证（或其他证书）是资格能力罚，适用于取得从事某种对环境有影响的活动资格和特许权的违法的行政相对人。这种处罚不同于罚款等财产罚，处罚仅适用于实施许可证的环境监督管理范围内的违法行为，且仅适用于已经取得许可证的违法的行政相对人。

（六）责令停业、关闭

责令停业、关闭指作出限期治理决定的人民政府[89]，对逾期未完成治理任务的行政相对人，责令其不得继续生产或者经营的一种行政处罚形式。这是属于行为罚的一种，也称能力罚，具有以下特点。

（1）由特定的人民政府科处。即由作出限期治理决定的人民政府作出，责令中央直接管辖的企事业单位停业、关闭的，还须报国务院批准。

（2）对特定的行政相对人科处。即只能对经人民政府作出限期治理决定后，逾期未完成治理任务的行政相对人科处。[90]

（3）属于最严厉的行政处罚形式。受此行政处罚的行政相对人将不能继续从

89 除《固体废物污染防治法》规定，由环境保护行政主管部门作出限期治理决定外，其他限期治理均由人民政府决定。参见《固废法》第 81 条。

90 例外情况是具备《大气污染防治法》第 49 条第 1 款规定应当给予停业、关闭处罚条件的单位。但该条款也规定，如果未达到“情节严重”的，应当先“责令改正”。可见，其基本精神是一致的。

事原来的排污生产、经营活动，因此只能对污染特别严重，且靠一般技术治理难以奏效，经济效益不佳的单位适用。

责令停业、关闭与责令停止生产或者使用的区别：

（1）实施对象不同。前者实施的对象是经限期治理而未完成治理任务的正在生产或者经营的老企业事业单位；后者适用的对象则是防治污染设施没有建成或者未达到国家规定要求而投入生产或者使用的新的建设项目。

（2）实施的后果和程序不同。前者受罚单位其后果是不能继续原来的生产、经营排污活动的，其所受的处罚是长期的，永久的；后者所受的处罚是短期的、暂时性的，只要防治污染设施建成或使原来未达到国家要求的达到国家要求的，就可以投入生产或者使用。

（3）实施的机关不同。前者实施行政处罚的机关是对该企业事业单位已作出限期治理决定的人民政府，有的还需要报国务院批准；后者实施行政处罚的机关则是原批准该建设项目环境影响报告书的环境保护行政主管部门。

三、对破坏环境资源者实施的行政处罚形式

我国目前尚未制定综合性自然资源保护法律。对破坏环境资源者的行政处罚形式，分别规定在各自然资源保护单行法中，归纳起来除警告、罚款及吊销许可证与污染防治单行法规定相近之外，还有以下几种处罚形式：

（一）没收

没收是指资源保护监督管理部门，强令违反环境法破坏环境资源的行政相对人将全部或部分违法所得财物上缴国家的行政处罚形式。

在此，“违法所得的财物”指非法转让土地的违法所得，在非法占用、转让的土地上新建的建筑物及其设施，非法所得的木材、矿产资源，非法猎取的猎获物、渔获物，非法使用的猎捕工具、渔具，倒卖采伐许可证、允许进出口证明或者出售、收购、运输、携带国家或者地方重点保护野生动物及其产品等。

没收可根据违法者的情节决定全部或者部分没收，没收的财物或者金钱应全部收缴国库。没收具有以下特点和作用：

（1）没收的对象是违法所得或者非法使用的财物。没收与罚款都是对违法者财产权的剥夺，但没收的对象只能是违法者破坏环境资源所非法所得或者非法使用的财物，而罚款上缴的金钱一般为违法者违法前已拥有的合法财产。

（2）没收处罚作用在于剥夺违法者的非法所得，同时剥夺其已使用和可能继续使用从事破坏环境资源的手段。

（二）责令停止破坏行为

资源保护监督管理部门强令违反环境法而破坏环境资源者停止破坏行为的行政处罚形式。包括责令停止违法行为，责令退还非法占用的土地，责令停止开垦，责令限期拆除非法转让或者非法占用的土地上新建的建筑物及其他设施，责令停止破坏性开采矿产资源活动，责令停止破坏水土保持行为，责令停止破坏重点保护野生动物主要生息繁衍场所等。

责令停止违法行为的目的，是为了制止和纠正违法行为对生态环境和自然资源的破坏。值得注意的是，为有效地制止破坏行为，资源保护监督管理部门在责令违法者停止破坏行为的同时，还必须给予其他形式的行政处罚。

（三）责令恢复被破坏的生态环境和自然资源

资源保护监督管理部门依法强令违反环境法而破坏生态环境和自然资源者在一定期限内恢复被破坏的生态功能或被减损的资源数量的行政处罚形式。包括责令补种、责令恢复原状、责令恢复植被、责令停业治理等。

适用这一处罚形式，值得注意的是，由于生态环境和自然资源破坏容易，恢复却难，[91]在责令违法者恢复被破坏的生态环境和自然资源之外，还要依法给予其他形式的处罚。

第四节　环境行政处罚机关

一、环境行政处罚机关的概念

以行政权力实施和执行环境法律规范的机构。环境行政处罚机关是由环境监督管理体制所派生的，具有以下两个主要特征。

（1）环境行政处罚机关必须由环境法律明确规定。根据《行政处罚法》规定，不是所有国家行政机关都具有行政处罚权，而是只有环境法律明确规定的环境保护行政机关才具有行政处罚权，并且各个环境保护行政机关必须严格按照环境法律规定的管辖范围实施环境行政处罚权，不得任意扩大或者缩小。

（2）环境行政处罚机关是以国家名义行使环境行政处罚权。根据我国《环境

91 如人们可以在短时间内砍光大片森林，杀绝几种珍稀濒危野生动物，但要恢复其生态功能和数量，少则要花十几年，多则几十年，甚至有的永久无法恢复。

保护法》规定，对环境与资源保护工作实施监督管理权的行政机关是县级以上地方人民政府环境保护行政主管部门和其他依照法律规定行使环境监督管理权的部门。这些部门依法作出的环境行政处罚决定，都是以国家名义代表国家执法。

二、环境行政处罚机关的种类及其权限

根据环境保护行政机关实施行政处罚的对象和监督管理范围不同，我国环境法律将行政处罚机关分为县级以上人民政府环境保护行政主管部门；依照有关法律规定对其他环境污染防治实施监督管理的部门；依照有关法律规定对资源保护实施监督管理的部门三类。

（一）县级以上环境保护行政主管部门

根据《环境影响评价法》《大气污染防治法》《固体废物污染环境防治法》等环境法律、法规及规章的规定，各级环境保护行政主管部门对下列污染或者破坏环境与资源的违法行为实施行政处罚：

（1）建设单位未报批建设项目环境影响评价文件，或者未重新报批或者报请重新审核环境影响评价文件，或者未经批准或者未经重新审核同意，擅自开工建设的；

（2）环境影响评价机构在环境影响评价工作中不负责任或者弄虚作假，致使环境影响评价文件失实的；

（3）试生产建设项目配套建设的环境保护设施未与主体工程同时投入试运行的，或者建设项目投入试生产超过 3 个月，未申请环境保护设施竣工验收的，或者建设项目需要配套建设的环境保护设施未建成、未经验收或者经验收不合格，主体工程正式投入生产或者使用的，或者未经批准，擅自拆除、闲置环境保护设施的；

（4）违反环境法律规定，造成环境污染事故的；

（5）经限期治理，逾期未完成治理任务的；

（6）不按照排污许可证或者临时许可证规定排放污染物，或者无许可证或者不按照经营许可证规定经营危险废物的；

（7）拒绝现场检查或者在被检查时弄虚作假的；

（8）拒报或者谎报排污申报登记的；

（9）不按照规定缴纳排污费的；

（10）将淘汰的设备转让给他人使用的；

（11）依照环境法律、法规、规章的规定，应给予行政处罚的其他污染或者破坏环境与资源的违法行为。

（二）依照有关法律规定对其他环境污染防治实施监督管理的部门

如前述，根据《环境保护法》的规定，这些监督管理部门包括：国家海洋行政主管部门、港务监督、渔政渔港监督、军队环境保护部门和各级公安、交通、铁道、民航管理部门等。这些部门，依照有关环境法律规定，在各自的职权范围内实施行政处罚权（在第二章、第五章中已分别阐述，在此不再赘述）。

（三）依照有关法律规定对资源保护实施监督管理的部门

根据《环境保护法》的规定，对资源保护实施监督管理的部门包括：土地、矿产、林业、农业、水利行政主管部门。这些部门依照有关资源保护法律规定，在各自的职权范围内实施行政处罚权（在第六章中已分别阐述，在此不再赘述）。

第五节　环境行政处罚的管辖

一、环境行政处罚管辖的概念

环境保护行政机关查处违反环境法律案件的分工与权限，具有以下特点：

（1）环境行政处罚管辖是行政程序中的管辖，是环境行政机关处罚行政违法行为的分工，其内容是由行政相对人的行政违法行为引起的行政处罚案件。

（2）环境行政处罚管辖是环境保护行政机关最初处理行政违法案件并作出行政处罚决定的分工。

（3）环境行政处罚管辖必须遵循便于当事人，有利于执法，保护当事人合法权益，维护环境管理秩序的原则。

（4）环境行政处罚管辖主体必须是环境法律、法规明确规定的有行政处罚权的环境保护行政机关。

二、环境行政处罚管辖的原则

管辖权是对环境保护行政机关行使行政处罚权的具体落实。各级环境保护行政机关在行使行政处罚管辖权时应遵循以下基本原则：

（1）有利于案件的公开查处，保护当事人合法权益原则；

（2）有利于行政相对人监督行政处罚合法性原则；

（3）有利于提高行政处罚效率原则；

（4）分工与协商原则。

三、环境行政处罚管辖的规定

根据《行政处罚法》《环境保护行政处罚办法》及有关环境法律、法规的规定，环境行政处罚的管辖实行职能管辖、地域管辖、级别管辖、移送管辖和指定管辖、委托管辖和报请管辖。

（一）职能管辖

职能管辖是指不同职能的环境保护行政机关之间实施行政处罚的权限分工。职能不同的环境保护行政机关享有的行政处罚权是不同的，即只能对自己的职能范围内的违法案件享有处罚管辖权。如环境保护行政主管部门对污染环境的违法案件有权实施处罚，林业行政主管部门对破坏林木、陆生野生动物、野生植物的违法案件有权实施处罚等。

（二）地域管辖

地域管辖，也称区域管辖，是指同级环境保护行政机关之间实施行政处罚的权限分工。《行政处罚法》第 20 条规定，行政处罚“由违法行为发生地”（法律、法规另有规定的除外）的行政机关管辖，即对违法案件，由违法行为发生地的环境保护行政机关管辖。据此，确定地域管辖有以下几种情况：

（1）不动产违法案件，如违反土地法、森林法、草原法、矿产资源法等侵犯不动产行为的处罚，均由不动产所在地资源保护行政机关管辖[92]。

（2）将淘汰的设备转让给他人使用的行政处罚，由转让者所在地环境保护行政主管部门管辖。

（3）两个以上环境保护行政机关都有管辖权的行政处罚案件，由第一受案的环境保护行政机关管辖。

（三）级别管辖

级别管辖，也称层级管辖，是指不同级别（或上下级）环境保护行政机关之间实施行政处罚的权限分工。《行政处罚法》第 20 条规定，对违法行为由“县级以上地方人民政府”实施行政处罚（法律、行政法规另有规定的除外）。这一规定明确了环境行政处罚的管辖在级别上（原则上）只能是具有行政处罚权的县级以上地方人民政府及其各环境资源保护职能部门。

---

92 应松年. 行政处罚法学习辅导. 北京：人民出版社 1996：118.

（四）移送管辖

移送管辖是指无行政处罚管辖权的环境保护行政机关将已受理的违反环境法律的案件移交给有管辖权的环境保护行政机关。例如，将淘汰的设备转让给他人使用的违法案件，当事人向被转让一方所在地环境保护行政主管部门申请处理的，应当移送转让一方所在地环境保护行政主管部门处理，并告知当事人。

（五）指定管辖

指定管辖是指上级环境保护行政机关指定下级环境保护行政机关对某一行政处罚案件行使管辖权。指定管辖有两种情况：第一，环境保护行政机关对管辖权发生争议的，由争议双方协商解决，协商不成的，报共同上一级环境保护行政机关指定管辖；第二，有管辖权的下级环境保护行政机关因特殊原因不能管辖时，可由上一级环境保护行政机关指定管辖。

（六）委托管辖

委托管辖是指上级环境保护行政机关将其管辖范围内的案件交由下级环境保护行政机关直接实施行政处罚。[93]如国家环境保护总局将其管辖的行政处罚案件，可委托该案件发生地的省级环境保护行政主管部门实施行政处罚。

第六节　环境行政处罚的法律适用

环境行政处罚的法律适用，是指环境保护行政机关在认定行政相对人违法的基础上，具体适用环境法律规范，依法决定对违法者是否给予行政处罚和如何科处行政处罚的活动。

环境行政处罚的法律适用既是一个实体问题，同时也是一个程序问题，适用的过程也就是实体与程序综合的过程。根据《行政处罚法》和环境法的规定，环境行政处罚的适用涉及以下几个主要法律问题。

一、一事不再罚

《行政处罚法》第 24 条规定：“对当事人的同一个违法行为，不得给予两次以上罚款的行政处罚。”“一事不再罚”的含义是：

93 见《环境保护行政处罚办法》第 15 条第 3 款。

（1）行为人的一个行为，同时违反了两个以上法律、法规的规定，可以给予两次以上的处罚。但如果是罚款，则罚款只能一次；另一次处罚可以依法是其他种类的行政处罚，如吊销许可证、责令停止生产或者使用，也可以没收等，就是不能再罚款。

（2）行为人的一个行为，违反了一个法律、法规规定，该法律法规同时规定施罚机关可以并处两种处罚，如“可以没收并处罚款”[94]这种并处不违反同一环境违法行为不得给予两次以上罚款原则。

（3）环境违法行为构成犯罪，人民法院判处罚金时，环境保护行政机关已经给予当事人罚款的，应当折抵相应罚金。[95]罚款与罚金虽然两者性质不同，但在内容上却是相同的，都是责令违法者缴纳一定数额的款项，因此应力求避免两者在适用上的重叠。

罚款与罚金的关系，还涉及人民法院对构成犯罪的行为人判刑后，环境保护行政机关可否再施罚款的问题。相关的情况可能有两种，一是人民法院判刑并未适用罚金，二是人民法院判刑时已经适用了罚金。对第一种情况，环境保护行政机关可以对其实施罚款处罚。对于第二种情况，由于给犯罪人以财产损失的制裁目的已经达到了，行政机关不应再予重复处罚。[96]

二、责令当事人改正或者限期改正违法行为

《行政处罚法》第 23 条规定：“行政机关实施行政处罚时，应当责令当事人改正或者限期改正违法行为。”这一规定要求环境保护行政机关在对违法者实施行政处罚的同时，必须依法强令其改正已经实施或者正在实施中的违法行为。这是因为：（1）行政处罚的主要目的是通过必要惩罚手段，教育和约束违法者改正或纠正违法行为，自觉守法，不再违法；（2）为避免实践中存在的处罚变许可的弊端，也就是重处置而轻纠正，使处罚成为变相的通行证或许可证。例如，对擅自拆除或者闲置污染防治设施的单位只给予罚款，而不责令重新安装或者使用，这种罚款就成了许可。

在实践中有些违法行为能够立即改正，但有些违法行为需要一定的时间改正，例如将拆除的污染防治设施重新安装等。因此，环境保护行政机关应当给予违法者一定的改正期限，责令其限期改正违法行为，恢复原状。改正违法行为，包括以下内容：（1）必须停止违法行为；（2）积极主动协助环境保护行政机关调查；（3）消除违法所造成的不良后果；（4）因违法造成损害的，要依法给予赔偿，

94 见《固废法》第 77 条规定。

95 见《行政处罚法》第 28 条规定。

96 应松年. 行政处罚法学习辅导. 北京：人民出版社，第 146 页。

不能逃避民事法律责任；（5）行政相对人违法给国家或公共利益造成损失的，也要依法赔偿。

三、不得以罚代刑

《行政处罚法》第 7 条第 2 款规定："违法行为构成犯罪，应当依法追究刑事责任，不得以行政处罚代替刑事处罚"。第 22 条还规定："违法行为构成犯罪的，行政机关必须将案件移送司法机关，依法追究刑事责任"。上述规定，体现了刑事优先原则，也有利于以刑罚手段有力地打击环境犯罪。"不得以罚代刑"要求环境保护行政机关在查处环境行政违法行为时，必须注意以下两点：（1）把握好违法与犯罪界限，认真分析案情，及早定性，对于构成环境犯罪必须追究刑事责任的，决不以罚代刑；（2）将案件迅速移送司法机关，[97]并协助司法机关追究其刑事责任。

四、从轻或减轻处罚

在法定的处罚限度内给予较低的行政处罚，称从轻或减轻处罚。从轻或减轻处罚必须有法定的从轻或减轻处罚情节才能从轻或减轻处罚。根据《行政处罚法》第 25 条和第 27 条规定，在环境行政处罚中从轻或减轻处罚的情节包括：（1）已满 14 周岁，不满 18 周岁的人实施环境违法行为的；（2）主动消除或者减轻违法行为危害后果的；（3）受他人胁迫实施环境违法行为的；（4）配合环境保护行政机关查处违法行为的；（5）其他应予以从轻或减轻处罚的情节。

环境行政处罚中适用从轻或减轻处罚，应把握以下三点：（1）从轻或减轻应当在法定的范围内，即在环境法律、法规、规章规定的应予处罚的行为、处罚种类及幅度内从轻或减轻处罚；（2）从轻或减轻均以"轻"为出发点，但从轻的程度比减轻的程度要低；（3）从轻应当在法定种类、幅度内给予较低的处罚，而减轻应在处罚的种类、幅度之下处罚。

五、从重处罚

从重处罚，是指环境保护行政机关在法定的处罚形式和幅度内，给予违法者适用较重的处罚形式或较高金额的罚款。如不按照经营许可证从事危险废物经营活动的，根据《固体废物污染环境防治法》规定，没收违法所得，可并处违法所得 3 倍以下罚款，还可以吊销经营许可证。如某单位多次不按照经营许可证规定

---

97 移送司法机关，应根据《行政机关移送涉嫌犯罪案件的规定》（国务院令第 310 号，2001 年 7 月 9 日公布）移送。

收集、处置危险废物造成严重环境污染，环境保护行政机关可以在没收违法所得、罚款及吊销许可证 3 种处罚形式中适用较严厉的处罚形式，即可以没收违法所得，罚款 3 倍或接近 3 倍，吊销许可证。

关于从重处罚的情节，《行政处罚法》和环境法律均无具体规定。根据环境行政处罚的实践，有下列情形之一的，应当从重处罚：（1）违法情节，造成严重后果的；（2）多次实施违法行为，屡教不改的；（3）不听劝阻，继续实施环境违法行为的；（4）妨碍执法人员查处其违法行为的；（5）二人以上结伙实施环境违法行为中，起主要作用的；（6）隐匿、销毁违法证据的；（7）胁迫、诱骗他人或者教唆未成年人实施环境违法行为的；（8）对检举人、证人打击报复的；（9）在发生自然灾害或者其他非常情况下实施环境违法行为的。

值得注意的是，从重处罚必须在环境法律规定的范围内进行，否则将导致加重处罚，则是违法的。

六、不予处罚

当环境行政相对人的行为不构成应受处罚的违法行为或者因违法者没有行政责任能力而适用不予处罚。根据《行政处罚法》第 26 条和第 27 条规定，在环境行政处罚中不予处罚的情况包括：（1）精神病人在不能辨认或者不能控制自己行为时实施违法行为的；（2）不满 14 周岁的行为人实施违法行为的；（3）违法行为轻微并及时纠正，没有造成危害后果的。

在上述情况下不予处罚应具备三个条件：（1）违法者及时改正并纠正违法行为，积极消除不良影响；（2）虽已构成行政违法行为，但违法程度轻微；（3）由于违法行为轻微，且当事人及时纠正，没有造成危害后果。

七、环境行政处罚追究时效

行政处罚追究时效，又称追罚时效，是指环境保护行政机关追究当事人行政处罚责任的有效期限。根据《行政处罚法》第 29 条规定，环境行政处罚追究时效为两年，即在两年内违法行为未被发现或查处的，之后不再给予处罚；关于追罚时效的计算方法，在一般情况下从违法行为发生之日起计算时效；违法行为有连续或继续状态的，则要从行为终了之日起计算时效。[98]

98 例如，某企业超标排污，因拒绝治理连续一年超标排污，一年后经治理不再超标排污。在此应从超标排污行为终了之日起计算时效。

第七节　环境行政处罚程序

环境行政处罚程序，即环境行政处罚的方式、方法、步骤的总称。它是指环境行政机关依法对违反环境法规而应承担行政责任者提起、认定并给予行政处罚的法定手续。

根据《行政处罚法》和环境法规的有关规定，环境行政处罚的程序包括：简易程序；一般程序；听证程序；执行程序（见图表 11-1）。

一、简易程序

（一）简易程序的概念

简易程序，是指环境保护行政机关对符合法定条件的行政处罚事项，当场进行处罚的行政处罚程序。它具有以下三个特点：（1）必须符合一定的条件，即违法事实确凿，有法定依据，较轻的处罚；（2）程序简单，可不适用调查取证制度，当场处罚；（3）不同于一般程序、听证程序，比较简单、方便。

（二）简易程序的条件

根据《行政处罚法》及《环境保护行政处罚办法》规定，适用简易程序必须符合以下三个条件：

（1）违法事实确凿。它包括两层含义：① 有证据证明环境行政违法事实存在；② 证明违法事实的证据应当充分。

（2）有法定依据。即在违法事实确凿的情况下，该违法行为还必须是法律明确规定应予处罚的行为。

（3）罚款数额较小或者是警告处罚。[99]即对公民处以 50 元以下罚款，对法人、其他组织处以 1 000 元以下的罚款。

以上三个条件同时具备才能适用简易程序。

99 参见《行政处罚法》第 33 条规定。

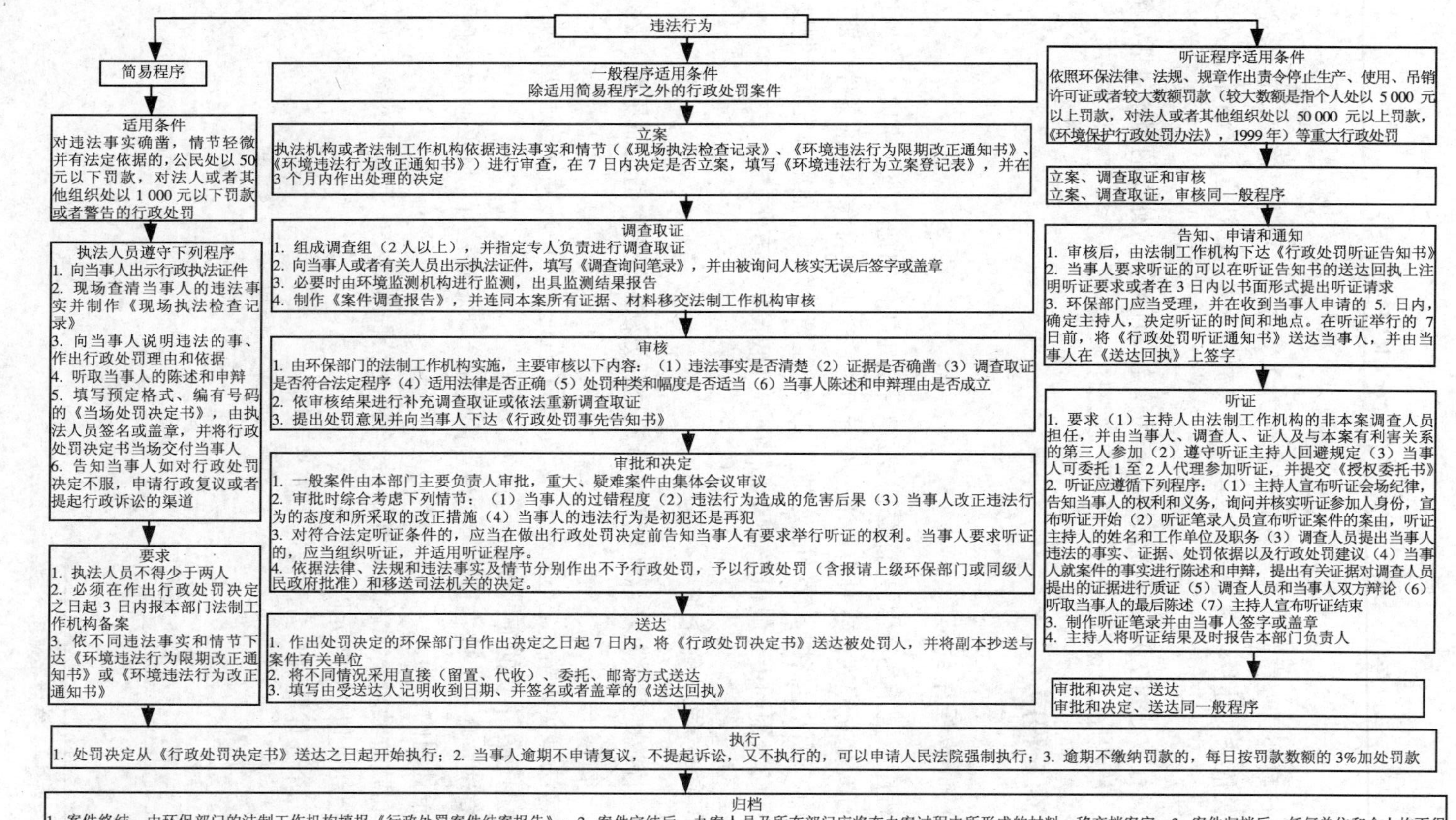

图表 11-1　环境保护行政处罚工作程序

（三）简易程序的内容

（1）表明身份。执法人员出示环境监察执法证，以表明自己是合法的执法主体。

（2）说明理由。在填写处罚决定书之前，应向当事人说明违法的事实，处罚的理由、依据，并给予当事人陈述、申辩的机会，听取当事人的意见。

（3）填写处罚决定书。环境行政执法人员当场作出处罚决定的，应当填写编有号码的预定格式的行政处罚决定书。

（4）交付处罚决定书。处罚决定书填写完之后，应当场交付当事人。

（5）当事人签名。对于环境行政执法人员制作的处罚决定书，当事人应当根据执法人员的要求签名。如果当事人因有异议而拒签，也应先缴纳罚款，然后可以依法提出申诉。

（6）备案。环境行政执法人员当场作出行政处罚决定之后，必须在决定之日起 3 日内向法制工作机构备案，即上交处罚决定书的副本。

二、一般程序

（一）一般程序的概念

环境行政执法机关在实施行政处罚时应遵循的法定基本程序。一般程序是环境行政处罚中最完整、适用最广泛的法定程序。它具有以下几个特点：（1）一般程序是任何环境行政处罚均可以适用的程序，因而也是简易程序的基础；（2）一般程序具有完整性。根据《行政处罚法》的规定，环境行政机关在实施行政处罚适用一般程序时，必须要经过立案调查、审核、事先告知、听证、决定和送达等程序。因此，一般程序与简易程序相比，具有其完整性和严谨性；（3）一般程序具有公正性。一般程序要求，环境行政机关在作出行政处罚决定之前，必须告知当事人处罚的事实、理由和依据，并必须听取当事人的陈述或申辩。通过听证程序可使当事人充分发表自己的意见，从而有利于防止行政处罚的不公正性，有效地保护相对人的合法权益。

（二）一般程序的内容

根据《环境保护行政处罚办法》规定，一般程序包括：立案；调查；案件审查；行政处罚决定；送达。

1. 立案

立案是指环境行政机关发现或接受举报有关环境行政违法行为或事件后，经初步审查，认为确有违法事实和需要给予行政处罚时所作出的提起行政处罚程序，登记案件的决定。立案包括以下内容：

（1）立案条件。包括：① 有违法行为或污染危害后果；② 违法行为是应受处罚的行为；③ 在法定追究违法责任期限内；④ 属于本部门职权范围且归本机关管辖；⑤ 属于一般程序适用范围。

（2）立案登记。立案应填写《环境违法行为立案登记表》，填写内容包括：① 立案时间；② 立案材料来源；③ 违法行为或事件发生的时间、地点；④ 违法者的名称（姓名）、地址；⑤ 案情简介；⑥ 承办人意见等。

（3）立案期限。立案应当由环境保护行政机关的法制工作机构（或专人）负责，从发现或接到举报之日起 7 日内[100]决定是否立案。遇到紧急情况，经环境行政机关主管领导批准，可先行调查取证，后补办立案登记手续。

2．调查

调查是指案件承办人员依照法定程序对案件事实调查核实、收集证据材料的活动。调查是行使行政处罚权的第一个关键环节，没有调查就没有证据，没有证据就不能处罚。所以，调查是环境行政机关行使处罚权必不可少的手段和步骤。调查的主要任务是全面收集证据，为客观分析判断证据，弄清案情打下基础。调查涉及以下几个问题：

（1）调查的方式。

① 询问当事人、证人。当事人也称利害关系人，一般情况下当事人最了解案件真实情况。证人是指案件知情人。询问当事人、证人应填写《调查询问笔录》，并注意以下几点：一是主动到当事人、证人所在单位或住所进行询问；二是不得作诱导性提示、不得强迫作伪证；三是询问证人应当事先通知；四是询问时间一般不宜过长等。

② 现场检查（或勘验）。现场检查（或勘验）是调查的最基本方式，如检查或勘验污染或破坏事故现场、排污口、污染防治设施、污染物等。

③ 环境监测。即借助监测技术手段，对污染物进行采样，测试、分析污染物的种类、数量、浓度等。

④ 鉴定。由环境行政机关就案件中的某些专门性问题聘请或指派有关专家进行科学鉴别或判断，将鉴定结论作为认定违法事实是否存在的证据。

（2）收集证据。即通过上述询问、检查、监测、鉴定等手段直接或间接获取一切与案件有关并具有证明意义的书证、物证、视听资料、证人证言等证据。（有关证据的概念、证据的条件、证据种类及证据的适用详见第九章第二节。）

100 见《环境保护行政处罚办法》第 21 条。

在此，需要强调的是，根据《行政处罚法》第 37 条第 2 款规定，环境保护行政机关在收集证据时，可以采取抽样取证方法；在证据可能灭失时，可以依法采取证据保全[101]措施。

（3）调查中注意的问题。根据《行政处罚法》第 37 条规定，环境行政执法人员在案件调查中应注意以下 4 点：① 对案件进行调查或进行检查时，执法人员不得少于两人；② 向当事人或有关人员出示证件，以表明身份；③ 询问或者检查必须制作笔录，并要求当事人核实后签名、注明日期；④ 与案件当事人有利害关系的调查人员应当回避。

（4）提出初步处理意见。案件调查终结后，由调查人员填写《案件调查报告》，提出对案件处理的初步意见，并将调查报告及有关证据材料报送法制工作机构或案件审查人员[102]。

引例中，联合调查组经过深入细致的现场调查，最终查清了漂染厂通过非法排放口，将生产中产生的大量工业废水直接排入东江干流的违法行为。在证据确凿的情况下，广州市环保局对该厂作出了罚款 5 000 元的处罚决定，并上报市政府，由市政府采取了强制停电、责令停产治理的措施。此案说明，调查取证是正确实施行政处罚的关键环节；只有及时深入现场，开展艰苦细致的调查分析才有可能发现问题，获取有效证据，为依法作出行政处罚打下坚实的基础。

3. 案件审查

指法制工作机构或案件审查人员对调查人员报送的案件调查报告及证据材料进行全面的审查复核。这是环境行政机关正确行使行政处罚权的第二个关键环节。因此，法制工作机构或案件审查人员必须对案件调查报告及证据材料进行全面、认真细致的审查复核。案件审查涉及以下几个方面的问题。

（1）审查的内容。根据《环境保护行政处罚办法》第 26 条规定，案件审查复核的内容包括：① 违法事实是否清楚；② 证据是否确凿；③ 调查取证是否符合法定程序；④ 适用法律是否正确；⑤ 处罚种类和幅度是否适当；⑥ 当事人陈述和申辩的理由是否成立。

（2）提出案件审查意见。经审查发现违法事实不清、证据不足或者调查取证不符合法定程序的，应当通知案件调查人员补充调查或者依法重新调查取证。

审查终结，法制工作机构或案件审查人员将案件审查意见呈报本部门负责人并填写《行政处罚事先告知书》。

---

101 证据保全条件：① 证据可能灭失；② 证据以后难以取得。

证据保全程序：① 执法人员提出证据保全意见；② 行政机关负责人审查批准；③ 登记造清单；④ 7 日内作出处理决定。

102 见《环境保护行政处罚办法》第 25 条规定。

（3）说明理由，告知权利。根据《行政处罚法》第 31 条规定，“说明理由，告知权利”是环境保护行政机关实施行政处罚过程中，必须履行的一项程序性义务。说明理由，告知权利是通过送达《行政处罚事先告知书》来实现的。即环境保护行政机关必须在行政处罚决定书送达之前向当事人说明作出行政处罚决定的事实、理由及法律依据，并告知当事人有权为自己辩解、陈述事实并提出证据。

（4）听取陈述和申辩。陈述和申辩，是《行政处罚法》赋予当事人的一项最主要、最基本的权利，是当事人依法保护自身合法权益不受环境行政机关非法侵犯，同时制约环境行政机关滥用处罚权的有效措施和重要保证。陈述和申辩权的含义包括：① 陈述和申辩是当事人法定的权利。当事人对被告知行政处罚的事实、理由和依据有权进行质证；② 环境行政机关有义务必须听取当事人的陈述和申辩，并对当事人提出的事实、理由和证据应当进行复核，采纳其合理的内容；③ 环境行政机关不得因当事人申辩而加重处罚。

（5）听证。即对符合法定条件，且当事人要求听证的，必须组织听证会。

法制工作机构或案件审查人员，在走完上述程序之后，在综合分析的基础上最后提出行政处罚意见，填写《行政处罚审批表》呈报本部门负责人审批。

4．作出处罚决定

环境保护行政机关负责人对案件调查结果及审查意见进行审议，并根据不同情况作出行政处罚决定。根据《行政处罚法》第 38 条规定和《环境保护行政处罚办法》第 26 条规定，环境保护行政机关负责人可作出以下决定：

（1）处罚决定。对确有应受行政处罚的违法行为的，根据情节轻重及具体情况，作出行政处罚决定；

（2）不予处罚决定。对违法事实轻微，依法可以不给予处罚的[103]，作出不予处罚决定；

（3）不得给予行政处罚决定。违法事实不能成立的，作出不得给予行政处罚决定；

（4）移送决定。违法行为触犯《刑法》，已构成犯罪的，应当作出移送司法机关的决定。

除上述 4 种决定外，还有两种特殊情况：一是法律、法规或规章规定行政处罚必须报上级环境保护行政机关批准的，应以书面形式上报，经批准后方可作出处罚决定；二是法律、法规或规章规定由人民政府实施处罚的，[104]应在提出处罚意见后，连同全部案件材料报人民政府决定。

103 见《行政处罚法》第 27 条第 2 款规定。

104 见《环境保护法》第 39 条规定。

在作出处罚决定中值得注意的是，对重大、复杂的行政处罚案件，应当由环境保护行政机关负责人集体讨论决定；行政处罚案件自立案之日起，应当在3个月内作出处理决定。[105]

5. 送达

送达是指环境行政机关依照法定程序，将《行政处罚决定书》送交被处罚人的行政执法活动。《行政处罚法》规定，行政处罚决定书应当在宣布后当场交付当事人。当事人不在场的，行政机关应当在7日内依照民事诉讼法的有关规定，将行政处罚决定书送达当事人。根据法律规定和我国环境行政执法实践，比较适合的送达方式有以下3种。

（1）直接送达。环境行政机关可派两名监察人员将处罚决定书正本直接交给受处罚单位的法人代表、负责人或受处罚的本人或受送达人的同住成年家属签收，或交给受送达人指定的代收人签收；

（2）留置送达。是指受送达人或者同住成年家属拒绝接受处罚决定书时，执行送达任务的环境行政执法人员将处罚决定书强制留放在受送达人住所的送达方法。留置送达应具备以下条件：一是必须有受送达人或同住成年家属拒绝签收的情况。二是邀请有关基层组织或所在单位的代表到场，说明情况，在送达回执上说明拒收事由和日期；

（3）邮寄送达。是指因受送达人不在实施处罚的环境行政机关辖区内或直接送达有困难的，通过邮局将处罚决定书用挂号邮寄给受送达人的送达方式。此时，送达日期以受送达人在挂号回执上注明的收件日期为准。邮寄未回音的，自邮寄之日起3个月期满之日为送达日期。

期限和送达时间的起算，应按公历年、月、日计算。开始的当日不计入，从下一天开始计算。如期限的最后一天为星期日或其他法定假日，以休假日的次日为期限的最后一天和送达时间起算的第一天计算。

三、听证程序

（一）听证程序的概念

听证程序是一般程序中的一个特别程序。它指环境保护行政机关在作出行政处罚决定之前，公开举行由利害关系人参加的听证会，广泛听取当事人的陈述、申辩与质证的过程。听证程序的作用在于通过公开、合理的程序形式将环境行政处罚建立在合法、公正的基础上，以避免处罚决定给行政相对人带来不利的影响。

---

105 参见《环境保护行政处罚办法》第30条规定。

听证程序具有以下特点：

（1）听证只适用一般程序中重大的行政处罚，如责令停产停业、吊销许可证或较大数额罚款的行政处罚方可适用听证程序；

（2）听证由环境行政机关非本案调查人员主持，并由各方利害关系人参加；

（3）听证必须公开进行，不仅环境行政机关和利害关系人参加，而且社会各界和普通公民可以旁听，还可以发表意见，新闻记者可以采访。

（二）适用听证程序的条件

根据《行政处罚法》第42条规定，适用听证程序应具备以下两个条件：

（1）作出重大的行政处罚。包括责令停止生产或使用、吊销许可证或较大数额罚款。在此，较大数额罚款是指对个人处以5 000元以上罚款，对法人或其他组织处以50 000以上的罚款。[106]

（2）当事人要求听证的。听证是当事人的一种申辩权利，当事人不要求听证的，环境行政机关可不组织听证。但是环境行政机关认为有必要组织听证的，征得当事人的同意之后也可以组织听证。

（三）听证参加人

听证由当事人、调查人员、证人以及与案件处理结果有直接利害关系的第三人参加；当事人可以亲自参加听证，也可以委托1～2人代理；听证由环境行政机关法制工作机构中非本案调查人员担任听证主持人。

当事人有权申请听证主持人回避，回避申请应当在收到《听证通知书》之日起3日内提出。

（四）听证程序的内容

1．听证告知

环境保护行政机关在作出重大行政处罚决定之前，应当向当事人送达《听证通知书》[107]，并取回回执。

2．听证申请

当事人要求听证的，可以在《听证告知书》[108]的送达回执上注明听证要求；也可以在3日内以书面形式提出听证申请。

106 见《环境保护行政处罚办法》第49条第1款。

107 见《环境保护行政处罚办法》第36条规定。

108 《听证告知书》的具体内容见《环境保护行政处罚办法》第33条规定。

3．听证通知

环境保护行政机关应当在受理当事人的听证申请后5日内，确定主持人，决定听证时间、地点，并在听证举行的7日前，将《听证通知书》[109]送达当事人。

4．听证形式

除涉及国家机密、商业秘密或者个人隐私外，听证必须公开举行。

5．听证步骤

根据《环境保护行政处罚办法》第38条规定，听证按下列程序进行：

（1）主持人宣布会场纪律，告知当事人权利和义务，询问并核实听证参加人的身份，宣布听证开始。

（2）听证笔录员宣布案由、主持人姓名、工作单位及职务。

（3）调查人员提出当事人违法的事实、证据、处罚依据及行政处罚建议。

（4）当事人就案件的事实进行陈述和申辩，提出有关证据，对调查人员提出的证据进行质证。

（5）调查人员和当事人双方辩论。

（6）听取当事人的最后陈述。

（7）主持人宣布听证结束。

在听证过程中，主持人可以向当事人、调查人员、证人或第三人提问；有关人员应当如实回答；听证结束后，听证笔录应交当事人、证人审核无误后签名或盖章。

四、执行程序

环境行政处罚中的执行程序，是指有关国家机关保证行政处罚决定为当事人所确定的义务得以履行的行政执法程序。根据《行政处罚法》和环境法规的有关规定，环境行政处罚中的执行程序主要包括：

（一）罚款决定与收缴分离制度

行政罚款决定由享有处罚权的环境行政机关作出，而罚款的缴纳由指定的银行统一收缴的法律制度。根据《行政处罚法》的规定，分离制度的适用范围，除当场收缴罚款、因交通不便当事人向指定银行缴纳确有困难或不当场收缴事后难以执行的，由环境行政机关先行收缴以及经依法采取执行措施收缴的罚款外，其他正常情况下的行政罚款均属分离制度的适用范围，即罚款按程序由指定的银行统一收缴。

109　《听证通知书》的具体内容见《环境保护行政处罚办法》第35条规定。

1．通知送达

即环境行政机关应在处罚决定书上注明收受罚款的指定银行及交纳罚款的期限。当事人收到处罚决定书后，应在 15 日内向指定银行缴纳罚款。

2．催交

即指定银行根据处罚决定书限定当事人自动缴纳罚款的时间，在期限届满之前，可向当事人发出催交通知书，以提醒和督促当事人按期履行缴纳罚款的义务。

3．收受罚款

当事人向指定银行缴纳罚款的，指定银行应给开具统一的收据。

（二）当场收缴罚款

1．当场收缴罚款程序的适用范围

（1）依法给予 20 元以下罚款。

（2）边远、水上、交通不便地区，当事人以后难以执行的。

（3）不当场收缴事后难以执行的，如异地人员在当地造成环境污染事故，如不当场收缴罚款可能放纵违法者的情况，或当场处罚时当事人没有带可供证明其身份的证件，事后难以执行的。上述罚款，均可由环境行政机关当场收缴。

2．当场收缴的程序

（1）当场收缴罚款的，环境行政执法人员必须向当事人出具省级财政部门统一印制的罚款收据。不出具收据的，当事人有权拒绝缴纳罚款。

（2）环境行政执法人员当场收缴罚款后，应当自收缴之日起 2 日内交至所属环境行政机关财务部门，财务部门应当在 2 日之内将罚款交付指定银行。在水上当场收缴罚款的，应当自抵岸之日起 2 日内交付环境行政机关的财务部门。

（三）执行措施

环境行政机关及人民法院为了达到迫使当事人履行行政处罚决定的目的而采取的带有国家强制力的手段或办法。根据《行政处罚法》第 51 条的规定，环境行政处罚的执行措施主要有：

（1）当事人到期不缴纳罚款的，环境行政机关可每日按罚款数额的 3%加处罚款；

（2）当事人在法定期限内不履行处罚决定的，又不复议或不起诉的，环境行政机关可依法申请人民法院强制执行。

（四）执行例外

执行例外是指如果有法律规定不能强制执行的情况，应允许当事人暂缓或者分期履行。根据《行政处罚法》的规定，当事人有经济困难，需要延期或者暂缓或分期缴纳罚款的，经当事人申请和环境行政机关批准，可以暂缓或者分期缴纳。

五、环境行政强制执行

（一）环境行政强制执行的概念

行政相对人逾期不履行环境行政机关所作出的行政处罚决定或其他具体行政行为时，由环境行政机关申请人民法院采取必要的强制措施，迫使其履行义务的执法活动。环境行政强制执行是环境行政执法的重要内容，它是保障环境行政机关所作出的具体行政行为最终得以执行（当遇到当事人抵制时）的唯一有效途径。其主要特点表现在：

（1）以行政相对人不及时、不完全执行环境行政处罚决定为前提。

（2）强制执行的目的是为了保证环境行政机关所作出的行政处罚决定及时、完整地得到执行。

（3）强制执行不是以环境行政隶属关系而采取的，而是根据环境行政机关的环境事务管辖权而采取的。

（4）强制执行由环境行政机关提出和申请，由人民法院具体负责实施强制执行，即最终由人民法院裁决能否采取强制执行措施。

（二）环境行政强制执行程序

指环境行政机关和人民法院共同实施强制执行措施的方式及具体步骤。由于强制执行是由作出行政处罚决定的环境行政机关申请，由人民法院负责执行，因此，强制执行程序包括了申请与执行两大步骤。

1．强制执行的申请

（1）申请的机关。如前所述，根据环境法的规定，行使环境监督管理权的部门有县级以上人民政府及其环境保护行政主管部门、依照有关法律规定对其他环境污染防治实施监督管理的部门和对资源保护实施监督管理的部门。这些环境保护监督管理部门均有权申请人民法院强制执行。

（2）申请的条件。根据《最高人民法院关于执行〈中华人民共和国诉讼法〉若干问题的解释》（以下简称《若干解释》）第 86 条规定，环境行政机关申请人民法院强制执行其具体环境行政行为（当然包括行政处罚）应当具备以下 6 个条件：① 具体环境行政行为依法可以由人民法院执行；② 具体环境行政行为已经生效并具有可执行内容是申请强制执行的前提条件；③ 申请人是作出该具体环境行政行为的环境行政机关；④ 被申请人是该具体环境行政行为所确定的义务人；⑤ 被申请人在环境行政处罚确定的期限内或者环境行政机关另行指定的期限内未履行义务是环境行政强制执行的核心条件；⑥ 被申请执行的行政案件属于受理申请执行的人民法院管辖。

（3）申请强制执行的期限。根据《若干解释》第 88 条规定："行政机关申请人民法院强制执行其具体行政行为，应当自被执行人的法定起诉期限届满之日起 180 日内提出。逾期申请的，除有正当理由外，人民法院不予受理。"即申请执行的期限自被执行人的法定起诉期（15 日）和申请行政复议期限（60 日）届满之日起计算，在此，值得强调的是如果逾期申请的，除有正当理由之外，人民法院不予受理。

（4）申请人民法院强制执行应提交的文件材料。环境行政机关申请人民法院强制执行其具体环境行政行为，除应当具备上述 6 个条件之外，根据《若干解释》第 91 条规定，还应提交以下有关文件材料和情况：① 环境保护行政强制执行申请书；② 据以执行的环境行政法律文书，如环境行政处罚决定书或者其他环境行政处理通知书；③ 作出环境行政处罚决定或者其他具体行政行为的证明材料（如监测数据等）和所依据的法律、法规及规范性文件；④ 被申请人的财产状况（如固定资产、营业额、资金周转等基本情况）和其他必须提交的材料。

（5）申请的形式和内容。我国环境法尚无明确规定统一的环境行政强制执行申请的形式和内容，但是从环境行政强制执行的性质看，申请是一种严肃的法律行为，它是申请强制执行程序开始的起点和前提。因此，申请必须采取书面形式，应当提交"环境保护行政强制执行申请书"。申请书一般包括如下内容：被申请人概况；申请理由；申请内容和依据等。

2. 执行措施

人民法院运用国家强制力，依照法定程序，根据执行文书的规定，强制被执行人履行义务的法律手段。

根据《若干解释》第 93 条规定，人民法院受理环境行政机关申请执行其具体行政行为的案件后，在 30 日内审查，并就是否准予强制执行作出裁定；需要采取强制执行措施的，由人民法院负责强制执行。执行措施包括：① 冻结、划拨被执行人的存款；② 扣留、提取被执行人的劳动收入；③ 查封、冻结、变卖被执行人的财产等。

在环境行政强制执行中，对行政相对人的执行措施，主要是划拨行政相对人的存款；查封产生严重污染的设备。

【问题与讨论】

1. 什么是环境行政处罚？环境行政处罚与其他环境行政行为的区别是什

么？

2. 环境行政处罚的主要原则有哪些？怎样理解处罚法定原则、公正、公开原则？

3. 环境行政处罚的主要形式有哪些？

4. 什么是环境行政处罚管辖？管辖的种类有哪几种？

5. 如何理解“一事不再罚”的含义？

6. 结合实际谈谈怎样理解从轻处罚、从重处罚？

7. 不予处罚的法定条件是什么？

8. 怎样理解环境行政处罚的追究时效？

9. 什么是简易程序？适用简易程序的条件及注意的问题是什么？

10. 什么是一般程序？适用一般程序中立案的条件是什么？

11. 调查的方式有哪几种？如何理解调查取证是正确实施行政处罚的关键环节？

12. 在什么情况下可以采取证据保全措施？应注意哪些问题？

13. 案件审查中必须把握的要点是什么？

14. 环境行政处罚决定有哪几种？其主要内容是什么？

15. 什么是送达？送达的方式主要有哪几种？在留置送达中应该注意哪些问题？

16. 一般程序的步骤及各个阶段的主要任务是什么？

17. 环境执法人员在实施行政处罚中的主要任务及注意的问题是什么？

18. 什么是听证程序？适用听证程序的条件及各阶段的主要内容是什么？

19. 环境执法人员可以当场收缴罚款的条件及注意的问题是什么？

20. 结合实际谈谈如何正确实施环境行政处罚的执行措施？

21. 申请人民法院强制执行应具备哪些条件？应提交哪些文件材料？

22. 申请强制执行的期限如何计算？执行措施有哪些？

第十二章 环境污染民事纠纷的行政处理

【提要】

环境污染民事纠纷的行政处理，是指环境行政机关根据当事人的请求，对环境污染民事侵权所引起的赔偿责任和赔偿金额纠纷进行调解和处理。环境污染民事纠纷的行政处理不具有法律强制力，因此，环境行政机关处理环境民事纠纷应遵循当事人自愿的原则，且只能作为第三者公断，即居间调解而不能强制。本章将依照环境保护民事纠纷行政处理概念、性质及环境民事纠纷行政处理一般程序的体例，对环境民事纠纷行政处理的内容进行分别阐述。

【引例】

包头市第二热电厂，自 1973 年建成投入运行至今。该电厂冲灰水量为 475 吨/时，pH 值较高，含氟量和硬度较大，冲灰水到贮灰场后大部分渗入地下，导致地下水位升高，水质硬度和矿化度增高，造成附近土壤盐渍化。灰场内存粉煤灰暴露在环境中，遇到大风天灰尘飞扬，使周围农作物叶面覆盖一层粉煤灰，影响其成长，造成减产，工农矛盾激化。受害最严重、反映最强烈的是 202 农牧场。1991 年 8 月，202 农牧场再一次（1982 年，二电厂曾向 202 农牧场一次赔偿污染损失费 30 万元）向市环保局反映贮灰场的污染问题，并要求协调污染损失赔偿。

市环保局收到 202 农牧场的举报信后，及时对污染现场进行反复调查勘验。市环境监测站又作了采样分析和结果比较。根据调查结果，市环保局认为：造成污染的原因主要来自二电厂贮灰场的长期污染，其次 202 农牧场使用 202 厂工人村冬季采暖锅炉冲灰废水灌溉有关。因此，双方都应承担责任。

市环保局根据污染事实和市农村工作委员会出示的《二电厂贮灰场污染 202 农牧场农作物经济损失赔偿概算表》，经多次调解协商，终于在 1992 年 10 月，使双方达成了污染赔偿协议，下达了赔偿调解书，要求二电厂向 202 农牧场赔偿污染损失 7 万元。另外，市环保局要求二电厂采取有力措施，完成自治区政府下达的限期治理任务。

第一节　环境污染民事纠纷行政处理概述

一、环境污染民事纠纷行政处理的概念

环境污染民事纠纷行政处理，也称公害民事纠纷行政处理，是指环境保护监督管理部门根据当事人的请求，对因环境污染和破坏引起的民事纠纷进行调解和处理。

环境污染民事纠纷行政处理的最终目的，是为了及时、公平、公正解决环境污染和破坏所引起赔偿责任与赔偿金额的纠纷。先明确赔偿责任，后确定赔偿金额，二者是环境污染民事纠纷行政处理中密不可分的统一体。因为，如果不先明确赔偿责任，即便确定了赔偿金额也找不到事主去赔偿。同样，如果只明确了赔偿责任，而无法确定赔偿金额，仍意味着赔偿纠纷没有得到最终解决。因此，环境污染民事纠纷行政处理的关键是在及早明确赔偿责任的基础上，准确核定双方都能够接受的公平、合理的赔偿金额。

二、环境污染民事纠纷行政处理的性质

根据《环境保护法》第 41 条第 2 款及环境污染防治单行法的有关规定可知，环境保护监督管理部门根据当事人的请求，对环境污染民事纠纷的处理属于行政调解性质，即当事人在环境行政机关主持下对环境污染民事纠纷争议进行协商，互相让步达成解决争议的协议。上述“行政调解”与民事诉讼中的“司法调解”相对应。环境行政机关之所以能通过行政调解[110]的方式解决环境民事纠纷，其前提是所处理的纠纷属于平等主体（当事人）之间的环境民事权益争议，当事人有对自己的索赔权等权益进行自由处分的权利。

为弄清《环境保护法》第 41 条第 2 款中所称“处理决定”的性质问题，全国人大常委会法律工作委员会已作过明确的解释：“我们同意你们的意见”，即同意国家环境保护局关于“处理”含义的意见——“环保部门对这类纠纷的处理，在性质上属于行政机关居间对当事人之间的民事权益争议的调解处理”。[111]另外，近年来颁布的《固体废物污染环境防治法》《环境噪声污染防治法》及经修订的《大气污染防治法》均作了新的规定，即把“处理”改为“调解处理”，把“对处

110 这与环境行政机关与行政相对人之间的行政争议不同。《行政诉讼法》第 50 条规定：“人民法院审理行政案件，不适用调解。”

111 中国环境保护法规全书. 北京：化学工业出版社，1997：274.

理决定不服”改为“调解不成”。因此，对尚未修改的《环境保护法》和《水污染防治法》中“处理决定”的含义，应按照上述法律规定和解释去理解和执行。

三、环境污染民事纠纷行政处理的意义

在环境行政机关主持下调解处理环境污染民事纠纷，是解决日益增多的环境纠纷，化解社会矛盾，构建和谐社会的重要途径，因而可称为我国环境管理的一大特色。

环境污染民事纠纷行政处理，虽然不具有法律强制力，有其局限性，但是我国环境保护实践表明，众多的环境污染民事纠纷都经过行政调解处理得到了圆满的解决。究其原因，主要是环境行政机关具有取证、监测、鉴定等专业技术和手段，且熟识环境污染危害成因，尤其是在广大人民群众中具有很高的威望，人民群众信任环境行政机关能够秉公调解。

环境污染民事纠纷行政处理，有利于简化程序，方便当事人，省时、省费用，提高效率；有利于减轻人民法院的负担；有利于及时、公平、公正地化解因环境纠纷引发的社会矛盾，促进和谐社会的发展。

四、环境污染民事纠纷行政处理的特征

（一）必须有当事人的请求

环境污染民事纠纷行政处理程序的提起，其必要和充分条件是必须有当事人的请求，如果当事人没有提出请求，环境保护监督管理部门无权提起这种程序。

（二）行政调解处理适用无过错责任原则

环境污染民事纠纷行政处理的最终目的，是为了解决因环境侵权引起的赔偿责任和赔偿金额的纠纷，属于《民法通则》中的特殊民事纠纷，适用无过错责任原则，不以违法性和过错为承担赔偿责任的条件。

（三）当事人的法律地位平等

环境污染民事纠纷行政处理中，加害者（排污单位）和受害者（受环境污染危害的单位或个人）作为民事法律关系主体，其地位平等，即双方当事人均享有平等的民事权利和承担平等的民事义务。

（四）可以适用调解原则

由于所处理的纠纷属于平等关系双方当事人的环境民事争议，当事人对自己

的民事权益有自由处分的权利，因此环境行政机关在处理环境污染民事纠纷过程中，可以采用调解的方式结案。

（五）作出的处理决定不具有强制力

环境行政机关根据当事人的请求，对环境污染民事纠纷所作出的行政处理决定，虽然在环境监督管理工作中起着重要作用，使很多环境民事纠纷得以顺利解决。但是，如果当事人不履行或不服处理决定时，环境行政机关无权向人民法院申请强制执行。这是由处理的纠纷属于环境民事争议的性质所决定的。

第二节　环境污染民事纠纷行政处理的一般程序

《环境保护法》第 41 条第 2 款规定："赔偿责任和赔偿金额的纠纷，可以根据当事人的请求，由环境保护行政主管部门或者其他依照法律规定行使环境监督管理权的部门处理，当事人对处理决定不服的，可以向人民法院起诉。当事人也可以直接向人民法院起诉。"这一规定，是关于环境污染民事纠纷解决程序的原则规定。据此，如果当事人提起环境民事诉讼，人民法院可以根据《民事诉讼法》规定的程序进行审理；但若当事人请求环境保护监督管理部门处理，其行政处理程序尚无具体法律规定。

根据《环境保护法》的精神，结合我国环境监督管理的实践，环境污染民事纠纷行政处理的程序可分为申请、受理、调查、调解、处理和执行六个阶段。

一、申请

（一）申请的概念

申请是指当事人请求环境保护监督管理部门处理环境民事纠纷的一种行为。申请必须符合以下条件。

1．当事人必须是与本案有直接利害关系的行政相对人

"直接利害关系"是指与本纠纷有实体方面的民事权利义务关系。即必须是自身的财产、人身受到环境污染危害造成或者可能造成财产损失时，受害人才能提出处理的请求；必须是自己或者本单位的排污行为造成了他人财产、人身损害导致财产损失的加害人，才能提出处理的请求。

2．有明确的加害人

受害人在提出请求时必须明确提出谁是实施环境污染危害的加害者。由于环境污染危害的特殊性原因，属于“多因一果”、“多因多果”现象较普遍。因此，受害人只要指出其中的一个加害人（排污者）就应视为已具备了申请条件。

3．有具体的要求与理由

对赔偿损失的要求，受害人必须提出具体的内容和所依据的事实及理由。值得注意的是，由于环境民事责任实行无过错责任和举证责任倒置原则，所以受害人提供证据时，可以不考虑加害人的过错及环境污染危害事实的证据；[112]对于要求排除危害的请求人，则必须提出已经受到环境污染危害或者可能继续受到污染危害，或者受到污染危害威胁的事实，但可以不提供事实上的证据。因为，如果加害人否认，则由其负举证责任。[113]

4．属于受理范围和管辖

如果不属于本系统环境保护监督管理部门受理的范围，例如，某企业排放废水造成村民鱼塘财产损失纠纷，向当地渔政部门请求处理的，其请求不会被渔政部门受理；如果属于本系统环境保护监督管理部门受理的范围，但不属于本级环境保护监督管理部门管辖的，同样也不会被受理。

（二）申请方式

当事人请求环境保护监督管理部门处理环境民事纠纷的形式。申请方式，可以书面申请，也可以口头申请。因环境民事纠纷案情较复杂，一般应要求当事人采用书面形式。如果当事人书写有困难，应允许采用口头形式申请，环境管理人员应做好详细记录。

申请的内容应当包括：

（1）双方当事人的自然状况。如姓名、性别、年龄、民族、工作单位、职业、住所及电话；法人或者其他组织名称、地址、法人代表或主要负责人的姓名、职务及电话。

（2）请求处理环境污染民事纠纷的目的。即请求解决赔偿责任及赔偿纠纷还是排除污染危害的纠纷，具体数额多少；还应包括纠纷形成的事实，双方争议的焦点，请求的理由及依据等。

（3）证明上述请求的证据和证据的来源等。还应注明收受的环境保护监督管理部门的名称、申请日期、申请人的签名并加盖单位印章。

---

112 见《最高人民法院关于适用〈民事诉讼法〉若干问题的意见》第 74 条。

113 见《最高人民法院关于适用〈民事诉讼法〉若干问题的意见》第 74 条。

二、受理

有管辖权和处理权的环境保护监督管理部门，接受当事人提出的调解处理环境民事纠纷请求的一种行政决定。受理阶段的主要任务，是审查当事人的申请是否符合受理条件，并作出是否受理的决定。其主要内容包括：

（1）审查申请。审查的内容，主要围绕着申请条件进行。如果符合前述申请条件，应在收到申请之日起 7 天（或 10 天）内作出受理的决定，并及时通知双方当事人；如果认为不符合条件，也同样在 7 天（或 10 天）内作出不受理的决定，并向当事人说明理由。

（2）成立调查小组。调查人员应视案情的具体情况而定，但一般应为 3 人以上（含 3 人的单数）的执法人员组成，便于贯彻少数服从多数的议事规则。与本案有利害关系的调查人员，应当自行回避。

经审查，如若决定受理，调查小组即可以环境保护监督管理部门的名义开展调查工作。

三、调查

（一）调查的概念

调查是指办案小组对当事人在申请中提出的请求、证据等进行现场勘验、询问当事人和证人、收集证据、进行专业鉴定、分析判断等活动的总称。

调查阶段的主要任务，是通过各种调查手段，弄清环境污染危害的实际情况和造成或者可能造成的损害的事实。可见，调查对于弄清纠纷的真相，为以后进行调解、处理提供坚实有力的证据基础起着关键作用。

由于环境民事纠纷的处理适用“举证倒置”原则，致害人如果否认受害人提出的损害事实，必须提出反证，即举证责任在被告一方。但是，为公平、公正地调解处理环境污染民事纠纷，环境保护监督管理部门全面掌握案情，弄清环境污染损害事实、原因、证据以及致害人责任的大小等，都是必要的。

（二）调查的方式

调查的方式同环境行政处罚的一般程序中的调查方式相似，详见第十一章第七节。

四、调解

调解指在环境保护监督管理部门的主持下，双方当事人对因环境污染而发生的民事权益争议，通过协商，达成协议以解决纠纷的活动。调解的程序如下。

1．调解开始

调查小组经过调查阶段基本弄清案情真相之后，即可主动进行调解工作，也可以应当事人的请求进行调解；调解一般由调查小组负责人主持或者由环境保护监督管理部门指定的负责人主持，双方当事人或者代理人参加；调解的地点可选在环境保护行政机关内，也可以就地调解，以便于当事人、证人参加；调解一般应公开举行，双方面对面地进行协商。

2．进行协商

由于调解协议必须建立在弄清事实、分清是非且符合环境法精神的基础上才有效，因此，协商工作必须从弄清环境污染危害的事实入手。调查小组人员应当充分听取双方当事人、证人的陈述，让其充分进行辩论、质证，要求当事人提供有关证据和说明理由；主持人应当根据当事人争议的焦点和已查明的事实，抓住要害，有针对性地讲解环境法律和政策精神，并进行耐心细致的疏导说服工作，在分清是非，明确赔偿责任的基础上，再由双方当事人反复进行协商，必要时可以邀请双方当事人所在单位派人参加；协商方式，可采取在调查小组（或办案人员）主持下双方当事人面对面协商的方式，也可采取先“背靠背”，后再“面对面”的方式，允许当事人自由讨论，自行协商。

3．达成协议

通过调查小组深入细致的调解工作以及当事人双方充分的协商，在自愿的基础上本着互谅互让，不损害国家公共利益和他人利益的精神，对赔偿责任和赔偿金额纠纷达成协议之后，调查小组应当对协议内容进行全面审查。经审查，认为符合法律规定，且出于双方自愿的，应当予以认可，并立即制作书面调解书（或调解协议书）。调解书应当进行公证，以便事后顺利履行协议。

引例中，包头市环保局根据202农牧场的请求，经反复认真调查和多次调解协商，最终使包头市第二热电厂与202农牧场就污染赔偿达成了协议，并下达了协议书，使这一旷日持久的污染纠纷得以平息。可见，环境行政处理是解决环境民事纠纷的一种便民且有效的重要途径。

关于调解书的格式及内容，我国环境法尚未作出统一规定。在此，可参照最高人民法院制定的《关于民事诉讼文书样式（试用）》，结合环境保护实践，提出环境污染民事纠纷调解书格式，其内容包括：

（1）协议书首部。应依次写明调解机关、文种名称、编号、当事人双方情况及案由；

（2）事实及理由部分。写明案情概况、受害人的请求、争议的主要事实和调解的理由；

（3）协议的内容部分。应写明双方当事人自愿达成协议以解决环境污染民事纠纷的协议条款（如赔偿金额的具体数字、给付的时间及方式等）；

（4）协议书尾部。应写明“本协议系双方当事人自愿达成，经双方签字后生效，各方应自觉履行”。并由调查小组负责人署名，记录员署名，注明年、月、日，加盖主持调解的行政机关公章。

五、处理

环境保护监督管理部门在对环境污染民事纠纷调解不成，或者达成协议之后当事人不履行时，就纠纷所作出的处理决定。在此，“处理决定”是根据当事人的请求，由环境保护监督管理部门居间依法进行的处理，这种处理行为属于行政司法性质，而不属于具体环境行政行为。因此，不具有法律强制力。

在调查阶段，未达成协议，或者达成的协议未得到履行，说明该纠纷的行政处理程序尚未终结。调查小组应依法及时对纠纷作出处理决定，其程序包括：

1．调查小组集体评议

即召开调查小组会议，充分发扬民主，全面、公正地评议案件，最后以少数服从多数的议事规则，举手表决，作出处理决定。对不同意见应允许保留，并记录在案。

2．制作处理决定书

调查小组以口头形式向当事人宣布处理决定之后，应立即制作处理决定书。其格式与调解书类同：

（1）处理决定书首部。应依次写明处理机关的名称、文种、编号及当事人的基本情况；

（2）处理决定书的正文。第一部分为事实理由，写明加害人污染危害环境造成受害人人身、财产损害的事实和导致财产损失的具体情况，以及应承担赔偿责任的理由、依据。第二部分为处理决定，应写明处理决定的内容及法律依据；

（3）处理决定书的尾部。① 必须写明“当事人对处理决定不服，可以向人民法院提起民事诉讼”。② 写明作出处理决定的行政机关的名称，并加盖公章。③ 写明作出处理决定的时间。

处理决定制作完毕之后，应当及时送达双方当事人。

六、执行

环境污染民事纠纷当事人，履行环境保护监督管理部门依法所作出的处理决定的行为称执行。

如前所述，由于环境污染民事纠纷处理决定不具有法律强制力，所以在此所说的执行，实际上就是指加害人按照处理决定的要求履行给付赔偿金义务的活动。

【问题与讨论】

1. 什么是环境污染民事纠纷行政处理？其主要目的和意义是什么？
2. 怎样理解环境污染民事纠纷行政处理的特点？
3. 怎样理解环境污染民事纠纷行政处理的性质？
4. 环境污染民事纠纷调解处理的法律依据是什么？
5. 环境污染民事纠纷行政处理程序及各阶段的主要任务是什么？
6. 结合实际谈谈环境污染民事纠纷行政处理中注意的问题。

第十三章　环境行政复议

【提要】

环境行政复议是行政复议机关基于复议申请人的申请，依照法定程序，对被申请人作出的具体环境行政行为进行审查的活动，是环境行政主体内部自我解决行政纠纷，自我纠正不当具体行政行为的救济和监督机制。环境行政复议机关审理行政复议案件，应当遵循合法、及时、准确、公开、便民原则，并以被申请人作出的具体行政行为为审查对象，附带审查部分抽象行政行为，采用书面审查的方式，全面审查被申请人作出的具体环境行政行为的合法性、适当性，并作出复议决定。本章将依照环境行政复议概述、复议的原则和制度、复议范围、管辖、复议机构和复议参加人以及复议程序的体例，对环境行政复议的内容进行分别阐述。

【引例】

2005 年 6 月 15 日，82 名温州养殖户向浙江省环保局举报污染一事，因为一直未收到答复，便于 2005 年 8 月 29 日向国家环境保护总局提出行政复议申请，却被告知“不予受理”。于是，养殖户将环境保护总局告上法庭。2006 年 6 月 1 日，北京市中院撤销了环境保护总局“不予受理”的决定，责令其于判决生效后 60 日内对 82 名养殖户的复议申请重新作出决定。2006 年 6 月 16 日，环境保护总局受理原告复议申请，但未在 60 日内作出复议决定，2006 年 9 月 5 日养殖户提出强制执行申请。2006 年 11 月 15 日，环境保护总局作出行政复议决定（环法[2006]38 号）。该决定认为开发区建设不属于《建设项目环境保护管理条例》指出的“建设项目”范畴，浙江省环境保护局不能按照该行政法规第 28 条查处温州市经济技术开发区。养殖户不服，于 2006 年 11 月 30 日向法院提起诉讼，请求依法撤销环境保护总局作出的行政复议决定（环法[2006]38 号），判决其重新作出复议决定。

第一节　环境行政复议概述

一、行政复议立法概况

《行政复议条例》1990 年 12 月 24 日，国务院公布；1994 年 10 月 9 日修订；

《行政复议法》1999 年 4 月 29 日颁布（1999 年 10 月 1 日施行）；

《行政复议法实施条例》2007 年 5 月 29 日，国务院公布（2007 年 8 月 1 日施行）；

《环境行政复议与行政应诉办法》2006 年 12 月 27 日，国家环境保护总局公布（2007 年 2 月 1 日施行）；

《环境行政复议工作廉政规范与工作程序》2001 年 2 月 2 日，国家环境保护总局公布（环发[2001]13 号）。

2007 年 5 月 29 日，国务院颁布的《行政复议法实施条例》，进一步完善了行政复议的程序。该条例本着“以人为本、复议为民”的行政立法宗旨，坚持方便申请、积极受理、创新方式、有利操作、强化监督、落实责任的原则，在符合立法精神并在法定职权范围内作出了一系列重要的创新努力，这些制度创新有利于更切实地维护行政相对人通过行政复议寻求法律救济的权利。

第一，规定了例外排除受理、上级责令受理、不利必须告知等多项制度，使得行政复议受案范围更加合理、宽泛、清晰，复议救济渠道更为畅通。

第二，规定了调查核实证据、听证、和解、调解、禁止不利变更等项制度，改进了审理方式，体现了便民、高效、民主和实事求是的原则，有利于提高办案质量。

第三，规定了行政复议指导和监督制度，例如督促、指导、检查、抽查、意见书、建议书、重大决定备案、定期报告等一系列制度，加大了对行政复议工作的指导监督力度，有助于行政复议工作的健康顺利开展。

第四，规定了更加明确具体的行政复议责任制度，形成了保障行政复议机关、行政复议机构切实履行行政复议法定职责的机制，有助于建设责任政府。

二、环境行政复议的概念

环境行政复议是指行政相对人认为环境行政机关的具体行政行为侵犯其合法权益，按照法定程序和条件向作出该具体行政行为的机关的上级机关提出申请，由有管辖权的环境行政机关对有争议的具体行政行为进行审查，并作出决定的行政活动。

环境行政复议作为解决环境行政争议最广泛和最重要的一种形式，具有以下特点：① 环境行政复议是环境保护行政机关的一种行政执法活动；② 有权提起环境行政复议的是行政相对人；③ 环境行政复议以具体行政行为的合法性和适当性为审查对象；④ 环境行政复议申请必须在一定期限内提出；⑤ 环境行政复议机关必须对复议申请作出明确的决定。

三、环境行政复议的意义

环境行政复议是环境行政机关解决行政争议，加强自身监督的有效方式；环境行政复议可以更有效地保护行政相对人的合法权益；环境行政复议有助于减轻人民法院行政审判的压力。

第二节　环境行政复议的原则和制度

一、环境行政复议的原则

环境行政复议的原则指环境行政复议必须遵循的指导思想，它体现《行政复议法》的基本精神和行政复议工作的社会主义法制的本质，贯彻于整个环境行政复议的过程。主要原则包括：依法行使职权原则；合法原则；及时原则；准确原则和便民原则。

二、环境行政复议制度

环境行政复议制度指环境行政复议活动必须遵循的重要法律规定。环境行政复议制度体现了行政复议的目的，是环境行政复议原则的具体化、规范化。主要制度包括：

（1）具体行政行为不停止执行制度；

（2）书面复议制度；

（3）一级复议制度；

（4）指导和监督制度；

（5）行政复议建议制度；

（6）重大行政复议决定备案制度；

（7）行政复议责任追究制度。

第三节　环境行政复议的范围

一、环境行政复议范围的概念

行政相对人认为环境保护行政机关的具体行政行为侵犯其合法权益时，依法可以向复议机关请求复议的范围。申请复议的范围，对行政相对人来说，意味着法律、法规赋予的申请权，包括可以对哪些具体行政行为提出复议申请；对复议机关来说，意味着可以对哪些具体行政行为的争议进行复议。并非一切环境行政行为都可以申请复议，或者可以对其争议进行复议。[114]

二、申请复议的法定范围

根据《行政复议法》第 6 条和第 7 条、《环境行政复议与行政应诉办法》第 5 条规定，以及有关环境保护法律、法规的规定，行政相对人对环境保护行政机关的下列具体行政行为不服的可以申请复议或审查。

（1）对行政处罚不服的。包括对警告、罚款、责令停止生产或者使用、没收违法所得、责令停业、关闭、暂扣或者吊销许可证等行政处罚不服而申请复议。对环境保护行政机关就行政侵权赔偿所作的裁决不服的，也可以申请复议。

（2）对有关许可证（或证书）的变更、终止、撤销的决定不服的。

环境保护行政机关所作出的许可证（或证书）包括排污许可证，海洋倾倒许可证，危险废物收集、贮存、处置许可证，放射性同位素与射线装置许可登记证，民用核设施许可证，废物进口许可证，农药登记证，环境影响评价资格证书，林木采伐许可证，渔业捕捞许可证，野生动物特许猎捕证，狩猎证，驯养繁殖许可证，采矿许可证等。

（3）认为符合法定条件，申请环境保护行政机关颁发许可证、资质证、资格证书，或者申请审批、登记有关事项，环境保护行政机关没有依法办理的。

如当行政相对人认为符合法定条件，申请颁发排污许可证或者申请审批环境影响报告书（表）、登记表时，被环境保护行政机关拒绝或者不予答复不服而申请复议。

（4）对环境保护行政机关所作出的强制措施决定不服的。包括强制减少或停止排放污染物，强制拆除有关设施，强制扣押作为证据的有关物品等。

114 见《行政复议法》第 8 条的规定。

（5）申请环境保护行政机关履行保护人身权利、财产权利的法定职责，环境保护行政机关没有依法履行的。例如，在环境受到严重污染，威胁居民生命财产安全时，申请当地环境保护行政机关采取解除或者减轻危害措施被拒绝或者不予答复不服而申请复议。

（6）认为环境保护行政机关的其他具体行政行为侵犯其合法权益的。

（7）认为环境保护行政机关的具体行政行为所依据的有关规定不合法的。

《行政复议法》第 7 条规定，公民、法人或者其他组织认为行政机关的具体行政行为所依据的国务院部门的规定，县级以上人民政府及其工作部门的规定，乡、镇人民政府的规定不合法的，在对具体行政行为申请行政复议时，可一并提出对该规定的审查申请。这一规定，第一次将部分抽象行政行为列入了申请审查的范围，从而扩大了行政复议的范围。

三、不能申请复议的事项

根据《行政复议法》第 8 条和《环境行政复议与行政应诉办法》第 6 条规定的精神可知，在环境保护领域中不能申请行政复议的事项包括：

（1）对环境保护行政机关所作出的行政处分或者其他人事处理决定不服的；

（2）对环境保护行政机关所作出的环境污染民事纠纷的调解或者其他处理不服的；

（3）申请行政复议的时间超过了法定申请期限又无法定正当理由的；

（4）申请人在申请行政复议前已经向其他行政复议机关申请行政复议或者已向人民法院提起行政诉讼，其他行政复议机关或者人民法院已经依法受理的。

第四节　环境行政复议管辖

一、环境行政复议管辖的概念

复议管辖是指同系统内上、下级之间，以及同级之间受理行政复议案件的分工和权限。所谓“同系统”的环境保护行政机关是指根据《环境保护法》第 7 条关于环境保护监督管理体制所划分的各种环境保护行政机关，例如人民政府环境保护行政主管部门的省级环境保护局与市、县级环境保护局，均属“同系统”的环境保护行政机关。

二、环境行政复议管辖的意义

环境行政复议管辖使环境保护行政机关内部监督法制化；环境行政复议管辖使复议受案范围具体化和管理相对人的复议申请得以落实；环境行政复议管辖的规定使复议机关对复议案件的审查得到合理的分工。

三、环境复议管辖的种类

根据环境保护行政复议的特点，其管辖可分为一般管辖和特殊管辖。

（一）一般管辖

环境行政复议案件一般由上一级环境行政机关管辖，这是根据《行政复议法》第 12 条、第 13 条第 1 款、第 14 条的规定得出的结论。一般管辖的具体内容包括：

（1）对县级地方人民政府环境保护行政机关的具体行政行为不服的复议申请，由本级人民政府或上一级环境保护行政机关管辖。

（2）对地方各级人民政府的具体行政行为不服的复议申请，由上一级人民政府管辖。

（3）对国务院环境保护行政机关或者省级人民政府的具体行政行为不服的复议申请，由作出该具体行为的国务院环境保护行政机关或者省级人民政府管辖。

（4）对国务院环境保护行政机关或者省级人民政府所作出的行政复议决定不服的裁决申请，由国务院管辖。

（二）特殊管辖

因作出具体行政行为的行政机关的特殊性，《行政复议法》对复议机关作出特别规定的管辖。《行政复议法》第 13 条第 2 款、第 15 条规定了以下 6 种特殊管辖。

（1）对省级人民政府依法设立的派出机关所属的县级地方人民政府的具体行政行为不服的复议申请，由该派出机关管辖。

（2）对县级以上地方人民政府依法设立的派出机关的具体行政行为不服的，由设立该派出机关的人民政府管辖。

（3）对政府环境保护行政机关依法设立的派出机构依照法律、法规或者规章规定，以自己的名义作出的具体行政行为不服的，由设立该派出机构的环境保护行政机关或者该机关的本级人民政府管辖。

（4）对法律、法规授权的组织的具体行政行为不服的复议申请，分别由直接管理该组织的地方人民政府、地方人民政府的环境保护行政机关或者由国务院环境保护行政机关管辖。

（5）对两个或两个以上环境保护行政机关以共同名义作出的具体行政行为不服的复议申请，由同系统的共同上一级环境保护行政机关管辖。

以共同的名义作出具体行政行为的另一种情况，同属于某地人民政府的两个以上不同系统的环境保护行政机关共同作出的具体行政行为，例如某市环境保护局和水务局对企业违反水资源保护法规造成饮用水污染或枯竭的违法行为，联合作出行政处罚决定，该企业不服申请的复议，应由这两个不同部门的共同上一级人民政府管辖。

（6）对被撤销的行政机关在撤销前所作出的具体行政行为不服的复议申请，由继续行使其职权的行政机关的上一级机关或者同级人民政府管辖。

第五节　环境行政复议机构和复议参加人

一、环境行政复议机构

（一）环境行政复议机构的概念

环境行政复议机构的概念是指复议机关根据工作需要所设立的具体开展环境行政复议工作的办事机构，环境行政复议机构以设立它的复议机关的名义开展复议具体工作。有复议权的环境保护行政机关可视复议工作的需要，设立复议机构或专职复议员。由此可知，复议机关与复议机构不同。

关于环境保护行政复议机构应设在何处的问题，《行政复议法》第 3 条规定："行政复议机关负责法制工作的机构具体办理行政复议事项。"环境行政复议机构，从各地的做法看，大都设在环境保护行政机关内部的法制工作机构（如法制处、科或法制宣教处、科），有的还专门成立机构，其名称有的称环境行政复议工作领导小组，有的则称环境行政复议工作委员会。环境行政复议机构受同级环境保护行政机关的领导。

（二）环境行政复议机构的职责

根据《行政复议法》第 3 条和《环境行政复议与行政应诉办法》第 4 条规定，行政复议机构或专职复议员的职责如下：

（1）受理环境行政复议申请；

（2）向有关组织和人员调查取证，查阅文件和资料；

（3）组织审查行政复议案件，提出审查建议，拟订行政复议决定；

（4）处理或者转送对《行政复议法》第 7 条所列有关规定的审查申请；

（5）送达行政复议法律文书；

（6）对被申请人违反《行政复议法》的行为提出处理建议；

（7）办理因不服行政复议决定提起行政诉讼的应诉事项；

（8）对下级环境保护行政机关的行政复议工作进行指导、监督和检查；

（9）法律、法规规定的其他职责。

二、行政复议参加人

行政复议参加人是指在复议活动中与复议机构或复议专职人员相对称的人。包括复议申请人、被申请人、第三人和复议法定代理人。

（一）申请人

1．复议申请人的概念

依照法律、法规申请复议的公民、法人和其他组织，称复议申请人。具体地说，复议申请人就是那些认为具体环境行政行为侵犯其合法权益，根据法律、法规的规定并以自己的名义向环境保护行政复议机关提出复议申请的公民、法人或者其他组织。

申请人的条件是：① 必须是认为具体环境行政行为侵犯其合法权益者；② 必须是行政相对人；③ 必须是能以自己的名义申请复议并具有民事权利能力和民事行为能力者；④ 提出复议申请的行为必须是属于可以复议的具体行政行为。

根据《行政复议法实施条例》第 6 条、第 7 条、第 8 条、第 9 条规定，有权申请行政复议的申请人有以下几种：① 合伙企业申请复议的，以核准登记的企业为申请人，由执行合伙事务的合伙人参加复议；② 其他组织申请复议的，由合伙人共同申请复议；③ 不具备法人资格的组织申请复议的，由该组织的主要负责人参加复议（没有主要负责人的，由共同推选的其他成员参加复议）；④ 股份制企业（股东大会、股东代表大会、董事会）申请复议的，以企业名义申请复议；⑤ 同一复议案件申请人超过 5 人的，推选 1～5 名代表参加复议；⑥ 与被审查的具体行政行为有利害关系的相对人，可由复议机关通知或者由相对人申请作为第三人参加复议。

2．申请人的权利与义务

（1）申请人的权利。包括：依法提出复议申请；根据自己的意愿撤回复议申请；可以查阅被申请人提出的书面答复、作出具体行政行为的证据、依据和其他有关材料（除涉及国家秘密、商业秘密或者个人隐私外）；请求停止执行原具体行政行为；因受原具体环境行政行为侵害遭受损失而要求行政赔偿；对被申请人改变原具体环境行政行为表示意见；因复议机关无正当理由拒绝复议申请而向上级主管机关申诉；对复议机关的复议决定不服在法定时间内向人民法院起诉；因复议人员失职、徇私舞弊而向复议机关或监察部门提出控告等。

（2）申请人的义务。包括：依法律、法规规定的方式、期限、程序提出复议申请，申请书的内容应符合《行政复议法》的规定；依法定手续指派法定代理人；复议机构调查询问时，应如实回答有关情况，并提供有关证据和材料等；复议期间不停止具体环境行政行为的执行，即申请人的复议申请被受理之后，在复议机关作出变更、被撤销具体环境行政行为之前，申请人有履行具体环境行政行为规定的义务。

（二）被申请人

1．被申请人的概念

公民、法人或者其他组织对行政机关的具体行政行为不服申请复议的，该环境行政机关是被申请人。也就是说，被申请人是作出有争议的具体环境行政行为的行政机关。

从被申请人的定义可知，被申请人必须具备的条件是：① 是环境行政主体；② 是作出有争议的具体环境行政行为者。

根据《行政复议法实施细则》第 11 条、第 12 条、第 13 条、第 14 条规定，被申请人有以下几种：① 行政相对人对环境行政机关的具体行政行为不服申请复议的，作出该具体行政行为的环境行政机关是被申请人；② 环境行政机关与法律、法规授权的组织以共同的名义作出具体行政行为的，环境行政机关和被授权的组织为共同被申请人；③ 环境行政机关与其他组织以共同名义作出具体行政行为的，环境行政机关为被申请人；④ 下级环境行政机关依法经上级环境行政机关批准作出具体行政行为的，批准机关为被申请人；⑤ 环境行政机关设立的派出机构、内设机构或者其他组织，未经法律、法规授权，以自己名义作出具体行政行为的，该环境行政机关为被申请人。

2．被申请人在复议程序中的地位

（1）被申请人与复议机关的关系。在上级复议的场合，被申请人既是被审查者，又是复议机关的下级。但他们都是国家行政执法机关，维护管理相对人的合法权益与维持正常的环境保护行政管理秩序是他们的共同利益。

（2）被申请人与申请人的关系。在复议阶段，被申请人处在被审查地位，但这是与复议机关（在上级复议的场合）的关系。如果拿被申请人与申请人来说，

他们仍然处在监督管理与被监督管理的不平等复议参加人的关系。

3. 被申请人的权利与义务

（1）被申请人的权利。包括：提出答辩书；申请停止执行原具体环境行政行为；在复议机关作出复议决定之前，提出改变原具体环境行政行为的申请；在复议机关作出维持原具体环境行政行为的决定生效之前，有申请人民法院强制执行的权利等。

对复议决定不服，被申请人能否向人民法院提起行政诉讼，我国法律、法规尚无具体规定。

（2）被申请人的义务。在收到复议申请书副本之日起 10 日内，有向复议机关提交作出具体环境行政行为的有关材料和证据的义务；原具体环境行政行为侵犯行政相对人合法权益造成损害时，有赔偿损失的义务；有接受复议机关就行政争议的事项进行全面审查的义务；有执行已生效的复议决定的义务等。

（三）复议中的法定代理人

1. 复议中的法定代理人的概念

按照法律、法规的规定或者当事人的委托，以被代理人的名义参加复议活动的公民、法人或其他组织。法定代理人包括：

（1）有权申请复议的公民死亡，其近亲属可以申请复议而成为法定代理人。

（2）有权申请复议的公民为无行为能力人或者限制行为能力人，其父母、祖父母、兄妹或其他关系亲密的亲属，可以法定代理人的身份申请复议。

（3）有权申请复议的法人或其他组织终止时，承受其权利的法人或其他组织可以法定代理人的身份申请复议。

2. 法定代理人的权利与义务

在复议活动中，法定代理人以被代理人的名义参加复议，其目的是为了维护被代理人的合法权益，并在代理权限以内实施代理行为。如果是申请人的法定代理人，其权利义务与前述申请人的权利义务相同。

（四）复议中的第三人

1. 第三人的概念

同申请复议的具体环境行政行为有利害关系的公民、法人和其他组织称第三人。

由此可知，必须是与有争议的具体环境行政行为有利害关系的人才能成为第三人。“利害关系”可以是直接的，也可以是间接的。例如，甲、乙、丙三家企业同时向某河道排放污染物，当地环境保护局以污染物威胁饮用水源为由报请人民政府作出强令甲厂停止排污的决定。甲不服，遂向上级人民政府申请复议。乙、丙两家工厂认为该具体行政行为与它们有直接的利害关系，申请以第三人的身份参加复议。间接利害关系如该案例中河道周围居民，认为如果原具体行政行为被撤销，其生命、健康将受到危害，于是申请参加复议，他们也可以第三人身份参加复议[115]。

2．复议中第三人的地位

第三人的地位视其对原具体环境行政行为的态度而定。如果要求维持原具体环境行政行为，其地位与被申请人类似，可以对申请人的申请以书面形式进行反驳，向复议机关提供证据以支持被申请人；如果第三人要求改变或者撤销原具体行政行为，则其地位与申请人类似。即与申请人享有同样的权利，承担同样的义务。

第六节　环境行政复议程序

行政复议机关进行复议活动审查行政争议案件时，复议机关和复议参加人必须遵循的法定方式和步骤的总称。

根据《行政复议法》和《环境行政复议与行政应诉办法》的规定，可将行政复议程序分为复议申请、受理、审查、决定和执行五个阶段，参见图表13-1。

一、环境行政复议申请

（一）环境行政复议申请的概念

环境行政复议申请的概念是指行政相对人认为环境保护行政机关的具体行政行为侵犯其合法权益，在申请行政复议时效期限内按照法定条件和方式向环境行政复议机关提出复议要求，以维护自身的合法权益这样一种活动。是复议程序的第一阶段。

（二）复议申请的条件

环境行政复议程序因申请人的复议申请而开始。但是，必须符合法定条件的复议申请才能为复议机关受理。这些条件是：

（1）申请人是认为具体环境行政行为直接侵犯其合法权益的公民、法人或者其他组织；

115 陈汉光，朴光洙. 环境法基础. 北京：中国环境科学出版社，2004：231.

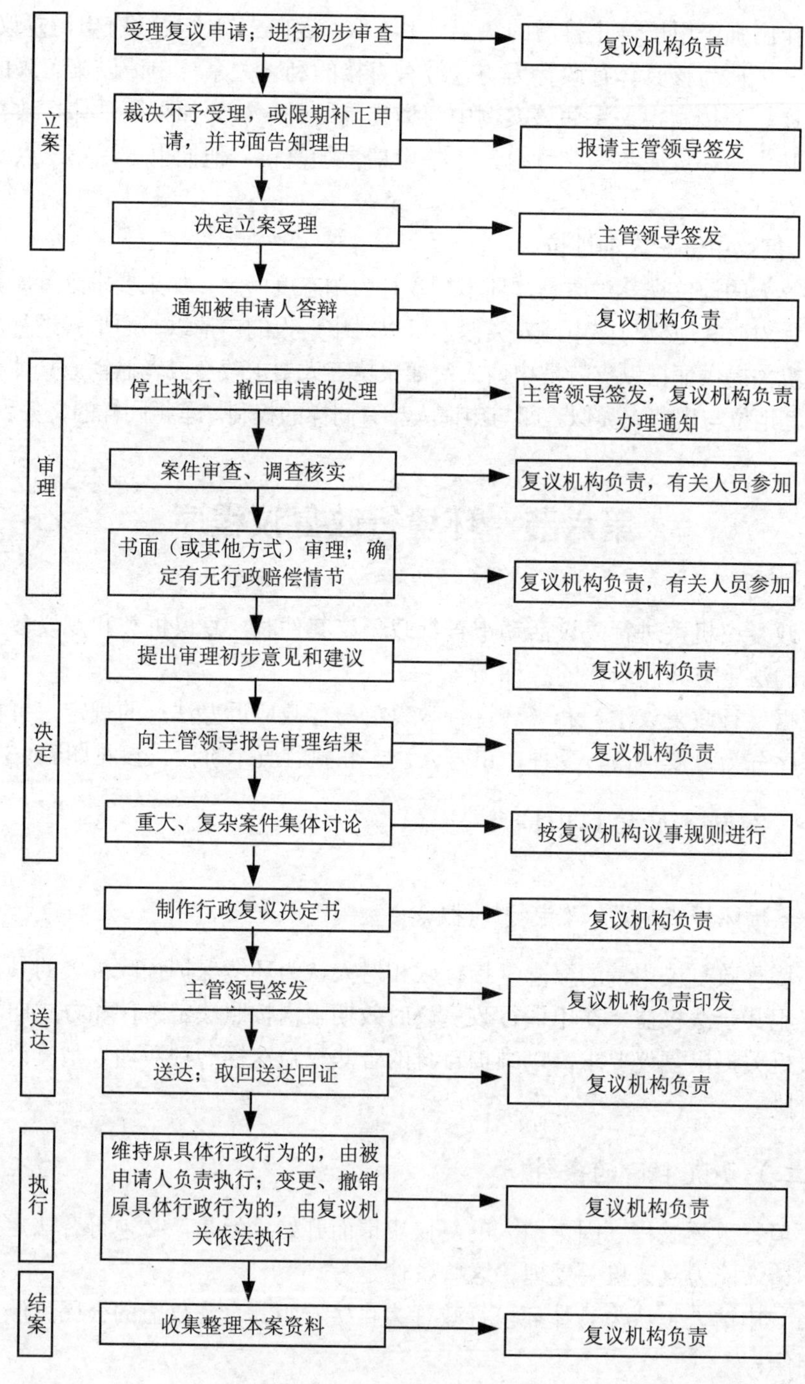

图表 13-1　行政复议工作程序

（2）有明确的被申请人；
（3）有具体的复议请求和事实根据；
（4）属于申请复议的范围和申请复议的时效期限内；
（5）属于受理复议机关管辖；
（6）法律、法规规定的其他条件。

（三）申请复议的方式

申请人可以书面形式提出复议申请，可以采取当面递交、邮寄或者传真等方式提出。以书面形式提出申请的，应载明：

（1）申请人的姓名、性别、年龄、身份证号码、住址、邮政编码等，或法人和其他组织的名称、地址、邮政编码、法定代表人或主要负责人的姓名、职务等；
（2）被申请人的名称、地址；
（3）申请复议的要求和理由；
（4）申请人的签名或者盖章；
（5）提出复议申请的日期。

口头申请的，环境行政机关应当制作笔录（申请人的基本情况、行政复议要求、申请行政复议的主要事实、理由和时间），将笔录交申请人核对或者向申请人宣读，并由申请人签字确认。

（四）申请复议的期限

应当在知道具体环境行政行为之日起 60 日内提出。若遇到不可抗力或者其他正当理由耽误法定申请期限的，申请期限自障碍消除之日起继续计算。但是法律规定的申请期限超过 60 日的除外。

关于复议申请期限的计算，《行政复议法实施条例》第 15 条作了如下规定：① 当场作出具体行政行为的，自具体行政行为作出之日起计算；② 载明具体行政行为的法律文书直接送达的，自受送达人签收之日起计算（注：邮寄送达的，自受送达人在邮件签收单上签收之日起计算；没有邮件签收单的，自受送达人在送达回执上签名之日起计算）；③ 通过公告形式告知受送达人的，自公告规定的期限届满之日起计算；④ 环境行政机关作出具体行政行为时未告知相对人，事后补充告知的，自相对人收到补充告知的通知之日起计算；⑤ 环境行政机关能够证明相对人知道具体行政行为的，自证明材料证明其知道具体行为之日起计算。

二、受理

受理是指环境行政复议机关在接到复议申请书后，经过审查认为符合法定申请条件而接受申请并作出立案决定的行政活动。

根据《行政复议法》第 17 条和《环境行政复议与行政应诉办法》第 11 条规定，应当在 5 日内对复议申请进行审查。主要审查：复议申请是否符合法定条件；该行政争议是否已由其他复议机关受理或已向人民法院起诉；申请手续是否完备；如果是法定代理人申请，是否具备法定代理人的法定条件和有关证明文件等。

经审查，对需要补充有关材料、证据的，要求限期补正，经补正之后再作出受理决定；对不符合复议申请要求的，决定不予受理，并书面告知申请人；对符合《行政复议法》的规定，但不属于本机关受理的复议申请，应告知申请人向有关复议机关提出。

《行政复议法》第 17 条还规定，除上述规定外，行政复议申请自行政复议机构收到之日起即为受理。这一规定有利于缩短复议周期，提高复议机关的办事效率，及时解决行政争议。

三、审查

（一）审查的概念

环境行政复议机关在受理行政争议之后，对该争议依法进行审查的活动。审查阶段是复议程序的关键阶段，通过审查活动弄清引起争议的具体行政行为有关的全部事实，为下阶段作出复议决定打下基础。

（二）审查前的准备工作

（1）将复议申请书副本（口头申请笔录复印件）发送给被申请人。复议机关应在作出受理决定之日起 7 日内将复议申请书的副本或者行政复议申请笔录复印件发送被申请人或共同被申请人，并要求其在收到申请书副本或者申请笔录复印件之日起 10 日内，向复议机关提交当初作出具体行政行为的有关材料和证据，并提出答辩书。逾期不答辩不影响复议审查。

（2）查阅复议案件材料。包括查阅申请人送交的材料、证据，被申请人送交的有关材料、证据和法律文书等，以弄清争议的问题和申请人的要求、理由。

（3）共同申请人如果未参加复议，应通知其参加并要求提供有关材料和证据。

（4）进行调查和补充证据。经过查阅申请人、被申请人提供或送交的有关材料、证据，发现疑点或未弄清的事实，要及时开展调查工作，弄清全部案情。

（5）决定是否同意申请人撤回复议申请或被申请人改变原具体环境行政行为的申请。如果申请人撤回申请的要求合理，应予以同意；如果发现属非自愿或受威胁的，则不应同意撤回申请的要求。被申请人改变原具体环境行政行为的申请，如果改变后的具体环境行政行为仍不合法或不适当，则作出不同意的复议决定。当作出同意撤回复议申请或同意改变原具体环境行政行为的复议决定之后，便意味着该行政争议的复议程序终结。

（6）决定审查方式。行政复议原则上采取书面审查的办法。但是，对重大、复杂的案件，申请人提出要求或者环境行政复议机构认为必要时，可以采取听证的方式审理。

（三）审查的内容

在审查前的准备工作完成之后，复议机构应在该机构负责人的主持下正式对复议案件进行审查，主要内容包括：

（1）原具体环境行政行为的合法性和适当性；

（2）作出具体环境行政行为的行政机关是否具备监督管理权；

（3）作出具体环境行政行为的行政机关是否越权，或者滥用职权。例如罚款数额是否超越该部门的权限；

（4）作出的具体环境行政行为是否符合法定程序。

值得强调的是，根据《行政复议法》第 24 条规定，在复议过程中，被申请人不得自行向申请人和其他有关组织或者个人收集证据。

四、决定

（一）决定的概念

环境行政复议机构对复议案件进行全面审查之后提出意见，经复议机关的负责人同意或者集体讨论所作的复议决定。作出决定之前，环境行政复议机构的全体成员应进行充分的讨论，并记录在案。

（二）复议决定的种类

1. 决定维持

当查明原具体环境行政行为适用的法律、法规、规章正确，事实清楚，证据确凿，内容适当，又符合法定程序和权限时，作出维持的决定。

2. 决定责令被申请人在一定期限内履行其法定职责

例如查明环境保护行政机关对排污单位的符合申请条件的排污许可证申请未予以发给，可决定责令其在一定期限内发给。

3．决定撤销、变更原具体环境行政行为

原具体环境行政行为有下列情形之一的，决定撤销、变更，并可责令被申请人重新作出具体行政行为：

（1）决定撤销或者变更。主要事实不清的；适用法律、法规、规章错误的；违反法定程序影响申请人利益的，如作出处罚决定之前未听取行政相对人辩解，或者未让其提供有利于行政相对人利益的证据等；超越职权或者滥用职权的，如不属本系统的监督管理范围而实施的具体环境行政行为等。滥用职权是指环境监督管理人员出于不正当的动机和理由所实施的违法行为，如责令未缴纳排污费的工厂停止生产等。

（2）决定变更。作出的具体环境行政行为明显不当的，例如罚款数额虽在法定幅度之内，但明显不合理，即畸轻或畸重的，决定变更罚款数额。

（3）决定被申请人重新作出具体环境行政行为。例如原具体环境行政行为合理，事实清楚，只是所依据的法律、法规不正确，而仍需对行政相对人作出具体行政行为时，可责令重新作出。重新作出具体行政行为的期限为60日。

4．决定行政赔偿

复议机关经过审议，确认原具体环境行政行为侵犯了行政相对人的合法权益，并造成损失，申请人的行政赔偿要求又合理，则作出责令被申请人按照有关法律、法规的规定给予赔偿的决定。根据《行政复议法实施条例》第50条规定，当事人之间的行政赔偿可以适用调解。

除上述4种复议决定之外，环境行政复议机关还应当依《行政复议法》第26条规定，对规章以下的规范性文件（前面已提及）提出如下审查决定：本机关对该规定有权处理的，应当在30日内依法处理；无权处理的，应当在7日内按照法定程序转送有权处理的行政机关处理；有权处理的行政机关应当在60日内依法处理。

（三）复议决定书的内容

复议决定书应载明下列事项：

（1）申请人的姓名、性别、年龄、职业、住址，或法人和其他组织的名称、地址、法定代表人的姓名；

（2）被申请人的名称、地址、法定代表人的姓名；

（3）申请复议的主要事实和理由；

（4）复议机关认定的事实、理由、适用的法律、法规、规章和决定、命令；

（5）复议结论；

（6）不服复议决定向人民法院起诉的时效；

（7）作出复议决定的机关的全称、法定代表人的姓名；

（8）作出复议决定的时间。

（四）作出复议决定的期限

环境行政复议机关应当自受理申请之日起 60 日内作出行政复议决定；但是法律规定的行政复议期限少于 60 日的除外。情况复杂，不能在规定期限内作出行政复议决定的，经行政复议机关的负责人批准，可以适当延长，并告知申请人和被申请人；但是延长期限最多不超过 30 日。

复议决定由复议机关的法定代表人署名，并加盖复议机关的印章。复议决定一经送达，即发生法律效力。

引例中 82 名温州养殖户向浙江省环境保护局举报污染，因一直未收到答复，向国家环境保护总局提出行政复议申请，却被告知“不予受理”。于是，养殖户将环保总局告上法庭，北京市中级人民法院撤销了国家环境保护总局“不予受理”的决定，责令其在法定期限内对养殖户的复议申请重新作出决定。国家环境保护总局受理原告复议申请后最终依法作出行政复议决定。此案说明，申请行政复议是行政相对人的一项法定权利，即行政相对人只要认为环境行政机关的具体行政行为不合法就可以提出行政复议申请；环境行政机关对行政相对人提出的符合法定条件的行政复议申请必须受理，并且在法定期限内作出复议决定，否则将导致行政不作为，要承担相应的法律责任。

五、执行

环境行政复议决定的执行，包括行政相对人的自觉履行，被申请人根据复议决定重新作出具体行政行为，或支付行政侵权赔偿金等，如果复议决定维持原具体行政行为，申请人在法定期限内不履行，也不向人民法院起诉，由原作出具体行政行为的环境保护行政机关申请人民法院强制执行；如果复议决定变更原具体行政行为，则由复议机关申请人民法院强制执行。

【问题与讨论】

1. 什么是环境行政复议？结合实际谈谈环境行政复议的意义。
2. 环境行政复议应遵循的原则和制度有哪些？
3. 什么是环境行政复议的范围？其法定范围及主要内容是什么？
4. 环境行政复议管辖的种类主要包括哪些？一般管辖的主要内容是什么？
5. 环境行政复议参加人包括哪些人？
6. 试举例说明环境行政复议中的申请人、被申请人及第三人。

7. 某县发电厂建立于2000年，根据设计要求应当建设一处储灰场用于防治粉煤灰对周围环境的污染。但是，在施工中负责该发电厂筹集的主管部门却砍掉了储灰场等环境保护设施，在未经环保局验收批准的情况下，2003年1月开始生产。生产中产生的大量粉煤灰污染大气，导致周围居民中的许多老人和儿童因此复发和新患了严重的呼吸道疾病，影响了生活和学习。为此，居民们找到该县环保局要求关闭该发电厂。2003年11月1日县环保局与县政府有关部门商议后，作出“发电厂必须从即日起3个月内完成环保设施的建设”的决定，发电厂表示一定要按期完成环保设施的建设，治理环境。但是，在规定的期限内发电厂并未积极进行环保设施的建设，继续生产造成的污染严重地干扰了周围居民的生活，引起了居民的强烈不满，多次欲冲击发电厂。2004年2月1日，限期建设治理设施的期限已满，根据我国《环境保护法》和《大气污染防治法》的有关规定，县环保局对发电厂作出了停产的处理决定。对此，发电厂不服，向上级环保部门申请行政复议。问：

(1) 发电厂申请行政复议的法定期限为多长？

(2) 行政复议机构的职责是什么？

(3) 申请人与被申请人在行政复议中享有的权利和义务有哪些？

8. 惠州市下辖龙门县化工厂未经批准擅自向本县一河流内设置排污口，排放大量工业废水，造成严重环境污染，县环保局责令化工厂迅速纠正违法行为，并报经市环保局批准，对该化工厂处以9万元的罚款；县化工厂认为，省政府颁布的《防治水污染条例》规定：“县人民政府环境保护行政管理部门决定的罚款以不超过1万元为限；超过1万元的，应当报上一级环境保护行政主管部门批准”。而县环保局却对化工厂处以9万元的罚款，明显违法，欲申请行政复议。问：

(1) 龙门县化工厂可以向哪些机关申请复议？

(2) 复议机关，应当在多长时间内作出复议决定？

9. 环境行政复议决定的种类有哪几种？

10. 环境行政复议的程序和各个阶段的主要任务是什么？

11. 环境行政机关对拒不履行复议决定，又不向人民法院起诉的申请人可采取何种措施？

第十四章 环境行政诉讼

【提要】

环境行政诉讼是指人民法院依照法律规定，审理并裁决环境保护中发生的行政争议案件的活动。本章将分别对环境行政诉讼的概念、特征、种类、基本原则和基本制度、受案范围和管辖、诉讼参加人、诉讼证据、诉讼程序、环境行政诉讼的执行进行阐述。

【引例】

上海大食综合经营部系个人独资企业，2002 年 4 月取得营业执照，经营范围为销售食品。上海市徐汇区环保局检查中发现大食综合经营部有违反《建设项目环境保护管理条例》的行为，于 2004 年 4 月对大食综合经营部作出行政处罚决定，认定大食综合经营部在未报批环境影响评价，需要配套建设的环境保护设施未与主体工程同时设计、同时施工、同时投产使用，需要配套建设的环境保护设施未经验收合格的情况下，擅自于 2002 年 4 月起进行食品经营活动，违反了《建设项目环境保护管理条例》第 9 条、第 16 条、第 23 条的规定，依据《建设项目环境保护管理条例》第 28 条的规定，决定对大食综合经营部作出责令停止使用，并处罚款 4 000 元的行政处罚。大食综合经营部对徐汇区环保局的行政处罚不服，在缴纳罚款后，向徐汇区人民法院提起行政诉讼。[116]

116 最高人民法院中国应用法学研究所. 人民法院案例选 2006 年第 1 辑. 北京：人民法院出版社，2006：440.

第一节　环境行政诉讼概述

一、环境行政诉讼的概念和特征

（一）环境行政诉讼的概念

行政诉讼是指行政相对人与行政主体在行政法律关系领域发生纠纷后，依法向人民法院提起诉讼，人民法院依法定程序审查行政主体的行政行为的合法性，并判断相对人的主张是否妥当，以作出裁判的一种活动。环境行政诉讼是指人民法院依照法律规定，审理并裁决环境保护中发生的行政争议案件的活动。

（二）环境行政诉讼的特征

环境行政诉讼除具备行政诉讼的一般特征外，还具有自身的一些特征：① 环境行政诉讼的被告范围较为广泛；② 不以行政复议为前置条件；③ 专业技术性强。

二、环境行政诉讼的种类

根据不同的行政争议，可以把环境行政诉讼分为以下三种：① 要求司法审查之诉；② 要求履行职责之诉；③ 请求行政赔偿之诉。

三、环境行政诉讼的意义

环境行政诉讼有利于保护行政相对人的合法权益，有利于维护和监督环境行政机关依法行使行政职权，有利于加强环境保护法制建设，推动我国环境保护事业的发展。

第二节　环境行政诉讼的基本原则和基本制度

一、环境行政诉讼的基本原则

环境行政诉讼的基本原则体现了行政诉讼法的基本精神和本质，并贯穿于整个行政诉讼过程。环境行政诉讼的基本原则包括两类：一类是与民事、刑事诉讼共有的原则；另一类是环境行政诉讼特有的原则。

（一）与民事、刑事诉讼共有的原则

包括：（1）人民法院依法独立行使审判权原则；（2）以事实为根据，以法律为准绳原则；（3）当事人在行政诉讼中法律地位平等原则；（4）使用本民族语言文字进行诉讼原则；（5）辩论原则；（6）人民检察院对行政诉讼实行法律监督原则。

（二）环境行政诉讼特有的原则

环境行政诉讼区别于其他诉讼的特有原则是对具体行为是否合法进行审查原则。其主要内容是：（1）审查环境行政机关具体行政行为合法性是法律赋予人民法院的重要权力；（2）人民法院在行政诉讼中的主要任务是审查环境行政机关的具体行政行为是否合法，一般不审查行政行为的适当性；（3）人民法院审查具体行政行为的合法性，主要应审查具体行政行为的证据是否充分，适用法律法规以至程序是否合法，是否超越职权。

二、环境行政诉讼的基本制度

环境行政诉讼的基本制度是指《行政诉讼法》规定的，行政诉讼所必须遵循的重要法律规定。行政诉讼制度体现了行政诉讼的目的，并使行政诉讼的基本原则具体化和得以贯彻实施。基本制度包括：公开审判制度、合议制度、回避制度和两审终审制度。

第三节　环境行政诉讼的受案范围及管辖

一、环境行政诉讼的受案范围

（一）受案范围的概念

人民法院受理行政争议案件的权限和范围。也就是说，行政相对人对哪些行政争议可以向人民法院提起行政诉讼，人民法院对哪些行政案件具有司法审判权。

（二）法定的受案范围

《行政诉讼法》第 11 条规定了行政诉讼的受案范围。结合环境法的有关规定，环境行政诉讼的受案范围包括：① 对环境行政机关作出的警告、罚款、吊销许

可证、没收非法所得、责令停业、关闭等行政处罚不服而起诉的案件；② 对环境行政机关不作为而起诉的案件；③ 认为环境行政机关违法要求履行义务而起诉的行政案件；④ 对环境行政机关违法限制人身自由或对财产进行查封、扣押、冻结或者侵犯法律规定的经营自主权的行政行为不服而起诉的案件；⑤ 法律法规规定可以提起行政诉讼的其他行政案件。

（三）不能提起行政诉讼的事项

根据《行政诉讼法》第 12 条规定，行政相对人对下列事项不能提起行政诉讼：① 国防、外交等国家行为；② 行政法规、规章或者行政机关制定、发布的具有普遍约束力的决定、命令；③ 行政机关对行政机关工作人员的奖惩、任免等决定；④ 法律规定由行政机关最终裁决的具体行政行为。

二、环境行政诉讼的管辖

（一）管辖的概念

管辖的概念是指各级人民法院或同级人民法院受理第一审环境行政案件的职权范围。

（二）管辖的种类

1. 级别管辖

各级人民法院审理第一审环境行政案件的分工与权限。级别管辖解决的是从纵向上哪些第一审行政案件应由哪一级人民法院审理的问题。它主要是根据环境行政案件的性质、大小和复杂程度等情况来划分，其目的是为了正确、及时地审理环境行政案件。

根据《行政诉讼法》第 13 条至第 16 条规定，环境行政案件的级别管辖分为：① 基层人民法院管辖第一审环境行政案件；② 中级人民法院管辖本辖区内重大、复杂的第一审环境行政案件；③ 高级人民法院、最高人民法院管辖省级辖区和全国范围内重大、复杂的第一审环境行政案件。

2. 地域管辖

根据人民法院的辖区和当事人的住所地，划分同级人民法院审理第一审案件的权限。

根据《行政诉讼法》第 17 条至第 20 条规定，环境行政案件的地域管辖分为：① 环境行政案件由最初作出具体行政行为的环境行政机关所在地人民法院管辖；② 经复议的案件，复议机关改变原具体行政行为的，也可以由复议机关所在地人民法院管辖，也可以由最初作出具体行政行为的环境行政机关所在地人民法院管辖；③ 因不动产提起的环境行政诉讼，由不动产所在地人民法院管辖；④ 两个以上人民法院都有管辖权的案件，原告可以选择其中一个人民法院提起诉讼。原告向两个以上有管辖权的人民法院提起诉讼的，由最先收到起诉状的人民法院管辖。

3. 指定管辖

由于特殊原因，或者两个以上人民法院对管辖权发生争议时，由上级人民法院以裁定方式赋予或者明确人民法院的管辖权。

《行政诉讼法》第 22 条规定，指定管辖有两种情况：① 有管辖权的人民法院由于特殊原因不能行使管辖权的，由上级人民法院指定管辖；② 人民法院对管辖权发生争议，由争议双方协商解决。协商不成的，报它们的共同上级人民法院指定管辖。

4. 移送管辖

受诉的人民法院把不属于自己管辖的行政案件，移送给有管辖权的人民法院审理。移送管辖可以在同级人民法院之间进行，也可以在上下级人民法院之间进行。

第四节　环境行政诉讼的参加人

一、环境诉讼参加人

（一）环境行政诉讼参加人的概念

环境行政诉讼参加人的概念是指依法参加环境行政诉讼活动，享有诉讼权利，承担诉讼义务，并且与诉讼争议或者诉讼结果有利害关系的人。行政诉讼参加人包括当事人、共同诉讼人、第三人和诉讼代理人。

（二）当事人

因具体环境行政行为发生争议，以自己的名义进行诉讼，并受人民法院判决、裁判约束的行政相对人。

1. 原告

认为环境行政机关及其工作人员的具体行政行为侵犯其合法权益，依法向人民法院提起诉讼的行政相对人。

原告必须具备的三个条件：① 必须是行政相对人；② 必须是认为环境行政机关所作出的具体行政行为直接侵犯其合法权益的；③ 必须是以自己的名义向人民法院提起诉讼，并且具备民事权利能力和民事行为能力。

原告的权利：① 起诉、撤诉和变更、增加诉讼要求；② 委托诉讼代理人进行诉讼；③ 申请回避；④ 请求停止执行原具体行政行为；⑤ 使用本民族语言文字进行诉讼；⑥ 经法院许可向证人、鉴定人、勘验人发问以及查阅本案庭审材料；⑦ 请求复制本案庭审材料和法律文书；⑧ 查阅并申请补正本案庭审笔录；⑨ 在法定期限内对第一审裁判或裁定提起上诉；⑩ 申请人民法院强制执行已发生法律效力的具有给付内容的判决、裁定等。

原告的义务：① 遵守诉讼程序，服从法庭纪律；② 依法正确行使诉讼权利；③ 不得滥用法律法规赋予的权利；④ 接受法庭传唤，参加诉讼；⑤ 自觉履行已经生效的判决、裁定；⑥ 按规定交纳诉讼费用等。

2．被告

因原告起诉而被人民法院通知应诉的环境行政机关。

被告必须具备的两个条件：① 必须是具备环境监督管理权的行政主体；② 必须是作出有争议的具体行政行为的环境行政机关。

根据《行政诉讼法》第 25 条规定可知，环境行政诉讼的被告通常有以下几种情况：① 行政相对人直接向人民法院提起诉讼的，作出具体行政行为的行政机关是被告。② 经复议的案件，复议机关决定维持原具体行政行为的，作出原具体行政行为的行政机关是被告；复议机关改变原具体行政行为的，复议机关是被告。③ 两个以上行政机关作出同一具体行政行为的，共同作出具体行政行为的行政机关是共同被告。④ 由法律、法规授权的组织所作的具体行政行为，该组织是被告。⑤ 由行政机关委托的组织所作的具体行政行为，委托的行政机关是被告。⑥ 行政机关被撤销的，继续行使其职权的行政机关是被告。如果没有继续行使其职权的组织的，做出撤销决定的行政机关是被告。

被告的权利和义务。作为当事人一方的被告，与原告在诉讼中的权利和义务基本一致。所不同的是：原告在宣布判决之前有权撤诉，而被告在一审程序中无权撤诉；原告不必承担举证责任，被告负有举证责任和提交做出具体行政行为的证据和所依据的规范性文件的义务。

（三）共同诉讼人

行政诉讼的当事人，在通常情况下，原、被告双方都是单数的。但是，在某些行政案件中，原、被告一方或者双方可能不是单一的，而是两个或者两个以上的个人、组织，这种情况即导致共同诉讼。所谓共同诉讼，就是指当事人一方或者双方为两人以上的诉讼。原告为两人以上的，称为共同原告；被告为两人以上的，称为共同被告。共同原告、共同被告，又统称为共同诉讼人。

根据《行政诉讼法》第26条规定，共同诉讼又可分为必要的和普通的两种。

一是必要的共同诉讼。即因同一具体行政行为发生的共同诉讼。例如，甲、乙两个化工厂，都擅自闲置防治污染设施，向河道中排放污染物造成水体严重污染。当地环保局以同一个处罚决定书分别对甲、乙两个化工厂处以罚款。甲、乙两化工厂对此不服而起诉的就属于必要的共同诉讼。

二是普通的共同诉讼。即因同样的具体行政行为发生的共同诉讼。例如，甲乙两人分别拥有相邻的两间个体商店。因违反门前“三包”的规定而被环卫部门处罚，甲、乙不服处罚而提起的诉讼。

（四）第三人

第三人是指同争议的具体行政行为有利害关系，申请参加或者由人民法院通知参加诉讼的其他行政相对人。第三人具有以下特征：① 第三人是同起诉的具体行政行为有利害关系的人；② 第三人必须是行政法律关系的主体；③ 第三人既不是原告，也不是被告，而是具有独立诉讼地位的诉讼参加人；④ 第三人参加诉讼的时间是本诉已经开始但尚未结束前；⑤ 第三人参加诉讼既可以自己申请，也可以由人民法院通知参加。

根据第三人的特征，环境行政诉讼中第三人的情况可以归纳如下：① 对环境保护监督管理部门所作出的行政处罚不服而提起的行政诉讼，环境污染或者破坏的受害人可以作为第三人参加诉讼；② 在同一行政处罚决定处罚的数个当事人中，有对处罚决定不服而起诉的，其余没有起诉的当事人可以作为第三人参加诉讼；③ 在申请环境保护监督管理部门履行制止污染侵害的法定职责，而遭到拒绝或者不予答复，申请人因此而起诉，排污单位可以作为第三人参加诉讼；④ 当环境保护监督管理部门越权作出某具体行政行为，相对人不服而起诉，有权作出具体行政行为的环境保护监督管理部门可以作为第三人参加诉讼；⑤ 符合申请条件向环境保护监督管理部门申请发放排污许可证，环境保护监督管理部门拒发或者不予答复，申请人因此而起诉，有利害关系的人可以作为第三人参加诉讼。

（五）诉讼代理人

根据法律、法规，由人民法院指定或者受当事人委托，以当事人的名义在一定期限内为当事人进行行政诉讼的人称诉讼代理人。根据代理产生的原因不同，诉讼代理人可以分为法定代理人、指定代理人、委托代理人。

1. 法定代理人

法定代理人是指根据法律规定行使代理权，代理无诉讼行为能力的公民进行诉讼的人。法定代理人只适用于代理未成年人、精神病人等无诉讼行为能力的原告或者第三人进行诉讼，而不适用于作为被告的行政机关。

2. 指定代理人

指定代理人是指被人民法院指定，代理无诉讼行为能力的当事人进行诉讼的人。

3. 委托代理人

委托代理人是指受当事人、法定代理人的委托，代为参加诉讼的人。

二、环境诉讼证据

（一）举证责任

1. 举证责任的概念

当事人对有利于自己的主张向人民法院提供证据加以证明的责任。环境行政诉讼中的举证责任，就是在行政诉讼中，主要由作为被告的环境行政机关依法提出证据，来证明自己的具体行政行为是合法的责任。

2. 行政诉讼中举证责任的特征

① 举证责任是单方责任；② 举证责任强调了环境行政机关单方面的法定义务，而没有把人民法院的调查、取证作为法定义务；③ 举证的范围不仅仅是事实根据，还包括做出具体行政行为的法律依据。

3. 行政机关负举证责任的原因和意义

举证责任由环境行政机关承担，既是由环境行政机关与管理相对人在行政管理活动中不平等的地位所决定的；也是由环境行政机关的行政活动必须遵循依法行政原则所决定的。

（二）证据的收集和调查

1. 证据的收集、调查的含义

证据的收集和调查是指人民法院基于审判权，依照法定程序，向当事人及有关人员收集和调查与案件有关的证据的活动。人民法院在审理行政案件过程中，为了获得充足的证据，以尽快做出正确的裁判，当认为必要时，可以要求当事人提供或者补充证据，也可以向当事人以外的有关公民或组织调取证据。在行政机关负举证责任的基础上，人民法院积极主动的收集和调查证据，对于及时审理案件，作出正确的判决具有重要意义。

2. 证据的收集和调查方法

主要有以下几种：① 要求当事人提供或者补充证据；② 询问当事人、证人、第三人、鉴定人；③ 向环境行政机关以及其他有关公民、组织调取证据；④ 指定或聘任鉴定部门进行鉴定；⑤ 对现场及物品（如污染物）进行勘验；⑥ 采取证据保全措施以保全证据。

在行政诉讼中，只有人民法院有权收集和调查证据，而作为被告的行政机关不得自行向原告和证人收集证据。

（三）证据的保全

1. 证据保全的概念

证据保全是指证据已存在，但有可能灭失或者以后难以取得，在这种情况下，人民法院依诉讼参加人的申请或依职权所采取的保存证据的措施。《行政诉讼法》第 36 条规定了证据保全的条件：① 存在证据可能灭失的情况，如作为证据的物品将要变质、变形或消失的情况；② 存在证据以后难以取得的情况，如证人即将出国等。

2. 证据的保全程序

诉讼参加人申请保全证据，应当在举证期限届满前以书面形式向人民法院提出，并说明证据的名称和地点、保全的内容和范围、申请保全的理由等事项。当事人申请保全证据的，人民法院可以要求其提供相应的担保。人民法院应当决定是否接受申请，人民法院也可以主动采取保全措施。主动采取的应区分不同的证据，按照取证的程序进行。证据保全的方法一般有：① 询问当事人，并制作笔录或录音、录像；② 对物证进行勘验、制作笔录、绘图、拍照、录像或者保存原物；③ 对书证可以复制或者拍照等。

（四）证据规则

2002 年 10 月 1 日正式实施的《最高人民法院关于行政诉讼证据若干问题的规定》（以下简称《规定》），是我国行政诉讼制度完备的一个重要里程碑。[117]《规定》主要规定了举证责任分配、举证期限、提供证据的要求、调取和保全证据、证据的对质辨认和核实、证据的审核认定等内容。

1. 提供证据的规则

《规定》第 10 条至第 15 条对各类证据的提供要求作了规定，主要包括对书证的提供要求、对物证的提供要求、对视听资料的提供要求、对证人证言的提供

117 马国贤，樊玉成. 行政诉讼证据规则精解. 北京：中国法制出版社，2005.

要求、对鉴定结论的提供要求、对现场笔录的提供要求等。

2．调取证据规则

法庭以自己的名义向特定的个人或者组织调查收集证据。人民法院有权向有关行政机关以及其他组织、公民调取证据的情形：涉及国家利益、公共利益或者他人合法权益的事实认定的；涉及依职权追加当事人、中止诉讼、终结诉讼、回避等程序性事项的。

3．质证规则

（1）质证是指在庭审过程中，由诉讼当事人就法庭上所出示的证据进行的对质、核实活动。

（2）质证的特征有：① 质证的主体是法庭和当事人；② 质证的对象是当事人提供的和人民法院调取的证据材料；③ 质证的内容是证据的“三性”（关联性、合法性和真实性）；④ 质证的场所是法庭；⑤ 质证的方式是辨认、质疑及发表其他意见；⑥ 质证是一种动态的活动。

（3）行政诉讼与民事诉讼在庭审质证顺序上存在很大的不同。民事诉讼一般是按照原告、被告和第三人的顺序组织质证，行政诉讼通常是按照被告、原告和第三人的顺序进行质证，但有些行政案件也是按照原告、被告和第三人的顺序组织质证，如行政赔偿案件。

（4）质证的内容：当事人应当围绕证据的关联性、合法性和真实性，针对证据有无证明效力以及证明效力大小，进行质证。

（5）常用的质证方法是逐一质证和分组质证。逐一质证，就是采取一事一证、一证一质、一质一认的方式。这种质证方式主要适用于法律关系简单、权利义务关系明确和争议不大的案件。分组质证，就是根据案情采取分段、分节的方式进行质证。这种质证方式主要适用于案情复杂、对质证对象能够分段分节的行政案件。

（6）质证中的发问规则：经法庭准许，当事人及其代理人可以就证据问题相互发问，也可以向证人、鉴定人或者勘验人发问。当事人及其代理人相互发问，或者向证人、鉴定人、勘验人发问时，发问的内容应当与案件事实有关联，不得采用引诱、威胁、侮辱等语言或者方式。

第五节　环境行政诉讼程序

一、第一审程序

人民法院第一审环境行政案件所适用的程序。第一审程序包括起诉、受理、开庭审理、判决四个阶段。

（一）起诉和受理

1．起诉

起诉是指行政相对人依照法定条件和程序向人民法院提出行政诉讼请求，要求人民法院行使国家审判权对其合法权益予以保护的诉讼行为。

起诉应当具备以下条件：① 原告是认为具体行政行为侵犯其合法权益的行政相对人；② 有明确的被告；③ 有具体的诉讼请求和事实根据；④ 属于人民法院受案范围和受诉人民法院管辖。

起诉的方式：原告应当向人民法院提交起诉状，并按被告人数提交副本。起诉状应当载明：原告的姓名、性别、年龄、职业、工作单位等基本情况；被告的名称、地址、法定代表人等基本情况；诉讼请求和所根据的事实和理由；呈送的人民法院名称、具状人签名、盖章、日期并附上有关证据材料。

2．受理

受理是指人民法院对起诉状进行审查，符合起诉条件的予以接受立案的诉讼行为。

《行政诉讼法》第 42 条规定，人民法院接到起诉状，经审查，应当在 7 日内立案或者作出裁定不予受理。原告对裁定不服的，可以提起上诉。

（二）审理

1．审理前的准备

① 组成合议庭；② 发送起诉状和答辩状副本；③ 更换和追加诉讼参加人；④ 确定案件的合并审理或分开审理；⑤ 审阅材料，进行调查研究、收集证据；⑥ 对符合法定条件，可以停止执行的具体行政行为，人民法院根据当事人的申请，裁定停止执行。

2．开庭审理

（1）开庭准备包括以下内容：① 在开庭前 3 日，用传票或通知书通知当事人和其他诉讼参加人；② 公开审理的，应当公开当事人的姓名、案由和开庭时间、地点；③ 开庭审理前，由书记员查明当事人和其他诉讼参加人是否到庭；④ 审判长宣布开庭。

（2）法庭调查按下列顺序进行：① 原告宣读起诉状，被告宣读答辩状；② 被告举证，原告质证；③ 原告举证，被告质证。

（3）法庭辩论首先由原告及其代理人发言，然后由被告及其代理人发言，最后由双方展开辩论。

（4）合议庭评议是指合议庭成员在当事人辩论终结后，对其提出的理由和根据进行不公开的综合评价和认定，从而作出裁判的过程。合议庭评议时应制作笔录，由合议庭成员签名，对重大疑难案件，合议庭做出结论后，应当由院长提交审判委员会讨论决定。

3．审理行政案件的法律依据

① 法律和行政法规，是审理各种行政案件所必须遵循的依据；② 地方性法规，是审理本辖区内发生的行政案件所必须遵循的依据；③ 自治条例和单行条例，是审理民族自治区域内行政案件所必须遵循的依据；④ 人民法院在审理行政案件时，还应当参照部门规章和地方政府规章。

（三）判决

1．撤诉

原告在人民法院受理行政案件后，自动要求撤回或者取消自己的诉讼请求的行为。撤诉有以下三种情况：① 原告主动撤诉；② 原告同意撤诉；③ 视为撤诉。

2．缺席判决

人民法院在开庭审理行政案件时，在作为被告的行政机关经两次传唤仍不出庭的情况下，依法作出裁判的行为。

3．判决种类

人民法院对行政案件经过审理，根据查明的案件事实，依据法律法规的规定，对行政争议作出具有强制性决断的审判行为。根据《行政诉讼法》第54条和《最高人民法院关于执行〈中华人民共和国行政诉讼法〉若干问题的解释》的规定，判决的种类共有6种。

（1）判决维持。是指人民法院认为具体行政行为事实清楚，证据确凿，适用法律法规正确，符合法定程序的，依法作出维持原行政行为，驳回原告申请的判决。判决维持必须同时符合三个条件：证据确凿；适用法律、法规正确；符合法定程序。

（2）判决撤销。是指人民法院经过审理认定具体行政行为全部或者部分确属违法，侵犯了管理相对人的合法权益，从而作出将其全部或者部分撤销的判决。具体行政行为有下列情形之一的，判决撤销或者部分撤销，并可以判决被告重新作出具体行政行为：主要证据不足的；适用法律、法规错误的；违反法定程序的；超越职权的；滥用职权的。

（3）判决限期履行义务。是指人民法院对行政机关不履行法定职责或者拖延履行法定职责的行为，令其在一定期限内履行的判决。

（4）判决变更。是指人民法院经过审理确认行政机关的行政处罚显失公正，依法对行政处罚予以变更的判决。

（5）驳回诉讼请求。有下列情形之一的，人民法院应当判决驳回原告的诉讼请求：起诉被告不作为理由不能成立的；被诉具体行政行为合法但存在合理性问题的；被诉具体行政行为合法，但因法律、政策变化需要变更或者废止的；其他应当判决驳回诉讼请求的情形。

（6）确认判决。指人民法院认为被诉具体行政行为合法，但不适宜判决维持或者驳回诉讼请求的，可以作出确认其合法或者有效的判决。有下列情形之一的，人民法院应当作出确认被诉具体行政行为违法或者无效的判决：被告不履行法定职责，但判决责令其履行法定职责已无实际意义的；被诉具体行政行为违法，但不具有可撤销内容的；被诉具体行政行为依法不成立或者无效的。[118]

《行政诉讼法》第 57 条规定，人民法院应当在立案之日起 3 个月内作出第一审判决。有特殊情况需要延长的，由高级人民法院批准，高级人民法院审理第一审案件需要延长的，由最高人民法院批准。

人民法院审理行政案件，不适用调解，即不得以调解方式结案。

二、第二审程序

（一）概念

上级人民法院对下级人民法院作出的一审案件的裁判，在其发生法律效力之前，由于当事人的上诉而进行审理所适用的程序。

（二）上诉的提起

上诉的提起是指行政诉讼的当事人要求上级人民法院对下级人民法院的判决、裁定进行审理的诉讼活动。提起上诉必须符合以下条件：① 必须有合格的上诉人和被上诉人；② 上诉的对象必须符合法律规定；③ 上诉必须在法定期限内提起；④ 上诉必须提交上诉状。

（三）上诉案件的受理

原审人民法院收到上诉状，应当在 5 日内将上诉状副本送达其他当事人，对方当事人应当在收到上诉状副本之日起 10 日内提出答辩状。原审人民法院应当在收到答辩状之日起 5 日内将副本送达当事人。原审人民法院收到上诉状、答辩

118 甘文. 行政诉讼法司法解释之评论. 北京：中国法制出版社，2000 年，第 160 页。

状，应当在5日内连同全部案卷和证据，报送第二审人民法院。已经预收诉讼费用的，一并报送。

第二审人民法院收到全部案卷、证据、上诉状、答辩状之后，即开始对上诉案件进行审理。

（四）上诉案件的审理

第二审人民法院审理上诉案件，应当对原审人民法院的裁判和被诉具体行政行为是否合法进行全面审查。

（五）上诉案件的裁判

根据《行政诉讼法》第61条规定，分别作出以下裁判：① 维持原判。原判决认定事实清楚，适用法律、法规正确的，判决驳回上诉，维持原判；② 依法改判。原判决认定事实清楚，但适用法律、法规错误的，依法改判；③ 撤销原判发回重审。原判决认定事实不清，证据不足，或者由于违反法定程序可能影响案件正确判决的，裁定撤销原判，发回原审人民法院重审，也可以查清事实后改判。

三、审判监督程序

审判监督程序是指人民法院对已经发生法律效力的判决、裁定，发现确有错误的，依法进行再次审理的程序。包括：当事人的申诉；审判监督程序的提起。

第六节　环境行政诉讼的执行

一、执行的概念和条件

（一）执行的概念

1．执行的定义

执行是指人民法院依照法定程序，运用国家强制力强制义务人履行已经发生法律效力的判决、裁定及其他法律文书所确定的义务的行为。

2．执行的特征

① 执行申请人或被执行人中必有一方是环境行政机关；② 执行机关是拥有强制执行权的人民法院。

（二）执行的条件

（1）必须有执行的根据：① 人民法院的终审判决和裁定；② 当事人在法定上诉期内未提起上诉的第一审人民法院的判决；③ 当事人在法定期限内没有起诉的环境行政机关依法作出的行政法律文书。

（2）被执行的法律文书具有给付内容。即在生效的法律文书中必须确定一方当事人交付金钱或者完成一定的行为，具有执行性。

（3）必须是义务人在法定期限内故意逃避履行义务。

（4）必须有权利人的申请。

二、执行对象和执行措施

（一）执行对象

执行对象是指执行所指向的由人民法院的判决、裁定或环境行政机关的决定中确定的金钱、财物和人的行为。如罚款、排污费等金钱和发放许可证等履行法定义务的行为。

（二）执行措施

根据《行政诉讼法》第 65 条规定，环境行政案件的执行措施包括两种。

1．对行政相对人的执行措施

可以裁定冻结、划拨被执行人的存款或者扣留、提取被执行人的劳动收入，也可以裁定查封、扣押、冻结、变卖被执行人的财产。

2．对环境行政机关的执行措施

① 对应当归还的罚款或者应当给付的赔偿金，通知银行从该环境行政机关的账户内划拨；② 在规定期限内不履行的，从期满之日起，对该环境行政机关按日处 50 元至 100 元的罚款；③ 向该环境行政机关的上一级环境行政机关或者监察、人事部门提出司法建议。接受司法建议的机关，根据有关规定进行处理，并将处理情况告知人民法院；④ 拒不履行判决、裁定，情节严重构成犯罪的，依法追究主管人员和直接责任人员的刑事责任。

【问题与讨论】

1. 环境行政诉讼的概念、特征是什么？
2. 环境行政诉讼的种类有哪些？如何看待环境行政诉讼的意义？
3. 行政诉讼的基本原则有哪些？行政诉讼特有的原则是什么？

4. 环境行政诉讼的受案范围是什么?

5. 环境行政诉讼的管辖包括哪几种?

6. 什么是环境行政诉讼参加人?环境行政诉讼参加人包括哪些?

7. 环境行政诉讼的被告主要包括哪几种情况?

8. 什么是举证责任?行政诉讼中举证责任的特征是什么?

9.《最高人民法院关于行政诉讼证据若干问题的规定》对书证的提供有哪些要求?

10. 环境行政诉讼质证的内容是什么?

11. 提起环境行政诉讼的条件是什么?

12. 行政诉讼的判决种类及适用条件是什么?

13. 某市化工厂位于该市郊区南侧,自投产以来一直以铅、锌、铬等为原料,生产铬璜、酸盐等化工产品。多年来,超过国家工业“三废”排放标准、渔业水质标准。1997 年 4 月到 5 月间,该化工厂继续排放超过国家规定含有重金属的废水,造成该区域内 10 户养殖户养殖的鱼苗中毒死亡,经济损失达 10 万多元。1998 年 1 月,某市环保局根据《水污染防治法》的规定,作出行政处罚决定:对市化工厂罚款 1 万元;责令市化工厂立即停止生产、进行整顿。市化工厂对市环保局的行政处罚决定不服,向某区人民法院提起行政诉讼。区人民法院经过审理作出判决:撤销市环保局行政处罚决定书中的第 2 条决定,维持环保局行政处罚决定书中的第 1 条决定。判决后,双方当事人都没有提出上诉。问:区法院的判决属于哪种判决种类?结合《水污染防治法》的有关规定,谈一谈区法院判决撤销市环保局行政处罚决定书中的第 2 条决定是否正确?为什么?

第十五章　环境行政赔偿

【提要】

环境行政赔偿，是指环境行政机关及其工作人员违法行使职权，侵犯行政相对人的合法权益造成损害，由环境行政机关承担赔偿责任的制度。环境行政赔偿实行“违法原则”，即只有违法行使职权，造成行政相对人财产损失的才给予“直接损失”的赔偿。环境行政赔偿程序实行的是“一并提起”和“单独提起”两种请求程序并存的方式。环境行政赔偿以金钱给付为主，能够返还财产或者恢复原状的，予以返还财产或者恢复原状。本章将依照环境行政赔偿概述、赔偿范围和标准、赔偿请求人和赔偿义务机关以及赔偿程序的体例，对环境行政赔偿的内容进行分别阐述。

【引例】

腾达纸业有限公司 1992 年在政府有关人员的协助下，从县环保局取得“同意立项”的书面证明。1996 年 1 月 26 日平顶山市委办公室、市人民政府办公室下发“平办[1996]7 号文件”责令腾达公司于 1996 年 6 月 30 日前实行停产关闭。1997 年 9 月 29 日，腾达公司以县环保局“同意立项”，后又被市政府关闭为由，将县环保局和市政府推上被告席，请求市中级人民法院判令二被告赔偿其经济损失 100 万元。同年 11 月 3 日，腾达公司又向法院递交行政诉讼状补充材料，请求增加判令撤销县环保局非法立项的行政行为及关闭造纸厂采取的翻墙砸锁，拆拉设备，割蒸球、剪毛布等滥用职权的行为。历时 3 年，经过市中级法院一审，省高级法院二审；重审、二审，1999 年 12 月 29 日，市中级人民法院作出如下判决：一、维持县环保局关闭腾达公司的行为；二、返还给腾达公司电机 1 台，变压器灵壳 6 支，蒸球盖 1 个，纸伏辊 3 根；三、驳回上诉人其他请求的内容。

第一节　环境行政赔偿概述

一、《国家赔偿法》简介

我国的国家赔偿制度起步于中华人民共和国成立初期，1954 年颁布的《宪法》第 99 条规定：“中华人民共和国公民对于任何违法失职的国家机关工作人员，有向各级国家机关提出书面控告或者口头控告的权利。由于国家机关工作人员侵犯公民权利而受到损失的人，有取得赔偿的权利。”这是我国历史上第一次在《宪法》中确立国家赔偿制度。1982 年颁布的新《宪法》重申了国家赔偿制度。1986 年颁布的《民法通则》第 121 条规定：“国家机关或者国家机关工作人员在执行职务中，侵犯公民、法人的合法权益造成损害的，应当承担民事责任。”

1989 年 4 月 1 日颁布的《行政诉讼法》第 68 条规定：“行政机关或者行政机关工作人员作出的具体行政行为侵犯公民、法人或者其他组织的合法权益造成损害的，由该行政机关或者该行政机关工作人员所在的行政机关负责赔偿。”这一规定标志着我国已初步确立了国家赔偿法律制度。

1994 年 5 月 12 日，第八届全国人大常委会第 7 次会议通过了《中华人民共和国国家赔偿法》（以下简称《国家赔偿法》），该法于 1995 年 1 月 1 日起施行。《国家赔偿法》的颁布，为我国全面推行国家赔偿制度，保护公民、法人和其他组织的合法权益提供了有力的法律依据。

二、环境行政赔偿的概念

环境行政机关及其工作人员违法行使环境监督管理职权，侵犯公民、法人或者其他组织的合法权益造成损害的，由环境行政机关赔偿其损失的一种法律责任。从上述定义可知，环境行政赔偿具有以下四个特征。

（一）行政侵权的实施主体是环境行政机关

环境行政赔偿与环境污染民事赔偿不同，在环境污染民事赔偿中，实施侵权行为的主体可以是一切污染危害环境者，即包括了企业事业单位、社会团体、国家机关及公民。但是，在环境行政赔偿中侵权行为的实施主体只能是违法行使职权的环境行政机关。[119]

119　环境监督管理部门的工作人员因行使职权造成他人损失的，仍由环境保护监督管理机关承担行政赔偿责任。参见《国家赔偿法》第 5 条、第 7 条第 1 款规定。

（二）环境监督管理行为违法

环境监督管理行为违法，即属于职务违法。如责令防治污染设施已达到规定标准的建设项目停止生产或者使用造成经济损失等，违法行使职权的侵权行为是构成行政赔偿的必要条件。

（三）环境监督管理行为侵权造成损害结果

只有在环境行政机关及其工作人员违法的职务行为造成损害结果时才承担行政赔偿责任。

（四）环境行政赔偿的追偿实行过错责任制

根据《国家赔偿法》的规定，环境行政机关及其工作人员违法行使职权侵犯行政相对人的合法权益造成损害的，其追偿责任以行为人主观上是否有故意或重大过失为限，[120]没有故意或者只属于一般过失行为，不承担追偿责任。

三、环境行政赔偿与公害民事赔偿的区别

环境行政赔偿是国家赔偿中的一种，与公害民事赔偿有明显的区别。

（一）赔偿主体不同

环境行政赔偿的主体只能是行使环境保护监督管理权的行政机关。[121]而公害民事赔偿的主体范围很广，包括了平等主体的公民、法人和其他组织。

（二）赔偿归责原则不同

环境行政赔偿采用违法性和过错责任的归责原则。即只有行政机关违法行使环境保护监督管理权，其行政机关工作人员又具有故意或者重大过失的心理状态，侵犯行政相对人合法权益造成损害时才给予赔偿。公害民事赔偿则采用无过错责任原则，即一切污染危害环境的单位或者个人，只要对其他单位或个人客观上造成财产损失，即使主观上没有过错，也要承担赔偿责任。

120 见《国家赔偿法》第 14 条规定。

121 环境行政赔偿主体即行政赔偿义务机关，见《国家赔偿法》第 7 条。

（三）赔偿标准不同

环境行政赔偿只给予直接损失的赔偿[122]，而公害民事赔偿不仅包括直接损失的赔偿，而且还包括间接损失的赔偿。

（四）赔偿所适用的法律不同

环境行政赔偿适用于《国家赔偿法》和《行政诉讼法》等法律，而公害民事赔偿适用于《环境保护法》和《民法通则》等法律。

四、环境行政赔偿的归责原则及构成条件

（一）环境行政赔偿的归责原则

确立环境行政赔偿制度，首先涉及根据什么原则来承担赔偿责任的问题。其意义在于明确一个归责标准来认定环境行政机关及其工作人员是否可归责的条件，从而对其侵权行为所造成的损害负赔偿责任。

《国家赔偿法》第 2 条规定："国家机关和国家机关工作人员违法行使职权侵犯公民、法人和其他组织的合法权益造成损害的，受害人有依照本法取得国家赔偿的权利。"从这一规定可以看出，我国行政赔偿的归责原则应是"违法原则"[123]。其含义是国家行政机关及其工作人员因故意或者重大过失而违法行使职权侵犯公民、法人和其他组织的合法权益造成损害的，由行政机关承担赔偿责任。

（二）环境行政赔偿责任的构成要件

环境保护行政机关承担行政赔偿责任所必须具备的条件。从上述行政赔偿的"违法原则"可知，行政赔偿责任的构成，必须具备如下条件：① 必须是环境保护行政机关及其工作人员的行为；② 必须是行使环境保护监督管理职权的行为；③ 必须是因故意或者重大过失而违法行使环境保护监督管理职权的行为；④ 必须有损害结果的发生。

五、建立环境行政赔偿制度的意义

建立环境行政赔偿制度，有利于保障行政相对人的合法权益在受到不法侵害

---

122 参见《国家赔偿法》第 28 条规定。

123 "违法"意味着有过错，故也可将环境行政赔偿的归责原则称为过错责任原则。但是，根据《国家赔偿法》第 14 条规定可知，工作人员的心理状态限于"故意或者重大过失"，有别于一般过错责任。

时能够得到及时、合理的救济；有利于推动环境保护监督管理部门及其工作人员提高执法水平，依法行政，搞好廉政建设；有利于环境保护监督管理部门加强自身内部的监督管理。

第二节 环境行政赔偿的范围

一、环境行政赔偿的范围

环境保护行政机关及其工作人员的监督管理行为侵犯行政相对人的合法权益造成损害时，受害人依法取得赔偿的范围。

根据我国现行的环境保护法律、法规和《国家赔偿法》第 4 条的规定，环境保护领域中行政赔偿的范围包括：

（1）违法实施行政处罚造成行政相对人财产损失的（如违法实施罚款、没收违法所得、责令停止生产或者使用、吊销排污许可证、责令停业关闭等造成损失）；

（2）采取强制性行政措施而造成行政相对人财产损失的（如违法强制减少或停止排污等造成经济损失）；

（3）因实施不作为违法行为而造成财产损失的（如符合法定条件申请环境保护行政机关批准环境影响报告书（表）、登记表、申请发放“三同时”验收合格证等，环境保护行政机关违法不予批准或拒绝履行而造成损失）；

（4）环境保护行政机关违法要求行政相对人履行义务而造成财产损失的（如违法要求缴纳排污费或违法决定限期治理等）；

（5）造成行政相对人财产损失的其他违法行为。

二、环境行政赔偿的标准

环境保护行政机关及其工作人员因违法行使职权侵犯行政相对人的合法权益造成损害给予赔偿时必须遵循的依据。根据《国家赔偿法》第 28 条规定，环境保护行政机关侵犯行政相对人合法权益造成损害的，应按照下列标准予以赔偿或处理：

（1）违法实施罚款、没收违法所得或者违反国家规定征收排污费的，应返还违法收缴的金额；

（2）吊销许可证或环境影响评价证书、责令停业关闭等造成经济损失的，赔偿停产停业期间必要的经费开支（即包括企业、个体户生产者营业用房的房租、水电费、仓储费、职工工资等）；

（3）违法强制减少或停止排污、违法决定限期治理的，应给付与所造成的直接损失相应的赔偿金；

（4）不履行法定义务造成经济损失的，应给付与所造成的直接损失相应的赔偿金；

（5）违法对财产造成其他损害的，按照直接损失（即指既得利益的丧失或现有财产的减损）给予赔偿。

第三节　环境行政赔偿请求人和赔偿义务机关

一、环境行政赔偿请求人

环境行政赔偿请求人是指因环境保护监督管理部门及其工作人员违法行使职权而遭受损害，有权请求行政机关给予赔偿的人。根据《国家赔偿法》第 6 条规定，有权提出行政赔偿请求的有以下几种人。

（1）受到行政侵权的公民、法人和其他组织。根据《民法通则》规定，未成年人及不能辨认自己行为的精神病人属于无民事行为能力或限制民事行为能力的人。当他们的合法权益受到环境保护监督管理部门及其工作人员的不法侵害而遭受损失时，他们的监护人为法定代理人。但赔偿请求权人仍为受到侵害的未成年人和精神病人。

（2）受害人死亡的，其继承人和其他有扶养关系的亲属是赔偿请求人。

（3）受害的法人或其他组织终止，承受其权利的法人或其他组织有权请求赔偿。

二、环境行政赔偿义务机关

环境行政赔偿义务机关是指因违法行使环境监督管理职权侵犯行政相对人的合法权益造成损害而应承担赔偿责任的环境行政机关。根据《国家赔偿法》第 7 条规定，环境行政赔偿义务机关有以下几种情况。

（1）环境行政机关及其工作人员违法行使职权侵犯行政相对人的合法权益造成损害的，该行政机关是赔偿义务机关。

（2）两个以上环境行政机关共同行使职权侵犯行政相对人合法权益造成损害的，共同行使职权的环境行政机关是共同赔偿义务机关。

（3）受环境行政机关委托的组织在行使受委托的职权时侵犯行政相对人合法权益造成损害的，委托的环境行政机关是赔偿义务机关。例如，环境监察机构及其执法人员在现场执法中侵犯行政相对人合法权益造成损害的，委托该环境监察机构行使监察职权的环境行政机关是赔偿义务机关。

（4）经复议机关复议的，最初造成侵权行为的环境行政机关是赔偿义务机关。但是复议机关的复议决定加重损害的，复议机关对加重损害的部分履行赔偿义务。

（5）赔偿义务机关被撤销的，继续行使其职权的行政机关是赔偿义务机关。

第四节　环境行政赔偿程序和追偿

一、环境行政赔偿程序

行政相对人获得行政赔偿及赔偿义务机关给予行政赔偿应遵循的法定方式和步骤的总称。《国家赔偿法》第 9 条规定："赔偿义务机关对依法确认有本法第 3 条、第 4 条规定的情形之一的，应当给予赔偿。赔偿请求人要求赔偿应当先向赔偿义务机关提出，也可以在申请行政复议和提起行政诉讼时一并提出。"根据这一规定和《行政诉讼法》第 67 条规定，行政相对人获得行政赔偿的程序可分为以下几种情况。

（一）环境行政机关主动依法给予

环境保护行政机关主动依法给予赔偿，是指行政机关发现其工作人员违法行使环境监督管理权，侵犯行政相对人合法权益造成损害结果的，本着对人民负责的原则，在纠正违法行使职权行为的同时，按照《国家赔偿法》第 4 条规定，向受害人主动提出给予行政赔偿。受害人对环境行政机关的主动赔偿无异议并已得到赔偿的，该赔偿程序完毕。环境行政机关主动给予赔偿的期限问题，根据《国家赔偿法》第 13 条规定精神可知，赔偿义务机关应当在发现其违法侵权行为之日起 2 个月内给予赔偿。

（二）赔偿请求人申请行政复议时一并提出赔偿请求

赔偿请求人认为环境行政机关侵犯了其合法权益，在向上一级环境行政机关申请复议的同时，可一并提出赔偿请求。复议机关经审查后，确认其下级环境行政机关侵犯了赔偿请求人的合法权益并造成损害结果的，在作出复议决定的同时，可以责令其依法给予赔偿。赔偿义务机关应当执行复议决定，并在收到复议决定之日起 2 个月内向赔偿请求人给予赔偿。

（三）赔偿请求人提起行政诉讼时一并提出赔偿请求

赔偿请求人若认为环境行政机关侵犯其合法权益，可以直接提起行政诉讼，也可以通过行政复议，在法定期限内再提起行政诉讼，在提起行政诉讼时，可一并提出赔偿要求，人民法院在审理该行政案件时，一并作出是否赔偿的决定。

（四）赔偿请求人提起行政赔偿诉讼

赔偿请求人若认为环境行政机关违法行使环境保护监督管理职权造成其合法权益损害，可先向赔偿义务机关提出赔偿请求，赔偿义务机关逾期不予赔偿或者请求人对赔偿数额有争议的，赔偿请求人可以自期间届满之日起（即 2 个月后）3 个月内[124]向人民法院提起行政赔偿诉讼。

引例中，平顶山市中级人民法院判决县环保局返还给腾达公司电机 1 台，变压器灵壳 6 支，蒸球盖 1 个，纸伏辊 3 根，说明县环保局在行政执法中确有违法侵权行为。违法没收的设备理应返还（实际上承担了行政赔偿责任）。这一案件说明，环境行政赔偿制度是保障行政相对人合法权益的有效途径；环境行政机关及其执法人员要防止和避免环境行政赔偿，必须规范执法行为，严格执法程序，做到依法行政。

二、环境行政赔偿的追偿

（一）追偿的概念

环境行政赔偿的追偿，是指环境行政机关赔偿损失之后，依法责令有故意或者重大过失的工作人员或者受委托的组织或者个人承担部分或全部赔偿费用。例如，甲、乙为某县环境保护局的环境监察人员，在现场检查时，因重大过失侵犯个体运输户丙的合法权益造成损害。此时，个体运输户丙可以通过法定程序提出行政赔偿请求，要求县环境保护局对其损失给予赔偿。县环境保护局对个体运输户的损失予以赔偿后，有权对其监察人员甲、乙行使行政追偿权，责令甲、乙赔偿全部或一部分行政赔偿费用。从上述行政赔偿的追偿概念可以看出，行政追偿具有以下几个特征。

（1）环境行政赔偿追偿权的行使是以行政赔偿请求人向赔偿义务机关提出赔偿请求并已得到赔偿为前提条件；

（2）环境行政赔偿义务机关对有故意或重大过失的责任人员行使追偿权的时间，只能是在赔偿义务机关对行政侵权受害人的损害给予赔偿之后；

（3）环境行政赔偿义务机关对行政侵权受害人的损害赔偿之后，只能对有故意或者重大过失的责任人员行使追偿权。

---

124 见《国家赔偿法》第 13 条规定。

（二）追偿的要件

环境行政赔偿追偿的要件，是指环境行政机关对内部行政侵权责任人员行使追偿权所必须具备的条件。对此，《国家赔偿法》和《行政诉讼法》都作出了明确规定。《国家赔偿法》第 14 条规定："赔偿义务机关赔偿损失后，应当责令有故意或者重大过失的工作人员或者受委托的组织或者个人承担部分或者全部赔偿费用。对有故意或者重大过失的责任人员，有关机关应当依法给予行政处分；构成犯罪的，应当依法追究刑事责任。"根据这一规定，环境行政机关行使追偿权必须具备以下两个条件：① 环境行政机关已经履行了赔偿义务，即向赔偿请求人已经支付了赔偿费用；② 违法行使环境监督管理职权的工作人员主观上存在故意或者重大过失。

【问题与讨论】

1. 如何理解环境行政赔偿的概念和特征？
2. 建立环境行政赔偿制度有何意义？
3. 环境行政赔偿的归责为什么要实行"违法原则"？
4. 环境行政赔偿的范围包括哪些？应如何掌握行政赔偿的标准？
5. 什么是环境行政赔偿义务机关？其类型有哪些？
6. 1999 年 2 月某省人民政府将清水山列为省级风景名胜区。1999 年 4 月某市人民政府仍批准出让清水山风景名胜区土地作为建设项目用地，开发商于 2000 年开始动工建设，由于开挖山体，引起水土流失，给风景名胜区环境造成破坏。2003 年 2 月某市人民政府认为出让清水山 2 公顷土地使用权的决定，违反了《风景名胜区管理条例》和《土地管理法》的规定，作出收回某房地产开发公司土地使用权的处理决定。房地产开发公司不服，向上级政府申请行政复议，请求依法撤销被申请人作出的处理决定，维持原出让土地决定；同时一并提出如政府要收回土地，请求依法给予行政赔偿。问：

（1）本案中，房地产开发公司的哪一项复议请求可以得到支持？如果市政府要收回土地，房地产开发公司能获得行政赔偿吗？

（2）市政府该不该承担行政赔偿责任，应根据什么来判定？

7. 行政相对人获得环境行政赔偿的途径有哪几种？
8. 如何理解环境行政赔偿的追偿及其构成要件？
9. 为什么在环境保护中实行行政赔偿的追偿制度？有何意义？
10. 环境行政机关怎样才能防止和避免行政赔偿？

第十六章　环境执法文书

【提要】

环境行政执法文书是指环境保护行政机关在执行环境保护法律法规活动过程中，依照特定的格式，经过规定的程序形成的法律文书的总称。环境执法文书在规范环境执法行为方面起着重要作用。

本章依照环境行政执法文书的概念、作用、种类、制作及环境诉讼文书的概念、特征、格式、制作的体例，对环境执法文书进行分别阐述。

【引例】

1990 年 12 月 25 日，个体户王仁义收到某市环境保护委员会办公室的一份“违法生产污染产品处理通知书”。其内容是：王仁义同志：经我办人员调查，你在住家擅自冶炼铅制品，污染周围环境，影响居民休息。现根据国家有关环境保护法律、法规，特作如下处理决定：（1）收到该决定 3 日内停止生产，并拆除生产设施；（2）赔偿居民受污染损害费 200 元，罚款 500 元。以上决定限于 1991 年 1 月 5 日前执行，逾期不执行，将依法强制执行。某市环境保护委员会办公室，1990 年 12 月 23 日。王仁义收到处理决定后不服，遂向该市人民法院提起诉讼，要求撤销处理决定。该市人民法院立案受理后查明，王仁义确实生产污染严重的铅制品，违反国家环境保护法律。但法院仍然撤销了市环境保护委员会的处理通知书。

第一节　环境行政执法文书

一、环境行政执法文书概述

（一）环境行政执法文书的概念

环境行政执法文书是指环境保护行政机关在执行环境保护法律法规活动过程

中，依照特定的格式，经过规定的程序形成的法律文书的总称。

环境行政执法文书具有以下两个主要特征：制作环境行政执法文书是环境行政机关依法行使职权，表述法律意志的体现而不是个人行为；环境行政执法文书的制作，必须依照特定格式和法律规定的要求制作，否则会导致无效或者不能生效。

（二）环境行政执法文书的作用

环境行政执法文书具有如下作用：规范环境行政执法行为，保障环境法律的顺利执行；有效地处理环境违法行为，起到法制宣传的作用以及立法、修改法律法规的参考作用；是环境行政机关行使环境监督管理职能的记载。

（三）环境行政执法文书的分类

按环境行政执法文书的用途分为环境行政许可文书、环境行政处罚文书、环境行政复议文书、环境纠纷调处文书等；按环境行政执法文书制作的形式不同分为填空式文书、表格式文书、笔录式文书、文字叙述式文书等。

二、环境行政执法文书的种类

（一）环境行政许可听证文书

国家环境保护总局对环境行政许可听证文书作了统一的规定，主要包括以下5种：

（1）环境保护行政许可听证公告；

（2）环境保护行政许可听证告知书；

（3）环境保护行政许可听证申请书；

（4）环境保护行政许可听证通知书；

（5）送达回执。

（二）环境保护行政处罚文书

根据国家环境保护总局1999年公布的《环境保护行政处罚常用法律文书格式》规定，环境行政处罚文书主要包括以下12种：

（1）环境违法行为立案登记表；

（2）调查询问笔录；

（3）案件调查报告；

（4）环境违法行为改正通知书；

（5）环境违法行为限期改正通知书；
（6）行政处罚事先告知书；
（7）行政处罚听证告知书；
（8）行政处罚听证通知书；
（9）当场处罚决定书；
（10）行政处罚决定书；
（11）送达回执；
（12）行政处罚强制执行申请书。

需要说明的是，实施环境行政处罚过程中的其他文本，国家环境保护总局文件未作统一规范的，各地环境行政主管部门可以根据需要自行规范。

（三）环境行政复议文书

国务院法制办与 2000 年规定了统一的行政复议法律文书格式（国家环保总局以环办[2000]74 号文件予以印发），主要包括以下 13 种：

（1）行政复议申请书；
（2）不予受理决定书；
（3）行政复议告知书；
（4）申请转送函；
（5）责令受理通知书；
（6）责令履行通知书；
（7）提出答复通知书；
（8）停止执行通知书；
（9）行政复议中止通知书；
（10）行政复议终止通知书；
（11）决定延期通知书；
（12）行政复议决定书；
（13）规范性文件转送函（一、二）。

（四）环境纠纷行政调处文书

关于环境纠纷行政调处法律文书格式，尚无统一的规定。但是，各地环境保护行政主管部门在行政执法实践中普遍采用的格式主要有：环境污染损害赔偿纠纷调查笔录、环境污染损害赔偿纠纷调解书等。

三、环境行政执法文书制作

在此，介绍以下4种环境行政执法文书的制作。

（一）环境保护现场检查笔录

1．概念

环境行政执法人员在管辖范围内，检查行政相对人执行环境法律、法规情况，发现有违法情况时当场制作的笔录。又称现场笔录。

2．内容

（1）标题："环境保护现场检查笔录"；

（2）时间：填写现场检查时的时间（年、月、日、时、分）；

（3）地点：现场地点，应力求清楚明白；

（4）被检查人：现场被检查单位的全称、法定代表人姓名或被检查人的姓名；

（5）联系电话：被检查人的联系电话；

（6）通信地址和邮政编码：被检查人居住或可以通邮的地址及邮政编码；

（7）检查人：参加现场检查的环境行政执法人员的姓名；

（8）记录人：具体执笔记录人的姓名；

（9）在场人：检查时被检查单位现场人员的姓名及职务；

（10）检查内容：详细记录检查的经过、结果和与案件有关的其他事实情况；

（11）记录完毕，由被检查人签字盖章，注明年、月、日。

3．注意事项

（1）文书中的记录应当与现场检查的内容保持一致。如现场检查中进行照相、录像、绘图的，记录内容要与照相、录像或者绘图所示相吻合。

（2）笔录中不应对被查处行为定性，也不能写明行政处罚的意见。

（3）必要时，环境行政机关可以对现场进行多次检查，多次检查的现场，每次均应制作笔录。一案有多处现场的，要分别制作笔录。

4．常见错误

（1）两名以上的环境行政执法人员参加了现场检查，但只有一人签名或一人代其他人签名。

（2）现场检查笔录有空项；

（3）不记载出示执法证件，表明执法身份的执法程序；

（4）现场检查记录误作为行政处罚记录。

（二）环境保护调查询问笔录

1. 概念

环境保护调查询问笔录是指环境行政执法人员在询问证人或者其他知晓案件情况的人员时，就其对案件陈述的有关情况所做的文字记录。

2. 内容

（1）文书标题：环境保护调查询问笔录；

（2）询问时间：写明进行询问的起止时间；

（3）询问地点：写明承办人员询问被询问人的具体地点；

（4）被询问人及其基本情况：写明被询问人的姓名、性别、年龄、工作单位、联系地址、邮编、联系电话。如果当事人是单位的，还应当写明被询问人的职务；

（5）在场人及其联系方式：有的案件需要有其他人在场的，应当写明在场人的姓名及其联系方式，包括地址、电话；

（6）承办人员：询问时，应当有两名以上行政执法人员在场，一般是一名提问，另一名负责记录。因此，承办人这一栏目一般要求写明询问人和记录人的姓名；

（7）记录人：写明记录人的姓名。记录人应当是承办人员中的一员；

（8）调查情况：在正文的第一句，一般要写明行政执法人员向被询问人表明执法身份，告知其相应的权利、义务。如“我们是××环境行政机关的执法人员，这是我们的执法身份证件。因××案件，需作调查，请你配合我们，……”；

（9）提问和记录：询问人的提问要求围绕查清可能违法行为的事实过程进行，重点是违法行为的时间、地点、违法标的物以及违法行为的后果等方面。对于询问人，可以用“问”字起头，表示是其提出的问题；对于被询问人，可以用“答”字或其名字的“姓”起头，表示系其所作的叙述；

（10）询问结束后，应当要求被询问人审阅笔录，被询问人发现记录有误，可以要求修改笔录。在每一处修改的地方，要让被询问人一一签名，予以确认。

（11）被询问人签名：询问笔录制作完成后，被询问人应当逐页签名。在文书末尾（紧接正文的最后一行），被询问人应当书写“以上笔录已阅”或者“以上记载与本人口述无误”等意思的语句，并签名、注明日期。询问人和记录人也应当分别在文书末尾签名或盖章。

3. 注意事项

（1）案件当事人为单位的，应写明被询问人与上述单位之间的关系。

（2）询问内容正文最后一行和被询问人的签字之间有较大的空白部分时，空白部分应填充空白符号或书写“以下空白”。

（3）制作笔录时，书写字迹要端正，保证被询问人、其他执法人员可以正常阅读。此外，记录时不应随意空行。

（4）必要时，可以对被询问人进行多次询问。每一次询问都应当分别制作询问笔录。

4．常见错误

（1）被询问人是单位的，在询问具体人员时，在笔录中没有相应的记载表明被询问人的确切身份以及与单位的关系。

（2）在文书末尾，被询问人在签字时，未书写“以上笔录已阅”字样。

（3）询问笔录中没有被询问人的签名时行政执法人员没有在笔录中注明原因。

（三）环境保护行政复议申请书

1．概念

环境保护行政复议申请书是公民、法人和其他组织认为环境保护行政机关的具体行政行为侵犯了自己的合法权益，在法定期限内，依照法定程序向作出具体行政行为的上一级环境保护行政机关或者同级人民政府提出申请，要求撤销或变更原具体行政行为的法律文书。

2．内容

（1）标题：环境保护行政复议申请书或行政复议申请书；

（2）复议申请人、被申请人基本情况：如是公民，应写明其姓名、性别、年龄、民族、籍贯、职业、住所地等。如是法人或其他组织的，应写明其名称、住所地、邮政编码、法定代表人姓名、联系电话等。被申请人名称、住所地、法定代表人姓名等；

（3）案由：注明“因不服××环境保护局××行政处罚决定，特申请复议”或“认为××环境保护局××具体行政行为侵犯了自己的合法权益，特申请复议”；

（4）复议请求：应写明“要求撤销××环境保护局××具体行政行为”或“要求变更××环境保护局××具体行政行为”；

（5）复议理由：针对环境保护行政机关的具体行政行为，依据事实和环境法规，说明该具体行政行为如何侵犯了自己的合法权益，从认定事实、适用法律法规、是否符合法定程序等几个方面阐述该具体行政行为的错误所在。还可以提供能够证明客观事实的证据和证人，以便复议机关查明案情，正确作出复议决定；

（6）尾部，写明致送机关：“此致××环境保护行政主管部门”或“此致××人民政府”，复议申请人署名盖章，注明年、月、日；

（7）附项，证据××，证人姓名、住所地。

（四）环境污染损害赔偿纠纷调查笔录

1. 概念

环境保护行政主管部门在调查环境污染损害赔偿纠纷案件，向有关人员访问了解情况时制作的法律文书。

2. 内容

（1）标题：环境污染损害赔偿纠纷调查笔录；

（2）首先应写清楚时间、地点、被调查人、通信地址和邮政编码，然后记明调查人、记录人及在场人姓名；

（3）调查内容：是所要调查的与环境污染损害赔偿纠纷有关的内容，一般采用问答式，由调查人根据自己的调查内容和要达到的目的提问，被调查人回答问题。问话时要力求简洁并抓住重点。因为环境污染损害赔偿纠纷调查笔录在整个案件中起着重要作用，是正确作出调解的重要证据，所以记录需要真实全面。

（4）尾部：记录完毕，由被调查人签字或盖章，写明年、月、日。签名盖章前，要把笔录交被调查人审阅，如被调查人不识字，可朗读给被调查人听。被调查人认为记录不实的地方，应进行修改。审阅或朗读后，由被调查人签字或盖章，写明年、月、日。

第二节　环境诉讼文书

一、环境诉讼文书概述

（一）环境诉讼文书的概念

公安机关、检察机关、审判机关、监狱管理机关和当事人、诉讼代理人依法在环境诉讼活动中所制作的文书。从环境执法的角度，本节应使用环境司法文书的概念，但又考虑到阅读对象及应用价值，选择环境诉讼文书的概念以便介绍环境行政、民事诉状类文书。

（二）环境诉讼文书特征

1. 制作主体特定

每一种环境诉讼文书的制作主体总是特定的，否则要么不符合法律的规定，要么就达不到制作文书的目的。例如，判决书的制作主体就只能是人民法院，答辩状的制作主体一定是被告或者被上诉人等。

2．制作依据特定

指法律依据，如人民法院对犯有重大环境污染事故罪的被告人作出定罪判刑的判决的法律依据是《中华人民共和国刑法》第 338 条规定，该规定是人民法院制作重大环境污染事故罪刑事判决书的重要法律依据。

3．适用范围特定

人民法院裁判文书的适用范围只能是控辩双方和与案件有利害关系的单位和个人；进入强制执行程序的只能是人民法院发生法律效力的裁判文书和经审查的环境行政处罚决定书等环境行政法律文书。

4．法律后果特定

有些法律文书一经制作送达，就会产生相应的法律后果。如上诉人在二审期间撤回上诉并经人民法院裁定准许，那么，一审判决就发生法律效力，该“上诉人”就不得再行上诉。

二、环境诉讼文书格式（诉状、答辩状）

（一）诉状

1．起诉状

××起诉状

原告：姓名、性别、出生年月、民族、文化程度、工作单位、职业、住址。（原告如为单位，应写明单位名称、法定代表人姓名及职务、单位地址）

被告：姓名、性别、出生年月、民族、文化程度、工作单位、职业、住址。（被告如为单位，应写明单位名称、法定代表人姓名及职务、单位地址）

请求事项：（写明向法院起诉所要达到的目的）

事实和理由：（写明起诉或提出主张的事实依据和法律依据，包括证据情况和证人姓名及联系地址）

此致

×××人民法院

原告：（签名或盖章）

××××年×月×日

附：1. 本诉状副本×份（按被告人数确定份数）；

2. 证据×份；

3. 其他材料×份。

（注：民事、行政案件诉状的格式基本相同）

2. 上诉状

××上诉状

上诉人：姓名、性别、出生年月、民族、文化程度、工作单位、职业、住址。（上诉人如为单位，应写明单位名称、法定代表人姓名及职务、单位地址）

被上诉人：姓名、性别、出生年月、民族、文化程度、工作单位、职业、住址。（被上诉人如为单位，应写明单位名称、法定代表人姓名及职务、单位地址）

上诉人因×××（写明案由，即纠纷的性质）一案不服×××人民法院（写明一审法院名称）×××第××号××判决，现提出上诉，上诉请求及理由如下：

请求事项：（写明提出上诉所要达到的目的）

事实和理由：（写明上诉的事实依据和法律依据，应针对一审判决认定事实、适用法律或审判程序上存在的问题和错误陈述理由）

此致

×××人民法院

上诉人：（签名或盖章）

××××年××月××日

附：本上诉状副本×份（按被上诉人人数确定份数）。

（注：民事、行政案件上诉状的格式基本相同）

（二）答辩状

××答辩状

答辩人：姓名、性别、出生年月、民族、文化程度、工作单位、职业、住址。（答辩人如为单位，应写明单位名称、法定代表人姓名及职务、单位地址）

被答辩人：姓名、性别、出生年月、民族、文化程度、工作单位、职业、住址。（被答辩人如为单位，应写明单位名称、法定代表人姓名及职务、单位地址）

答辩人因×××（写明案由，即纠纷的性质）一案，进行答辩如下：

请求事项：（写明答辩所要达到的目的）

事实和理由：（写明答辩的事实依据和法律依据，应针对原告、上诉人、申诉人，即被答辩人提出起诉、上诉、申诉所依据的事实、法律和所提出的主张陈述其不能成立的理由）

此致

×××人民法院

答辩人：（签名或盖章）

××××年××月××日

附：本答辩状副本×份（按被答辩人人数确定份数）。

（注：民事、行政案件答辩状的格式基本相同）

三、环境诉讼文书制作

（一）起诉状

1. 环境民事起诉状

环境民事诉状是民事诉状的一种，是与环境民事案件有直接利害关系的公民、法人，或者非法人团体为维护其环境民事权益，就有关环境民事权利义务的争议向人民法院提起诉讼，请求追究被告人的环境民事责任所使用的书状。也称环境民事起诉状或环境民事起诉书。

示例：

民事起诉状

原告人：刘××等 118 人（名单附后）

代表人：刘××，男 75 岁，住唐山市缸窑路 78 号小区××号　电话 ×××××××

代表人：杨××，女 55 岁，住唐山市缸窑路 78 号小区××号　电话 ×××××××

被告人：唐山市×××焦化厂　地址：唐山市缸窑路××号　电话：××××××

法定代表人：刘××　　厂长

诉讼请求：

1. 判令被告停止污染侵害，消除危险。

2. 判令被告赔偿损失 2 502 126 元。

3. 承担本案诉讼费等一切费用。

事实与理由：

原告均是路北区缸窑路 78 号小区的居民，其居所距被告厂区最近的 20 米，最远的 100 米。被告是一大型焦化厂，每天排放大量的有毒有害废气，致使原告居住小区居民染上各种疾病、各种癌症的病人急剧增加，远远超出了正常的发病率。为此，原告多次上访，省环保局进行了处罚，唐山市政府要求限期整改，但至今未得到解决。故提起诉讼，要求停止污染侵害，消除危险，赔偿损失 2 502 126 元，并承担诉讼费用。

此致

×××人民法院

起诉人：刘××等 118 人
代表人：刘××、杨××
2003 年 3 月 12 日

附：1. 本诉状副本 1 份
2. 原告人名单 1 份
3. 原告证据 18 份

2. 环境行政诉状

环境行政诉状是行政诉状的一种，是行政的相对人，对环境行政机关给予的处理或处罚不服，向人民法院起诉呈递的书状。也称环境行政起诉状或环境行政起诉书。

示例：

行政起诉状

原告：北京市供销合作总社招待所

地址：北京市宣武区儒福里××号　邮编：×××××　电话：×××××

法定代表人：杨××　职务：所长

被告：北京市宣武区环境保护局

地址：北京市宣武区菜市口北半截胡同××号

法定代表人：郭××　职务：局长

请求事项：撤销[宣环保 1993]罚字第[36]号行政处罚决定书。

事实与理由：

1992 年 9 月 1 日，被告批准原告锅炉设备更新工程，并于施工后由被告监测站验收测试。其中，1 号炉（南炉）除尘未达标（测试是否符合规范持有异议）。被告监测站告诉原告：请厂家来调试看有什么毛病，处理完了找我们再来复测。此后，1 号炉一直未投入使用。1993 年 2 月 20 日厂家进行调试时，被告来了就说：冒黑烟、除尘器严重漏风。并诱骗原告职工在并未搞清真实事实的情况下签字，然后以此为理由对原告罚款 2 000 元。3 月 12 日市监测中心对 1 号炉进行测试，1 号炉不存在冒黑烟，除尘器也只是微漏风（出灰口），达到了环保要求。

原告认为，1 号炉未达标理应由厂家进行调试，且被告监测站对原告也有这样的要求，而且实际上除尘器也不存在严重漏风，烟气黑度也不存在超标准的情况。因此，被告在认定事实和适用法律上都存在错误。原告向市环保局申请复议，市环保局 4 月 24 日维持第[36]号行政处罚决定。为了维护法律的严肃性和原告的合法权益，特向你院起诉，请依法裁决。

此致

宣武区人民法院

附：起诉状副本 1 份

材料 2 份

起诉人：北京市供销合作总社招待所

1993 年 5 月 4 日

（二）答辩状

1. 一审环境民事诉讼答辩状

环境民事诉讼中的被告，收到原告的起诉状副本后，在法定期限内，针对原告在诉状中提出的事实、理由及诉讼请求，进行回答和辩驳的书状，称为一审环境民事诉讼答辩状。一审环境民事诉讼答辩状具有下列特征：必须是环境民事案件被告提出的；提出答辩状，对于环境民事被告来说，既是义务，又是权利，但被告不提出答辩状的，不影响人民法院审理，因此主要的还是权利；必须针对起诉状的内容进行答辩。

示例：

民事答辩状

答辩人：唐山市××焦化厂　地址：唐山市缸窑路××号　电话：××××

法定代表人：刘××　厂长

被答辩人：刘××等 118 人

答辩人因被答辩人诉答辩人环境污染纠纷一案，现答辩如下：

一、答辩人作为被告主体不合格。原唐山市×××焦化厂兴建于 1969 年，1970 年 4 月正式投产，78 号小区建于 1979 年，比该厂晚建 10 年。因答辩人建在前，居民居住在后，答辩人无过错，所以告被告不妥。

二、原告请求损失不应予以支持。理由：（1）癌症引起的原因尚不能确认诱因。（2）与损害结果无直接关系，78 号小区周边有唐山××钢铁公司、唐山市几大陶瓷厂，还有滨河路尘土飞扬等这些因素都能使人体健康受到影响。

三、被答辩人要求答辩人履行“三同时”制度与客观事实不符。由于历史原因造成这种两难局面。答辩人自身的经营性质决定了对周围环境有一定影响，而78号小区规划建设本身亦存在不合理的问题，现市政府按2000年的协调会议，正协调解决。

综上，原告诉讼理据不足，应予驳回。

此致

×××人民法院

答辩人：唐山市×××焦化厂

2003年4月10日

2. 二审环境行政诉讼答辩状

二审环境行政诉讼答辩状，是被上诉人针对上诉人在上诉状中提出的上诉请求事项、事实和理由，向人民法院做出的书面答复。

示例：

行政答辩状

答辩人（原审原告）：

北京市宣武区环境保护局，北京市宣武区菜市口北半截胡同××号

法定代表人：郭××，北京市宣武区环境保护局局长

因北京市供销合作总社招待所（原审原告）不服北京市宣武区人民法院[1993]宣行初字第10号行政判决向贵院提出上诉，现提出答辩如下：

一、一审判决认定事实清楚，证据充分

1．答辩人的两名环保监察人员在巡查时，发现原告锅炉烟囱正在排烟，对照林格曼烟尘浓度图确认此时烟气黑度达林格曼3级。法院在对各方提供的证据进行严格审查后，确认以上事实。至于上诉人认为答辩人未出示林格曼图，因而认为的烟尘浓度不合法，这是上诉人对法律的曲解，目前我国和北京市已有的法律、法规、规章没有任何一款规定现场检查人员在使用林格曼图时必须向被检查人出示。

2．至于上诉人1号锅炉除尘器锁器不严，严重漏风的事实，既有上诉人锅炉房负责人提供的证据证明，也有权威部门的材料证明，同时一审法院对此也作过现场勘验。

3．答辩人在上诉人向锅炉投入原、燃材料作试运行之前，职能部门从未接到过上诉人提出的申请，对此上诉人也不否认，因而以某位同志有过答复来推翻上述事实是不充分的。

二、一审判决所认定的程序完全正确

答辩人的执法人员完全是按照有关法律、法规的规定，在自己职权范围内对

上诉人进行执法检查。尽管现场检查时忽视了向原告出具检查证，但这种忽视不足以否定答辩人处罚的公正性，也不影响答辩人对整个事实的认定。并且，在此之前，答辩人的执法人员曾多次至上诉人单位进行过检查，上诉人对答辩人执法人员的身份是十分清楚的。

三、一审判决认定答辩人适用法律、法规正确，是在认真认定上述事实的基础上所作出的正确结论

上诉人利用一些自以为是事实的想法来推翻事实，进而认为答辩人有适用法规错误，这种作法本身就是不严肃的。将自己视为正义的化身，藐视法律，藐视一审法院从权威机构收集到的理论证据，上诉人的这种态度其实也正是导致他这次违法行为的原因所在，上诉人再强词夺理下去，不知道还要在违反环境保护法的道路上走多远。

综上所述，答辩人认为，一审法院认定事实清楚，证据充分，适用法律正确，请求二审法院依法维护一审法院的正确判决，以维护法律的严肃性，推动国家环保执法的健康发展。

此致

北京市第二中级人民法院

附：本答辩状副本 2 份

答辩人：北京市宣武区环保局

1993 年 8 月 15 日

本章引例中法院撤销了市环境保护委员会的处理通知书，其原因有处罚主体、适用法律不正确等问题，但更明显的是法律文书制作不规范，即民事损害赔偿与行政处罚相混淆，违反了不同的法律程序规定；缺少被处罚人的性别、年龄、职业、住址及主要违法事实、证据；缺少处罚的法律、法规依据以及不服处罚可申请行政复议的期限或向人民法院起诉的期限等。

【问题与讨论】

1. 怎样理解环境行政执法文书的概念与特征？
2. 为什么要制定环境行政执法文书格式？
3. 什么是环境行政执法现场笔录，制作时应注意什么？
4. 什么是环境行政执法询问笔录，制作时应注意什么？
5. 走访身边的居住环境，结合实际写一份涉及环境问题调查的询问笔录。
6. 走访身边的居住环境，结合实际写一份环境污染案件的民事诉状。

参考文献

[1] 韩德培. 环境保护法教程. 5 版. 北京：法律出版社，2007.
[2] 韩德培. 环境保护法教程. 4 版. 北京：法律出版社，2003.
[3] 金瑞林. 环境法学（重排本）. 北京：北京大学出版社，2002.
[4] 蔡守秋. 环境资源法学教程. 武汉：武汉大学出版社，2000.
[5] 汪劲. 环境法学，北京：北京大学出版社，2006.
[6] 吕忠梅. 环境法学. 北京：法律出版社，2004.
[7] 陈汉光，朴光洙. 环境法基础. 2 版. 北京：中国环境科学出版社，2004.
[8] 朴光洙，刘定慧，马品懿. 环境法与环境执法. 北京：中国环境科学出版社，2002.
[9] 周珂. 环境法学. 2 版. 北京：中国政法大学出版社，2000.
[10] 周训芳. 环境法学. 北京：中国林业出版社，2000.
[11] 曹明德，黄锡生. 环境资源法. 北京：中信出版社，2004.
[12] 刘国涛. 环境与资源保护法学. 北京：中国法制出版社，2004.
[13] 王权典，高敏. 现代环境法学概论. 广州：华南理工大学出版社，2004.
[14] 胡保林. 环境法新论. 北京：中国政法大学出版社，1992.
[15] 柯泽东. 环境法论. 台北：三民书局，1995.
[16] 叶俊荣. 环境政策与法律. 台北：月旦出版社，1993.
[17] 屈万祥，祝光耀. 环境保护违法违纪行为处分暂行规定读本. 北京：红旗出版社，2006.
[18] 付立忠. 环境刑法学. 北京：中国方正出版社，2001.
[19] 蒋兰香. 环境刑法. 北京：中国林业出版社，2004.
[20] 杜澎. 破坏环境资源犯罪研究. 北京：中国方正出版社，2000.
[21] 魏振瀛. 民法. 北京：北京大学出版社，2000.
[22] 解振华. 中国环境执法全书. 北京：红旗出版社，1997.
[23] 周玉华. 环境行政法学. 哈尔滨：东北林业大学出版社，2002.
[24] 宋世杰. 证据学新论——证据运用问题研究. 北京：中国检察出版社，2002.
[25] 何家弘. 证据调查. 北京：法律出版社，1997.
[26] 姜明安. 行政法与行政诉讼法. 北京：北京大学出版社，1999.
[27] 罗豪才. 行政法（重排本）. 北京：北京大学出版社，2001.
[28] 应松年. 行政诉讼法学. 北京：中国政法大学出版社，1994.
[29] 甘文. 行政诉讼法司法解释之评论. 北京：中国法制出版社，2000.
[30] 孔祥俊. 最高人民法院关于行政诉讼证据若干问题的规定的理解与适用. 北京：中国人民

公安大学出版社，2002.
[31] 宁致远. 中国律师文书范本. 北京：民主与建设出版社，2003.
[32] 陈仁，朴光洙. 环境执法基础. 北京：法律出版社，1997.
[33] 陈汉光. 环境保护中的行政处罚. 北京：中国环境科学出版社，1993.
[34] 陈汉光，丁芙蓉. 公害民事纠纷的行政处理. 北京：中国环境科学出版社，1994.
[35] 应松年，马怀德. 行政处罚法学习读本. 北京：人民出版社，1998.
[36] 叶必丰. 行政法与行政诉讼法. 北京：中国人民大学出版社，2003.

后　记

本书由朴光洙负责总体设计，由朴光洙、刘定慧、马品懿、刘湘、王政、丁渠、夏振鹏、宋海鸥、曹晓凡、刘永鑫、刘斌、岳卫峰、高原共同完成。全书由朴光洙负责统稿工作。

各章分工如下（以章节为序）：

丁渠：第一章第一至第六节、第二、第十、第十四章

王政、马品懿：第一章第七节、第三章

刘定慧：第四章

刘斌、刘永鑫、朴光洙、岳卫峰、高原：第七章

宋海鸥：第五章

曹晓凡：第六章第一、二、三、四节

夏振鹏：第六章第五、六、七、八、九节

刘湘：第八、第九、第十六章

朴光洙：第十一、第十二、第十三、第十五章

本书由我国著名的环境学专家刘天齐教授担任主审人，刘教授对本书的编写倾注了大量心血，对本书的总体设计、编写大纲及具体内容提出了许多宝贵意见和指导。

本书的编写及出版得到了中国环境管理干部学院领导的大力支持和中国环境科学出版社领导的鼎力相助，特别是沈建、唐大为同志的热情协助，在此致以衷心的感谢。

作　者

2008年3月16日

教师反馈卡

尊敬的老师：您好！

谢谢您购买本书。为了进一步加强我们与老师之间的联系与沟通，请您协助填妥下表，以便定期向您寄送最新的出版信息，您还有机会获得我们免费寄送的样书及相关的教辅材料；同时我们还会为您的教学工作以及论著或译著的出版提供尽可能的帮助。欢迎您对我们的产品和服务提出宝贵意见，非常感谢您的大力支持与帮助。

姓名：______________年龄：___________职务：_________________职称：_____________________

系别：______________学院：___________学校：____

通信地址：____邮编：_____________________

电话（办）：_________________（家）_______________________E-mail _____________________

学历：________________________ 毕业学校：_______________________________________

国外进修或讲学经历：____

	教授课程	学生水平	学生人数/年	开课时间
1.				
2.				
3.				

您的研究领域：____

您现在授课使用的教材名称：____

您使用的教材的出版社：____

您是否已经采用本书作为教材：□是；□没有。

采用人数：________________

您使用的教材的购买渠道：□教材科；□出版社；□书店；□其他。

您需要以下教辅：□教师手册；□学生手册；□PPT；□习题集；□其他________________________

（我们将为选择本教材的老师提供现有教辅产品）

您对本书的意见：____

您是否有翻译意向：□有；□没有

您的翻译方向：____

您是否计划或正在编著专著：□是：□没有。

您编著的专著的方向：____

您还希望获得的服务：____

填妥后请选择以下任何一种方式将此表返回（如方便请赐名片）：

地址：北京市崇文区广渠门内大街 16 号　中国环境科学出版社第七图书出版中心

邮编：100062　　电话（传真）：（010）67113412

E-mail：shenjian1960@126.com　　网址：http://www.cesp.cn